빅 너드 랜치의
코틀린 프로그래밍

Kotlin Programming: The Big Nerd Ranch Guide

by Josh Skeen and David Greenhalgh

빅 너드 랜치의
코틀린 프로그래밍

1판 발행 2019년 3월 29일

지은이 조시 스킨, 데이비드 그린핼프
옮긴이 심재철
펴낸이 장성두
펴낸곳 주식회사 제이펍

출판신고 2009년 11월 10일 제406-2009-000087호
주소 경기도 파주시 회동길 159 3층 3-B호
전화 070-8201-9010 / **팩스** 02-6280-0405
홈페이지 www.jpub.kr / **원고투고** jeipub@gmail.com
독자문의 readers.jpub@gmail.com / **교재문의** jeipubmarketer@gmail.com

편집부 이종무, 황혜나, 최병찬, 이 슬, 이주원 / **소통·기획팀** 민지환, 송찬수 / **회계팀** 김유미
교정·교열 배규호 / **본문디자인** 북아이
용지 에스에이치페이퍼 / **인쇄** 한승인쇄 / **제본** 광우제책사

ISBN 979-11-88621-53-8
값 30,000원

제이펍은 독자 여러분의 책에 관한 아이디어와 원고 투고를 기다리고 있습니다. 책으로 펴내고자 하는 아이디어나 원고가 있는 분께서는 책의 간단한 개요와 차례, 구성과 저(역)자 약력 등을 메일로 보내 주세요. jeipub@gmail.com

빅 너드 랜치의

코틀린 프로그래밍
KOTLIN PROGRAMMING
THE BIG NERD RANCH GUIDE

조시 스킨, 데이비드 그린핼프 **지음** | **심재철** 옮김

Jpub
제이펍

최고의 책을 통해 작은 벌레의 세계를 알게 해준 베이커에게 이 책을 바친다.
— 조시 스킨

매사에 적극적이고 인내심이 많으며, 아름다운 여인이기도 한 레베카에게 이 책을 바친다.
그녀가 없었다면 이 책이 출간될 수 없었을 것이다.
또한, 무엇보다도 자식 교육을 최우선으로 여기신 어머니와 아버지께도 감사드린다.
— 데이비드 그린핼프

차례

CHAPTER 1 첫 번째 코틀린 애플리케이션 작성하기   1

CHAPTER 2 변수, 상수, 타입   13

감사의 글

이 책을 저술하면서 많은 도움을 받았다. 이런 도움이 없었다면 지금의 책이 출간되지 못했을 것이다. 도움을 주신 모든 분들께 감사드린다.

먼저, 빅 너드 랜치의 동료들께 감사의 말을 전한다. 이 책을 저술할 수 있게 시간과 공간을 배려해 준 스태시 헨리와 아론 힐리가스에게 감사드린다. 코틀린을 배우고 가르치게 되어 매우 기쁘다. 우리가 받았던 신뢰와 지원에 부응하는 책이 되기 바란다.

또한, 빅 너드 랜치의 동료들이 코틀린을 가르치면서 이 책의 많은 오류를 찾아 주고 많이 개선될 수 있게 좋은 충고를 준 것에 대해 특별히 감사드린다. Kristin Marsicano, Bolot Kerimbaev, Brian Gardner, Chris Stewart, Paul Turner, Chris Hare, Mark Allison, Andrew Lunsford, Rafael Moreno Cesar, Eric Maxwell, Andrew Bailey, Jeremy Sherman, Christian Keur, Mikey Ward, Steve Sparks, Mark Dalrymple, CBQ, 그리고 이 책 저술에 도움을 준 빅 너드 랜치의 그 외 모든 분께 감사드린다.

빅 너드 랜치의 운영과 마케팅 및 세일즈를 담당하는 동료들 역시 중요하다. 이들의 수고가 없다면 교육이 결코 시행될 수 없을 것이다. Heather Sharpe, Mat Jackson, Rodrigo "Ram Rod" Perez-Velasco, Nicholas Stolte, Justin Williams, Dan Barker, Israel Machovec, Emily Herman, Patrick Freeman, Ian Eze, Nikki Porter에게 감사드린다.

코틀린 교육 과정의 초기 버전으로 교육을 받으면서 오류를 찾는 데 충분한 도움을 준 교육생들께도 특별히 감사드린다. 이들의 피드백과 통찰력이 없었다면 지금의 이 책이 될 수 없었을 것이다. 다음의 교육생들께 감사드린다. Santosh Katta, Abdul Hannan, Chandra Mohan, Benjamin DiGregorio, Peng Wan, Kapil Bhalla, Girish Hanchinal, Hashan Godakanda, Mithun Mahadevan, Brittany Berlanga, Natalie Ryan, Balarka Velidi, Pranay Airan, Jacob

Rogers, Jean-Luc Delpech, Dennis Lin, Kristina Thai, Reid Baker, Setareh Lotfi, Harish Ravichandran, Matthew Knapp, Nathan Klee, Brian Lee, Heidi Muth, Martin Davidsson, Misha Burshteyn, Kyle Summers, Cameron Hill, Vidhi Shah, Fabrice Di Meglio, Jared Burrows, Riley Brewer, Michael Krause, Tyler Holland, Gajendra Singh, Pedro Sanchez, Joe Cyboski, Zach Waldowski, Noe Arzate, Allan Caine, Zack Simon, Josh Meyers, Rick Meyers, Stephanie Guevara, Abdulrahman Alshmrani, Robert Edwards, Maribel Montejano, Mohammad Yusuf.

이 책의 내용과 코드가 정확하고 명료하며 사용이 쉬운지 테스트하느라 도움을 준 안드로이드 커뮤니티의 동료와 멤버들께도 특별히 감사드린다. 이들의 객관적인 시각이 없었다면 이 책을 저술하는 데 더 많은 어려움이 있었을 것이다. Jon Reeve, Bill Phillips, Matthew Compton, Vishnu Rajeevan, Scott Stanlick, Alex Lumans, Shauvik Choudhary, Jason Atwood에게 감사드린다.

또한, 우리와 함께 이 책을 출간하는 데 수고를 해준 다른 많은 분께도 감사드린다. 편집자인 Elizabeth Holaday는 책의 내용을 다듬고 장점을 부각시키고 단점을 줄이는 데 도움을 주었으며, 교정자인 Anna Bentley는 오류를 찾아 수정하여 양질의 책이 되게 해주었다.

Ellie Volckhausen는 표지를 디자인했으며, Chris Loper는 인쇄본과 전자 출판 버전인 EPUB과 Kindle을 디자인하고 생성하였다.

마지막으로, 빅 너드 랜치의 모든 교육생을 비롯해 이 책을 읽는 모든 독자께 감사드린다. 이 책이 여러분의 열정과 투지에 부합하게 되기를 기원한다.

지은이 **조시 스킨, 데이비드 그린핼프**

이 책에 대하여

2011년에 젯브레인즈(JetBrains)에서는 자바나 스칼라처럼 자바 가상 머신(JVM, Java Virtual Machine)에서 실행되는 코드를 작성할 수 있는 코틀린 프로그래밍 언어의 개발을 발표하였다. 그로부터 6년이 지나서 구글에서는 코틀린을 안드로이드 시스템의 공식 개발 언어로 발표하였다.

코틀린은 장래성 있는 언어에서 시작해서 세계 최고의 모바일 운영체제에서 실행되는 애플리케이션 개발에 이르기까지 사용 범위를 빠르게 확장하고 있다. 오늘날 구글, 우버, 넷플릭스, 캐피털원, 아마존 등의 대형 기업들은 코틀린의 여러 장점을 수용하고 있는데, 그 장점으로 몇 가지 예를 들자면 간결한 문법, 현대적 언어 기능, 기존 자바 코드와의 유연한 상호 운영 등이 있다.

왜 코틀린일까?

코틀린의 매력을 이해하기 위해서는 먼저 현대 소프트웨어 개발에서의 자바 역할을 알아야 한다. 코틀린 코드는 주로 JVM에서 실행되도록 작성되는 만큼 두 언어가 밀접한 연관이 있다.

자바는 강력하고 오랜 세월에 걸쳐 유효성이 증명되었으며, 여러 해 동안 실무에서 가장 많이 사용된 언어다. 그러나 1995년에 공개되었으므로 현대 언어를 사용하는 개발자들이 바라는 많은 진보된 기능들이 결여되어 있다.

하지만 코틀린은 과거 언어들이 가능했던 것 이상으로 진화하였고, 그런 언어들의 문제점을 개선하였다. 이 언어가 자바에 비해 어떻게 개선되었고, 더욱 신뢰할 수 있는 개발 경험을 어떻게 제공하는지에 관해 앞으로 여러 장을 통해서 더 많은 것을 배울 것이다. 그리고 코틀린은 JVM에서 실행되는 코드만을 작성하는 언어가 아닌 다중 플랫폼 언어다. 즉, 코틀린은 맥

OS와 윈도우 시스템의 네이티브 애플리케이션, 자바스크립트 애플리케이션, 안드로이드 애플리케이션의 작성에 사용될 수 있다. 이러한 플랫폼 독립성은 그만큼 다양한 분야에 걸쳐 사용 가능하다는 것을 의미한다.

이 책의 독자는?

이 책은 모든 부류의 개발자를 위해 저술되었다. 예를 들어, 자바가 제공하는 것 이상의 현대 언어 기능을 원하는 안드로이드 개발자, 코틀린의 기능을 배우는 데 관심이 많은 서버 애플리케이션 개발자, 고성능의 컴파일 언어를 배우려는 신규 개발자 등이다.

여러분이 이 책을 읽는 이유가 코틀린의 안드로이드 지원 때문일 수 있다. 그러나 이 책은 안드로이드 코틀린 프로그래밍에 국한되지 않는다. 실제로 21장을 제외한 이 책의 모든 코틀린 코드는 안드로이드 프레임워크를 사용하지 않는다. 그렇지만 코틀린으로 안드로이드 앱을 쉽게 작성하는 데 사용할 수 있는 몇 가지 상용 패턴을 이 책에서 알려 줄 것이다.

코틀린이 다른 많은 언어의 영향을 받긴 했지만, 그렇다고 해서 코틀린을 배우기 위해 다른 언어의 이모저모까지 알 필요는 없다. 단, 이 책에서는 우리가 작성하는 코틀린 코드와 동일한 기능의 자바 코드를 이따금 언급할 것이다. 따라서 만일 여러분이 자바를 알고 있다면 두 언어 간의 관계를 이해하는 데 도움이 될 것이다. 그러나 설혹 자바를 모르더라도 다른 언어로 같은 문제를 해결하는 방법을 알아 두면 코틀린 개발에 필요한 원리를 파악하는 데 도움이 될 수 있다.

이 책을 읽는 방법

이 책은 참고서는 아니나, 코틀린 프로그래밍 언어의 가장 중요한 내용들을 여러분에게 가르치는 것을 주된 목적으로 한다. 그리고 예제 프로젝트를 만들어 가면서 코틀린을 배울 것이다. 이 책을 최대한 활용하기 위해 예제 코드를 직접 작성하기를 권한다.

또한, 각 장은 이전 장의 주제와 연관되어 있으므로 건너뛰지 말고 차례대로 읽자. 그리고 다른 언어에서 익숙한 주제라고 하더라도 건너뛰지 말기를 바란다. 코틀린은 특유의 방법으로 많은 문제를 처리하기 때문이다. 이 책에서는 먼저 변수와 같은 입문 주제부터 시작하여 객체 지향과 함수형 프로그래밍 기법을 배우며, 이와 더불어 코틀린을 강력한 언어로 만드는 여러 주제들을 배울 것이다. 따라서 이 책을 다 읽으면 여러분은 숙련 개발자다운 코틀린 지식을 갖게 될 것이다. 그렇지만 https://kotlinlang.org/docs/reference/의 내용을 항상 참조하고 사용하기 바란다.

궁금증 해소하기

이 책의 대부분의 장에는 "궁금증 해소하기"란 제목의 절이 있다. 이 절에서는 코틀린 언어의 내부 메커니즘을 설명하며, 여러분에게 도움이 될 수 있는 추가 정보를 제공한다.

챌린지

각 장 끝에는 하나 이상의 챌린지가 있다. 이것은 여러분이 코틀린을 더 잘 이해하도록 작성된 문제다. 따라서 코틀린을 숙지하는 데 도움이 되도록 여러분 스스로 풀기 바란다(챌린지의 해결 방법은 여러 가지가 있을 수 있으므로 별도로 제공하지 않는다).

표기 규칙

이 책에서는 프로젝트를 만들면서 주제를 소개하고 새로 배운 지식을 적용하는 방법을 알려 준다. 이때 알아보기 쉽도록 다음의 표기 규칙을 사용하였다.

먼저, 두 개 이상의 키보드 키로 단축 키를 누를 때는 + 기호로 나타내었다. 예를 들어, **Alt** 키와 **Enter** 키를 같이 누를 때는 **Alt+Enter**로 표기하였다. 또한, 단축 키는 **윈도우 키[맥 OS 키]**의 형태로 표시되어 있다(예를 들면, **Alt+Enter[Option+Return]**).

본문의 변수, 값, 타입(클래스와 인터페이스 등)은 바로 구분할 수 있도록 코드 서체로 표기하였다. 또한, 모든 코드 리스트에도 코드 서체가 사용되었으며, 새로 입력하여 추가할 코드는 진한 글씨로 표기하였다. 삭제할 코드는 중간에 삭제선으로 표시되어 있다.

예를 들어, 다음 코드에서 y 변수를 정의하는 코드는 삭제하는 것이며, z 변수를 정의하는 코드는 새로 추가하는 것을 나타낸다.

```
var x = "Python"
var y = "Java"
var z = "Kotlin"
```

다른 언어와 마찬가지로 코틀린도 표준 코딩 규칙에 따라 코드를 작성하는 것이 좋다. 이때 우리 나름의 스타일을 사용할 수 있겠지만, 가급적 젯브레인즈와 구글의 코딩 규칙을 따르는 것이 좋다.

- 젯브레인즈의 코딩 규칙: https://kotlinlang.org/docs/reference/coding-conventions.html
- 안드로이드 코드와 자바와의 상호운용을 위한 코딩 규칙을 포함하는 구글의 스타일 가이드: https://developer.android.com/kotlin/style-guide

소스 코드

이 책에서는 진도를 나가면서 지속적으로 소스 코드를 추가하거나 변경한다. 따라서 독자 여러분이 직접 코드를 작성하면서 실습하면 자연스럽게 코틀린을 익힐 수 있을 것이다. 그리고 각 장의 제일 끝에서 최종 완성된 프로젝트 파일은 제이펍 출판사의 깃헙 페이지(https://github.com/Jpub/BNR_Kotlin)에서 다운로드할 수 있다. 다운로드된 프로젝트 소스 코드를 참고할 때는 압축 파일을 푼 후 인텔리제이(1장-20장)나 안드로이드 스튜디오(21장-22장)에서 해당 챕터 서브 디렉터리 밑에 있는 프로젝트를 open하면 된다. 예를 들어, 5장의 경우에는 \Ch05 밑의 Sandbox를 open한다.

🦋 김진영(야놀자)

기존의 문법서와는 달리 '게임을 만든다(텍스트 기반이지만)'는 목적을 가지고 조금씩 발전시키는 형태로 전개되는 내용이 흥미로웠습니다. 덕분에 오랜만에 일일이 타이핑해 가면서 학습을 진행해 보았습니다. 코틀린과 자바의 기초 개념이 없다면 다른 기초 서적을 선행하거나 병행할 것을 추천합니다. 기존의 자바 개발자라면 중간 중간 생소한 개념이 조금 있지만, 무리 없이 학습할 수 있습니다. 이 책을 읽으며 기존에 알고 있던 자바 지식을 다시 점검하고 함수형 프로그래밍에 대해 다시 생각해 볼 수 있어서 좋았습니다.

🦋 박재유(LG전자)

2019년 새해 다짐으로 올해에는 새로운 프로그래밍 언어를 배워야겠다는 결심을 했습니다. 그리고 선택한 것이 바로 코틀린(Kotlin)입니다. 객체지향뿐만 아니라 함수형 프로그래밍 패러다임까지 품은 코틀린은 안드로이드 앱 개발의 표준으로 점차 자리 잡으리라 예상합니다. 자바와 안드로이드 계통의 개발에 익숙한 분일수록 이해가 더욱 빠를 것 같습니다. 빅 너드 랜치의 수려한 설명을 통해 코틀린 언어의 세계로 입문하면 좋을 것 같습니다.

🦋 윤영철(SOCAR)

프로젝트를 진행하며 필요한 기능에 대한 당위성을 부여하고, 코틀린 기본 문법으로 그 요구 사항들을 해결해 나갑니다. 또한, 그 설명들이 구어체로 쓰여 있어서 새로운 언어를 배울 때 느낄 수 있는 지루함이 없었습니다. 책의 전반에 걸쳐 코틀린이 가지고 있는 세련된 문법들을 소개하며, 코틀린 기본 라이브러리에 대한 소개도 자세해서 좋았습니다.

황도영(NHN)

코틀린의 기초 문법부터 자바와의 상호운용, 간단한 안드로이드 앱까지 친절히 기술하는 책입니다. 간단한 게임을 만들어 보며 흥미롭게 학습할 수 있도록 꾸며져 있습니다. 코틀린이 무엇인지 궁금한 분, 자바 프로젝트를 코틀린으로 전환하는 것을 고려 중인 분께 추천합니다.

제이펍은 책에 대한 애정과 기술에 대한 열정이 뜨거운 베타리더들로 하여금
출간되는 모든 서적에 사전 검증을 시행하고 있습니다.

1

첫 번째 코틀린 애플리케이션 작성하기

이번 장에서는 IntelliJ IDEA(이하 인텔리제이)를 사용해서 첫 번째 코틀린(Kotlin) 프로그램을 작성한다. 그리고 이 프로그램을 완성시키면서 개발 환경 설정, 코틀린 프로젝트 생성, 코틀린 코드의 작성과 실행, 출력 결과를 확인하는 방법을 배울 것이다.

인텔리제이 설치하기

인텔리제이는 코틀린 언어를 만든 젯브레인즈(JetBrains)에서 개발한 통합 개발 환경(IDE, Integrated Development Environment)이다. 먼저, 이 책의 부록 A에서 설명하는 대로 Community Edition을 다운로드하여 설치하자.

인텔리제이는 잘 구성된 코틀린 코드를 작성하는 데 도움을 준다. 또한, 우리 코드의 실행, 디버깅, 검사, 리팩터링을 위한 내장 도구들을 제공하여 능률적이고 일원화된 개발을 할 수 있게 해준다. 코틀린 코드를 작성하는 데 인텔리제이를 권장하는 이유는 이번 장의 끝에 있는 '궁금증 해소하기: 왜 인텔리제이를 사용할까?'에서 알 수 있다.

첫 번째 코틀린 프로젝트 생성하기

이제는 인텔리제이를 사용해서 코틀린 애플리케이션을 개발할 수 있다. 먼저, 코틀린 프로젝트를 생성하자. 인텔리제이가 실행되면 웰컴 대화상자가 나타난다(그림 1.1).

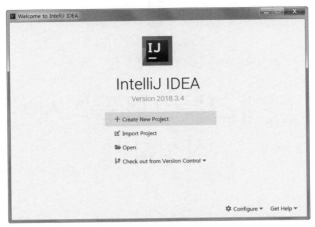

그림 1.1 │ 인텔리제이 웰컴 대화상자

(만일 인텔리제이를 설치한 이후에 처음 실행한 것이 아니라면 직전에 생성하여 작업하던 프로젝트가 바로 열릴 것이다. 이때는 인텔리제이 메인 창의 File ➡ Close Project 메뉴를 선택하면 웰컴 대화상자로 돌아온다.)

Create New Project를 클릭하면 그림 1.2의 새 프로젝트 생성 대화상자가 나타난다.

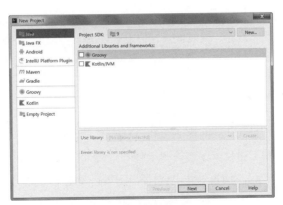

그림 1.2 │ 새 프로젝트 대화상자

왼쪽 패널에서 **Kotlin**을 선택한 후 그림 1.3과 같이 오른쪽 패널의 **Kotlin/JVM**을 선택한다.

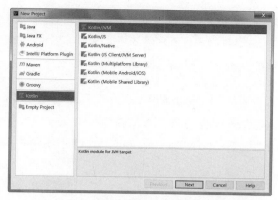

그림 1.3 | Kotlin/JVM 프로젝트 생성 대화상자

인텔리제이를 사용하면 코틀린 외에도 자바, 파이썬, 스칼라, 그루비 등의 다른 프로그래밍 언어로 코드를 작성할 수 있다. 여기처럼 **Kotlin/JVM**을 선택하는 것은 JVM(Java Virtual Machine)에서 실행되는 코틀린 코드를 목표로 작성한다는 뜻이다. 따라서 하나의 소스 코드만으로도 서로 다른 운영체제에서 실행할 수 있다(JVM에 관련된 더 자세한 내용은 이번 장 뒤의 '궁금증 해소하기: JVM에서 실행하기'에서 더 자세히 알아본다).

그림 1.3의 대화상자에서 **Next** 버튼을 클릭하면 새로운 프로젝트를 설정하는 대화상자가 나타난다. 그림 1.4와 같이 프로젝트 이름(Project name)에는 '**Sandbox**'를 입력한다. 프로젝트 위치(Project location)는 프로젝트의 모든 파일을 저장하는 위치를 나타내며, 자동 설정된 것을 그대로 두거나, 또는 제일 오른쪽의 버튼(…)을 클릭하여 우리가 원하는 디렉터리를 선택하면 된다.

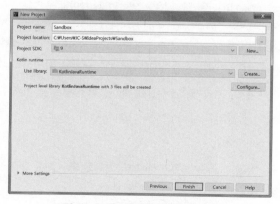

그림 1.4 | 새 프로젝트 설정 대화상자

프로젝트 SDK(Project SDK)는 이 프로젝트에서 사용할 JDK를 나타낸다. 만일 드롭다운 상자에 우리가 설치한 JDK가 나타나 있으면 그것을 사용하면 된다. 그러나 '**<No SDK>**'로 나와 있으면

오른쪽의 **New...** 버튼을 클릭하고 JDK가 설치된 디렉터리를 선택하면 인텔리제이가 인식하고 드롭다운 상자에 보여 준다. 코틀린에서는 JDK의 자바 라이브러리를 사용하여 코틀린 코드를 자바 바이트코드로 변환하므로 JDK가 필요하다.

Finish 버튼을 누르면 인텔리제이가 Sandbox라는 이름의 프로젝트를 생성하고, 그림 1.5와 같이 두 개의 패널을 갖는 메인 창을 보여 준다. 디스크에는 Sandbox라는 이름의 디렉터리(폴더)가 그림 1.4에서 지정한 프로젝트 위치(디렉터리) 밑에 생성되고, 다시 그 밑에 여러 개의 하위 폴더(서브 디렉터리)와 프로젝트 관련 파일들이 저장된다.

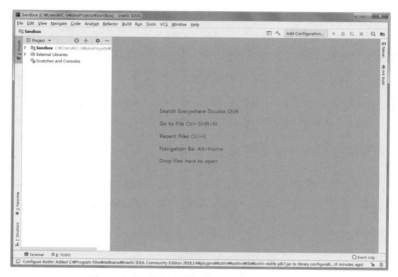

그림 1.5 │ 두 개의 패널을 갖는 인텔리제이의 메인 창

왼쪽 패널에는 **프로젝트 도구 창(project tool window)**을 보여 주며, 오른쪽 패널은 현재 비어 있다. 오른쪽 패널에는 코틀린 파일의 내용(코드 등)을 보면서 작성 및 편집할 수 있는 **편집기(editor)**가 나타난다. 프로젝트 도구 창의 프로젝트 이름(Sandbox) 왼쪽에 있는 화살표를 클릭해 보자. 프로젝트에 포함된 파일들이 확장되어 나타날 것이다(그림 1.6).

그림 1.6 │ 프로젝트 뷰

프로젝트에는 프로그램의 모든 소스 코드는 물론이고, 모듈이나 라이브러리의 의존성과 구성 정보 파일들도 포함된다. 그리고 하나의 프로젝트는 하나 이상의 **모듈**(module)로 구성될 수 있다. 프로젝트를 새로 생성하면 기본적으로 하나의 모듈을 갖는다.

Sandbox.iml 파일은 한 모듈에 특정한 구성 정보를 포함한다. 그리고 .idea 폴더는 인텔리제이 프로젝트에 관련된 상태 정보(예를 들어, 우리가 편집기에 열었던 파일들의 정보)는 물론이고 프로젝트 전체의 설정 파일들도 포함한다. 이런 모든 파일은 인텔리제이가 자동으로 생성하고 변경하므로 그대로 두자.

External Libraries 항목은 프로젝트에 필요한(의존성을 갖는) 라이브러리들에 관한 정보를 포함한다. 이 항목 왼쪽의 화살표를 클릭하여 확장하면 인텔리제이가 자바 1.8과 KotlinJavaRuntime을 자동으로 추가한 것을 볼 수 있다.

(지금까지 말한 프로젝트 구조(structure)에 관한 더 자세한 내용은 젯브레인즈의 다음 웹사이트 문서를 참고하면 알 수 있다. https://www.jetbrains.org/intellij/sdk/docs/basics/project_structure.html)

src 폴더는 우리가 프로젝트에 생성하는 모든 코틀린 파일이 위치하는 곳이다.

첫 번째 코틀린 파일을 생성하기

지금부터는 우리의 첫 번째 코틀린 파일을 생성하고 편집해 보자. 프로젝트 도구 창의 src 폴더에서 오른쪽 마우스 버튼을 클릭한 후 **New ➡ Kotlin File/Class**를 선택한다(그림 1.7).

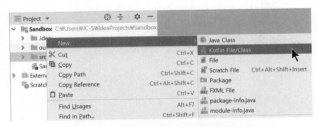

그림 1.7 | 새로운 코틀린 파일 생성하기

그리고 그림 1.8과 같이 이름(Name)에 '**Hello**'를 입력하고, 종류(Kind)는 **File**을 그대로 두고 **OK** 버튼을 클릭한다.

그림 1.8 | 파일 이름 지정하기

인텔리제이가 우리 프로젝트에 새로운 파일(src/Hello.kt)을 생성한 후 오른쪽 패널에 편집기 창을 열고 파일의 내용을 보여 준다(그림 1.9). 자바 파일에 사용되는 확장자는 .java이고 파이썬 파일은 .py인 것처럼, .kt 확장자는 코틀린 코드를 포함하는 파일임을 나타낸다.

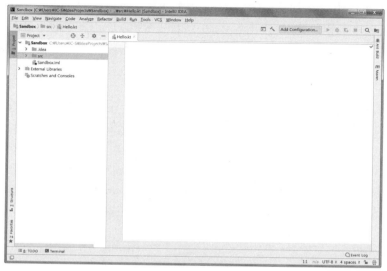

그림 1.9 | 편집기 창에 열린 Hello.kt 파일

이제는 코틀린 코드를 작성할 준비가 되었다. 다음의 리스트 1.1 코드를 입력하자. **main**을 입력하고 **Tab** 키를 누르면 main() 함수를 자동으로 생성해 주므로 내부의 코드만 추가로 입력하면 된다(이 책 전체에서 각자 입력할 코드는 진한 글씨로 되어 있다).

리스트 1.1 | **코틀린으로 인사하는 "안녕하세요?"**
`CODE` Hello.kt

```kotlin
fun main(args: Array<String>) {

    println("안녕하세요?")

}
```

방금 작성한 코드가 눈에 익지 않을 수 있지만 염려 말자. 이 책을 읽으면서 저절로 코틀린 코드에 익숙해질 것이다. 지금부터는 이 코드를 살펴보자.

리스트 1.1 코드에서는 새로운 **함수(function)**를 정의한다. 함수는 나중에 실행될 수 있는 명령문(statement)들을 모아 놓은 것이다. 함수를 정의하고 사용하는 방법은 4장에서 더 자세하게 배울 것이다.

코틀린에서 main 함수는 특별한 의미가 있다. 즉, 프로그램이 시작되는 곳을 나타낸다. 이것을 **애플리케이션 진입점(application entry point)**이라고 하며, Sandbox 또는 어떤 프로그램이든 하나의 진입점이 있어야 실행될 수 있다. 이 책에서 우리가 작성하는 모든 프로젝트는 main 함수부터 시작된다.

우리의 main 함수에는 println("안녕하세요?") 명령문이 하나 포함되어 있다. println()은 **코틀린 표준 라이브러리**에 있는 함수다. 우리 프로그램이 시작되어 println("안녕하세요?")이 실행될 때 인텔리제이는 괄호 안에 있는 내용(앞뒤의 "는 빼고 안녕하세요?만)을 화면에 출력한다.

코틀린 파일을 실행시키기

리스트 1.1의 코드를 입력하면 인텔리제이가 **실행(run)** 버튼(▶)을 첫 번째 라인의 왼쪽에 보여 준다(그림 1.10).

(만일 이 버튼이 나타나지 않거나, 또는 편집기 창 위쪽에 있는 탭의 파일 이름에 빨간색 밑줄이 있거나, 또는 입력한 코드에 빨간색 밑줄이 있다면 해당 코드에 에러가 있다는 것을 나타낸다. 이때는 리스트 1.1과 동일하게 코드가 입력되었는지 다시 확인하자.)

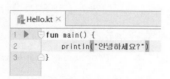

그림 1.10 | 실행 버튼

실행 버튼을 클릭하자. 그리고 메뉴에서 **Run 'HelloKt'**를 선택하면(그림 1.11) 우리 프로그램이 실행된다.

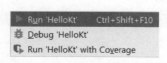

그림 1.11 | **Hello.kt**를 실행하기

프로그램이 실행될 때 인텔리제이는 중괄호({}) 내부의 코드를 하나씩 차례대로 실행시킨 후 종료시킨다. 그리고 메인 창 아래쪽에 새로운 도구 창을 보여 준다(그림 1.12).

그림 1.12 | 실행(run) 도구 창

그림 1.12에서 화살표가 가리키는 **이벤트 로그(Event Log) 도구 바**를 클릭해 보자. 그러면 그림 1.13과 같이 두 개의 도구 창이 같이 열릴 것이다.

그림 1.13 | 실행과 이벤트 로그 도구 창

왼쪽 패널은 **콘솔(console)**이라고도 하는 **실행 도구 창(run tool window)**이며, 지금부터는 이것을 **콘솔**이라고 할 것이다. 콘솔에서는 우리 프로그램의 출력은 물론이고, 프로그램이 실행될 때 발생한 정보를 같이 보여 준다. 현재 콘솔에는 **안녕하세요?**가 출력된 것을 볼 수 있으며, 또한, 프로그램이 성공적으로 종료되었음을 나타내는 Process finished with exit code 0도 볼 수 있다. 이 메시지는 에러가 없을 때 모든 콘솔 출력의 끝에 나타난다.

(맥OS의 경우에는 JavaLauncherHelper 관련 문제가 있다는 것을 나타내는 빨간색의 에러 메시지가 나타날 수 있다. 그러나 이로 인해 문제가 생기지는 않으므로 신경 쓰지 않아도 된다.)

오른쪽 패널은 **이벤트 로그 도구 창(event log tool window)**이며, 인텔리제이가 우리 프로그램의 실행을 준비하기 위해 했던 작업(예를 들어, 코틀린 코드 컴파일)에 관한 정보를 보여 준다. 그러나 콘솔 출력에서 더 관심 있는 정보를 얻을 수 있으므로 이후로는 이벤트 로그를 이야기하지 않을 것이다. **이벤트 로그 도구 창**을 닫을 때는 이 창의 오른쪽 위에 있는 **숨김(hide)** 버튼(—)을 클릭하면 된다.

코틀린/JVM 코드의 컴파일과 실행

실행 버튼을 누르고 **Run 'HelloKt'**를 선택하면 인텔리제이가 kotlinc-jvm 컴파일러를 사용해서 코틀린 코드를 **컴파일(compile)**한다. 즉, 우리의 코틀린 코드를 JVM에서 실행할 수 있는 **바이트코드(bytecode)**로 변환한다는 뜻이다. 만일 kotlinc-jvm 컴파일러가 우리 코틀린 코드를 변환할 때 문제가 생기면 문제 해결 방법에 관한 힌트를 주기 위해 에러 메시지로 보여 준다. 그렇지 않고 컴파일이 정상적으로 되면 인텔리제이가 실행 단계를 수행한다. 실행 단계에서는 kotlinc-jvm 컴파일러가 생성한 바이트코드가 JVM에서 실행되며, 콘솔에서는 우리 프로그램의 출력을 보여 준다(예를 들어, println() 호출에서 우리가 지정한 텍스트를 출력). 그리고 더 실행할 바이트코드가 없으면 JVM이 종료되며, 인텔리제이가 종료 상태(성공 또는 에러)를 콘솔에 보여 준다.

코틀린 컴파일의 모든 상세한 내용을 알 필요는 없지만, 바이트코드에 관해서는 2장에서 자세하게 알아볼 것이다.

코틀린 REPL

때에 따라서는 작은 코드를 실행할 때 어떻게 되는지 테스트해 보고 싶을 때가 있다. 이것은 코틀린 언어를 배울 때 특히 유용하다. 다행스럽게도 인텔리제이는 파일을 생성하지 않고 코드를 빨리 테스트하는 도구를 제공한다. 이 도구를 **코틀린 REPL**이라고 한다. 이것의 자세한 내용은 잠시 후에 살펴보고 먼저, 이 도구를 실행하여 무엇을 할 수 있는지 알아보자.

인텔리제이 메인 창의 메뉴에서 **Tools ➡ Kotlin ➡ Kotlin REPL**을 선택한다(그림 1.14).

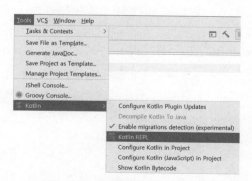

그림 1.14 | 코틀린 REPL 도구 창 열기

인텔리제이가 메인 창의 아래쪽에 REPL 도구 창을 보여 줄 것이다(그림 1.15).

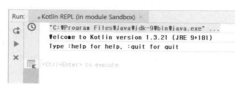

그림 1.15 | **코틀린 REPL 도구 창**

편집기에서 하듯이 REPL 도구 창에도 코드를 직접 입력할 수 있다. 그리고 입력된 코드는 프로젝트 전체를 컴파일하지 않고 바로 실행된다. 다음 코드를 REPL에 입력해 보자.

리스트 1.2 | **"Hello, Kotlin!"**   `CODE` REPL

```
println("Hello, Kotlin!")
```

코드 입력이 끝났으면 **Ctrl+Enter[Command+Return]** 키를 눌러서 REPL의 코드를 실행해 보자(윈도우 시스템에서는 **Ctrl+Enter**, 맥OS에서는 **Command+Return**이다. 이후부터 윈도우 키 조합[맥OS 키 조합] 형식으로 병기한다). 잠시 후에 실행 결과인 Hello, Kotlin!이 밑에 출력될 것이다(그림 1.16)(REPL에서는 한글 처리가 잘 안 되는 경우가 있으니 고려하자).

그림 1.16 | **REPL에서 코드 실행하기**

REPL은 'read, evaluate, print, loop'를 뜻한다. 즉, 우리가 코드를 입력하고 **Ctrl+Enter [Command+Return]** 키를 누르거나 또는 왼쪽의 초록색 실행 버튼(▶)을 누르면, REPL이 코드를 읽고(read), 실행한 후(evaluate) 결과를 출력한다(print). 그리고 실행이 끝나면 이런 과정을 다시 수행하기 위해 우리에게 제어를 돌려준다(loop).

이제는 코틀린을 향한 여정이 시작되었다! 그리고 이번 장에서는 코틀린 프로그래밍의 지식을 넓히기 위한 기초를 마련하였다. 다음 장에서는 변수, 상수, 데이터 타입을 배우면서 코틀린 언어의 상세한 내용으로 들어갈 것이다.

궁금증 해소하기: 왜 인텔리제이를 사용할까?

코틀린 코드는 어떤 텍스트 편집기를 사용해도 작성할 수 있다. 그러나 인텔리제이의 사용을 권장한다. 코틀린을 배울 때는 특히 그렇다. 철자나 문법을 검사해 주는 텍스트 편집기 소프트웨어가 잘 구성된 문장을 더 쉽게 작성해 주듯이 인텔리제이도 잘 구성된 코틀린 코드를 더 쉽게 작성해 주기 때문이다. 인텔리제이가 도와주는 기능의 예를 보면 다음과 같다.

- 문법이나 의미상으로 적합한 코드를 작성하게 해준다(예를 들어, 구문 강조, 상황에 맞는 코드 제안, 자동 코드 완성).
- 코드 실행 중 디버깅이 가능하다(예를 들어, 중단점 사용과 여러 가지 형태로 다음 코드 실행 가능).
- 기존 코드의 리팩터링(예를 들어, 이름 변경이나 상수 추출)과 코드 형식 변경(예를 들어, 원하는 들여쓰기와 여백에 맞춤) 등을 할 수 있다.

또한, 코틀린은 젯브레인즈에서 만들었으므로 인텔리제이와 코틀린 간의 통합이 잘 설계되어 편리하게 사용할 수 있다. 게다가 안드로이드 스튜디오(Android Studio)는 인텔리제이를 기반으로 개발된 안드로이드 애플리케이션 개발 IDE이므로 인텔리제이에서 익힌 IDE 사용법(예를 들어, 단축 키나 각종 도구)을 안드로이드 스튜디오에서도 많은 부분 그대로 활용할 수 있다.

궁금증 해소하기: JVM에서 실행하기

JVM은 **바이트코드(bytecode)**라고 하는 명령어들의 실행 방법을 아는 소프트웨어다. 'JVM을 목표로 한다'는 것은 JVM에서 바이트코드를 실행하기 위해 코틀린 소스 코드를 바이트코드로 컴파일이나 변환한다는 것을 뜻한다(그림 1.17).

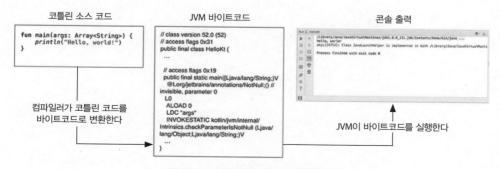

그림 1.17 | **코틀린 코드의 컴파일과 실행**

윈도우나 맥OS와 같은 각 플랫폼은 자체적으로 고유 명령어들을 갖고 있다. JVM은 자신이 실행되는 서로 다른 하드웨어 및 소프트웨어 환경과 바이트코드 간의 교량 역할을 한다. 즉, 바이트코드를 읽어서 이것과 대응되는 플랫폼 특유의 명령어를 호출한다. 따라서 서로 다른 플랫폼에 적합한 JVM 버전이 별도로 있다. 그러므로 코틀린 애플리케이션 개발자들은 플랫폼 독립적인 코드를 작성할 수 있으며, 하나의 소스 코드만 작성하여 서로 다른 운영체제의 컴퓨터에서 바이트코드로 컴파일한 후 실행시킬 수 있다.

코틀린 코드는 JVM이 실행할 수 있는 바이트코드로 변환될 수 있으므로 JVM 언어로 간주한다. 가장 잘 알려진 JVM 언어는 자바(Java)일 것이다. 최초의 JVM 언어이기 때문이다. 그러나 스칼라(Scala)와 코틀린 같은 다른 JVM 언어들이 자바의 단점을 보완하기 위해 출현하였다.

하지만 코틀린은 JVM에만 국한되지 않는다. 이 책을 저술하는 시점에서 코틀린은 자바스크립트(JavaScript)로 컴파일될 수 있으며, 심지어는 특정 플랫폼(윈도우, 맥OS, 리눅스 등)에서 JVM 없이 바로 실행되는 네이티브 바이너리로도 컴파일될 수 있다.

챌린지: REPL로 산술 연산자 테스트하기

이 책의 거의 모든 장 끝에는 하나 이상의 챌린지(challenge)가 있다. 이것은 여러분이 해당 장에서 배운 내용을 더 깊게 이해할 수 있도록 문제로 구성한 것이다.

REPL을 사용해서 코틀린의 산술 연산자인 +(더하기), −(빼기), *(곱하기), /(나누기), %(나머지)가 어떻게 동작하는지 살펴보자. 예를 들어, (9+12)*2를 REPL에 입력하고 실행하여 여러분이 예상한 결과와 일치하는지 확인해 보자.

2

변수, 상수, 타입

이번 장에서는 프로그램의 기본 요소인 변수(variable)와 상수(constant) 및 코틀린의 기본 데이터 타입(type)을 알아본다. **변수**와 **상수**는 우리 애플리케이션에서 값을 저장하고 데이터를 전달하는 데 사용한다. 그리고 **데이터 타입**은 상수나 변수에 저장된 데이터 유형을 나타낸다. 각 데이터 타입 간에, 그리고 변수와 상수 간에는 사용 방법에서 중요한 차이점이 있다.

타입

변수와 상수는 우리가 지정한 데이터 타입을 갖는다. 그리고 타입은 변수나 상수에 저장된 데이터가 어떤 것인지 나타내며, 데이터값이 어떻게 처리되어야 하는지 컴파일러에게 알려 준다. 코틀린은 변수나 상수의 값을 확인하여 타입을 자동으로 처리해 준다.

실제로 어떻게 되는지 알아보기 위해 1장에서 생성했던 Sandbox 프로젝트에 새로운 코틀린 파일을 추가해 보자. 인텔리제이를 실행하면 1장에서 생성했던 Sandbox 프로젝트가 자동으로 열릴 것이다. 인텔리제이를 종료할 때 작업했던 프로젝트를 다시 열어 주기 때문이다. 만일 그렇지 않으면 초기 화면의 웰컴 대화상자 왼쪽 패널에 나타난 최근 파일 목록에서 선택하거나, 또는 인텔리제이 메인 창 메뉴에서 File ➡ Open Recent ➡ Sandbox를 선택하면 된다.

프로젝트 도구 창의 src에서 오른쪽 마우스 버튼을 눌러 New ➡ Kotlin File/Class를 선택한 후 파일 이름에 TypeIntro를 입력하고, **OK** 버튼을 누른다. 편집기 창에 새 파일이 열릴 것이다.

1장에서 보았듯이 우리 프로그램은 main 함수부터 시작된다. 편집기의 TypeIntro.kt에서 'main'을 입력하고 탭 키를 누르면 리스트 2.1과 같이 main 함수의 기본 요소를 자동으로 추가해 준다.

리스트 2.1 | main 함수 추가하기   `CODE` TypeIntro.kt

```kotlin
fun main( args: Array <String>) {

}
```

변수 선언하기

텍스트를 사용해서 코틀린의 기능을 탐구하는 텍스트 어드벤처 게임을 작성한다고 해보자. 이 경우 게임 플레이어의 점수를 유지 관리할 변수가 필요할 것이다.

TypeIntro.kt에서 experiencePoints라는 이름의 변수를 생성하고 값을 지정해 보자.

리스트 2.2 | experiencePoints 변수 선언하기   `CODE` TypeIntro.kt

```kotlin
fun main(args: Array <String>) {
    var experiencePoints: Int = 5
    println(experiencePoints)
}
```

여기서는 Int 타입으로 experiencePoints 변수를 지정하였으며, 변수 이름 앞에 var 키워드를 사용하였다. 이것은 새로운 변수라는 것을 나타낸다. 그리고 변수 이름 다음에 콜론(:)을 붙이고, 정숫값을 저장하는 Int 타입을 지정하였다.

그다음에 대입 연산자(여기서는 =)를 사용하여 오른쪽의 결과(여기서는 정숫값인 5)를 왼쪽(여기서는 experiencePoints 변수)에 지정하였다. 그림 2.1에서는 experiencePoints 변수의 정의 형식을 보여 준다.

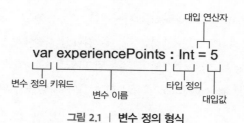

그림 2.1 | 변수 정의 형식

변수를 선언한 후에는 println 함수를 사용해서 그것의 값을 콘솔로 출력한다.

main 함수 왼쪽의 실행 버튼(▶)을 클릭한 후 **Run 'TypeIntroKt'**를 선택하여 이 프로그램을 실행해 보자. experiencePoints에 지정한 값인 5가 실행 도구 창(콘솔)에 출력될 것이다.

이제는 "thirty-two"라는 문자열값을 experiencePoints에 지정해 보자(중간에 삭제선이 있는 것은 삭제할 코드를 나타낸다).

리스트 2.3 | **"thirty-two"를 experiencePoints에 지정하기**   ⬛CODE TypeIntro.kt

```
fun main(args: Array <String>) {
    var experiencePoints: Int = 5
    var experiencePoints: Int = "thirty-two"
    println(experiencePoints)
}
```

실행 버튼(▶)을 눌러서 프로그램을 다시 실행해 보자. 이번에는 코틀린 컴파일러가 다음 에러를 보여 줄 것이다.

```
Error:(2, 33) Kotlin: Type mismatch: inferred type is String but Int was expected
```

이 코드를 입력할 때 "thirty-two" 밑에 빨간색 줄이 나타나 있는 것을 이미 보았을 것이다. 이 것은 프로그램에 에러가 있다는 것을 인텔리제이가 알려 주는 것이다. "thirty-two"에 마우스 커서를 대보면 그림 2.2와 같이 문제를 알려 주는 메시지가 나타난다.

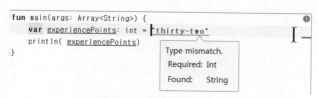

그림 2.2 | 타입 불일치 에러

코틀린은 **정적 타입 시스템**(static type system)을 사용한다. 즉, 소스 코드에 정의된 타입을 컴파일러가 알고 있어서 우리가 작성한 코드의 적합 여부를 컴파일 시점에서 알 수 있다는 뜻이다. 인텔리제이는 코드가 입력될 때 바로 검사하며, 잘못된 타입을 변수에 지정하면 경고를 해준다. 이 기능을 **정적 타입 검사**(static type checking)라고 하며, 프로그램을 컴파일하기 전에 오류를 알려 준다.

에러를 해결하기 위해 experiencePoints의 값인 "thirty-two"를 Int 타입인 5로 변경하자.

리스트 2.4 | 타입 에러 해결하기   `CODE` ▸ TypeIntro.kt

```
fun main( args: Array <String>) {
    var experiencePoints: Int = "thirty-two"
    var experiencePoints: Int = 5
    println( experiencePoints)
}
```

변수의 값은 프로그램에서 변경할 수 있다. 예를 들어, 텍스트 어드벤처 게임 플레이어가 더 많은 점수를 얻는다면 experiencePoints 변수에 새로운 값을 지정할 수 있다. 리스트 2.5와 같이 experiencePoints에 5를 더해 보자.

리스트 2.5 | experiencePoints에 5를 더하기   `CODE` ▸ TypeIntro.kt

```
fun main( args: Array <String>) {
    var experiencePoints: Int = 5
    experiencePoints += 5
    println(experiencePoints)
}
```

여기서는 experiencePoints 변수를 5로 초기화한 후에 복합 대입 연산자인 +=을 사용해서 원래 값에 5를 더한다. 프로그램을 다시 실행해 보자. 콘솔에 10이 출력될 것이다.

코틀린의 내장 타입

지금까지는 String과 Int 타입의 변수들을 알아보았다. 코틀린은 이외에도 여러 다른 값을 처리할 수 있는 타입을 갖고 있다. 표 2.1에서는 코틀린에서 가장 많이 사용되는 내장(built-in) 타입을 보여 준다.

표 2.1 | 코틀린의 내장 타입

타입	설명	예
String	문자열 데이터	"에스트라곤" "happy meal"
Char	단일 문자	'X' 유니코드 문자 U+0041
Boolean	true 또는 false 값	true false
Int	정수	"에스트라곤". length 5
Double	부동소수점의 실수	3.14 2.718
List	값을 요소로 저장하는 컬렉션	3, 1, 2, 4, 3 "root beer", "club soda", "coke"
Set	고유한 값의 요소를 저장하는 컬렉션	"Larry", "Moe", "Curly" "Mercury", "Venus", "Earth", "Mars", "Jupiter", "Saturn", "Uranus", "Neptune"
Map	키와 값의 쌍으로 요소를 저장하는 컬렉션	"small" to 5.99, "medium" to 7.99, "large" to 10.99

지금 이 모든 타입을 잘 모르더라도 염려하지 말자. 이 책을 읽으면서 모두 배울 것이기 때문이다. 특히 문자열은 7장에서, 정수와 실수는 8장에서, 컬렉션 타입(collection type)이라고 하는 **List, Set, Map**은 10장과 11장에서 배울 것이다.

읽기 전용 변수

지금까지는 값을 다시 지정, 즉 변경할 수 있는 변수를 알아보았다. 그러나 때로는 값을 변경할 수 없는 변수를 사용해야 할 경우가 있다. 예를 들어, 텍스트 어드벤처 게임에서 플레이어의 이름은 최초 한 번 지정된 후 변경되지 않을 것이다.

코틀린은 **읽기 전용**(read-only) 변수를 선언하는 키워드를 제공하며, 이런 변수는 일단 값이 지정되면 변경될 수 없다.

값이 변경될 수 있는 변수는 var 키워드(variable을 의미)를 사용해서 선언하지만 읽기 전용 변수를 선언할 때는 val 키워드(value를 의미)를 사용한다. 두 가지 모두 변수를 나타내므로 지금부터는 간단하게 var와 val로 나타낼 것이다.

플레이어의 이름을 정의하는 val을 추가하고 experiencePoints 다음에 그 값을 출력해 보자.

리스트 2.6 | val인 playerName 추가하기 <code>CODE</code> TypeIntro.kt

```
fun main( args: Array <String>) {
    val playerName: String = "에스트라곤"
    var experiencePoints: Int = 5
    experiencePoints += 5
    println(experiencePoints)
    println(playerName)
}
```

main 함수 왼쪽의 실행 버튼(▶)을 클릭한 후 **Run 'TypeIntroKt'**를 선택하여 프로그램을 실행해 보자. 다음과 같이 콘솔에 출력된 experiencePoints와 playerName의 값을 볼 수 있을 것이다.

```
10
에스트라곤
```

그다음에 playerName을 다른 문자열값으로 지정하고 프로그램을 다시 실행해 보자.

리스트 2.7 | playerName의 값을 변경하기 <code>CODE</code> TypeIntro.kt

```
fun main( args: Array <String>) {
    val playerName: String = "에스트라곤"
    playerName = "마드리갈"
    var experiencePoints: Int = 5
    experiencePoints += 5
    println(experiencePoints)
    println(playerName)
}
```

다음과 같은 컴파일 에러가 나타날 것이다.

```
Error:(3, 5) Kotlin: Val cannot be reassigned
```

val의 값을 변경하려고 했기 때문에 컴파일러가 에러로 처리한 것이다. 다시 말하지만, 일단 val
에 값이 지정(초기화)되면 이후로는 변경될 수 없다. 방금 추가했던 에러 코드를 삭제하자.

리스트 2.8 | val 값 변경 에러 해결하기　　　　　　　　　　　　　　　　　　　`CODE` TypeIntro.kt

```
fun main( args: Array <String>) {
    val playerName: String = "에스트라곤"
    playerName = "마드리갈"
    var experiencePoints: Int = 5
    experiencePoints += 5
    println(experiencePoints)
    println(playerName)
}
```

읽기만 해야 하는 변숫값이 예기치 않게 변경되는 것을 막는 데 val이 유용하다. 이런 이유로
var이 필요하지 않을 때는 언제든 val을 사용하기 바란다.

만일 프로그램에서 var의 값이 변경되지 않으면 인텔리제이가 그것을 val로 변경할 것을 제안
해 준다. 이 경우 var의 값을 변경하는 코드를 작성하려는 것이 아니라면 인텔리제이의 제안을
따를 것을 권한다. playerName을 var로 변경하여 인텔리제이가 어떤 제안을 하는지 살펴보자.

리스트 2.9 | playerName을 var로 변경하기　　　　　　　　　　　　　　　　　　`CODE` TypeIntro.kt

```
fun main( args: Array <String>) {
    val playerName: String = "에스트라곤"
    var playerName: String = "에스트라곤"
    var experiencePoints: Int = 5
    experiencePoints += 5
    println(experiencePoints)
    println(playerName)
}
```

여기서는 playerName의 값이 변경되지 않으므로 var로 지정할 필요 없다. 이때 인텔리제이는
var 키워드를 겨자색으로 강조해 주며, 마우스 커서를 대면 그림 2.3과 같이 제안을 보여 준다.

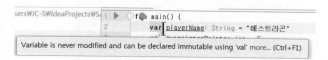

그림 2.3 | 변숫값이 변경되지 않음

이것은 playerName을 val로 변경할 것을 인텔리제이가 제안해 주는 것이다. 제안을 적용하기 위해 playerName 앞의 var 키워드를 클릭한 후 **Alt+Enter[Option+Return]** 키를 누른다. 그리고 팝업에서 **Change to val**을 클릭한다(그림 2.4).

```
fun main() {
    var playerName: String = "에스트라곤"
    v  ● Change to val                          ▶
    e  ⚡ Remove explicit type specification  ▶
    p  ⚡ Split property declaration           ▶
    println(playerName)
}
```

그림 2.4 | 변숫값을 변경할 수 없게 하기

그러면 인텔리제이가 자동으로 var을 val로 변경해 준다(그림 2.5). 물론 이때는 우리가 바로 변경해도 된다.

```
fun main() {
    val playerName: String = "에스트라곤"
    var experiencePoints: Int = 5
    experiencePoints += 5
    println(experiencePoints)
    println(playerName)
}
```

그림 2.5 | 값을 변경할 수 없는 playerName

이미 이야기했듯이 값을 변경할 필요 없는 변수는 언제든 val을 사용하자. 또한, 코드를 개선하기 위해 인텔리제이의 제안을 눈여겨보자. 물론 인텔리제이의 제안을 항상 따를 필요는 없다. 그러나 잘 살펴보면 유용할 때가 많다.

타입 추론

playerName에 정의된 타입인 String을 클릭하고 마우스 커서를 살짝 움직여 보자. 그림 2.6처럼 인텔리제이가 메시지를 보여 줄 것이다. experiencePoints에 정의된 타입인 Int의 경우도 같은 메시지를 보여 준다.

```
fun main() {
    val playerName: String = "에스트라곤"
    var experiencePoints: Int = 5
    Explicitly given type is redundant here more... (Ctrl+F1)
    println(experiencePoints)
    println(playerName)
}
```

그림 2.6 | 불필요한 타입 정보

이것은 타입 선언이 '불필요(redundant)'하다는 것을 나타낸다. 이것이 무슨 뜻일까?

코틀린에는 **타입 추론(type inference)**이 있다. 이것은 변수를 선언하면서 초깃값을 지정하는 경우에 해당 변수의 타입을 생략할 수 있게 해주는 기능이다. 여기서는 playerName과 experiencePoints를 선언할 때 String과 Int 타입의 값을 지정했으므로 그 값을 기준으로 코틀린 컴파일러가 두 변수의 타입을 추론할 수 있다. 따라서 우리가 명시적으로 타입을 지정하지 않아도 적합한 타입으로 간주해 준다.

앞에서 var을 val로 변경할 때처럼 불필요한 타입 지정을 삭제하는 데 인텔리제이가 도움을 줄 수 있다. playerName에 정의된 타입인 String을 클릭한 후 **Alt+Enter[Option+Return]** 키를 누른다. 그리고 팝업에서 **Remove explicit type specification**을 클릭한다(그림 2.7).

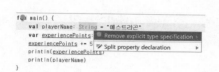

그림 2.7 | 명시적으로 지정한 타입 삭제하기

그러면 : String이 없어질 것이다. 같은 방법으로 experiencePoints의 : Int도 삭제해 보자.

이처럼 변수를 선언할 때는 타입을 생략해도 되며, 생략하거나 지정하는 모든 경우에서 코틀린 컴파일러가 변수 타입을 알고 처리해 준다. 따라서 모호한 경우가 아니라면 이 책에서는 변수 타입을 생략하여 타입이 추론되도록 할 것이다. 타입 추론을 사용하면 코드가 더 간결하고 작성이 쉽기 때문이다.

변수의 타입을 알고 싶을 때 해당 변수 이름을 클릭한 후 **Ctrl+Shift+P[Control+Shift+P]** 키를 누르면 인텔리제이가 타입을 알려 준다(그림 2.8).

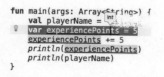

그림 2.8 | 변수 타입 알아보기

컴파일 시점 상수

var 변수는 값을 변경할 수 있고 val 변수는 변경할 수 없다는 것을 이미 이야기했다. 그러나 val 변수는 진정한 **상수(constant)**는 아니다. 12장에서 알아보겠지만, val 변수가 다른 값을 반환하는 특별한 경우가 있다. 따라서 초기화된 값을 절대로 변경하지 않는 변수의 경우에는 컴파일 시점 상수의 사용을 고려해야 한다.

컴파일 시점 상수는 main 함수를 포함해서 모든 함수의 외부에 정의되어야 한다. 컴파일 시점, 즉 프로그램이 컴파일될 때 값이 지정되어야 하기 때문이다. main과 이외의 다른 함수들은 **런타임(runtime)**, 즉 프로그램이 실행되는 동안 호출되며, 모든 함수의 내부에 선언된 변수들은 그때 생성되어 값이 지정된다. 반면에 컴파일 시점 상수는 프로그램 실행 전에 생성과 초기화된다.

컴파일 시점 상수는 프로그램 실행 전에 컴파일러가 알 수 있어야 하므로 다음의 기본(내장) 타입 중 하나가 되어야 한다.

- String
- Int
- Double
- Float
- Long
- Short
- Byte
- Char
- Boolean

TypeIntro.kt에 **const** 키워드를 사용해서 컴파일 시점 상수를 하나 추가해 보자.

리스트 2.10 | 컴파일 시점 상수 선언하기 `CODE` TypeIntro.kt

```kotlin
const val MAX_EXPERIENCE: Int = 5000

fun main( args: Array <String>) {
    ...
}
```

이처럼 val 앞에 const를 추가하면 이 변수의 값이 절대 변경되지 않는다는 것을 컴파일러에게 알려 준다. 여기서는 MAX_EXPERIENCE가 항상 정숫값인 5000을 갖는다는 것이 보장된다.

그런데 const val의 이름을 MAX_EXPERIENCE와 같이 대문자와 밑줄로 지정한 이유가 무엇일까? 이것은 컴파일러와 관계없이 우리가 그렇게 한 것이다. 즉, const val의 이름을 부여할 때는 모두 대문자를 사용하고, 각 단어 사이에는 밑줄(_)을 넣는다. 이렇게 하면 다른 var 및 val 변수들과 구분하기 쉬워서 코드를 알기 쉽기 때문이다.

코틀린 바이트코드 살펴보기

코틀린 프로그램은 JVM에서 자바 바이트코드로 실행된다는 것을 1장에서 이미 배웠다. 코틀린 컴파일러가 생성하는 자바 바이트코드를 살펴보면 유용할 때가 있다. 코틀린 코드가 JVM에서 어떻게 동작하는지 분석하는 방법의 일환으로, 이 책에서는 여러 곳에서 바이트코드를 살펴볼 것이다.

만일 자바 사용 경험이 있다면 우리가 작성한 코틀린 코드의 바이트코드를 이와 동등한 자바 코드 형태로 살펴보는 방법을 알아 두는 것이 좋다. 코틀린 코드가 어떻게 동작하는지 이해하기 쉽기 때문이다(만일 다른 언어의 사용 경험은 있지만 자바 사용 경험이 없더라도 염려하지 말자. 프로그래밍 언어의 특성은 비슷하므로 충분히 이해할 수 있기 때문이다).

예를 들어, 변수를 정의할 때 타입 추론을 사용하는 경우에는 JVM에서 실행되기 위해 생성되는 바이트코드에 어떤 영향을 주는지 알고 싶을 수 있다. 이때 코틀린 바이트코드 도구 창을 사용할 수 있다.

TypeIntro.kt에서 **Shift[Shift]** 키를 두 번 누르면 **Search Everywhere** 대화상자가 나타난다. 검색 상자에 'show kotlin bytecode'를 입력한 후 그 밑의 검색 결과에 **Show Kotlin Bytecode**가 나타나면 선택한다(그림 2.9).

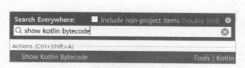

그림 2.9 | 코틀린 바이트코드 보기

그러면 그림 2.10과 같이 코틀린 바이트코드 도구 창이 열릴 것이다(메인 메뉴에서 Tools ➡ Kotlin ➡ Show Kotlin Bytecode를 선택해도 된다).

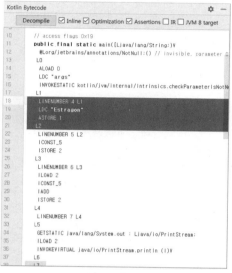

그림 2.10 │ 코틀린 바이트코드 도구 창

바이트코드를 잘 모르더라도 염려하지 말자. 우리가 알기 쉬운 형태로 된 자바 코드로 바이트코드를 변환할 수 있기 때문이다. 바이트코드 도구 창의 왼쪽 위에 있는 **Decompile** 버튼을 클릭한다.

그러면 편집기 창에 TypeIntro.decompiled.java 파일이 새로운 탭으로 열릴 것이다(그림 2.11). 이것이 코틀린 컴파일러가 생성한 바이트코드의 자바 버전이다.

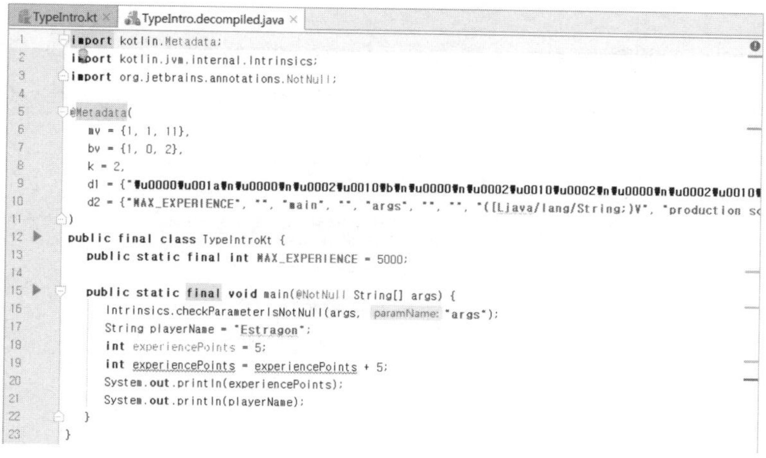

그림 2.11 │ 역컴파일(decompile)된 바이트코드

여기서 experiencePoints와 playerName의 변수 선언을 보면 다음과 같다.

```
String playerName = "에스트라곤";
int experiencePoints = 5;
```

이것을 보면 알 수 있듯이 코틀린 소스 코드의 변수 선언에서 타입을 생략하더라도 컴파일된 바이트코드에는 명시적인 타입 정의가 포함된다. 코틀린 컴파일러가 타입을 추론하여 추가해 주기 때문이다.

역컴파일된 자바 바이트코드의 더 자세한 내용은 이후의 다른 장에서 알아볼 것이다. 편집기 창의 TypeIntro.decompiled.java를 닫자(파일 이름이 있는 탭의 X를 클릭). 또한, 바이트코드 도구 창도 닫는다(오른쪽 위의 ▬를 클릭).

이 장에서는 var와 val 변수의 기본 데이터를 저장하는 방법을 배웠으며, 언제 사용하는지도 알아보았다. 또한, 컴파일 시점 상수를 사용해서 불변값을 선언하는 방법을 알아보았다. 그리고 코틀린에 타입 추론 기능이 있어서 변수를 선언할 때 타입을 생략할 수 있으며, 키보드 입력을 줄일 수 있다는 것도 배웠다. 이 책의 진도를 나가면서 이런 모든 기능을 반복해서 사용하게 될 것이다.

다음 장에서는 조건문과 조건식을 사용해서 더 복잡한 데이터를 나타내고 처리하는 방법을 배울 것이다.

궁금증 해소하기: 코틀린의 자바 기본 타입

자바에는 두 종류의 타입이 있다. **참조(reference)** 타입과 **기본(primitive)** 타입이다. 참조 타입은 별개의 소스 코드 파일로 정의된다(예를 들어, 클래스). 반면에 기본 타입은 자바 언어에 내장된 것이므로 소스 코드 파일로 정의되지 않으며 키워드로 나타낸다.

자바의 참조 타입 이름은 항상 대문자로 시작한다. 해당 타입의 소스 코드 파일 이름을 나타내는 것이기 때문이다. 예를 들어, 자바 참조 타입인 Integer를 사용해서 experiencePoints를 정의하면 다음과 같다.

```
Integer experiencePoints = 5;
```

이와는 달리 자바 기본 타입은 소문자로 시작한다. 예를 들어, 기본 타입인 int를 사용해서 experiencePoints를 정의하면 다음과 같다.

```
int experiencePoints = 5;
```

자바의 모든 기본 타입은 그것과 대응되는 참조 타입이 있다(그러나 모든 참조 타입이 자신과 대응되는 기본 타입을 갖고 있지는 않다). 기본 타입만 사용해도 될 텐데 굳이 이것과 대응되는 참조 타입을 사용하는 이유가 무엇일까?

참조 타입에서만 사용 가능한 자바 언어의 특성들이 있기 때문이다. 예를 들어, 17장에서 배울 제네릭(generic)은 기본 타입에 사용할 수 없다. 또한, 참조 타입은 자바의 객체지향 특성을 사용하여 동작할 수 있다(코틀린의 객체지향 프로그래밍과 특성은 12장에서 배울 것이다). 반면에 기본 타입은 성능과 기타 몇 가지 측면에서 장점을 제공한다.

자바와 달리 코틀린은 참조 타입만 제공한다. 예를 들어, 정수 타입의 경우 다음과 같이 int 대신 Int를 사용한다.

```
var experiencePoints: Int = 5
```

만일 정수 타입의 변수에 자바처럼 기본 타입인 int와 참조 타입인 Int를 따로 사용한다면, 둘 중 어느 타입을 사용할지 항상 우리가 결정해야 하며, int와 Int 타입 간의 변환이 필요할 때도 우리가 해야 한다. 그러나 코틀린에서는 기본 타입도 참조 타입으로 사용하므로 코드를 쉽게 작성할 수 있다.

만일 여러분이 자바를 잘 알고 있다면, '기본 타입이 참조 타입보다 더 좋은 성능을 제공하는데?'라고 생각할 수 있을 것이다. 맞는 말이다. 그러나 앞의 그림 2.11에서 보았던 역컴파일된 바이트코드의 experiencePoints 변수를 살펴보면 다음과 같다.

```
int experiencePoints = 5;
```

이것을 보면 참조 타입 대신 자바 기본 타입이 사용된 것을 알 수 있다. 코틀린은 참조 타입만 갖고 있는데 어찌 된 것일까? 코틀린 컴파일러는 가능한 한 자바 바이트코드의 기본 타입을 사용한다. 기본 타입이 더 좋은 성능을 제공하기 때문이다.

코틀린은 내부적으로 기본 타입의 성능을 제공하면서 우리가 참조 타입을 쉽게 사용하게 해준다. 그리고 8개의 자바 기본 타입에 대응되는 참조 타입을 기본 타입으로 제공한다.

챌린지: hasSteed

첫 번째 챌린지를 해보자. 이 장 앞에서 이야기했던 텍스트 어드벤처 게임에서 플레이어는 타고 갈 용이나 미노타우로스(사람의 몸에 소의 머리를 한 그리스 신화 괴물)를 획득할 수 있다. 플레이어가 그것들 중 하나를 획득했는지 나타내는 hasSteed라는 변수를 정의하되, 아직 획득하지 못했다는 것을 나타내는 초깃값을 지정한다.

챌린지: 유니콘의 뿔

텍스트 어드벤처 게임에서 다음 장면을 상상해 보자.

주인공이면서 플레이어를 나타내는 에스트라곤(Estragon)이 '유니콘의 뿔(Unicorn's Horn)'이라는 술집에 도착하자 주인이 "말을 마구간에 넣을까요?"라고 묻는다.

그러자 에스트라곤이 말한다. "아니요, 나는 말이 없소. 그러나 금화가 50개 있으니 술 한잔할까 하오."

술집 주인이 말한다. "좋습니다! 벌꿀주와 포도주 그리고 라크루아가 있습니다. 무엇을 드릴까요?"

이 챌린지에서는 hasSteed 변수 밑에 이 장면에서 필요한 변수들을 추가한다. 이때 각 변수에 적합한 초깃값을 지정하여 타입이 추론되게 한다. 다음 값들을 저장하는 변수들을 추가하자. 술집 이름, 지금 일을 하는 술집 주인 이름, 지금까지 플레이어가 획득한 금화 개수.

'유니콘의 뿔' 술집에는 플레이어가 선택할 수 있는 술 메뉴가 있다. 메뉴를 나타내기 위해 어떤 타입을 사용할 수 있을까? 필요하다면 표 2.1을 참고하자.

챌린지: 마법의 거울

피로도 풀렸겠다, 이제는 에스트라곤이 텍스트 탐구를 시작할 준비가 되었다.

플레이어 이름(playerName)을 반영으로 보여 주는 마법의 거울을 에스트라곤이 발견한다. String 타입의 마법을 사용해서 playerName의 문자열값인 "에스트라곤"을 반영값인 "곤라트스에"로 변환하자.

이 챌린지를 해결하기 위해 https://kotlinlang.org/api/latest/jvm/stdlib/kotlin/-string/index.html의 코틀린 문서를 참조하자.(힌트: 확장 함수(Extension Functions)를 보면 문자열을 역순(reversed)으로 변환하여 반환하는 함수가 있으므로 그것을 호출하면 된다.)

3

조건문과 조건식

이 장에서는 코드의 실행을 제어하는 방법을 배운다. 프로그래밍 언어의 이런 특성을 **제어 흐름 (control flow)**이라고 하며, 프로그램의 특정 부분이 실행되는 데 필요한 조건을 나타낼 수 있게 해 준다. 여기서는 if/else와 when 표현식을 알아보고, 비교 연산자와 논리 연산자를 같이 사용해 서 조건의 true/false를 검사하는 방법을 배운다. 그리고 문자열 템플릿(string template) 기능도 같 이 알아볼 것이다.

이 개념들이 실제로 어떻게 되는지 알아보기 위해 이 책 전반에 걸쳐 만들어 갈 NyetHack이라 는 프로젝트부터 생성할 것이다.

프로젝트 이름을 NyetHack으로 지은 이유는 다음과 같다. 1987년에 NetHack DevTeam에서 개발한 NetHack(네트핵)이라는 게임이 있었다. 이것은 ASCII 그래픽 문자를 사용한 텍스트 기 반의 재미있는 단일 플레이어 게임이다(https://nethack.org/ 참고). NetHack처럼 멋진 ASCII 그래픽 은 없지만, 이 책에서는 이 게임과 비슷하게 텍스트 기반으로 게임 구성 요소들을 만들어 갈 것 이다. 그리고 코틀린 언어의 개발사인 젯브레인즈(JetBrains)는 러시아에 있으므로 러시아식으로 NyetHack이라고 한 것이다.

if/else 문

먼저, 인텔리제이를 실행하고 새로운 프로젝트를 생성하자. 웰컴 대화상자에서 **Create New Project**를 클릭한다(인텔리제이가 이미 실행 중이면 메인 창 메뉴에서 File ➡ New ➡ Project...를 선택). 왼쪽 패널에서는 **Kotlin**을, 오른쪽 패널에서는 **Kotlin/JVM**을 선택한 후 **Next** 버튼을 클릭하면 새로운 프로젝트를 설정하는 대화상자가 나타난다. 프로젝트 이름을 NyetHack으로 입력하고 **Finish** 버튼을 누른다.

(만일 다른 프로젝트가 열려 있었다면 NyetHack 프로젝트를 새로운 창으로 열 것인지 아니면 현재 창으로 열 것인지를 물어 보는 대화상자가 나타난다. 이때 **This Window**를 클릭하면 이미 열려 있던 다른 프로젝트가 닫히며, **New Window**를 선택하면 새로운 창으로 NyetHack 프로젝트가 열린다.)

프로젝트 도구 창의 프로젝트 이름(NyetHack) 왼쪽에 있는 화살표를 클릭하고, src에서 오른쪽 마우스 버튼을 눌러 New ➡ Kotlin File/Class를 선택한 후 파일 이름에 **Game**을 입력하고 **OK** 버튼을 누른다. 그리고 편집기 창에 열린 Game.kt에서 'main'을 입력하고 탭 키를 누르면 다음과 같이 main 함수가 생성된다.

```
fun main(args: Array<String>) {
}
```

NyetHack에서 게임 플레이어의 상태는 0부터 100 사이의 값인 건강 점수를 기준으로 한다. 플레이어는 전투 중에 손상을 입을 수도 있고, 또는 최상의 상태가 될 수도 있다. 따라서 플레이어의 건강 상태를 나타내는 규칙을 정의해야 한다. 만일(if) 플레이어의 건강 점수가 100이면 최상의 건강 상태임을 보여 주고, 그렇지 않다면(else) 손상되었음을 알려 주어야 할 것이다. 이런 규칙을 정의하는 데 사용할 수 있는 도구 중 하나가 if/else 문이다.

먼저, 다음과 같이 main 함수 내부에 if/else 문을 추가하자.

리스트 3.1 | 플레이어의 건강 상태를 출력하기   `CODE` Game.kt

```
fun main(args: Array<String>) {
    val name = "마드리갈"
    var healthPoints = 100

    if (healthPoints == 100) {
        println(name + " 최상의 상태임!")
    } else {
```

```
        println(name + " 최악의 상태임!")
    }
}
```

이 코드에서는 제일 먼저 name이라는 val 변수를 정의하고, 용감무쌍한 플레이어의 이름을 나타내는 문자열 값으로 초기화한다. 그리고 healthPoints라는 var 변수를 정의하고, 만점값인 100으로 초기화한다.

그다음에 if/else 문에서는 다음의 true/false 질문을 한다. '플레이어의 건강 점수가 100인가?' 이것은 '값이 같은지'를 비교하는 연산자인 ==로 나타낸다. 따라서 이 if 문은 '만일 healthPoints가 100과 같으면'이라고 읽을 수 있다.

if 문 다음의 코드는 중괄호({}) 안에 포함되어 있다. if 조건이 Boolean 타입의 값인 true일 때(여기서는 healthPoints의 값이 정확하게 100일 때) 실행될 코드를 중괄호 안에 넣는다.

```
    if (healthPoints == 100) {
        println(name + " 최상의 상태임!")
    }
```

여기서는 name의 값과 " 최상의 상태임!" 문자열을 콘솔로 출력하는 println 함수가 if 문에 포함되어 있다(**마드리갈 최상의 상태임!**으로 알기 쉽게 출력하려면 이 문자열 앞에 공백이 하나 있어야 한다). 즉, 이 if 문에서는 마드리갈이 100점의 건강 점수를 가질 때 최상의 건강 상태라는 결과를 출력한다(여기서는 중괄호 안에 하나의 코드만 있지만 필요하다면 여러 개가 포함될 수 있다).

문자열값에 덧셈 연산자인 +를 사용하는 것을 **문자열 결합**(string concatenation)이라고 하며, 우리가 원하는 형태로 변수의 값을 콘솔에 출력할 때 편리하다. 이 장 뒤에서는 문자열에 값을 삽입하는 또 다른 방법을 알아볼 것이다.

healthPoints가 100이 아닌 다른 값을 갖는다면 어떻게 될까? 이때는 if에서 false가 되므로 컴파일러가 if의 중괄호 내부 코드를 건너뛰고 else로 이동한다. else는 '그렇지 않으면'이라는 의미로 생각하자. 그리고 if처럼 else도 중괄호 내부에 하나 이상의 표현식(expression)이 나올 수 있다. 그러나 if와는 다르게 else에는 조건을 정의할 필요 없다.

```
    else {
        println(name + " 최악의 상태임!")
    }
```

이 코드의 println 함수 호출에서 if와 다른 점은 플레이어 이름 다음의 문자열이다. 즉, " 최상의 상태임!" 대신에 " 최악의 상태임!"을 출력한다(지금까지는 콘솔로 문자열을 출력하기 위해 함수를 호출하였다. 함수에 관한 더 자세한 내용은 4장에서 배울 것이다).

이 코드의 if/else는 컴파일러에게 다음과 같이 알려 준다. '만일 플레이어의 건강 점수(healthPoints)가 100이면, **마드리갈 최상의 상태임!**을 콘솔로 출력하라. 그렇지 않고 100이 아니면 **마드리갈 최악의 상태임!**을 콘솔로 출력하라.'

값이 같은지 비교하는 ==은 코틀린의 **비교 연산자**(comparison operator) 중 하나다. 표 3.1에서는 코틀린의 비교 연산자를 보여 준다(이 연산자들은 진도를 나가면서 모두 배울 것이다). 조건을 표현하기 위해 사용할 수 있는 연산자들이 궁금할 때는 언제든 이 표를 참고하자.

표 3.1 | 비교 연산자

연산자	설명
<	왼쪽 값이 오른쪽 값보다 작은지 검사한다
<=	왼쪽 값이 오른쪽 값보다 작거나 같은지 검사한다
>	왼쪽 값이 오른쪽 값보다 큰지 검사한다
>=	왼쪽 값이 오른쪽 값보다 크거나 같은지 검사한다
==	왼쪽 값이 오른쪽 값과 같은지 검사한다
!=	왼쪽 값이 오른쪽 값과 같지 않은지 검사한다
===	왼쪽과 오른쪽의 두 개 인스턴스가 같은 객체를 참조하는지 검사한다
!==	왼쪽과 오른쪽의 두 개 인스턴스가 같은 객체를 참조하지 않는지 검사한다

main 함수 왼쪽의 실행 버튼(▶)을 클릭한 후 **Run 'Game.Kt'**를 선택하여 이 프로그램을 실행해 보자. 다음 결과가 출력될 것이다.

마드리갈 최상의 상태임!

우리가 정의한 조건인 healthPoints == 100이 true이므로 if/else의 if 문에 정의된 코드가 실행된 것이다. healthPoints의 값을 89로 변경해 보자.

리스트 3.2 | healthPoints 값 변경하기 `CODE` Game.kt

```kotlin
fun main(args: Array<String>) {
    val name = "마드리갈"
    var healthPoints = 100
    var healthPoints = 89
```

```
    if (healthPoints == 100) {
        println(name + " 최상의 상태임!")
    } else {
        println(name + " 최악의 상태임!")
    }
}
```

그리고 이 프로그램을 다시 실행하면 다음 결과가 출력된다.

마드리갈 최악의 상태임!

정의된 조건이 false가 되므로(89는 100과 같지 않다) else가 실행된 것이다.

더 많은 조건 추가하기

앞의 건강 상태 확인 코드는 플레이어의 상태를 대충 알 수 있게 해준다. 그러나 너무 개략적이다. 예를 들어, 플레이어의 healthPoints가 89면 " 최악의 상태임!"만 출력하므로, 상태가 좋지 않다는 것만 알 뿐 더 구체적으로 알기 어렵다.

if/else 문을 더 섬세하게 만들기 위해 더 많은 검사 조건을 추가할 수 있다. 이때 else if를 사용한다. healthPoints의 또 다른 값을 검사하는 세 개의 else if를 추가해 보자.

리스트 3.3 | 더 많은 플레이어 상태 검사하기   `CODE` Game.kt

```
fun main(args: Array<String>) {
    val name = "마드리갈"
    var healthPoints = 89

    if (healthPoints == 100) {
        println(name + " 최상의 상태임!")
    } else if (healthPoints >= 90) {
        println(name + " 약간의 찰과상만 있음.")
    } else if (healthPoints >= 75) {
        println(name + " 경미한 상처만 있음.")
    } else if (healthPoints >= 15) {
        println(name + " 많이 다친 것 같음.")
    } else {
        println(name + " 최악의 상태임!")
    }
}
```

이 코드의 로직은 다음과 같이 생각하면 된다.

만일 마드리갈이 다음의 건강 점수를 갖는다면	… 이 메시지를 출력하라
100	마드리갈 최상의 상태임!
90-99	마드리갈 약간의 찰과상만 있음.
75-89	마드리갈 경미한 상처만 있음.
15-74	마드리갈 많이 다친 것 같음.
0-14	마드리갈 최악의 상태임!

프로그램을 다시 실행해 보자. 마드리갈의 healthPoints가 89이므로 첫 번째 if와 else if 모두 true가 아니다. 그러나 else if (healthPoints >= 75)는 true가 된다. 따라서 **"마드리갈 경미한 상처만 있음."**이 콘솔에 출력된다.

컴파일러는 if/else의 조건식을 제일 위부터 아래로 내려오면서 검사하며, true가 되는 조건식을 만나는 즉시 검사를 중단한다. 만일 true가 되는 조건식이 하나도 없으면 제일 끝의 else가 실행된다.

따라서 조건식의 순서가 중요하다. 즉, 가장 작은 값부터 가장 큰 값의 순서로 검사하도록 if와 else if를 배열하면, 첫 번째 true가 되는 if 다음의 모든 else if는 하나도 실행되지 않을 것이다. 예를 들어, 다음 코드에서 healthPoints가 15보다 크거나 같은 경우 if의 첫 번째 조건식이 true가 되고 15보다 작은 값일 때만 그다음의 else if 조건식들을 검사하게 된다(다음 코드는 설명을 하기 위한 것이므로 각자 코드는 수정하지 말자).

```kotlin
fun main(args: Array<String>) {
    val name = "마드리갈"
    var healthPoints = 89

    if (healthPoints >= 15) { // 15보다 크거나 같은 값일 때 true가 된다
        println(name + " 많이 다친 것 같음.")
    } else if (healthPoints >= 75) {
        println(name + " 경미한 상처만 있음.")
    } else if (healthPoints >= 90) {
        println(name + " 약간의 찰과상만 있음.")
    } else if (healthPoints == 100) {
        println(name + " 최상의 상태임!")
    } else { // 0부터 14까지의 값일 때만 실행된다
        println(name + " 최악의 상태임!")
    }
}
```

이제는 최초 if 조건식이 false일 때 더 많은 조건을 검사하는 else if 문들을 포함하여 플레이어의 자세한 건강 상태를 출력할 수 있게 되었다. 각 else if에서 검사 결과가 true가 되도록 healthPoints의 값을 여러 가지로 변경해 보자. 그리고 테스트가 끝나면 healthPoints의 값을 다시 89로 되돌리자.

중첩 if/else 문

NyetHack에서는 플레이어가 '축복(blessed)'받을 수 있다. 이것은 플레이어가 건강하다면 경미한 상처를 빨리 치유할 수 있다는 뜻이다. 따라서 플레이어가 축복받았는지의 여부를 저장하는 변수를 추가해야 한다. 그리고 이것을 반영하는 건강 상태 메시지도 추가해야 한다.

플레이어가 경미한 상처를 입었을 때 healthPoints의 값은 75 이상이므로 이 값을 검사하는 else if에 축복 여부를 검사하는 if/else를 중첩시키면 된다.

리스트 3.4 | 축복 여부 검사하기   `CODE` Game.kt

```kotlin
fun main(args: Array<String>) {
    val name = "마드리갈"
    var healthPoints = 89
    val isBlessed = true

    if (healthPoints == 100) {
        println(name + " 최상의 상태임!")
    } else if (healthPoints >= 90) {
        println(name + " 약간의 찰과상만 있음.")
    } else if (healthPoints >= 75) {
        if (isBlessed) {
            println(name + " 경미한 상처가 있지만 빨리 치유됨!")
        } else {
            println(name + " 경미한 상처만 있음.")
        }
    } else if (healthPoints >= 15) {
        println(name + " 많이 다친 것 같음.")
    } else {
        println(name + " 최악의 상태임!")
    }
}
```

여기서는 플레이어의 축복 여부를 나타내는 Boolean 타입의 val 변수를 추가하였다. 그리고 이 변수의 값이 true일 때 새로운 메시지를 출력하기 위해 if/else도 추가하였다. 따라서

healthPoints의 값이 89일 때는 새로 추가한 메시지가 출력된다. 프로그램을 실행해 보자. 다음 메시지가 출력될 것이다.

마드리갈 경미한 상처가 있지만 빨리 치유됨!

만일 다른 결과가 출력된다면 우리 코드가 리스트 3.4와 같은지 확인해 보자.

이처럼 else if 내부에 또 다른 if를 중첩해서 사용하면 더 복잡한 조건을 검사할 수 있다.

논리 연산자

NyetHack에서는 검사할 조건들이 더 많이 생길 수 있다. 예를 들어, 플레이어가 축복을 받았고 건강 점수가 50보다 크거나 또는 불멸(immortal)이라면 눈에 보이는 아우라(aura, 동양의 기)를 가지며, 그렇지 않으면 플레이어의 아우라는 육안으로 볼 수 없다.

플레이어가 눈에 보이는 아우라를 갖고 있는지 판단하기 위해 여러 개의 if/else 문을 사용할 수 있을 것이다. 그러나 조건을 확인하기 위해 중복되는 코드가 많아진다. 이때는 조건식에 논리 연산자(logical operator)를 사용하면 코드의 작성이나 이해가 쉽다. 아우라 정보를 콘솔에 출력하기 위해 리스트 3.5와 같이 새로운 변수와 if/else 문을 추가해 보자.

리스트 3.5 | 조건식에 논리 연산자 사용하기   `CODE` ▶ Game.kt

```kotlin
fun main(args: Array<String>) {
    val name = "마드리갈"
    var healthPoints = 89
    val isBlessed = true
    val isImmortal = false

    // 아우라
    if (isBlessed && healthPoints > 50 || isImmortal) {
        println("GREEN")
    } else {
        println("NONE")
    }

    if (healthPoints == 100) {
        ...
    }
}
```

여기서는 먼저, 플레이어가 불멸인지 알기 위해 isImmortal이라는 val 변수를 추가하였다(플레이어의 불멸성은 변경되지 않으므로 읽기 전용이다).

그다음에 추가된 것은 //로 나타내는 **코드 주석(code comment)**이다. // 다음부터 해당 줄의 끝까지는 컴파일러가 무시하므로 우리가 원하는 어떤 것이든 추가할 수 있다. 코드에 관한 설명을 주석에 추가하면 다른 사람이 코드를 이해하기 쉬우며, 작성자 자신도 향후에 코드를 다시 볼 때 도움이 된다.

그다음은 if 문에 **논리 연산자**를 사용하였다. 논리 연산자를 사용하면 여러 개의 비교 연산자를 하나의 명령문으로 결합할 수 있다.

&&는 논리 'and' 연산자이며, 왼쪽과 오른쪽의 표현식 **모두** true일 때 결과가 true가 된다. 그리고 ||는 논리 'or' 연산자이며, 왼쪽이나 오른쪽의 표현식 중 **하나**(또는 모두)가 true면 결과가 true가 된다.

코틀린의 논리 연산자는 표 3.2와 같다.

표 3.2 | **논리 연산자**

연산자	설 명
&&	논리 'and': 왼쪽과 오른쪽 표현식 모두 true일 때만 true가 되며 이외는 false
||	논리 'or': 왼쪽과 오른쪽 표현식 중 하나가 true면 true가 됨(모두 false일 때만 false)
!	논리 'not': true일 때는 false, false일 때는 true가 됨

알아 두자: 여러 연산자들이 결합될 때는 실행 순서를 결정하는 **우선순위(precedence)**가 있다. 따라서 우선순위가 높은 연산자가 먼저 실행되며, 우선순위가 같은 연산자들은 왼쪽에서 오른쪽으로 차례대로 실행된다. 또한, 괄호(())로 둘러싼 연산자들은 하나의 표현식으로 같이 실행된다. 우선순위가 가장 높은 것부터 가장 낮은 순으로 논리와 비교 연산자를 보면 다음과 같다.

! (논리 'not')

< (작음), <= (작거나 같음), > (큼), >= (크거나 같음)

== (같음), != (같지 않음)

&& (논리 'and')

|| (논리 'or')

리스트 3.5에 추가한 코드를 보자.

```
    if (isBlessed && healthPoints > 50 || isImmortal) {
        println("GREEN")
    }
```

이 코드에서는 플레이어가 축복을 받았고(isBlessed가 true), 건강 점수가 50보다 크거나, 또는 플레이어가 불멸이면(isImmortal이 true) 초록색의 아우라를 볼 수 있다. 마드리갈은 불멸이 아니다. 그러나 축복을 받았고 건강 점수는 89이다. 따라서 첫 번째 조건식이 true가 되어 마드리갈의 아우라를 볼 수 있으므로 GREEN이 출력된다. 프로그램을 실행하면 다음 결과가 출력될 것이다.

```
GREEN
마드리갈 경미한 상처가 있지만 빨리 치유됨!
```

논리 연산자를 사용하지 않고 이런 로직을 구현하려면 조건문이 더 많이 필요하다. 논리 연산자는 복잡한 로직을 쉽게 표현해 주며, 여러 개의 if/else를 사용한 것보다 더 알기 쉽다.

논리 연산자는 조건문은 물론이고 여러 표현식에 사용될 수 있다. 예를 들어, 변수 선언에도 사용된다. 아우라를 볼 수 있는 조건을 갖는 Boolean 변수를 추가하고, if 문에서 이 변숫값을 검사하도록 코드를 수정해 보자.

리스트 3.6 | 변수 선언에 논리 연산자 사용하기   `CODE` Game.kt

```
fun main(args: Array<String>) {
    ...
    // 아우라
    if (isBlessed && healthPoints > 50 || isImmortal) {
    val auraVisible = isBlessed && healthPoints > 50 || isImmortal
    if (auraVisible) {
        println("GREEN")
    } else {
        println("NONE")
    }
    ...
}
```

여기서는 auraVisible이라는 val 변수에 검사할 조건값을 넣고, if 문에서 이 변숫값을 검사하도록 변경하였다. 이것은 이전 코드와 기능적으로 같지만, 검사하는 규칙을 변수 선언에 나타냈다는 것이 다르다. 그리고 변수 이름은 아우라를 볼 수 있는지를 의미하는 auraVisible로 지정하여 코드를 알기 쉽게 하였다. 검사 규칙이 복잡해질 때 이런 방법을 사용하면 특히 유용하며, 나중에 누가 코드를 보더라도 검사 규칙을 알아보기 쉽다. 프로그램을 다시 실행하여 이전처럼 동작하는지 확인해 보자. 결과는 같을 것이다.

조건 표현식

이제는 if/else 문에서 플레이어의 건강 상태를 자세하게 보여 준다. 그러나 각 조건문마다 비슷한 형식의 문자열을 출력하는 println을 실행한다. 이것은 플레이어 이름과 건강 상태를 나타내는 문자열이다. 따라서 하나의 println만 실행하도록 수정하면 좋을 것이다.

이때는 if/else문 대신 **조건 표현식(conditional expression)**을 사용하면 그렇게 할 수 있다. 조건 표현식은 조건문과 비슷하지만, if/else를 값으로 지정한다는 것이 다르다. 리스트 3.7과 같이 코드를 변경해 보자.

리스트 3.7 | 조건 표현식 사용하기   CODE ▶ Game.kt

```kotlin
fun main(args: Array<String>) {
    ...
    if (healthPoints == 100) {
    val healthStatus = if (healthPoints == 100) {
        println(name + " 최상의 상태임!")
        "최상의 상태!"
    } else if (healthPoints >= 90) {
        println(name + " 약간의 찰과상만 있음.")
        "약간의 찰과상만 있음."
    } else if (healthPoints >= 75) {
        if (isBlessed) {
            println(name + " 경미한 상처가 있지만 빨리 치유되고 있음!")
            "경미한 상처가 있지만 빨리 치유되고 있음!"
        } else {
            println(name + " 경미한 상처만 있음.")
            "경미한 상처만 있음."
        }
    } else if (healthPoints >= 15) {
        println(name + " 많이 다친 것 같음.")
        "많이 다친 것 같음."
    } else {
        println(name + " 최악의 상태임!")
        "최악의 상태임!"
    }

    // 플레이어의 상태 출력
    println(name + " " + healthStatus)
}
```

(코드의 들여쓰기는 인텔리제이의 메인 메뉴에서 **Code ➡ Auto-Indent Lines**를 선택하면 자동으로 조정되므로 편리하다.)

이처럼 if/else를 표현식으로 사용하면 healthPoints의 값에 따라 healthStatus 변수에 " 최상의 상태임!" 등과 같은 문자열 값이 지정된다. 따라서 이제는 새로 추가한 healthStatus 변수를 사용해서 하나의 println으로 플레이어의 건강 상태를 출력할 수 있다.

조건에 맞는 값을 변수에 지정할 때 이처럼 조건 표현식을 사용하면 편리하다. 그러나 healthStatus의 문자열처럼 각 조건문에서 지정하는 값이 같은 타입일 때 조건 표현식을 사용하는 것이 좋다.

auraVisible의 값을 검사하여 결과를 출력하는 코드도 조건 표현식으로 변경할 수 있다. 리스트 3.8과 같이 수정해 보자.

리스트 3.8 | auraVisible 코드를 조건 표현식으로 변경하기 `CODE` Game.kt

```
...
// 아우라
val auraVisible = isBlessed && healthPoints > 50 || isImmortal
if (auraVisible) {
    println("GREEN")
} else {
    println("NONE")
}
val auraColor = if (auraVisible) "GREEN" else "NONE"
println(auraColor)
...
```

프로그램을 다시 실행해 보자. 이전과 같은 결과가 출력될 것이지만, 코드가 더 간결하고 보기 좋을 것이다.

이 코드를 보면 auraVisible의 값을 검사하는 if의 중괄호가 없는 것을 알 수 있다. 왜 그런지 알아보자.

if/else 표현식에서 괄호 제거하기

if와 else if 및 else에서 실행되는 표현식이 하나만 있을 때는 중괄호({})를 생략할 수 있다. 만일 두 개 이상의 표현식이 있는데 중괄호를 생략하면 코드가 다르게 실행된다.

중괄호를 생략한 healthStatus의 조건 표현식 코드의 예를 보면 다음과 같다.

```
val healthStatus = if (healthPoints == 100) " 최상의 상태임!"
    else if (healthPoints >= 90) "약간의 찰과상만 있음."
    else if (healthPoints >= 75)
        if (isBlessed) "경미한 상처가 있지만 빨리 치유되고 있음!"
        else "경미한 상처만 있음."
    else if (healthPoints >= 15) "많이 다친 것 같음."
    else "최악의 상태임!"
```

이 코드는 이전 코드와 동일하면서 더 간결하게 보인다. 그러나 어떤 형태가 더 알아보기 쉬울까?

한 줄 이상의 조건문이나 표현식일 경우는 중괄호를 생략할 수 있더라도 가급적 빼지 말 것을 권한다. 중괄호를 생략하면 각 조건문의 시작과 끝이 어디인지 알아보기 어려울 수 있기 때문이다. 또한, 조건문의 중괄호를 생략하면 다른 사람이 코드를 잘못 이해하여 틀리게 수정할 위험이 커지기 때문이다. 코드 입력이 적다고 해서 항상 좋은 것은 아니다.

앞의 코드는 중괄호가 있건 없건 같은 결과를 출력하지만, 모든 경우에 그런 것은 아니다. 만일 하나의 조건문에 여러 개의 표현식이 있는데 중괄호를 생략한다면 해당 조건문이 true일 때 첫 번째 표현식만 실행된다. 다음 예를 보자.

```
var arrowsInQuiver = 2
if (arrowsInQuiver >= 5) {
    println("화살이 충분함")
    println("더 이상의 화살을 가질 수 없음")
}
```

이 코드의 경우에 만일 플레이어가 화살통(Quiver)에 다섯 개 이상의 화살(arrow)을 갖고 있다면 (arrowsInQuiver >= 5), 화살이 충분하므로 더 이상 가질 수 없다는 메시지가 출력된다. 여기서는 두 개의 화살만 있으므로 아무 메시지도 콘솔에 출력되지 않는다. 그러나 다음과 같이 if 문의 중괄호를 빼면 실행 로직이 변경된다.

```
var arrowsInQuiver = 2
if (arrowsInQuiver >= 5)
    println("화살이 충분함")
    println("더 이상의 화살을 가질 수 없음")
```

이 코드에서는 if 문의 조건이 true일 때 두 번째 println이 실행되지 않는다. 따라서 arrowsInQuiver가 5 이상일 때만 "화살이 충분함"이 출력되며, "더 이상의 화살을 가질 수 없음"은 화살 개수와 무관하게 항상 출력된다. 한 줄로 된 표현식의 경우는 중괄호를 생략하는 것이 코드를 알기 쉽다. 예를 들면 다음과 같다.

```
val healthSummary = if (healthPoints != 100) "치유가 필요함!" else "건강함."
```

그런데 지금까지 사용한 if/else 구문을 그다지 좋아하지 않는 사람도 있을 것이다. 지금부터는 건강 상태를 검사하는 표현식을 더 간결한 방법으로 다시 작성할 것이다.

범위

healthStatus의 if/else 표현식으로 작성했던 모든 조건은 healthPoints의 정수 값에 따라 검사되고 분기된다. 그리고 각 if에서는 비교 연산자를 사용해서 그 값과 같은지 검사하거나, 또는 두 개의 정수 범위에 포함되는지 검사한다. 이때 후자의 경우에는 더 좋은 방법이 있다. 즉, 코틀린에서는 연속되는 값을 나타낼 수 있는 **범위(range)**를 제공한다.

범위는 1..5와 같이 .. 연산자를 사용해서 나타낸다. 그리고 이 연산자의 왼쪽부터 오른쪽까지의 모든 값이 범위에 포함된다. 따라서 1..5는 1, 2, 3, 4, 5를 포함한다. 범위는 연속되는 문자가 될 수도 있다.

어떤 값이 범위에 포함되는지 검사할 때는 in 키워드를 사용한다. healthStatus의 값을 검사하는 조건 표현식을 비교 연산자 대신 범위를 사용하도록 변경해 보자.

리스트 3.9 | 범위를 사용해서 healthStatus 값을 검사하기   `CODE` Game.kt

```kotlin
fun main(args: Array<String>) {
    ...
    val healthStatus = if (healthPoints == 100) {
        " 최상의 상태임!"
    } else if (healthPoints >= 90) {
    } else if (healthPoints in 90..99) {
        "약간의 찰과상만 있음."
    } else if (healthPoints >= 75) {
    } else if (healthPoints in 75..89) {
        if (isBlessed) {
```

```
            "경미한 상처가 있지만 빨리 치유되고 있음!"
        } else {
            "경미한 상처만 있음."
        }
    } else if (healthPoints >= 15) {
    } else if (healthPoints in 15..74) {
        "많이 다친 것 같음."
    } else {
        "최악의 상태임!"
    }

    // 플레이어의 상태 출력
    println(name + " " + healthStatus)
}
```

이처럼 조건문에 범위를 사용하면 else if의 순서에 상관없이 코드가 정상적으로 실행된다는 장점이 있다.

.. 연산자와 더불어 범위를 생성하는 함수들도 있다. 예를 들어, downTo 함수는 감소되는 값의 범위를 생성하며, until 함수는 지정된 범위의 상한값을 제외시킨 범위를 생성한다. 이 함수들 중 일부는 이 장 끝의 챌린지에서 알아본다. 그리고 더 자세한 내용은 10장에서 배울 것이다.

when 표현식

when 표현식은 코틀린에서 사용할 수 있는 또 다른 제어 흐름 메커니즘이다. when 표현식에는 if/else처럼 검사할 조건들을 작성할 수 있으며, 조건이 true일 때 해당 코드가 실행된다. 그러나 코드가 더 간결하며 세 개 이상의 조건 분기에 특히 적합하다.

NyetHack에서 플레이어는 오크(orc)나 땅속 요정(gnome)과 같은 서로 다른 상상 속 종족(race)들의 멤버가 될 수 있으며, 이 종족들은 상호 동맹을 맺는다. 다음 코드의 when 표현식에서는 종족을 받아서 그것이 속한 동맹의 이름을 반환한다.

```
val race = "gnome"
val faction = when (race) {
    "dwarf" -> "Keepers of the Mines"
    "gnome" -> "Keepers of the Mines"
    "orc" -> "Free People of the Rolling Hills"
    "human" -> "Free People of the Rolling Hills"
}
```

여기서는 먼저, race가 val로 선언되었다. 그리고 faction이 두 번째 val로 선언되었으며, 이것의 값은 when 표현식에서 결정된다. 이 표현식에서는 race의 값이 -> 연산자(화살표(arrow)라고함)의 왼쪽 값과 같은지 검사한 후, 같으면 오른쪽 값을 faction에 지정한다(다른 언어에서는 -> 연산자가 이와 다른 목적으로 사용된다).

기본적으로 when 표현식은 괄호 안에 지정한 인자(argument)와 중괄호 안에 지정한 조건값들을 동등 비교 연산자인 ==로 비교한다(**인자**는 특정 코드에 입력으로 전달되는 데이터다. 더 자세한 내용은 4장에서 배울 것이다).

위의 when 표현식에서는 race가 인자로 전달되므로 race의 값인 "gnome"이 첫 번째 조건의 값과 같은지 비교하게 된다. 그리고 같지 않으므로 결과는 false가 되고, 그다음 조건으로 이동하여 다시 비교된다. 이때는 결과가 true가 되므로 해당 조건의 "Keepers of the Mines"가 faction에 지정된다.

이제는 when 표현식의 사용 방법을 알았으므로 healthStatus 관련 코드를 변경할 수 있다. 현재는 이 코드가 if/else 표현식으로 되어 있지만, when 표현식으로 변경하면 더 간결하고 알기 쉬울 것이다. else if가 있는 if/else 표현식은 when 표현식으로 대체하는 것이 좋다. healthStatus 관련 코드를 리스트 3.10과 같이 변경해 보자.

리스트 3.10 | healthStatus 관련 코드를 when 표현식으로 변경하기 `CODE` Game.kt

```
fun main(args: Array<String>) {
    ...
    val healthStatus = if (healthPoints == 100) {
        " 최상의 상태임!"
    } else if (healthPoints in 90..99) {
        "약간의 찰과상만 있음."
    } else if (healthPoints in 75..89) {
        if (isBlessed) {
            "경미한 상처가 있지만 빨리 치유되고 있음!"
        } else {
            "경미한 상처만 있음."
        }
    } else if (healthPoints in 15..74) {
        "많이 다친 것 같음."
    } else {
        "최악의 상태임!"
    }
    val healthStatus = when (healthPoints) {
        100 -> " 최상의 상태임!"
        in 90..99 -> "약간의 찰과상만 있음."
        in 75..89 -> if (isBlessed) {
            "경미한 상처가 있지만 빨리 치유되고 있음!"
```

```
        } else {
            "경미한 상처만 있음."
        }
    in 15..74 -> "많이 다친 것 같음."
    else -> "최악의 상태임!"
}

// 플레이어의 상태 출력
println(name + " " + healthStatus)
}
```

when 표현식은 if/else 표현식과 비슷하게 동작하며, -> 연산자의 왼쪽 조건이 자동으로 when 의 인자에 한정되어 비교된다는 점이 다르다. 이처럼 변수의 사용이 가능한 영역을 **변수 범위 (scope)**라고 한다(더 자세한 내용은 4장과 12장에서 알아볼 것이다).

이제는 값이 범위 안에 있는지 검사하기 위해 in 키워드를 사용하는 방법을 알게 되었다. 여기서는 healthPoints의 값을 검사하는 데 사용한다. 그리고 -> 연산자의 왼쪽 범위가 healthPoints 변수에 대해서만 사용되므로 healthPoints가 여러 분기 조건에 포함되어 있더라도 코틀린 컴파일러가 when 표현식의 결과를 산출해 준다.

앞의 when 표현식 코드는 세 개 이상의 if 분기 조건이 필요한 if/else 표현식과 같은 결과를 얻을 수 있다. 대개의 경우에 when 표현식이 더 간결하고 다양하게 로직을 나타낼 수 있으며, if/else보다 유연성이 더 좋게 조건을 검사할 수 있다.

앞의 when 표현식에 있는 in 75..89 분기 조건을 보면 if/else가 중첩되어 있는 것을 볼 수 있다. 이런 형태는 흔하지는 않지만 when 표현식의 유연성이 좋기 때문에 그렇게 할 수 있다.

NyetHack을 다시 실행하여 when 표현식으로 수정한 코드가 로직의 변동 없이 잘 실행되는지 확인해 보자.

문자열 템플릿

변수의 값이나 조건 표현식의 결과로 문자열이 생성될 수 있다는 것을 알았을 것이다. 코틀린에 는 **문자열 템플릿(string template)**이 있어서 더 알기 쉽게 코드를 작성할 수 있다. 즉, 문자열 템플릿을 사용하면 문자열 값 안에 변수의 값을 포함시킬 수 있다. 문자열 템플릿을 사용해서 플레이어의 상태를 출력하도록 코드를 변경해 보자.

리스트 3.11 | 문자열 템플릿 사용하기   `CODE` Game.kt

```kotlin
fun main(args: Array<String>) {
    ...
    // 플레이어의 상태 출력
    println(name + " " + healthStatus)
    println("$name $healthStatus")
}
```

이 코드에서는 name과 healthStatus 변수 이름 앞에 $를 붙여서 플레이어 건강 상태 출력 문자열에 두 변수의 값을 추가한다. 바로 이 $ 기호가 문자열 템플릿을 나타내며, 큰따옴표("")내부의 문자열에 val이나 var 변수의 값을 넣는다는 뜻이다.

프로그램을 다시 실행해 보면 다음과 같이 이전과 동일한 결과가 출력될 것이다.

GREEN
마드리갈 경미한 상처가 있지만 빨리 치유되고 있음!

코틀린에서는 또한, 문자열 내부에 있는 표현식을 실행하여 그 결과를 해당 문자열에 삽입할 수 있다. 이때는 $ 기호 다음에 추가하는 중괄호({}) 내부에 표현식을 넣으면 된다. 어떻게 되는지 알기 위해 플레이어의 축복 여부와 아우라 색을 출력하는 코드를 추가해 보자. 그리고 아우라 색을 출력하는 기존의 println은 삭제하자.

리스트 3.12 | 문자열 표현식을 사용해서 출력하기   `CODE` Game.kt

```kotlin
fun main(args: Array<String>) {
    ...
    // 아우라
    val auraVisible = isBlessed && healthPoints > 50 || isImmortal
    val auraColor = if (auraVisible) "GREEN" else "NONE"
    println(auraColor)
    ...
    // 플레이어의 상태 출력
    println("(Aura: $auraColor) " +
            "(Blessed: ${if (isBlessed) "YES" else "NO"})")
    println("$name $healthStatus")
}
```

새로 추가한 코드에서는 아우라 색과 (Blessed: 및 표현식(if (isBlessed) "YES" else "NO")의 결과를 문자열로 출력한다. 이 표현식의 if에서는 코드를 간결하게 하기 위해 중괄호를 생략했지만, 다음과 같이 추가해도 동일하다.

```
if (isBlessed) {
    "YES"
} else {
    "NO"
}
```

둘 중 어떤 방법을 사용하건 if의 결과가 문자열에 추가된다. 어떤 결과가 출력될지 알아보기 위해 프로그램을 다시 실행해 보자.

이 장에서는 if/else와 when 표현식을 사용해서 코드의 실행을 제어하는 방법을 배웠다. 또한, 변수의 값을 지정할 때 if/else와 if/else 조건 표현식을 사용하는 방법도 알아보았으며, 범위를 사용해서 연속되는 숫자나 문자를 나타내는 방법도 배웠다. 끝으로, 문자열 내부에 변수의 값을 삽입하기 위해 문자열 템플릿과 문자열 표현식을 사용하는 방법을 알아보았다. 다음 장에서는 코드를 재사용하는 방법인 함수에 관해 더 자세하게 배울 것이다.

챌린지: 범위에 관해 추가로 알아보기

코틀린에서 범위(range)는 강력한 도구이며, 실제로 사용해 보면 쉽고 편리하다는 것을 알 수 있을 것이다. 이 챌린지에서는 코틀린의 REPL을 사용해서 여러 가지 범위의 사용법을 실습해 보자. 먼저, 코틀린 REPL을 실행시킨다(메인 메뉴에서 Tools ➡ Kotlin ➡ REPL을 선택). 그리고 코틀린 REPL 창에서 다음의 범위 코드들을 하나씩 입력하고, **Ctrl+Enter[Command+Return]** 키를 눌러 실행해 보자. 여기서 toList(), downTo, until은 함수다.

리스트 3.13 | 여러 가지 범위 알아보기   `CODE` REPL 사용

```
1 in 1..3
(1..3).toList()
1 in 3 downTo 1
1 in 1 until 3
3 in 1 until 3
2 in 1..3
2 !in 1..3
'x' in 'a'..'z'
```

챌린지: 아우라 관련 코드 개선하기

현재의 NyetHack 프로젝트는 다음 장에서도 계속 사용할 것이다. 따라서 인텔리제이에서 NyetHack 프로젝트를 닫은 다음, 파일 탐색기에서 NyetHack를 복사하여 다른 이름의 프로젝트(예를 들어, NyetHack_ConditionalsChallenges)를 만든 후, 이 챌린지와 바로 다음 챌린지를 진행하기 바란다. NyetHack 프로젝트의 모든 파일들은 NyetHack 서브 디렉터리에 포함되어 있으며, 위치는 프로젝트 도구 창의 프로젝트 이름 오른쪽에 나타나 있다(그림 3.1의 타원으로 표시된 부분).

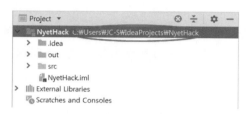

그림 3.1 | NyetHack 프로젝트 디렉터리

현재는 아우라의 색이 항상 초록(GREEN)으로 출력된다. 이 챌린지에서는 플레이어의 카르마(불교나 힌두교의 업보)에 따라 아우라 색이 달라지게 할 것이다.

카르마는 0부터 20까지의 숫자값으로 나타내며, 다음 공식을 사용해서 플레이어의 카르마를 결정한다.

```
val karma = (Math.pow(Math.random(), (110 - healthPoints) / 100.0) * 20 ).toInt()
```

카르마 값에 따른 아우라 색은 다음과 같다.

카르마 값	아우라 색
0-5	red
6-10	orange
11-15	purple
16-20	green

위의 공식에 따라 카르마 값을 구한 후 조건 표현식을 사용하여 아우라 색을 결정한다. 그리고 아우라를 볼 수 있다면(auraVisible이 true일 때) 해당 아우라 색을 출력하도록 코드를 수정한다.

챌린지: 구성 가능한 형식의 상태 출력

현재는 플레이어의 상태가 두 개의 println 호출을 사용해서 별개의 문자열로 출력된다. 그리고 두 개의 문자열을 하나의 값으로 갖는 변수는 없다.

```
// 플레이어의 상태 출력
println("(Aura: $auraColor) " +
        "(Blessed: ${if (isBlessed) "YES" else "NO" })")
println("$name $healthStatus")
```

출력된 결과는 다음과 같다.

```
(Aura: GREEN) (Blessed: YES)
마드리갈 경미한 상처가 있지만 빨리 치유되고 있음!
```

이 챌린지에서는 형식 문자열을 사용해서 우리가 원하는 대로 상태의 출력을 구성할 수 있게 한다. 이때 문자 B는 축복 여부, A는 아우라 색, H는 건강 상태(healthStatus), HP는 건강 점수(healthPoints)를 사용하여 나타낸다. 형식 문자열의 예를 들면 다음과 같다.

```
val statusFormatString = "(HP)(A) -> H"
```

그리고 이 형식 문자열을 사용해서 플레이어의 상태를 출력한 예는 다음과 같이 될 것이다.

```
(HP: 100)(Aura: Green) -> 마드리갈 최상의 상태임!
```

4

함수

함수(function)는 특정 작업을 수행하는 재사용 가능한 코드다. 함수는 프로그래밍에서 매우 중요한 부분이다. 실제로 프로그램은 더 복잡한 작업을 수행하기 위해 결합된 함수들로 구성된다.

콘솔로 데이터를 출력하는 println과 같은 함수를 3장에서 이미 사용했다. 이 함수는 코틀린 표준 라이브러리에서 제공한다. 그러나 우리가 작성한 코드를 갖는 함수를 정의할 수도 있다. 함수에 따라서는 특정 작업을 수행하는 데 필요한 데이터를 받는다. 또한, 작업을 수행한 후 어디서든 사용될 수 있도록 결과 데이터를 반환하기도 한다.

이 장에서는 함수를 사용해서 NyetHack의 기존 코드를 재구성할 것이다. 그다음에 우리가 작성한 함수를 NyetHack에 추가할 것이다.

기존 코드를 함수로 만들기

3장의 NyetHack에 구현했던 코드는 잘 되어 있다. 그러나 함수를 사용하면 더 좋을 것이다. 먼저, 이미 작성한 코드를 함수로 재구성하자. 이것은 NyetHack에 새로운 기능을 추가하는 준비 작업이 될 것이다.

함수로 재구성하기 위해 기존 코드를 모두 삭제하고 같은 로직의 코드를 새로 작성해야 할까?
절대 그렇지 않다. 기존 코드를 함수로 쉽게 구성하도록 인텔리제이가 도와 주기 때문이다.

NyetHack 프로젝트를 열고 Game.kt가 편집기 창에 열려 있는지 확인한다. 그리고 다음과 같이
healthStatus를 선언하는 줄부터 when 표현식의 닫는 중괄호까지의 코드를 마우스로 끌어서
선택한다.

```
...
val healthStatus = when (healthPoints) {
    100 -> " 최상의 상태임!"
    in 90..99 -> "약간의 찰과상만 있음."
    in 75..89 -> if (isBlessed) {
        "경미한 상처가 있지만 빨리 치유되고 있음!"
    } else {
        "경미한 상처만 있음."
    }
    in 15..74 -> "많이 다친 것 같음."
    else -> "최악의 상태임!"
}
...
```

선택된 코드 위에서 오른쪽 마우스 버튼(맥에서는 **Control+클릭**)을 클릭한 후 Refactor ➡ Extract
➡ Function...을 선택한다(그림 4.1).

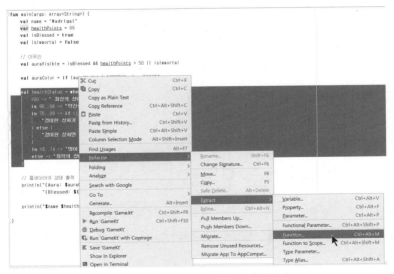

그림 4.1 | 기존 코드를 함수로 추출하기

그러면 그림 4.2와 같이 팝업 대화상자가 나타날 것이다.

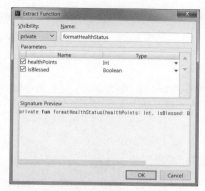

그림 4.2 | 함수 추출 대화상자

이 대화상자는 잠시 후에 다시 설명할 것이다. 일단 지금은 그림 4.2처럼 Visibility에서 **private**를 선택하고, Name 필드에 formatHealthStatus를 입력한 후 **OK** 버튼을 클릭한다. 그러면 다음과 같이 인텔리제이가 함수로 만든 후 Game.kt의 제일 끝에 추가할 것이다.

```
private fun formatHealthStatus(healthPoints: Int, isBlessed: Boolean): String {
    val healthStatus = when (healthPoints) {
        100 -> " 최상의 상태임!"
        in 90..99 -> "약간의 찰과상만 있음."
        in 75..89 -> if (isBlessed) {
            "경미한 상처가 있지만 빨리 치유되고 있음!"
        } else {
            "경미한 상처만 있음."
        }
        in 15..74 -> "많이 다친 것 같음."
        else -> "최악의 상태임!"
    }
    return healthStatus
}
```

여기서 formatHealthStatus 함수는 새로운 코드로 둘러싸여 있다. 이것들이 무엇인지 지금부터 하나씩 살펴볼 것이다.

함수의 구조

그림 4.3에서는 formatHealthStatus 함수의 주요 부분인 **헤더(header)**와 **몸체(body)**를 보여 준다.

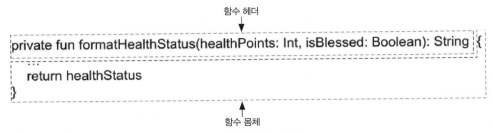

그림 4.3 | 함수는 헤더와 몸체로 구성된다

함수 헤더

함수의 첫 번째 부분은 함수 헤더다. 함수 헤더는 다섯 개 부분으로 구성된다. 가시성 제한자 (visibility modifier), 함수 선언 키워드, 함수 이름, 함수 매개변수(parameter), 반환 타입(return type)이다(그림 4.4).

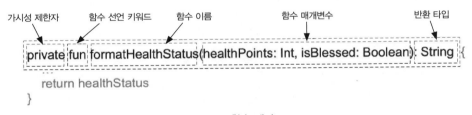

그림 4.4 | 함수 헤더

지금부터 각 부분을 자세히 알아보자.

가시성 제한자

함수를 정의할 때는 제일 먼저 **가시성 제한자**를 지정하며 생략할 수도 있다(그림 4.5). 가시성 제한자는 다른 함수가 해당 함수를 볼 수 있는지, 즉 사용할 수 있는지를 결정한다.

```
private fun formatHealthStatus(healthPoints: Int, isBlessed: Boolean): String {
    ...
    return healthStatus
}
```

그림 4.5 | 함수의 가시성 제한자

코틀린에서는 기본적으로 함수의 가시성 제한자가 public이다. 즉, 다른 코틀린 파일에 정의된 함수를 포함하여 모든 함수에서 해당 함수를 사용할 수 있다는 뜻이다. 따라서 가시성 제한자를 지정하지 않으면 public으로 간주된다. 여기서는 private 가시성 제한자를 가지므로 현재의 코틀린 파일인 Game.kt에서만 formatHealthStatus 함수를 사용할 수 있다. 사용할 수 있는 가시성 제한자와 사용법의 더 자세한 내용은 12장에서 배울 것이다.

함수 이름 선언

가시성 제한자 다음에는 fun 키워드와 **함수 이름**이 나온다(그림 4.6).

```
private fun formatHealthStatus(healthPoints: Int, isBlessed: Boolean): String {
    ...
    return healthStatus
}
```

그림 4.6 | 함수를 나타내는 fun 키워드와 이름 선언

함수 추출 대화상자에서 함수 이름으로 formatHealthStatus를 지정했으므로 인텔리제이가 함수 이름을 formatHealthStatus로 추가하였다. 함수 이름은 소문자로 시작하며, 복합 단어일 때는 밑줄(_) 없이 붙이되 첫 글자는 대문자로 시작하는 '카멜(camel) 표기법'을 사용한다. 이것은 공식적으로 표준화된 표기법이므로 따르는 것이 좋다.

함수 매개변수

그다음은 함수 **매개변수(parameter)**가 나온다(그림 4.7).

```
private fun formatHealthStatus(healthPoints: Int, isBlessed: Boolean): String {
    ...
    return healthStatus
}
```

그림 4.7 | 함수 매개변수

함수 매개변수에는 함수 실행에 필요한 입력 데이터의 변수 이름과 타입을 지정한다. 함수는 0 또는 하나 이상의 매개변수를 가질 수 있다.

formatHealthStatus 함수의 경우에는 when 표현식에서 조건을 검사하여 출력할 건강 상태 메시지를 결정해야 하므로 healthPoints와 isBlessed 변수의 값이 필요하다. 따라서 formatHealthStatus 함수를 정의할 때 두 개의 매개변수를 지정하였다.

```kotlin
private fun formatHealthStatus(healthPoints: Int, isBlessed: Boolean): String {
    val healthStatus = when (healthPoints) {
        ...
        in 75..89 -> if (isBlessed) {
            ...
        } else {
            ...
        }
        ...
    }
    return healthStatus
}
```

각 매개변수를 정의할 때는 데이터 타입도 지정해야 한다. 여기서 healthPoints는 Int 타입이 어야 하고, isBlessed는 Boolean 타입이어야 한다. 함수 매개변수는 항상 읽기 전용이라는 것을 알아 두자. 즉, 함수 몸체 내부에서 값을 변경할 수 없으므로 var이 아닌 val이다.

함수 반환 타입

대부분의 함수는 특정 타입의 결과를 생성한다. 함수가 호출된 코드로 특정 타입의 값을 반환하는 것이 함수가 하는 일이기 때문이다. 함수 헤더의 마지막 요소는 **반환 타입**(return type)이며, 이 것은 함수의 실행이 끝났을 때 반환되는 결과의 데이터 타입을 나타낸다. formatHealthStatus 함수의 경우에는 String 타입의 데이터를 반환한다(그림 4.8).

```kotlin
private fun formatHealthStatus(healthPoints: Int, isBlessed: Boolean): String {
    ...
    return healthStatus
}
```

그림 4.8 | 함수의 반환 타입

함수 몸체

함수 헤더 다음에는 중괄호({})를 사용해서 함수 몸체를 정의한다. 함수에서 실행되는 코드가 있는 곳이 몸체다. 몸체에는 반환될 데이터를 나타내는 return 문이 포함될 수 있다.

여기서는 인텔리제이가 val 변수인 healthStatus의 선언 코드(함수 추출을 할 때 선택했던 코드)를 formatHealthStatus 함수 몸체로 이동시켰다. 그리고 return healthStatus 코드를 추가하였다. return 키워드는 함수 실행이 끝나고 결과 데이터(여기서는 String 타입)를 반환한다는 것을 컴파일러에게 알려 준다. 이 코드에서는 결과 데이터가 healthStatus이므로 이 함수에서 healthStatus 변수의 값(when 표현식에서 산출된 결과)을 반환한다는 것을 뜻한다.

함수 범위

healthStatus 변수의 선언과 값 지정은 formatHealthStatus 함수의 몸체에서 하며, 이 변수의 값은 함수 몸체 끝에서 반환된다는 것에 주목하자.

```
private fun formatHealthStatus(healthPoints: Int, isBlessed: Boolean): String {
    val healthStatus = when (healthPoints) {
        ...
    }
    return healthStatus
}
```

이 경우 healthStatus 변수는 formatHealthStatus 함수의 몸체에만 존재하므로 이런 변수를 **지역 변수(local variable)**라고 한다. 달리 말해서 healthStatus 변수는 formatHealthStatus 함수의 **범위(scope)**에만 존재한다고 할 수 있으며, 이 범위가 healthStatus 변수의 수명이라고 생각할 수 있다.

따라서 healthStatus 변수는 formatHealthStatus 함수의 실행이 끝날 때 그 값이 함수 호출 코드로 반환되면서 소멸된다.

함수 매개변수도 마찬가지다. healthPoints와 isBlessed는 formatHealthStatus 함수 몸체의 범위에만 존재하고 함수 실행이 끝나면 소멸된다.

2장에서는 함수나 클래스의 지역 변수가 아닌 **파일 수준(file-level)** 변수를 사용했었다.

```
const val MAX_EXPERIENCE: Int = 5000
fun main(args: Array<String>) {
    ...
}
```

파일 수준 변수는 프로젝트의 어디서든 사용할 수 있다(단, 가시성 제한자를 사용하면 사용 범위를 변경할 수 있다). 파일 수준 val 변수는 프로그램의 실행이 끝날 때까지 초기화된 상태로 존재한다.

지역 변수와 파일 수준 변수는 **초기화(initialized)**된 값을 지정할 때 차이점이 있다. 파일 수준 변수는 항상 선언될 때 초깃값이 지정되어야 하며, 그렇지 않으면 컴파일 에러가 발생한다(단, 예외가 있는데 이 내용은 15장에서 알아볼 것이다). 따라서 해당 변수를 사용하고자 할 때 예기치 않은 문제가 생기는 것을 막아 준다.

반면에 지역 변수는 자신이 정의된 함수의 범위에서만 사용될 수 있으므로 선언할 때 또는 사용하기 전에 초기화하면 된다. 예를 들어, 다음 코드는 정상적으로 컴파일되어 실행된다.

```
fun main(args: Array<String>) {
    val name: String
    name = "마드리갈"
    var healthPoints: Int
    healthPoints = 89
    healthPoints += 3
    ...
}
```

여기서는 name과 healthPoints 변수 모두 선언 시점이 아닌 사용 전에 초기화되었다.

함수 호출하기

인텔리제이는 formatHealthStatus 함수를 생성해 주는 것은 물론이고, 이 함수의 코드가 있던 위치에 함수 호출 코드도 추가해 준다.

```
fun main(args: Array<String>) {
    val name = "마드리갈"
    var healthPoints = 89
    var isBlessed = true
    ...
    val healthStatus = formatHealthStatus(healthPoints, isBlessed)
    ...
}
```

여기서 음영으로 표시된 코드가 **함수 호출(function call)**이며, 함수 몸체의 코드를 실행시킨다. 함수를 호출할 때는 함수 이름과 헤더에 정의된 매개변수에 적합한 데이터를 같이 지정한다.

formatHealthStatus 함수의 헤더와 호출 코드를 비교하면 다음과 같다.

```
formatHealthStatus(healthPoints: Int, isBlessed: Boolean): String // 헤더
formatHealthStatus(healthPoints, isBlessed)                        // 함수 호출
```

formatHealthStatus 함수의 정의에서는 두 개의 매개변수를 필요로 한다. 따라서 이 함수를 호출할 때는 괄호 안에 그 매개변수들의 입력값인 **인자(argument)**를 포함시켜야 하며, 이것을 "인자를 전달한다"라고 표현한다.

(엄격하게 말해서 함수에 정의된 것을 매개변수라고 하고, 호출 코드에서 그것에 적합한 값을 전달하는 것을 인자라고 하지만, 두 용어는 구분없이 사용되기도 한다.)

여기서는 formatHealthStatus 함수의 정의에 있는 대로 Int 타입인 healthPoints의 값과 Boolean 타입인 isBlessed의 값을 인자로 전달한다.

NyetHack을 실행해 보자. 다음과 같이 이전과 동일한 결과가 출력될 것이다.

```
(Aura: GREEN) (Blessed: YES)
마드리갈 경미한 상처가 있지만 빨리 치유되고 있음!
```

출력된 결과는 이전과 같지만, NyetHack의 코드는 구성이나 유지보수 측면에서 더 좋아진 것이다.

함수들로 리팩터링하기

함수 추출 기능을 사용해서 main 함수에 정의된 코드를 계속해서 별도의 함수들로 추출해 보자. 먼저, 아우라 색 관련 코드를 함수로 추출하여 코드를 리팩터링(refactoring, 재구성)한다. auraVisible과 auraColor가 선언된 코드를 마우스로 선택한다.

```
...
// 아우라
val auraVisible = isBlessed && healthPoints > 50 || isImmortal
val auraColor = if (auraVisible) "GREEN" else "NONE"
...
```

선택된 코드 위에서 오른쪽 마우스 버튼(맥에서는 **Control+클릭**)을 클릭한 후 이전처럼 Refactor ➡ Extract ➡ Function...을 선택한다(메인 메뉴에서 Refactor ➡ Extract ➡ Function...을 선택하거나 키보드의 **Ctrl+Alt+M[Command+Option+M]**을 눌러도 된다). 그리고 그림 4.2의 대화상자가 나타나면 Visibility에서 **private**를 선택하고 Name 필드에 auraColor를 입력한 후 **OK** 버튼을 클릭한다.

인텔리제이가 함수로 만든 후 Game.kt에 추가할 것이다(결과 코드가 어떻게 되었는지 보고 싶겠지만 조금만 참자. 다른 함수를 더 추출한 후 잠시 후에 전체 코드를 보여 줄 것이다).

그다음에 플레이어의 상태를 출력하는 코드를 함수로 추출한다. main 함수에 정의된 다음 두 개의 println 호출 코드를 선택하자.

```
...
// 플레이어의 상태 출력
println("(Aura: $auraColor) " +
    "(Blessed: ${if (isBlessed) "YES" else "NO"})")
println("$name $healthStatus")
...
```

그리고 바로 앞에서 했듯이 printPlayerStatus라는 이름의 함수로 추출한다. Game.kt 파일의 전체 코드는 다음과 같다.

```
fun main(args: Array<String>) {
    val name = "마드리갈"
    var healthPoints = 89
    var isBlessed = true
```

```
        val isImmortal = false

        // 아우라
        val auraColor = auraColor(isBlessed, healthPoints, isImmortal)
        val healthStatus = formatHealthStatus(healthPoints, isBlessed)

        // 플레이어의 상태 출력
        printPlayerStatus(auraColor, isBlessed, name, healthStatus)
    }

    private fun formatHealthStatus(healthPoints: Int, isBlessed: Boolean): String {
        val healthStatus = when (healthPoints) {
            100 -> " 최상의 상태임!"
            in 90..99 -> "약간의 찰과상만 있음."
            in 75..89 -> if (isBlessed) {
                "경미한 상처가 있지만 빨리 치유되고 있음!"
            } else {
                "경미한 상처만 있음."
            }
            in 15..74 -> "많이 다친 것 같음."
            else -> "최악의 상태임!"
        }
        return healthStatus
    }

    private fun printPlayerStatus(auraColor: String,
                                  isBlessed: Boolean,
                                  name: String,
                                  healthStatus: String) {
        println("(Aura: $auraColor) " +
                "(Blessed: ${if (isBlessed) "YES" else "NO"})")
        println("$name $healthStatus")
    }

    private fun auraColor(isBlessed: Boolean,
                          healthPoints: Int,
                          isImmortal: Boolean): String {
        val auraVisible = isBlessed && healthPoints > 50 || isImmortal
        val auraColor = if (auraVisible) "GREEN" else "NONE"
        return auraColor
    }
```

(코드를 알기 쉽게 하기 위해 printPlayerStatus와 auraColor 함수의 헤더를 여러 줄로 분리하였다.)

NyetHack을 다시 실행해 보자. 이전과 같은 결과가 출력될 것이다.

```
(Aura: GREEN) (Blessed: YES)
마드리갈 경미한 상처가 있지만 빨리 치유되고 있음!
```

우리의 함수 작성하기

NyetHack의 코드를 함수로 재구성하였으므로 이제는 이 장 앞에서 이야기한 대로 새로운 함수(우리 게임에서 파이어볼(불덩이) 마법을 거는)를 우리가 직접 구현할 것이다. Game.kt의 제일 끝에 매개변수를 갖지 않는 castFireball이라는 함수를 정의하자. 이 함수의 가시성은 private로 지정한다. castFireball 함수는 return 문은 없고 결과만 출력한다.

리스트 4.1 | castFireball 함수 추가하기　　　　　　　　　　　　　　　　　`CODE` Game.kt

```
...
private fun auraColor(isBlessed: Boolean,
                      healthPoints: Int,
                      isImmortal: Boolean): String {
    val auraVisible = isBlessed && healthPoints > 50 || isImmortal
    val auraColor = if (auraVisible) "GREEN" else "NONE"
    return auraColor
}

private fun castFireball() {
    println("한 덩어리의 파이어볼이 나타난다.")
}
```

그리고 main 함수의 제일 끝에서 castFireball 함수를 호출한다(castFireball 함수는 매개변수가 없다. 따라서 인자를 전달하지 않으므로 빈 괄호를 사용한다).

리스트 4.2 | castFireball 호출하기　　　　　　　　　　　　　　　　　　`CODE` Game.kt

```
fun main(args: Array<String>) {
    ...
    // 플레이어의 상태 출력
    printPlayerStatus(auraColor, isBlessed, name, healthStatus)
    castFireball()
}
...
```

NyetHack을 실행하면 다음 결과가 출력된다.

```
(Aura: GREEN) (Blessed: YES)
마드리갈 경미한 상처가 있지만 빨리 치유되고 있음!
한 덩어리의 파이어볼이 나타난다.
```

잘 되었다. 이제는 파이어볼 마법이 잘 걸린다. 그러나 하나의 파이어볼도 좋지만 한 번에 두 개 이상이 나타나게 할 수 있다면 더욱 좋을 것이다.

castFireball 함수에서 numFireballs라고 하는 Int 타입의 매개변수를 받도록 변경하자. 그리고 이 함수를 호출하는 코드에서는 인자값으로 5를 전달하며, 출력 메시지에는 파이어볼의 개수가 나타나게 한다.

리스트 4.3 | numFireballs 매개변수 추가하기　　　　　　　　　　　　CODE Game.kt

```kotlin
fun main(args: Array<String>) {
    ...
    // 플레이어의 상태 출력
    printPlayerStatus(auraColor, isBlessed, name, healthStatus)
    castFireball()
    castFireball(5)
}
...
private fun castFireball() {
private fun castFireball(numFireballs: Int) {
    println("한 덩어리의 파이어볼이 나타난다.")
    println("한 덩어리의 파이어볼이 나타난다. (x$numFireballs)")
}
```

NyetHack을 다시 실행하면 다음 결과가 출력된다.

```
(Aura: GREEN) (Blessed: YES)
마드리갈 경미한 상처가 있지만 빨리 치유되고 있음!
한 덩어리의 파이어볼이 나타난다. (x5)
```

이처럼 매개변수를 갖는 함수를 호출하는 코드에서는 입력 데이터를 인자로 전달할 수 있으며, 호출된 함수에서는 그 데이터를 내부 로직에서 사용하거나, 또는 여기처럼 단순히 문자열 템플릿으로 출력할 수 있다.

기본 인자

때로는 함수 인자가 '기본'값을 갖는다. 예를 들어, castFireball 함수의 경우 다섯 개의 파이어볼은 양이 많으며, 마법을 걸었을 때 기본적으로 두 개의 파이어볼만 나타나야 한다. 이때 **기본 인자**(default argument)를 사용해서 나타낼 수 있다.

2장에서 var 변수는 초깃값을 지정하고 나중에 변경할 수 있다는 것을 배웠다. 이와 비슷하게 함수를 호출할 때 인자를 지정하지 않으면 기본 인자값이 매개변수에 지정된다. numFireballs 매개변수에 기본 인자값이 지정되도록 castFireball 함수를 변경하자.

리스트 4.4 | numFireballs 매개변수에 기본값 지정하기   CODE▶ Game.kt

```kotlin
fun main(args: Array<String>) {
    ...
    // 플레이어의 상태 출력
    printPlayerStatus(auraColor, isBlessed, name, healthStatus)
    castFireball(5)
}
...
private fun castFireball(numFireballs: Int) {
private fun castFireball(numFireballs: Int = 2) {
    println("한 덩어리의 파이어볼이 나타난다. (x$numFireballs)")
}
```

이제는 castFireball 함수를 호출할 때 인자를 지정하지 않으면 numFireballs 매개변수의 값이 정수(Int) 타입의 2가 된다. main 함수에 있는 castFireball 함수 호출 코드에서 인자를 삭제해 보자.

리스트 4.5 | castFireball의 기본 인자값 사용하기   CODE▶ Game.kt

```kotlin
fun main(args: Array<String>) {
    ...
    // 플레이어의 상태 출력
    printPlayerStatus(auraColor, isBlessed, name, healthStatus)
    castFireball(5)
    castFireball()
}
...
```

NyetHack을 다시 실행해 보자. castFireball 함수에 지정된 인자가 없으므로 다음 결과가 출력될 것이다.

```
(Aura: GREEN) (Blessed: YES)
마드리갈 경미한 상처가 있지만 빨리 치유되고 있음!
한 덩어리의 파이어볼이 나타난다. (x2)
```

numFireballs 매개변수의 인자를 전달하지 않았으므로 기본값으로 지정한 2가 인자로 사용된다.

단일 표현식 함수

코틀린은 castFireball이나 formatHealthStatus와 같이 하나의 표현식만 갖는(즉, 하나의 명령문이 실행되는) 함수를 정의하는 데 필요한 코드의 양을 줄일 수 있게 해준다. 따라서 **단일 표현식**을 갖는 함수에서는 헤더에 정의하는 반환 타입, 몸체를 나타내는 중괄호, 몸체 내부의 return 문을 모두 생략할 수 있다. 실제로 어떻게 되는지 알아보기 위해 리스트 4.6과 같이 castFireball과 formatHealthStatus 함수를 변경해 보자.

리스트 4.6 | 단일 표현식 함수를 다른 방법으로 정의하기 `CODE` Game.kt

```
...
private fun formatHealthStatus(healthPoints: Int, isBlessed: Boolean): String {
    val healthStatus = when (healthPoints) {
private fun formatHealthStatus(healthPoints: Int, isBlessed: Boolean) =
        when (healthPoints) {
            100 -> " 최상의 상태임!"
            in 90..99 -> "약간의 찰과상만 있음."
            in 75..89 -> if (isBlessed) {
                "경미한 상처가 있지만 빨리 치유되고 있음!"
            } else {
                "경미한 상처만 있음."
            }
            in 15..74 -> "많이 다친 것 같음."
            else -> "최악의 상태임!"
        }
    return healthStatus
}
...
private fun castFireball(numFireballs: Int = 2) {
private fun castFireball(numFireballs: Int = 2) =
    println("한 덩어리의 파이어볼이 나타난다. (x$numFireballs)")
}
```

단일 표현식 함수를 정의할 때는 함수 몸체를 사용하는 대신에 대입 연산자인 = 다음에 표현식(실행 코드)을 정의한다는 것을 알아 두자.

이런 형태의 코드 작성 방법은 단일 표현식을 실행하는 함수에서만 가능하며, 두 개 이상의 표현식을 실행하는 함수는 종전 방식으로 함수를 정의해야 한다.

Unit 함수

모든 함수가 값을 반환하는 것은 아니다. 예를 들어, castFireball 함수를 생각해 보자. 이 함수에는 반환 타입과 return 문이 모두 없으며, println 하나만 실행한다.

```
private fun castFireball(numFireballs: Int = 2) =
    println("한 덩어리의 파이어볼이 나타난다. (x$numFireballs)")
```

코틀린에서는 이런 함수를 Unit 함수라고 하며, 이 함수는 반환 타입이 **Unit**라는 뜻이다. castFireball 함수 이름을 마우스로 클릭하고 **Ctrl+Shift+P[Control+Shift+P]** 키를 누르면 인텔리제이가 반환 타입 정보를 보여 준다(그림 4.9).

그림 4.9 | castFireball은 Unit 함수다

Unit는 무슨 타입일까? 코틀린은 아무 값도 반환하지 않는 함수를 나타내기 위해 Unit 반환 타입을 사용한다. 즉, 함수에서 return 키워드를 사용하지 않으면 그 함수의 반환 타입은 Unit로 간주된다.

코틀린 이전의 다른 많은 언어에서도 값을 반환하지 않는 함수를 나타내는 문제가 있었다. 그리고 일부 언어에서는 void 키워드를 채택하였다. 이 키워드는 '반환 타입이 없으므로 생략한다'라는 뜻이다. 표면상으로는 이것이 그럴듯하게 보인다. 즉, 함수가 아무것도 반환하지 않는다면 반환되는 값이 없으므로 타입을 생략한다는 것이다.

그러나 이 방법은 현대 언어의 중요한 기능인 제네릭(generic)을 처리하기 어렵다. 제네릭은 현대의 컴파일 언어에 커다란 유연성을 제공하는 기능이다(여러 가지 타입으로 동작하는 함수를 정의할 수 있게 해주는 코틀린의 제네릭은 17장에서 살펴볼 것이다).

제네릭 함수에서는 반드시 반환 타입을 나타내야 한다. 그러나 void 키워드를 사용하는 일부 언어는 아무것도 반환하지 않는 제네릭 함수를 구현할 수 있는 마땅한 방법이 없다. void는 타입이 아니며, '타입 정보가 의미가 없으므로 생략하라'는 것이기 때문이다. 따라서 이런 의미를 '일반화'하여 나타낼 수 있는 방법이 없으므로 void 키워드를 사용하는 일부 언어에서는 아무것도 반환하지 않는 제네릭 함수를 표현할 수 없다.

코틀린은 반환 타입 대신 Unit를 지정하여 이 문제를 해결한다. 즉, Unit는 아무것도 반환하지 않는 함수의 반환 타입을 나타낸다. 그러나 이와 동시에 반드시 반환 타입을 가져야 하는 제네릭 함수에도 사용될 수 있다. 이것이 바로 코틀린에서 Unit를 사용하는 이유다. 두 마리 토끼를 모두 잡는 것이기 때문이다.

지명 함수 인자

매개변수에 인자를 전달하여 printPlayerStatus 함수를 호출하는 예를 보면 다음과 같다.

```
printPlayerStatus( "NONE", true, "마드리갈", status)
```

그리고 이 함수를 다음과 같은 방법으로도 호출할 수 있다.

```
printPlayerStatus(auraColor = "NONE",
                  isBlessed = true,
                  name = "마드리갈",
                  healthStatus = status)
```

이 경우에는 **지명 함수 인자**(named function argument)를 사용하며, 이것은 함수에 인자를 전달하는 또 다른 방법이다. 이 방법은 몇 가지 장점을 제공한다. 먼저, 우리가 원하는 순서로 인자를 전달할 수 있다. 예를 들어, 다음과 같이 인자의 순서를 바꿔서 printPlayerStatus 함수를 호출할 수도 있다.

```
printPlayerStatus(healthStatus = status,
                  auraColor = "NONE",
                  name = "마드리갈",
                  isBlessed = true)
```

지명 함수 인자를 사용하지 않을 때는 반드시 함수 헤더에 정의된 순서대로 인자를 전달하여 함수를 호출해야 한다. 그러나 지명 함수 인자를 사용하면 함수 헤더의 매개변수 순서와 무관하게 인자를 전달할 수 있다.

지명 함수 인자의 또 다른 장점은 코드를 명확하게 해준다는 것이다. 함수에 전달하는 인자가 많을 때는 어떤 인자가 어떤 매개변수의 값을 전달하는 것인지 기억하기 어렵다. 인자로 전달되는 변수들의 이름이 매개변수로 정의된 이름과 다를 때는 특히 그렇다. 그러나 지명 인자의 이름은 매개변수 이름과 항상 같으므로 혼동되지 않는다. 지금까지 이 장에서 보았던 코드에서는 지명 인자를 사용하지 않고, 대신에 인자와 매개변수를 같은 이름으로 사용하였다. 코드를 알기 쉽게 하기 위함이다.

이 장에서는 코틀린의 함수를 정의하고 호출하는 방법을 배웠다. 또한, 단일 표현식 함수, 기본 인자, 지명 함수 인자에 관해서도 알아보았다. 다음 장에서는 코틀린에서 사용할 수 있는 또 다른 종류의 함수인 익명(anonymous) 함수와 함수 타입을 배울 것이다.

궁금증 해소하기: Nothing 타입

이 장에서는 Unit 타입이 무엇인지 배웠고, 값을 반환하지 않는 Unit 타입 함수에 관해 배웠다. 코틀린에는 Unit 타입과 관련된 또 다른 타입으로 Nothing 타입이 있다. Nothing 타입은 Unit 타입처럼 값을 반환하지 않는 함수를 나타내는 데 사용된다. 그러나 차이점이 있다. Nothing 타입은 함수의 실행이 끝나더라도 호출 코드로 제어가 복귀되지 않는다.

그렇다면 Nothing 타입의 용도는 무엇일까? 의도적으로 예외(exception)를 발생시킬 때 사용할 수 있다. 예를 들어, 코틀린 표준 라이브러리에 있는 TODO 함수에 사용된다. 이 함수는 다음과 같이 정의되어 있다(이 함수의 코드를 찾는 방법은 잠시 후에 알려줄 것이다).

```
/**
 * Always throws [NotImplementedError] stating that operation is not implemented.
 */
@kotlin.internal.InlineOnly
public inline fun TODO(): Nothing = throw NotImplementedError()
```

TODO 함수는 예외를 발생시키며(달리 말해, 정상적으로 종료되지 않고), Nothing 타입을 반환한다.

그렇다면 언제 TODO를 사용할까? 그 답은 함수 이름에 있다. 즉, 여전히 해야 할 것이 있다는 것을 알려 주기 위해 사용된다. 다음과 같이 실행 코드를 구현하지 않고, 대신에 TODO를 호출하는 함수를 생각해 보자.

```
fun shouldReturnAString(): String {
    TODO("문자열을 반환하는 코드를 여기에 구현해야 함")
}
```

shouldReturnAString 함수가 String 타입의 문자열을 반환해야 한다는 것을 개발자는 알고 있다. 그러나 이 함수를 구현하는 데 필요한 다른 기능이 아직 완성되지 않아서 보류하고 TODO 함수를 호출하여 나중에 할 일을 알 수 있도록 한 것이다.

shouldReturnAString 함수의 반환 타입은 String이다. 그러나 현재 이 함수는 어떤 것도 반환하지 않으므로 컴파일러가 에러로 처리해야 할 것이다. 그러나 그렇지 않다. 왜냐하면 shouldReturnAString 함수가 호출되더라도 Nothing 타입을 반환하는 TODO 함수가 예외를 발생시킨 후 shouldReturnAString 함수로 제어가 복귀되지 않는다는 것이 보장되기 때문이다. 따라서 컴파일러는 이 코드를 에러로 처리하지 않는다. 또한, 개발자는 shouldReturnAString 함수를 당장 구현하지 않고 다른 기능을 계속 개발한 후 나중에 구현할 수 있다.

코드를 개발할 때 Nothing 타입을 사용하면 또 다른 장점이 있다. 만일 TODO 함수 호출 코드 다음에 다른 코드를 추가하면 절대 실행될 수 없는(unreachable) 코드임을 나타내는 경고를 컴파일러가 알려 준다. 또는 해당 코드 줄에 마우스 커서를 갖다 대면 그림 4.10과 같이 인텔리제이에서도 메시지를 보여 준다.

그림 4.10 | 절대 실행될 수 없는 코드

TODO 함수의 반환 타입이 Nothing 타입이므로 제어가 복귀되지 않아서 이 함수 다음의 코드는 절대 실행될 수 없다는 것을 컴파일러가 알기 때문이다.

참고로, 인텔리제이의 검색 기능을 사용하면 우리 프로젝트는 물론이고, 코틀린 표준 라이브러리의 클래스나 함수 등을 쉽게 찾아서 소스 코드를 볼 수 있다. 예를 들어, TODO 함수를 찾을 때는 다음과 같이 한다. 먼저, **Shift[Shift]** 키를 두 번 누르면 검색 대화상자가 나타나며, **TODO**를 입력하면 그림 4.11과 같이 **TODO**와 같은 이름의 모든 것을 보여 준다.

그림 4.11 | TODO 함수 찾기

아래쪽의 **TODO() (kotlin)**을 클릭하면 코틀린 표준 라이브러리의 함수를 정의한 소스 코드가 있는 Standard.kt 파일(이 파일은 우리가 수정하면 안 된다)이 편집기 창에 열린다. 그러면 그림 4.12와 같이 TODO 함수의 소스 코드를 볼 수 있다.

그림 4.12 | 편집기 창에 열린 TODO 함수 소스 코드

궁금증 해소하기: 자바의 파일 수준 함수

지금까지 작성했던 모든 함수는 Game.kt 내부에 파일 수준 함수로 정의되었다. 여러분이 자바 개발자라면 파일 수준 함수라는 것이 이상하게 생각될 수 있을 것이다. 코틀린과는 다르게 자바에서는 함수(메서드)와 변수 모두 클래스 내부에만 정의될 수 있기 때문이다.

코틀린 소스 코드도 자바처럼 JVM에서 실행되는 바이트코드로 컴파일되는데, 어떻게 파일 수준의 함수를 정의할 수 있을까? Game.kt의 자바 바이트코드를 다음과 같이 역컴파일(decompile)한 것을 보면 답을 알 수 있다.

```
public final class GameKt {
    public static final void main(...) {
        ...
    }

    private static final String formatHealthStatus(...) {
        ...
    }

    private static final void printPlayerStatus(...) {
        ...
    }

    private static final String auraColor(...) {
        ...
    }

    private static final void castFireball(...) {
        ...
    }

    // $FF: synthetic method
    // $FF: bridge method
    static void castFireball$default(...) {
        ...
    }
}
```

코틀린의 파일 수준 함수는 자바 클래스(코틀린 파일 이름에 Kt를 붙이되 K를 대문자로 한 이름을 가짐)의 static 메서드가 된다. 따라서 여기서는 모든 함수와 변수가 GameKt라는 클래스에 정의된다.

클래스 내부에 함수를 정의하는 방법은 12장에서 배우겠지만, 코클린에서는 클래스 외부에 함수와 변수를 정의할 수 있으므로 특정 클래스에 얽매이지 않는 함수를 정의하고 사용할 수 있다(바로 앞의 GameKt 코드 끝에 있는 castFireball$default 메서드는 무엇인지 궁금할 것이다. 이 메서드는 기본 인자를 구현하기 위해 컴파일러가 추가한 것이다. 이것의 자세한 내용은 20장에서 알아볼 것이다).

궁금증 해소하기: 함수 오버로딩

우리가 정의한 castFireball 함수는 numFireballs 매개변수의 기본 인자를 갖고 있으므로 다음 두 가지 방법으로 호출될 수 있다.

```
castFireball()
castFireball(numFireballs)
```

castFireball처럼 함수 이름은 같지만 매개변수의 개수나 타입이 다른 여러 개의 함수로 구현하는 것을 **함수 오버로딩(function overloading)**이라고 한다. 오버로딩은 기본 인자에도 사용되지만 같은 이름의 함수를 여러 개 정의하여 우리가 직접 구현할 수도 있다.

어떻게 하는지 알기 위해 Game.kt 파일의 제일 끝에 리스트 4.7의 오버로딩된 함수를 입력해보자.

리스트 4.7 | 오버로딩된 함수 정의하기   `CODE` Game.kt

```
...
fun performCombat() {
    println("적군이 없다!")
}

fun performCombat(enemyName: String) {
    println("$enemyName 과 전투를 시작함.")
}

fun performCombat(enemyName: String, isBlessed: Boolean) {
    if (isBlessed) {
        println("$enemyName 과 전투를 시작함. 축복을 받음!")
    } else {
        println("$enemyName 과 전투를 시작함.")
    }
}
```

여기서는 반환값이 없으면서 세 가지로 구현된 performCombat 함수를 정의하였다. 인자가 없는 것, 적군의 이름을 나타내는 하나의 인자를 받는 것, 두 개의 인자(적군의 이름과 플레이어가 축복 받은 여부를 나타내는 Boolean 값)를 받는 것들이다. 그리고 각 오버로딩 함수는 println을 호출하여 서로 다른 메시지를 출력한다.

performCombat 함수를 호출할 때 어떤 오버로딩 함수를 실행할지 코틀린 컴파일러가 어떻게 알 수 있을까? 호출 시에 전달되는 인자의 개수와 타입이 일치되는 것을 찾기 때문에 알 수 있다. Game.kt의 main 함수 제일 끝에 리스트 4.8의 함수 호출 코드를 입력해 보자.

리스트 4.8 | 오버로딩 함수 호출하기　　　　　　　　　　　　　　　　　　　`CODE` Game.kt

```kotlin
fun main(args: Array<String>) {
    ...
    performCombat()
    performCombat("Ulrich")
    performCombat("Hildr", true)
}
```

NyetHack을 다시 실행하면 다음 결과가 출력될 것이다.

```
적군이 없다!
Ulrich 과 전투를 시작함.
Hildr 과 전투를 시작함. 축복을 받음!
```

여기서는 호출 시에 전달된 인자의 개수가 일치하는 오버로딩 함수가 호출되었음을 알 수 있다.

궁금증 해소하기: 백틱 함수 이름

처음에는 생소하게 느껴지는 기능이 코틀린에 있다. 백틱(backtick) 기호(키보드의 제일 왼쪽 위에 있는 `)로 둘러싼 후 그 안에 공백(space)과 특수 문자를 사용하여 이름이 지정된 함수를 정의하거나 호출하는 기능이다. 예를 들어, 다음과 같이 함수를 정의할 수 있다.

```kotlin
fun `**~prolly not a good idea!~**`() {
    ...
}
```

그리고 다음과 같이 함수를 호출할 수 있다.

```kotlin
`**~prolly not a good idea!~**`()
```

이런 기능이 왜 필요할까? 일반적으로 함수 이름을 `**~prolly not a good idea!~**`와 같이 지정하지는 않을 것이기 때문이다. 백틱 함수 이름을 사용하는 이유는 다음과 같다.

첫 번째는 자바와의 상호운용 때문이다. 코틀린 파일에서는 기존 자바 코드의 메서드 호출을 얼마든지 할 수 있다(자바와의 여러 가지 상호운용 기능은 20장에서 알아볼 것이다). 그러나 코틀린과 자바는 함수 이름으로 사용이 금지된 **예약어(reserved keyword)**가 서로 다르다. 따라서 자바와의 상호운용 시에 생길 수 있는 함수 이름 충돌을 피하기 위해 백틱 함수 이름을 사용할 수 있다.

예를 들어, 기존 자바 프로젝트의 자바 메서드 이름이 **is**인 경우를 생각해 보자.

```
public static void is() {
    ...
}
```

코틀린에서 is는 예약어다(코틀린 표준 라이브러리에 is 연산자가 포함되어 있으며, 14장에서 배우겠지만 이것을 사용하면 인스턴스(객체)의 타입을 검사할 수 있다). 그러나 자바에서는 is가 예약어가 아니므로 메서드 이름에 사용할 수 있다. 이때 백틱 기능을 사용하면 자바의 is 메서드를 코틀린에서 에러 없이 호출할 수 있다. 예를 들면, 다음과 같다.

```
fun doStuff() {
    `is`() // 자바의 `is` 메서드를 코틀린에서 호출한다
}
```

이 경우에는 백틱 기능이 자바와의 상호운용을 지원한다. 만일 백틱 기능이 없었다면 이름 때문에 자바 메서드를 사용할 수 없었을 것이다.

두 번째 이유는, 코드를 테스트하는 파일에서 사용되는 함수 이름을 더 알기 쉽게 나타내기 위해서다. 예를 들어, 다음과 같은 함수 이름이 가능하다.

```
fun `users should be signed out when they click logout`() {
    // 테스트 코드
}
```

이 함수 이름은 다음의 함수 이름보다 더 알기 쉽다.

```
fun usersShouldBeSignedOutWhenTheyClickLogout() {
    // 테스트 코드
}
```

단, 이 예처럼 함수 이름의 첫 자가 소문자로 시작하고, 그다음의 복합 단어들은 첫 자만 대문자인 카멜 표기법을 사용할 때는 함수 이름을 알기 쉬우므로 굳이 백틱 기능을 사용하지 않아도 된다.

챌린지: 단일 표현식 함수

이 장 앞에서 단일 표현식 함수를 나타내는 방법을 배웠다. 이 방법을 사용하면 하나의 표현식을 실행하는 함수를 간결하게 만들 수 있다. 단일 표현식 함수 형태로 auraColor 함수를 변경해 보자.

5

익명 함수와 함수 타입

4장에서는 이름이 있는 코틀린 함수를 정의하고 호출하는 방법을 배웠다. 이 장에서는 이름이 없는 함수를 정의하고 사용하는 방법을 알아볼 것이다. 그리고 실습 프로젝트는 1장에서 작성했던 Sandbox를 사용한다. 4장까지 작성했던 NyetHack 프로젝트는 다음 장부터 다시 사용할 것이다.

이름이 없는 함수를 **익명(anonymous) 함수**라고 하며, 이 함수는 이름이 있는 함수와 비슷하지만 크게 두 가지가 다르다. 함수 정의 부분에 이름이 없다는 것과 주로 다른 함수의 인자로 전달되거나 반환되는 형태로 사용된다는 것이다. 이런 형태의 함수 사용은 **함수 타입(function type)**과 **함수 인자(function argument)**를 사용하기 때문에 가능하다. 이 내용을 이 장에서 배울 것이다.

익명 함수

익명 함수는 코틀린에서 중요한 부분이며, 여러 가지 용도로 사용될 수 있다. 먼저, 코틀린 표준 라이브러리 함수와 같이 사용하는 방법이 있다. 즉, 표준 라이브러리 함수를 사용할 때 우리가 원하는 대로 실행되도록 규칙을 지정할 수 있다. 다음 예를 보자.

코틀린 표준 라이브러리의 많은 함수 중 하나로 count가 있다. 이 함수를 문자열에 대해 호출하면 해당 문자열의 문자 개수를 반환한다. 예를 들어, 다음 코드에서는 "Mississippi"라는 문자열의 문자 개수를 출력한다.

```
val numLetters = "Mississippi".count()
print(numLetters)
// 11을 출력한다
```

(여기서 사용된 점(.)은 count 함수를 호출하기 위해 사용되었으며, 언제든 함수 타입에 정의된 함수를 호출할 때 사용된다.)

그러나 "Mississippi"의 특정 문자 개수(예를 들어, 's')를 알고 싶다면 어떻게 할까? 이런 문제를 해결하기 위해 코틀린 표준 라이브러리에서는 대상 문자를 결정하기 위한 규칙을 count 함수에 지정할 수 있다. 이때 다음과 같이 규칙을 나타내는 익명 함수를 count 함수의 인자로 전달한다.

```
val numLetters = "Mississippi".count({ letter ->
                        letter == 's'
                  })
print(numLetters)
// 4를 출력한다
```

여기서 count 함수는 중괄호({})안에 지정된 익명 함수를 사용하여 문자열의 문자 개수를 세는 방법을 결정한다. 즉, 문자를 하나씩 가져와서 익명 함수를 실행시킨 후 그 결과가 true일 때만 개수를 하나씩 증가시킨다. 그리고 모든 문자의 처리가 끝나면 count 함수가 최종 개수를 반환한다.

이처럼 우리가 원하는 처리를 익명 함수로 지정하여 표준 라이브러리의 함수들을 십분 활용할 수 있다. 익명 함수는 이외에도 여러 용도로 사용할 수 있다. 이 내용은 이 장 뒤에서 알아볼 것이다.

count 함수가 동작하는 방법을 이해하기 위해 우리 함수를 정의하면서 코틀린의 익명 함수 문법을 자세히 살펴보자. 여기서는 SimVillage라는 작은 코틀린 파일을 작성할 것이다. 이것은 플레이어가 가상 마을의 촌장으로 일하는 게임이다.

SimVillage의 첫 번째 익명 함수에서는 플레이어가 마을 촌장임을 알고 인사하는 메시지를 출력한다(어째서 이것을 익명 함수로 처리하는 것일까? 이 장 뒤에서 알게 되겠지만, 익명 함수는 다른 함수의 인자로 쉽게 전달될 수 있기 때문이다).

1장에서 생성했던 Sandbox 프로젝트를 열자. 그리고 새로운 코틀린 파일로 SimVillage.kt를 생성하고 main 함수를 작성한다(편집기 창에서 main을 입력한 후 탭 키를 누른다).

main 함수 내부에서 익명 함수를 정의하고 호출한 후 결과를 출력하는 코드를 작성한다(리스트 5.1).

리스트 5.1 | 익명 함수 정의하기   `CODE` SimVillage.kt

```kotlin
fun main(args: Array<String>) {
    println({
        val currentYear = 2019
        "SimVillage 방문을 환영합니다, 촌장님! (copyright $currentYear)"
    }())
}
```

익명 함수는 여는 중괄호({)와 닫는 중괄호(}) 사이에 표현식이나 명령문을 넣어서 작성한다. 여기서는 println을 호출할 때 인자를 둘러싸는 괄호 내부에 중괄호를 사용하여 익명 함수를 정의하였다. 그리고 익명 함수에서는 다음과 같이 하나의 변수를 선언하고 인사 메시지 문자열을 반환한다.

```kotlin
{
    val currentYear = 2019
    "SimVillage 방문을 환영합니다, 촌장님! (copyright $currentYear)"
}
```

또한, 익명 함수의 닫는 중괄호 다음에 빈 괄호를 사용하여 이 함수를 호출한다. 만일 빈 괄호를 빼면 인사 메시지 문자열이 출력되지 않는다. 이름이 있는 함수처럼 익명 함수도 인자를 지정하는 괄호를 사용해서 호출될 때만 동작하기 때문이다(여기서는 인자가 없으므로 빈 괄호를 사용하였다).

```kotlin
{
    val currentYear = 2019
    "SimVillage 방문을 환영합니다, 촌장님! (copyright $currentYear)"
}()
```

SimVillage.kt의 main 함수를 실행하면 다음 결과가 출력될 것이다.

SimVillage 방문을 환영합니다, 촌장님! (copyright 2019)

함수 타입

2장에서는 Int와 String 같은 데이터 타입을 배웠다. 익명 함수도 타입을 가지며, 이것을 **함수 타입**이라고 한다. 함수 타입의 변수들은 값으로 익명 함수를 저장한다. 그리고 다른 변수처럼 익명 함수가 코드 어디든 전달될 수 있다(곧 알게 되겠지만, 함수 타입은 해당 함수의 입력, 출력, 매개변수에 따라 다양하게 선언된다).

익명 함수를 저장하는 변수를 정의하고 그것을 println에서 호출하여 인사 메시지를 출력하도록 SimVillage.kt를 변경하자(리스트 5.2). 처음에는 생소하게 보이겠지만 일단 변경한 후 설명할 것이다.

리스트 5.2 | **익명 함수를 변수에 지정하기**　　　　　　　　　　　　**CODE** SimVillage.kt

```kotlin
fun main(args: Array<String>) {
    println({
    val greetingFunction: () -> String = {
        val currentYear = 2019
        "SimVillage 방문을 환영합니다, 촌장님! (copyright $currentYear)"
    }
    })()

    println(greetingFunction())
}
```

익명 함수를 저장하는 변수는 변수 이름 다음에 콜론(:)과 함수 타입을 지정하여 선언할 수 있다. 여기서는 **greetingFunction: () -> String**이다. 일반적인 변수를 선언할 때 : Int처럼 변수가 저장하는 데이터 타입을 컴파일러에게 알려 주듯이 함수 타입인 : () -> String은 변수가 저장하는 함수의 타입을 컴파일러에게 알려 준다.

함수 타입의 정의는 두 부분으로 구성된다. 이름이 있는 함수와 비교한 그림 5.1에 있듯이, 익명 함수의 매개변수와 그다음에 화살표(->)로 나타내는 반환 타입이다.

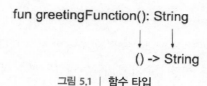

fun greetingFunction(): String

() -> String

그림 5.1 | 함수 타입

타입 선언인 () -> String은 인자를 받지 않고(빈 괄호로 나타냄) String을 반환하는 어떤 함수도 greetingFunction 변수에 지정될 수 있다는 것을 컴파일러에게 알려 준다. 이 경우 다른 타입의 변수 선언과 마찬가지로 변수에 지정되거나 인자로 전달되는 함수가 올바른 타입인지 컴파일러가 확인해 준다. main 함수를 다시 실행하면 이전과 같은 결과가 출력된다.

SimVillage 방문을 환영합니다, 촌장님! (copyright 2019)

암시적 반환

방금 정의했던 다음의 익명 함수에는 return 키워드가 없다는 것을 알 수 있을 것이다.

```
val greetingFunction: () -> String = {
    val currentYear = 2019
    "SimVillage 방문을 환영합니다, 촌장님! (copyright $currentYear)"
}
```

그러나 함수 타입에는 String을 반환하도록 지정되어 있는데 컴파일 에러가 생기지 않은 것은 물론이고 촌장에 대한 인사 메시지도 정상적으로 출력된다. 어떻게 된 것일까? 그리고 왜 return 키워드가 없는 것일까?

이름이 있는 함수와 다르게 익명 함수는 데이터를 반환하기 위한 return 키워드가 필요 없다. 익명 함수는 **암시적으로** 또는 자동으로 함수 정의의 마지막 코드 결과를 반환하기 때문이다.

return 키워드의 생략은 익명 함수의 정의를 간편하게 해주면서 동시에 필수적이다. 익명 함수에서는 return 키워드의 사용이 금지되어 있다. 익명 함수에 return 키워드가 있을 때는 어떤 곳으로 제어가 복귀되어야 하는지 컴파일러가 알 수 없기 때문이다(익명 함수는 익명 클래스 인스턴스로 생성된다).

함수 인자

이름이 있는 함수처럼 익명 함수는 어떤 타입의 인자도 받을 수 있다. 또한, 인자의 개수는 0 또는 하나 이상을 받을 수 있다. 익명 함수의 매개변수 타입은 함수 타입 정의에 지정하며, 매개변수 이름은 함수 내부에 지정한다.

게임 플레이어의 이름을 인자로 받도록 greetingFunction 변수 선언을 변경해 보자.

리스트 5.3 | playerName 매개변수를 익명 함수에 추가하기 `CODE` SimVillage.kt

```
fun main(args: Array<String>) {
    val greetingFunction: () -> String = {
    val greetingFunction: (String) -> String = { playerName ->
        val currentYear = 2019
        "SimVillage 방문을 환영합니다, 촌장님! (copyright $currentYear)"
        "SimVillage 방문을 환영합니다, $playerName 님! (copyright $currentYear)"
    }
    println(greetingFunction())
    println(greetingFunction("김선달"))
}
```

여기서는 익명 함수가 String 인자를 받는다. 그리고 이 인자의 매개변수는 함수 내부에 정의된다(여는 중괄호 바로 다음에 매개변수 이름과 화살표(->)를 지정한다).

```
    val greetingFunction: (String) -> String = { playerName ->
```

SimVillage.kt를 다시 실행해 보자. 익명 함수에 전달된 인자가 다음과 같이 출력 문자열에 추가될 것이다.

```
SimVillage 방문을 환영합니다, 김선달 님! (copyright 2019)
```

더 앞에서 이야기했던 count 함수를 기억할 것이다. 이 함수는 (Char) -> Boolean 타입의 익명 함수를 인자로 받는다. 이 익명 함수는 Char 타입의 인자를 받아서 Boolean 타입의 값을 반환한다. 익명 함수는 코틀린 표준 라이브러리에 있는 대부분의 함수를 구현하는 데 사용되므로 가급적 빨리 문법에 익숙해지는 것이 좋다.

it 키워드

하나의 인자만 받는 익명 함수에는 매개변수 이름을 지정하는 대신 편리하게 it 키워드를 사용할 수 있다. 즉, 인자가 하나일 때는 it 키워드 또는 매개변수 이름을 사용할 수 있으며, 두 개 이상일 때는 it 키워드를 사용할 수 없고 매개변수 이름을 사용해야 한다.

익명 함수의 시작 부분에 있는 매개변수 이름과 화살표(->)를 삭제하고, 대신에 it 키워드를 사용하도록 앞의 코드를 변경해 보자.

리스트 5.4 | it 키워드 사용하기　　　　　　　　　　　　　　　　　`CODE` ▶ SimVillage.kt

```
fun main(args: Array<String>) {
    val greetingFunction: (String) -> String = { playerName ->
    val greetingFunction: (String) -> String = {
        val currentYear = 2019
        "SimVillage 방문을 환영합니다, $playerName 님! (copyright $currentYear)"
        "SimVillage 방문을 환영합니다, $it 님! (copyright $currentYear)"
    }
    println(greetingFunction("김선달"))
}
```

SimVillage.kt를 다시 실행하면 이전과 같은 결과가 출력될 것이다. 이처럼 it 키워드를 사용하면 매개변수 이름을 지정하지 않아도 되므로 편리하다. 그러나 매개변수의 데이터가 무엇인지 알기 어려울 수 있다. 따라서 더 복잡한 익명 함수를 사용하거나, 또는 중첩된 익명 함수(익명 함수 내부에 있는 익명 함수)를 사용할 때는 다른 사람이나 자신이 향후에 코드를 쉽게 파악할 수 있도록 매개변수 이름을 사용하는 것이 좋다. 이와는 달리, 앞에서 보았던 count 함수와 같이 짧은 표현식을 사용할 때는 다음과 같이 it를 사용하는 것이 좋다.

```
"Mississippi".count({ it == 's' })
```

다수의 인자 받기

다시 이야기하지만 it 키워드는 하나의 인자만 받는 익명 함수에만 사용할 수 있고, 인자가 두 개 이상일 때는 허용되지 않는다. 그러나 익명 함수는 이름 있는 인자를 여러 개 받을 수 있다.

이제는 SimVillage에 인사 메시지 외의 다른 것을 추가할 때가 되었다. 예를 들어, 촌장은 마을의 건물 수가 얼마나 증가하는지 알 필요가 있다. 익명 함수에서 numBuildings 인자를 받도록 변경하자. 플레이어 이름에 추가하여 이 인자는 집이나 가게 등의 건물 개수를 나타낸다.

리스트 5.5 | 두 번째 인자 받기　　　　　　　　　　　　　　　`CODE` SimVillage.kt

```kotlin
fun main(args: Array<String>) {
    val greetingFunction: (String) -> String = {
    val greetingFunction: (String, Int) -> String = { playerName, numBuildings ->
        val currentYear = 2019
        println("$numBuildings 채의 건물이 추가됨")
        "SimVillage 방문을 환영합니다, $it 님! (copyright $currentYear)"
        "SimVillage 방문을 환영합니다, $playerName! (copyright $currentYear)"
    }
    println(greetingFunction("김선달"))
    println(greetingFunction("김선달", 2))
}
```

이제는 익명 함수에서 playerName과 numBuildings 매개변수를 가지므로 함수가 호출될 때 두 개의 인자를 받는다. 그리고 두 개 이상의 매개변수가 표현식에 정의되어 있으므로 it 키워드는 더 이상 사용할 수 없다.

SimVillage.kt를 다시 실행해 보자. 이번에는 인사 메시지는 물론이고 건물의 개수도 출력할 것이다.

```
2 채의 건물이 추가됨
SimVillage 방문을 환영합니다, 김선달! (copyright 2019)
```

타입 추론 지원

코틀린의 타입 추론(type inference) 규칙은 일반 함수와 마찬가지로 함수 타입에도 똑같이 적용된다. 즉, 변수가 선언될 때 익명 함수가 값으로 지정되면 해당 변수의 타입을 지정하지 않아도 된다. 예를 들어, 앞에서 정의했던 인자가 없는 익명 함수는 다음과 같다.

```kotlin
val greetingFunction: () -> String = {
    val currentYear = 2019
    "SimVillage 방문을 환영합니다, 촌장님! (copyright $currentYear)"
}
```

여기서 greetingFunction 변수는 다음과 같이 함수 타입을 생략할 수 있다. 인자가 없고 String 타입의 문자열을 반환하는 함수 타입으로 이 변수의 타입을 추론해 주기 때문이다.

```
val greetingFunction = {
    val currentYear = 2019
    "SimVillage 방문을 환영합니다, 촌장님! (copyright $currentYear)"
}
```

또한, 익명 함수가 하나 이상의 인자를 받을 때도 해당 함수를 저장하는 변수의 타입이 추론될 수 있다. 그러나 이때는 컴파일러가 변수 타입을 추론할 수 있도록 익명 함수 정의에 각 매개변수 이름과 타입을 지정해야 한다.

익명 함수의 각 매개변수 타입을 지정하여 이 함수를 저장하는 변수의 타입이 추론될 수 있도록 greetingFunction 변수를 변경하자.

리스트 5.6 | greetingFunction에 타입 추론 사용하기　　　`CODE` SimVillage.kt

```
fun main() {
    val greetingFunction: (String, Int) -> String = { playerName, numBuildings ->
    val greetingFunction = { playerName: String, numBuildings: Int ->
        val currentYear = 2019
        println("$numBuildings 채의 건물이 추가됨")
        "SimVillage 방문을 환영합니다, $playerName! (copyright $currentYear)"
    }
    println(greetingFunction("김선달", 2))
}
```

여기서는 매개변수 타입과 반환 타입을 정의하는 함수 타입인 : (String, Int) -> String을 생략하는 대신 함수 정의에 각 매개변수 타입을 지정하여 이 함수를 저장하는 변수의 타입이 추론될 수 있게 하였다. SimVillage.kt를 다시 실행하여 이전과 동일하게 결과가 출력되는지 확인해 보자.

더 앞에서 이야기했던 암시적 반환 타입과 타입 추론 기능이 같이 사용되도록 코드를 작성하면 익명 함수를 금방 알아보기 어려울 수 있다. 그러나 익명 함수가 간단할 때는 타입 추론이 유용하다.

함수를 인자로 받는 함수 정의하기

코틀린 표준 라이브러리 함수의 인자로 익명 함수를 전달하여 우리가 원하는 처리를 할 수 있다는 것을 이미 배웠다. 우리가 작성한 함수에서도 그와 같이 익명 함수를 사용할 수 있다.

이제부터는 익명 함수를 **람다(lambda)**라고 하고, 익명 함수 정의를 **람다 표현식(lambda expression)** 또는 줄여서 람다식이라고 할 것이다. 또한, 익명 함수의 반환 결과를 **람다 결과(lambda result)**라고 할 것이다. 람다는 프로그래밍 세계에서 공통적으로 사용하는 용어다(그런데 왜 '람다'라고 할까? 그리스 문자인 λ를 나타내기도 하는 이 용어는 '람다 대수(lambda calculus)'의 줄임말이다. 즉, 1930년대에 수학자인 알론조 처치(Alonzo Church)가 고안한 연산을 나타낸다. 코틀린에서는 익명 함수를 정의할 때 람다 대수 표기법을 사용한다).

함수 매개변수는 함수를 포함해서 어떤 타입의 인자도 받을 수 있다. 함수 타입의 매개변수도 다른 타입의 매개변수처럼 정의된다. 즉, 함수 이름 다음에 나오는 괄호 안에 매개변수를 나열하고 타입을 포함시킨다. 어떻게 하는지 알기 위해 새로운 함수를 SimVillage에 추가할 것이다. 이 함수는 건물 개수를 무작위로 결정한 후 인자로 전달된 람다식(익명 함수인 greetingFunction)을 호출하여 인사 메시지를 출력한다.

String 타입의 playerName과 함수 타입의 greetingFunction을 인자로 받는 runSimulation 함수를 추가하자. 이 함수에서는 무작위 수를 생성하기 위해 제공되는 두 개의 표준 라이브러리 함수를 사용할 것이다. 그리고 runSimulation 함수를 호출하는 코드도 추가한다.

리스트 5.7 | runSimulation 함수 추가하기 `CODE` ▶ SimVillage.kt

```kotlin
fun main(args: Array<String>) {
    val greetingFunction = { playerName: String, numBuildings: Int ->
        val currentYear = 2019
        println("$numBuildings 채의 건물이 추가됨")
        "SimVillage 방문을 환영합니다, $playerName! (copyright $currentYear)"
    }
    println(greetingFunction("김선달", 2))
    runSimulation("김선달", greetingFunction)
}

fun runSimulation(playerName: String, greetingFunction: (String, Int) -> String) {
    val numBuildings = (1..3).shuffled().last() // 1, 2, 3 중 하나를 무작위로 선택한다
    println(greetingFunction(playerName, numBuildings))
}
```

runSimulation 함수의 매개변수는 플레이어의 이름과 greetingFunction 함수(String 타입과 Int 타입을 인자로 받아 String 타입을 반환)다. runSimulation 함수는 무작위 수를 생성한 후 생성된 무작위 수와 플레이어 이름을 greetingFunction 함수의 인자로 전달하여 호출한다.

SimVillage.kt를 여러 번 실행해 보자. runSimulation 함수에서 무작위 수를 greetingFunction 함수에 전달하므로 건물 수가 다양하게 출력될 것이다.

단축 문법

함수에서 마지막 매개변수로 함수 타입을 받을 때는 람다 인자를 둘러싼 괄호를 생략할 수 있다. 예를 들어, 더 앞에서 보았던 다음 코드를 보자.

```
"Mississippi".count({ it == 's' })
```

이 코드는 다음과 같이 괄호 없이 작성할 수 있다.

```
"Mississippi".count { it == 's' }
```

이런 단축 문법으로 코드를 작성하는 것이 더 간결하고 보기도 좋으며, 함수 호출의 핵심 부분을 더 빨리 파악할 수 있다.

단, 이 방법은 람다가 마지막 인자로 함수에 전달될 때만 가능하다. 그러므로 함수를 작성할 때는 해당 함수 호출 코드에서 이 방법을 사용할 수 있도록 함수 타입 매개변수를 마지막 매개변수로 선언하자.

SimVillage에서는 우리가 정의했던 runSimulation 함수에 단축 문법을 사용할 수 있다. runSimulation 함수는 문자열과 함수를 인자로 받는다. 따라서 함수가 아닌 문자열 인자(플레이어 이름)는 괄호 안에 넣어서 runSimulation 함수에 전달하고, 마지막 인자인 함수는 괄호 밖에 지정하여 전달하도록 수정한다.

```kotlin
fun main(args: Array<String>) {
    val greetingFunction = { playerName: String, numBuildings: Int ->
    runSimulation("김선달") { playerName, numBuildings ->
        val currentYear = 2019
        println("$numBuildings 채의 건물이 추가됨")
        "SimVillage 방문을 환영합니다, $playerName! (copyright $currentYear)"
    }
    runSimulation("김선달", greetingFunction)
}

fun runSimulation(playerName: String, greetingFunction: (String, Int) -> String) {
    val numBuildings = (1..3).shuffled().last() // 1, 2, 3 중 하나를 무작위로 선택한다
    println(greetingFunction(playerName, numBuildings))
}
```

runSimulation 함수 내부의 구현 코드는 변경할 것이 없으며, 호출 코드만 수정하면 된다. 그리고 이제는 람다를 변수에 지정하지 않고, runSimulation 함수를 호출할 때 직접 전달하므로 람다 매개변수들의 타입을 지정할 필요가 없다.

이런 단축 문법을 사용하면 더 깔끔하게 코드를 작성할 수 있다. 따라서 이 책에서도 가능한 한 이 방법을 사용할 것이다.

인라인 함수로 만들기

유연성이 매우 좋은 프로그램을 작성할 수 있으므로 람다는 유용하게 사용될 수 있다. 그러나 그런 유연성에는 대가가 따른다.

람다를 정의하면 JVM에서 객체로 생성된다. 또한, JVM은 람다를 사용하는 모든 변수의 메모리 할당을 수행하므로 메모리가 많이 사용된다. 결국 람다는 성능에 영향을 줄 수 있는 메모리 부담을 초래할 수 있다.

따라서 코틀린에서는 다른 함수의 인자로 람다를 사용할 때 부담을 없앨 수 있는 **인라인(inline)** 이라는 최적화 방법을 제공한다. 인라인을 사용하면 람다의 객체 사용과 변수의 메모리 할당을 JVM이 하지 않아도 된다.

람다를 인라인 처리하려면 람다를 인자로 받는 함수에 inline 키워드를 지정하면 된다. 리스트

5.9와 같이 runSimulation 함수에 inline 키워드를 추가하자.

리스트 5.9 | inline 키워드 사용하기 `CODE` SimVillage.kt

```
...
inline fun runSimulation(playerName: String,
                          greetingFunction: (String, Int) -> String) {
    val numBuildings = (1..3).shuffled().last() // 1, 2, 3 중 하나를 무작위로 선택한다
    println(greetingFunction(playerName, numBuildings))
}
```

이처럼 inline 키워드를 추가하면 runSimulation 함수가 호출될 때 람다가 객체로 전달되지 않는다. 왜냐하면 코틀린 컴파일러가 바이트코드를 생성할 때 람다 코드가 포함된 runSimulation 함수 몸체의 전체 코드를 복사한 후 이 함수를 호출하는 코드에 붙여넣기 하여 교체하기 때문이다. SimVillage.kt의 main 함수가 코틀린 바이트코드로 역컴파일된 것을 보면 다음과 같다.

```
    ...
1   public static final void main(@NotNull String[] args) {
2       Intrinsics.checkParameterIsNotNull(args, "args");
3       String playerName$iv = "김선달";
4       byte var2 = 1;
5       int numBuildings$iv =
6         ((Number)CollectionsKt.last(CollectionsKt.shuffled((Iterable)
7         (new IntRange(var2, 3))))).intValue();
8       int currentYear = 2018;
9       String var7 = numBuildings$iv + " 채의 건물이 추가됨";
10      System.out.println(var7);
11      String var10 = "SimVillage 방문을 환영합니다, " + playerName$iv + "!
12       (copyright " + currentYear + ')';
13      System.out.println(var10);
    }
    ...
```

3번부터 13번까지가 runSimulation 함수 호출 코드 대신 교체된 이 함수의 몸체 코드이며, 8번부터 13번까지가 람다 코드다. 이처럼 람다를 인자로 받는 함수를 인라인 처리하면 람다 코드가 별도 객체로 생성되지 않고 복사되어 삽입된다.

그러나 이렇게 할 수 없는 경우가 더러 있다. 그중 하나가 인라인이 허용되지 않을 때다. 예를 들어, 람다를 인자로 받는 재귀 함수(recursive function)의 경우다. 재귀 함수는 자신의 몸체 코드를 여러 번 반복 호출하여 실행하므로 이것을 인라인 처리하면 같은 코드가 무수히 많이 복사

및 붙여넣기 된다. 따라서 코틀린 컴파일러는 재귀 함수를 단순히 인라인 처리하지 않고 효율성이 좋은 루프(예를 들어, for) 형태로 변경한다.

함수 참조

지금까지는 람다를 사용해서 다른 함수의 인자로 함수를 전달하였다. 그러나 람다 외에도 다른 방법이 있다. **함수 참조(function reference)**를 인자로 전달하는 것이다. 함수 참조는 이름이 있는 함수(fun 키워드로 정의된 함수)가 인자로 전달될 수 있게 해준다. 그리고 람다 표현식을 사용할 수 있는 곳이면 어디든 함수 참조를 사용할 수 있다.

함수 참조를 알아보기 위해 먼저, printConstructionCost라는 새로운 함수를 정의하자.

리스트 5.10 | printConstructionCost 함수 정의하기　　　　　　　　`CODE` SimVillage.kt

```kotlin
...
inline fun runSimulation(playerName: String,
                         greetingFunction: (String, Int) -> String) {
    val numBuildings = (1..3).shuffled().last() // 1, 2, 3 중 하나를 무작위로 선택한다
    println(greetingFunction(playerName, numBuildings))
}

fun printConstructionCost(numBuildings: Int) {
    val cost = 500
    println("건축 비용: ${cost * numBuildings}")
}
```

그리고 runSimulation 함수에 costPrinter라는 함수 참조 매개변수를 추가하고, runSimulation 내부에서 이 매개변숫값을 사용하여 건물의 건축비를 출력하도록 코드를 수정한다.

리스트 5.11 | costPrinter 매개변수 추가하기　　　　　　　　`CODE` SimVillage.kt

```kotlin
...
inline fun runSimulation(playerName: String,
                         costPrinter: (Int) -> Unit,
                         greetingFunction: (String, Int) -> String) {
    val numBuildings = (1..3).shuffled().last() // 1, 2, 3 중 하나를 무작위로 선택한다
    costPrinter(numBuildings)
    println(greetingFunction(playerName, numBuildings))
}
```

```
fun printConstructionCost(numBuildings: Int) {
    val cost = 500
    println("건축 비용: ${cost * numBuildings}")
}
```

함수 참조를 얻을 때는 참조하고자 하는 함수 이름 앞에 :: 연산자를 사용한다. printConstructionCost 함수의 참조를 얻은 후 이 참조를 runSimulation에 정의된 costPrinter 매개변수의 인자로 전달하도록 코드를 변경하자.

리스트 5.12 | 함수 참조 전달하기　　　　　　　　　　　　　　　　`CODE` ▸ SimVillage.kt

```
fun main(args: Array<String>) {
    runSimulation("김선달") { playerName, numBuildings ->
    runSimulation("김선달", ::printConstructionCost) { playerName, numBuildings ->
        val currentYear = 2019
        println("$numBuildings 채의 건물이 추가됨")
        "SimVillage 방문을 환영합니다, $playerName! (copyright $currentYear)"
    }
}
...
```

SimVillage.kt를 다시 실행하면 건물 수에 추가하여 건축 비용도 출력될 것이다.

함수 참조는 여러 경우에 유용하다. 만일 함수를 받는 매개변수에 적합한 이름 있는 함수가 있다면 람다 대신 함수 참조를 사용할 수 있다. 또는 코틀린 표준 라이브러리 함수를 다른 함수의 인자로 사용할 수도 있다. 지금 이야기한 두 가지 함수 참조 용도의 더 많은 예는 9장에서 추가로 알아볼 것이다.

반환 타입으로 함수 타입 사용하기

다른 어떤 타입과 마찬가지로 함수 타입도 반환 타입에 사용될 수 있다. 즉, 함수를 반환하는 함수를 정의할 수 있다는 뜻이다.

SimVillage에서 configureGreetingFunction 함수를 정의하자. 이 함수는 greetingFunction 변수에 저장된 람다의 인자를 구성하고 생성한 후 사용 가능한 람다를 반환한다.

```kotlin
fun main(args: Array<String>) {
    runSimulation("김선달", ::printContructionCost) { playerName, numBuildings ->
        val currentYear = 2019
        println("$numBuildings 채의 건물이 추가됨")
        "SimVillage 방문을 환영합니다, $playerName! (copyright $currentYear)"
    }
    runSimulation()
}

inline fun runSimulation(playerName: String,
                         costPrinter: (Int) -> Unit,
                         greetingFunction: (String, Int) -> String) {
    val numBuildings = (1..3).shuffled().last() // 1, 2, 3 중 하나를 무작위로 선택한다
    costPrinter(numBuildings)
    println(greetingFunction(playerName, numBuildings))
}

fun runSimulation() {
    val greetingFunction = configureGreetingFunction()
    println(greetingFunction("김선달"))
}

fun configureGreetingFunction(): (String) -> String {
    val structureType = "병원"
    var numBuildings = 5
    return { playerName: String ->
        val currentYear = 2019
        numBuildings += 1
        println("$numBuildings 채의 $structureType 이 추가됨")
        "SimVillage 방문을 환영합니다, $playerName! (copyright $currentYear)"
    }
}
```

configureGreetingFunction은 다른 함수를 설정하는 '함수 팩토리'라고 생각할 수 있다. 즉, 필요한 변수를 선언하고 람다에 포함시킨 후 이 람다를 호출 함수인 runSimulation에 반환한다.

SimVillage.kt를 다시 실행하면 다음과 같이 병원의 수가 증가되어 출력된다.

```
6 채의 병원 이 추가됨
SimVillage 방문을 환영합니다, 김선달! (copyright 2019)
```

configureGreetingFunction에 선언된 지역 변수인 numBuildings와 structureType은 모두 configureGreetingFunction이 반환하는 람다에서 사용되지만, 정상적으로 실행된다. 그러나

이 람다가 반환되면 configureGreetingFunction 외부의 다른 곳(여기서는 runSimulation)에서 실행되는데 어떻게 이것이 가능한 것일까?

왜냐하면 코틀린의 람다는 **클로저(closure)**이기 때문이다. 클로저는 'close over'가 합쳐진 용어이며, 다른 함수에 포함된 함수에서 자신을 포함하는 함수의 매개변수와 변수를 사용할 수 있는 것을 말한다. 따라서 람다식은 자신이 포함된 외부 함수에 선언된 매개변수와 변수를 그냥 사용할 수 있다. 이때 외부 함수에 val로 선언된 변수는 그것을 사용하는 람다식 코드에 그 값이 바로 저장된다. 그리고 var로 선언된 변수는 그 값이 별도의 객체로 저장되며, 그 객체의 참조값이 람다식 코드에 저장되어 값을 변경할 때 사용된다. 클로저는 바로 밑의 '**궁금증 해소하기: 코틀린의 람다는 클로저다**'에서 추가로 알아본다.

다른 함수를 인자로 받거나 반환하는 함수를 **고차 함수(higher-order function)**라고도 한다. 이 용어는 람다와 마찬가지로 수학에서 유래된 것이다. 고차 함수는 19장에서 배울 **함수형 프로그래밍(functional programming)**에서 많이 사용된다.

이 장에서는 코틀린 표준 라이브러리 함수와 우리가 정의한 함수에 람다를 정의하고 사용하는 방법을 배웠다. 또한, 코틀린의 다른 타입처럼 함수 타입을 정의하는 방법과 함수 타입을 우리가 정의한 함수의 인자로 받거나 반환하는 방법도 배웠다.

다음 장에서는 null로 인해 발생할 수 있는 프로그래밍 오류를 어떻게 코틀린의 타입 시스템에서 방지해 주는지 알아볼 것이다. 또한, 잠시 쉬었던 NyetHack 프로젝트에 새로운 기능을 추가할 것이다.

궁금증 해소하기: 코틀린의 람다는 클로저다

코틀린에서는 익명 함수가 자신의 범위 밖에 정의된 변수를 변경하고 참조할 수 있다. 이것은 앞의 configureGreetingFunction 함수에서 보았듯이 익명 함수가 그런 변수의 참조를 갖는다는 뜻이다.

익명 함수의 이런 특성을 보여 주기 위해 configureGreetingFunction 함수에서 반환된 익명 함수를 runSimulation 함수에서 여러 번 호출하도록 변경해 보자.

```
...
fun runSimulation() {
    val greetingFunction = configureGreetingFunction()
    println(greetingFunction("김선달"))
    println(greetingFunction("김선달"))
}
...
```

SimVillage.kt를 다시 실행하면 다음 결과가 출력될 것이다.

```
6 채의 병원 이 추가됨
SimVillage 방문을 환영합니다, 김선달! (copyright 2019)
7 채의 병원 이 추가됨
SimVillage 방문을 환영합니다, 김선달! (copyright 2019)
```

이처럼 numBuildings 변수가 익명 함수의 외부에 정의되어 있더라도 익명 함수에서 이 변수를 변경할 수 있다. 따라서 numBuildings의 값이 6에서 7로 증가된다.

궁금증 해소하기: 람다 vs 익명 내부 클래스

여러분이 이전에 함수 타입을 사용해 본 적이 없다면 프로그램에서 왜 사용하는지 궁금할 수 있을 것이다. 이에 대한 답은 이렇다. 함수 타입을 사용하면 진부한 코드가 줄어들고 유연성이 증가한다. 예를 들어, 자바 8과 같이 함수 타입을 제공하지 않는 언어를 생각해 보자.

자바 8은 객체지향 프로그래밍과 람다 표현식을 모두 지원한다. 그러나 함수의 매개변수나 변수에 함수를 정의할 수 있는 기능이 없다. 대신에 자바는 익명 내부 클래스(anonymous inner class)를 제공한다. 이것은 단일 메서드(method)를 구현하기 위해 다른 클래스에 정의된 이름이 없는 클래스다. 그리고 람다처럼 익명 내부 클래스를 인스턴스로 생성하여 전달할 수 있다. 예를 들어, 자바 8에서 단일 메서드의 정의를 전달하려면 다음과 같이 코드를 작성한다.

```
Greeting greeting = (playerName, numBuildings) -> {
    int currentYear = 2019;

    System.out.println(numBuildings + " 채의 건물이 추가됨");
```

```
        return "SimVillage 방문을 환영합니다, " + playerName +
            "! (copyright " + currentYear + ")";
    };

    public interface Greeting {
        String greet(String playerName, int numBuildings);
    }

    greeting.greet("김선달", 6);
```

얼핏 보기에는 코틀린이 제공하는 람다 표현식 전달 기능과 거의 같은 것처럼 보인다. 그러나 더 자세히 살펴보면 자바에서는 람다를 정의하는 함수를 나타내기 위해 이름이 있는 타입(인터페이스나 클래스이며 여기서는 인터페이스)의 정의가 추가로 필요하다는 것을 알 수 있다. 그리고 그런 타입의 인스턴스가 코틀린과 거의 같은 간결한 문법으로 작성된 것처럼 보인다. 그러나 인터페이스를 정의하지 않고 단순히 함수를 전달하고자 할 경우 자바는 간결한 문법을 지원하지 않는다. 예를 들어, 자바의 Runnable 인터페이스를 보면 다음과 같다.

```
    public interface Runnable {
        public abstract void run();
    }
```

자바 8에서 단일 추상 메서드(여기서는 run())를 람다로 정의하고 사용하려면 이처럼 인터페이스가 정의되어야 한다. 그러나 코틀린에서는 그럴 필요 없다. 코틀린에서는 다음과 같이 간결한 문법을 사용할 수 있으며, 이 코드는 자바로 구현한 코드와 기능적으로 같다.

```
    fun runMyRunnable(runnable: () -> Unit) = { runnable() }
    runMyRunnable { println("hey now") }
```

이 장에서 배운 암시적 반환, it 키워드, 클로저 등의 기능에 이와 같은 간결한 문법을 같이 사용하면 단일 메서드를 구현하는 내부 클래스를 우리가 직접 정의할 때 간결하게 코드를 작성할 수 있다.

6

null 안전과 예외

null은 var이나 val 변수의 값이 없다는 것을 나타내는 특별한 값이다. 자바를 포함해서 많은 프로그래밍 언어에서 null은 흔히 크래시(crash, 에러가 생겨 프로그램이 중단됨)를 유발하는 원인이 된다. 만일 var나 val 변수가 null 값을 가질 수 있다면 코틀린에서는 그것을 타입으로 선언해 주어야 한다. null로 인한 크래시를 막기 위해서다.

이 장에서는 null이 크래시를 유발하는 이유, 코틀린에서 컴파일 시점에 null의 발생을 막는 방법, null 값을 안전하게 처리하는 방법을 배울 것이다. 또한, 프로그램에서 뭔가 잘못되었음을 나타내는 **예외(exception)**를 처리하는 방법도 배운다.

그리고 이때 고객의 주문을 만족시키는 술집(tavern)을 NyetHack 게임에 추가하면서 4장에서 작성된 NyetHack 프로젝트 코드를 변경할 것이다.

코틀린의 null 처리 개요

코틀린에는 null 값이 지정될 수 있는 요소가 있는가 하면 그렇지 않은 요소도 있다. 전자를 **null 가능(nullable)**이라고 하고, 후자를 **null 불가능(non-nullable)**이라고 한다. 예를 들어, NyetHack 게임에서 모든 플레이어가 말을 타는 것은 아니므로 플레이어의 말을 나타내는 변수는 null 값을 가질 수 있다. 그러나 모든 플레이어는 자신의 건강 점수값을 가져야 하므로 이 값을 저장한 변수는 null 값이 되면 안 될 것이다. 건강 점수값은 0이 될 수 있다. 그러나 0은 어떤 값도 없는 null과는 다르다.

NyetHack 프로젝트를 열고 Tavern.kt라는 코틀린 파일을 생성하자. 그리고 편집기 창에 열린 Tavern.kt에서 'main'을 입력하고 탭 키를 눌러 main 함수를 추가한다.

우리가 추가할 코드 작성에 앞서 리스트 6.1의 코드를 입력하여 간단한 테스트를 먼저 해보자. 이 코드에서는 var 변수를 선언하고 초기화한 후 null 값으로 변경한다.

리스트 6.1 | var 변수에 null 값 지정하기   `CODE` ▶ Tavern.kt

```
fun main(args: Array<String>) {
    var signatureDrink = "맥주"
    signatureDrink = null
}
```

이 코드를 입력하면 인텔리제이가 null 밑에 빨간색 줄을 보여 주면서 뭔가 잘못되었음을 경고 해 줄 것이다. 일단 그냥 실행해 보자. 그러면 다음과 같은 컴파일 에러가 생길 것이다.

```
Null cannot be a value of a non-null type String
```

signatureDrink 변수는 null 불가능 타입인 String이므로 컴파일러가 null 값의 지정을 막은 것이다. null 불가능 타입은 null 값을 가질 수 없는 타입이다. 따라서 현재의 signatureDrink 변수는 null이 아닌 문자열만 갖도록 보장된다.

자바를 사용해 본 적이 있다면 코틀린의 이런 null 처리가 자바와 다르다는 것을 알 것이다. 예를 들어, 자바에서는 다음 코드가 허용된다.

```
String signatureDrink = "맥주";
signatureDrink = null;
```

이처럼 signatureDrink 변수에 null 값을 다시 지정해도 자바에서는 정상으로 처리된다. 그러나 null 값을 갖는 signatureDrink 변수에 문자열을 결합하면 어떻게 될까?

```
String signatureDrink = "맥주";
signatureDrink = null;
signatureDrink = signatureDrink + ", large";
```

이 코드는 프로그램을 중단시키는 NullPointerException이라는 예외를 발생시킨다. 왜냐하면 존재하지 않는 문자열(String 객체)에게 문자열 결합을 하도록 요청했기 때문이다(null 값과 빈 문자열의 차이를 이 예에서 보여 준다. 즉, null 값은 signatureDrink 변수가 참조하는 String 객체가 아예 존재하지 않는다는 뜻이며, 빈 문자열은 String 객체는 존재하지만 다른 문자열과 결합될 수 있는 "" 값을 갖는다는 뜻이다. signatureDrink = ""는 빈 문자열을 갖는다).

자바를 비롯해서 다른 많은 프로그래밍 언어는 어떤 타입의 변수도 null 값을 가질 수 있다. 따라서 NullPointerException으로 인해 애플리케이션이 크래시되는 경우가 흔히 발생한다.

그러나 코틀린은 이와 다르다. null 값을 가질 수 있다고 특별히 지정되지 않으면 변수가 null 값을 가질 수 없다. 따라서 null 값으로 생기는 문제를 런타임이 아닌 컴파일 시점에 방지할 수 있다.

코틀린의 명시적 null 타입

방금 보았던 NullPointerException은 어떻게든 막아야 한다. 코틀린에서도 null 값은 사용된다. 그러나 null 불가능 타입의 값으로 null이 지정되는 것을 막아 준다.

예를 들어, readLine이라는 함수의 헤더를 보면 다음과 같다. 이 함수는 콘솔로부터 사용자 입력을 받아서 그 값을 반환한다.

```
public fun readLine(): String?
```

readLine의 헤더는 이전에 보았던 다른 함수와 비슷하게 보인다. 단, 반환 타입이 String?라는 것만 다르다. 물음표(?)는 해당 타입의 null 가능 버전을 나타낸다. 즉, readLine 함수는 String 타입 또는 null을 값으로 반환한다는 것을 뜻한다.

null을 테스트하기 위해 작성했던 signatureDrink 변수 관련 코드를 삭제한 후 readLine 함수를 호출하여 입력 받은 값을 출력하는 코드를 추가하자.

```kotlin
fun main(args: Array<String>) {
    var signatureDrink = "맥주"
    signatureDrink = null
    var beverage = readLine()

    println(beverage)
}
```

Tavern.kt를 실행하면 아래쪽에 실행(Run) 도구 창이 열리면서 입력을 기다리게 된다. 실행 도구 창을 마우스로 클릭하고 각자 좋아하는 음료 이름을 입력한 후 Enter[Return] 키를 누르면 입력한 값이 출력될 것이다.

(만일 아무것도 입력하지 않고 그냥 리턴 키를 누르면 어떻게 될까? null 값이 beverage 변수에 지정될까? 그렇지 않다. 빈 문자열이 값으로 지정되면서 아무것도 출력되지 않는다.)

다시 말하지만, String? 타입은 문자열값이나 null을 저장할 수 있다. 따라서 beverage 변수에 null 값을 지정해도 정상적으로 컴파일된다. readLine 함수의 반환 타입이 String?이므로 컴파일러가 beverage 변수의 타입을 String?으로 추론해 주기 때문이다. 정말 그런지 해보자.

```kotlin
fun main(args: Array<String>) {
    var beverage = readLine()
    beverage = null

    println(beverage)
}
```

Tavern.kt를 실행하고 아무 값이나 입력해 보면 이번에는 null이 출력될 것이다. 그러나 에러는 생기지 않는다.

다음을 진행하기 전에 방금 null을 지정한 코드를 주석으로 처리하자. 이때는 우리가 원하는 코드 줄에 //를 직접 입력해도 되지만, 인텔리제이의 단축 키를 사용하면 편리하다. 해당 줄의 아무 데나 마우스로 클릭한 후 **Ctrl+/[Command+/]**를 누르면 제일 앞에 //가 추가된다(이 키를 다시 누를 때마다 주석의 해제와 추가가 반복되며, 마우스로 여러 줄을 선택한 후 누르면 한꺼번에 주석을 추가 또는 해제할 수 있다).

CODE Tavern.kt

```kotlin
fun main(args: Array<String>) {
    var beverage = readLine()
    beverage = null
//  beverage = null

    println(beverage)
}
```

에러 검출 시점(컴파일 VS 런타임)

코틀린은 **컴파일 언어**다. 즉, 실행에 앞서 **컴파일러(compiler)**라는 특별한 프로그램에 의해 기계어로 변환된다는 것을 뜻한다. 이때 컴파일러는 우리 코드가 특정 요구사항을 만족하는지 확인한다. 예를 들어, 컴파일러는 null 가능 타입에 null 값이 지정되는지 검사한다. 그리고 이미 보았듯이 null 불가능 타입에 null 값을 지정하려고 하면 컴파일 에러로 처리한다.

이와 같은 컴파일 시점의 에러는 코틀린의 장점 중 하나다. 에러가 장점이라는 이야기가 이상하게 들릴지 모른다. 그러나 프로그램을 개발할 때 컴파일러가 미리 우리 코드의 오류를 검사해주므로 훨씬 더 쉽게 문제점을 찾을 수 있다.

이와는 달리 **런타임 에러**는 컴파일러가 발견할 수 없어서 프로그램이 컴파일된 후 실행 중에 발생하는 오류다. 예를 들어, 자바는 null 가능과 불가능 타입을 구분하지 않으므로 자바 컴파일러는 null 값으로 인한 문제가 있는지 사전에 알려 줄 수 없다. 따라서 정상적으로 컴파일된 코드가 런타임 시에 크래시될 수 있다.

일반적으로 컴파일 시점에서 에러를 발견하는 것이 런타임 에러보다 더 바람직하다. 코드를 개발하면서 사전에 문제점을 찾을 수 있기 때문이다.

null 안전 처리

다시 말하지만, 코틀린은 null 가능 타입과 불가능 타입을 구분한다. 그러므로 null 가능 타입의 변수를 사용하거나 또는 null 가능 타입을 반환하는 함수의 반환값을 사용할 때 위험할 수 있는 경우를 컴파일러가 안다. 따라서 이런 위험을 컴파일 시점에서 미연에 방지할 수 있다.

실제로 어떻게 되는지 알아보기 위해 String 함수 중 하나인 capitalize 함수 호출 코드를 추가해 보자. 이 함수는 문자열의 첫 자만 대문자로 바꿔 주며, 첫 자가 영문 대문자이거나 영문자가 아닌 숫자나 한글이면 그대로 둔다(String 함수들의 더 자세한 내용은 7장에서 알아볼 것이다).

리스트 6.5 | null 가능 변수 사용하기　　　　　　　　　　　　　　　　　　　　CODE▶ Tavern.kt

```kotlin
fun main(args: Array<String>) {
    var beverage = readLine()
    var beverage = readLine().capitalize()
//  beverage = null

    println(beverage)
}
```

Tavern.kt를 실행해 보자. 우리가 입력한 값의 첫 자가 대문자로 바뀌어 출력될 것으로 생각할 수 있을 것이다. 그러나 이 코드는 다음과 같은 컴파일 에러가 발생한다.

Only safe (?.) or non-null asserted (!!.) calls are allowed on a nullable receiver of type String?

readLine의 반환 타입이 String?이므로 null 값을 반환할 수 있기 때문에 capitalize 함수를 호출하지 못하게 컴파일러가 막은 것이다. 물론 이 코드가 실행되어 콘솔에서 어떤 값을 입력한다면 readLine에서 null을 반환하지 않으므로 capitalize 함수가 정상적으로 호출될 수 있다. 그러나 만에 하나 null 값이 반환된다면 프로그램이 크래시될 것이다. 따라서 이런 에러 발생 가능성을 코틀린 컴파일러가 인지하고 컴파일 시점에 미리 막은 것이다.

그렇다면 null이 될 수 있는 경우를 어떻게 처리해야 할까? null 가능 타입을 안전하게 처리하는 방법은 많다. 지금부터는 제일 많이 사용될 수 있는 세 가지 방법을 알아본다.

그러나 그 전에 먼저 고려할 것이 있다. 즉, 가능한 한 null 불가능 타입을 사용하는 것이다. null 불가능 타입은 항상 null이 아닌 어떤 값을 갖는다는 것이 보장되므로 사용하기도 편하다. null 값의 안전한 처리를 위한 추가 코드가 필요 없기 때문이다. 따라서 null이 필요 없다면 null 불가능 타입을 사용하는 것이 가장 안전한 방법이다.

첫 번째 방법: 안전 호출 연산자

null 가능 타입이 컴파일이나 런타임 에러 없이 항상 실행되도록 해야 할 경우가 있다. 예를 들어, 우리가 제어하지 않는 다른 코드의 변수를 사용할 때는 해당 변숫값이 null이 되지 않는다는 것을 보장할 수 없다. 이런 경우에 null 가능 타입을 안전하게 처리하기 위해 **안전 호출 연산자**(safe call operator)인 ?.을 사용한다. 이 연산자를 사용하도록 Tavern.kt를 수정해 보자.

리스트 6.6 | 안전 호출 연산자 사용하기   `CODE` ▶ Tavern.kt

```
fun main(args: Array<String>) {
    var beverage = readLine().capitalize()
    var beverage = readLine()?.capitalize()
//  beverage = null

    println(beverage)
}
```

이 경우 컴파일과 런타임 에러 모두 생기지 않는다. 컴파일러가 안전 호출 연산자를 발견하면 null 값을 검사하는 코드를 자동으로 추가해 준다. 따라서 런타임 시에 readLine 함수의 반환 결과가 null이 아니면 capitalize 함수가 호출되어 첫 자가 대문자로 변환된 반환 문자열이 beverage에 지정된다. 그러나 readLine 함수의 반환값이 null이면 capitalize 함수가 호출되지 않고 그다음 코드를 수행한다. 만일 호출하면 안전하지 않기 때문이다. 이 경우 println (beverage)가 실행되어 null이 출력된다.

이처럼 안전 호출 연산자를 사용하면 함수 호출에 사용되는 변수나 다른 함수(여기서는 readLine)의 반환값이 null이 아닐 때만 해당 함수(여기서는 capitalize)가 안전하게 호출되므로 NullPointerException을 방지할 수 있다.

안전 호출 연산자와 함께 let 함수 사용하기

안전 호출 연산자를 사용하면 null 가능 타입(변수나 함수의 반환값 등)으로 하나의 함수를 호출할 수 있다. 그러나 해당 타입의 값이 null이 아닐 때 변수에 새로운 값을 지정하거나 다른 함수를 호출하는 등의 추가 작업을 수행하고 싶다면, 이때는 let 함수에 안전 호출 연산자를 사용하는 것이 한 가지 방법이다. let 함수는 어떤 값에 대해서도 호출될 수 있으며, 주어진 범위(scope)에 국한하여 우리가 원하는 코드들을 실행시킬 수 있다(범위는 4장 참고).

변수나 함수의 반환값에 대해 안전 호출 연산자를 사용해서 let 함수를 호출하면 해당 값이

null이 아닐 때 필요한 표현식들을 실행시킬 수 있다. let 함수의 더 자세한 내용은 9장에서 배울 것이므로 여기서는 어떻게 사용하는지 간단하게 알아보기 위해 리스트 6.7과 같이 코드를 변경해 보자.

리스트 6.7 | 안전 호출 연산자와 함께 **let** 함수 사용하기   `CODE` ▶ Tavern.kt

```kotlin
fun main(args: Array<String>) {
    var beverage = readLine()?.capitalize()
    var beverage = readLine()?.let {
        if (it.isNotBlank()) {
            it.capitalize()
        } else {
            "맥주"
        }
    }
//    beverage = null

    println(beverage)
}
```

readLine 함수의 반환 타입이 String?이므로 여기서도 이전처럼 beverage가 null 가능 타입으로 추론된다. 그리고 안전하게 let 함수를 호출한 결괏값이 beverage에 지정된다. 즉, readLine 함수의 반환값이 null이 아니면 let이 호출되며, 이때 중괄호({})로 전달된 익명 함수가 실행된다. 그리고 익명 함수에서는 readLine의 반환값이 빈 문자열(blank)이 아니면 (isNotBlank()의 결과가 true) 해당 값의 첫 자를 대문자로 변환 후 반환하며, 빈 문자열이면 (isNotBlank()의 결과가 false) "맥주"를 반환한다. isNotBlank와 capitalize는 모두 null이 아닌 String 타입의 값에 대해서만 실행될 수 있는데, 여기서는 let 함수가 그것을 보장해 준다.

let 함수를 사용하면 두 가지 장점이 있다. 첫 번째, **5장에서 보았듯이** let 함수에 인자로 전달되는 익명 함수 내부에서 it 키워드를 사용할 수 있다. 여기서 it는 let 함수를 호출한 변수(내부적으로 readLine 함수의 반환값을 갖는)의 참조이며, 안전 호출 연산자에 의해 null이 아닌 값이 보장된다. 따라서 익명 함수 내부에서 isNotBlank와 capitalize를 호출할 때 it가 null인지 검사하는 코드를 우리가 작성할 필요 없다.

두 번째, let 함수는 인자로 전달된 익명 함수에서 마지막으로 실행된 표현식의 결과를 반환하므로 그것을 변수에 지정할 수 있다.

Tavern.kt를 실행해 보자. 콘솔에서 원하는 영문자를 입력하고 Enter 키를 누르면 첫 자가 대문자로 바뀌어 출력될 것이다. 그렇지 않고 콘솔에서 아무것도 입력하지 않고 Enter 키를 누르면 readLine의 반환값이 빈 문자열이 되므로 "맥주"가 출력된다.

두 번째 방법: non-null 단언 연산자

non-null 단언 연산자(assertion operator)인 !!도 null 가능 타입에 대해 함수를 호출하기 위해 사용될 수 있다. 이 연산자는 null이 될 수 없다는 것을 단언(assertion)하는 연산자다. 따라서 왼쪽의 피연산자 값이 null이 아니면 정상적으로 코드를 수행하고, null이면 런타임 시에 NullPointerException 예외를 발생시킨다(이 연산자는 더블-뱅(double-bang) 연산자라고도 한다). 리스트 6.8과 같이 코드를 변경해 보자.

리스트 6.8 | 단언 연산자 사용하기 `CODE` Tavern.kt

```
fun main(args: Array<String>) {
    var beverage = readLine()?.let {
        if (it.isNotBlank()) {
            it.capitalize()
        } else {
            "맥주"
        }
    }
    var beverage = readLine()!!.capitalize()
//  beverage = null

    println(beverage)
}
```

여기서 beverage = readLine()!!.capitalize()는 'readLine의 반환값이 무엇이든 capitalize를 실행하라'는 뜻이다. 단, 반환값이 null이면 KotlinNullPointerException 예외가 발생된다.

단언 연산자는 컴파일러가 null 발생을 미리 알 수 없는 상황이 생길 수 있을 때 사용된다. 예를 들어, null 가능 타입의 변숫값이 null이 아닌지 한 함수에서 확인한 후 다른 여러 함수에서 그 값을 받아 사용할 때는 null 여부를 다시 확인할 필요가 없을 것이다. 이럴 때 '!!' 연산자를 사용하면 좋다. 또한, 런타임 시에 시스템 라이브러리의 변수를 참조하거나 함수들을 호출할 때 언제 발생할지 모르는 KotlinNullPointerException을 우리가 명시적으로 파악하고자 할 때도 사용될 수 있다. 단언 연산자의 또 다른 예는 이 장 뒤에서 알아볼 것이다.

세 번째 방법: 값이 null인지 if로 검사하기

null 값을 안전하게 처리하는 세 번째 방법은 if의 조건으로 값이 null인지 검사하는 것이다. 3장의 표 3.1에서는 코틀린에서 사용할 수 있는 비교 연산자를 보여 준다. 그중에서 != 연산자는 왼쪽의 값이 오른쪽 값과 다른지 비교한다. 어떤 값이 null이 아닌지 검사할 때 이 연산자를 사용할 수 있다. 리스트 6.9와 같이 코드를 변경해 보자.

리스트 6.9 | != 연산자를 사용해서 null 값 검사하기 `CODE` Tavern.kt

```kotlin
fun main(args: Array<String>) {
    var beverage = readLine()!!.capitalize()
    var beverage = readLine()
//  beverage = null

    if (beverage != null) {
        beverage = beverage.capitalize()
    } else {
        println("beverage가 null입니다!")
    }

    println(beverage)
}
```

beverage가 null이면 이제는 에러 없이 다음 결과가 출력된다(readLine 함수에서 입력을 받을 때 ctrl+D[control+D] 키를 누르면 null이 반환되어 beverage가 null이 된다).

```
beverage가 null입니다!
```

if 바로 다음의 beverage = beverage.capitalize()에서는 beverage가 null인지 다시 검사하는 코드를 추가할 필요 없다. 바로 앞의 if에서 이미 검사했으므로 beverage가 null이 아니라는 것을 코틀린 컴파일러가 알기 때문이다(이때 beverage의 타입이 String으로 스마트 캐스팅된다. 스마트 캐스팅은 14장에서 알아본다). 그러나 이처럼 if와 != 연산자를 사용하는 것보다는 안전 호출 연산자를 사용하는 것이 좋다. 같은 문제를 해결하면서도 코드가 간결하고 유연성이 좋기 때문이다. 예를 들어, 안전 호출 연산자를 사용하면 다음과 같이 연속적으로 함수를 호출할 수 있다.

```kotlin
beverage?.capitalize()?.plus(", large")
```

이 코드에서는 beverage가 null이 아니면 capitalize 함수가 호출된다. 그리고 이 함수가 실행되어 반환된 문자열(String)에 대해 다시 plus 함수가 호출되어 제일 끝에 ", large"가 결합된 문자열이 반환된다. 이처럼 안전 호출 연산자를 사용하여 연속적으로 함수를 호출할 때는 함수 호출마다 안전 호출 연산자를 사용해야 한다. 만일 이것을 if와 != 연산자로 구현한다면 코드가 더 길어질 것이다.

그렇다면 언제 if와 != 연산자를 사용해서 null 검사를 해야 할까? 그 답은 간단하다. 즉, 값이 null일 때 실행되는 코드가 복잡할 경우다. if/else를 사용하면 우리가 알기 쉬운 형태로 복잡한 로직을 나타낼 수 있기 때문이다.

null 복합 연산자

null 값을 검사하는 또 다른 방법으로 **null 복합 연산자**(null coalescing operator)인 ?:이 있다(이 연산자는 로큰롤의 왕이라 불렸던 엘비스 프레슬리의 상징적인 헤어스타일과 유사하다고 해서 **엘비스 연산자**(Elvis operator)라고도 한다). 이 연산자는 왼쪽 피연산자의 결과가 null이면 오른쪽의 피연산자를 실행하며, null이 아니면 왼쪽 피연산자의 결과를 반환한다.

null 복합 연산자를 사용해서 beverage의 값이 null이면 기본값인 "맥주"를 출력하도록 코드를 변경해 보자.

리스트 6.10 | null 복합 연산자 사용하기   CODE ▶ Tavern.kt

```
fun main(args: Array<String>) {
    var beverage = readLine()
//  beverage = null

    if (beverage != null) {
        beverage = beverage.capitalize()
    } else {
        println("beverage가 null입니다!")
    }

    println(beverage)
    val beverageServed: String = beverage ?: "맥주"
    println(beverageServed)
}
```

코틀린 컴파일러가 추론해 줄 수 있으므로 지금까지는 beverage 변수의 타입을 지정하지 않았다. 그러나 여기서는 null 복합 연산자의 기능을 명확하게 하기 위해 beverageServed 변수의 타입을 String으로 지정하였다.

이 경우 beverage의 값이 null이 아니면 이 값을 beverageServed에 지정하며, null이면 기본값인 "맥주"가 지정된다. 둘 중 어떤 경우든지 String? 타입이 아닌 String 타입의 값이 beverageServed에 지정된다. 따라서 beverageServed는 null이 아닌 값을 갖는 것이 보장된다 (여기서는 술집(tavern)에 온 손님이 특별히 주문하지 않으면 기본으로 맥주를 제공한다는 뜻이다).

더 앞에서 첫 번째 방법으로 이야기했던 안전 호출 연산자에서 검사값이 null일 때 null이 아닌 기본값을 제공하여 결괏값이 null이 되지 않게 하는 것이 null 복합 연산자라고 생각할 수 있다. 따라서 null 복합 연산자는 null이 될 수 있는 값을 바로잡는 데 사용될 수 있다.

Tavern.kt를 실행해 보자. beverage의 값이 null이 아니면 첫 자가 대문자로 바뀐 값이 출력되고, null이면(beverage = null의 주석을 해지하면 테스트해 볼 수 있다) 다음 결과가 출력될 것이다.

```
beverage가 null입니다!
맥주
```

null 복합 연산자는 let 함수에 전달되는 표현식의 if/else 대신 사용될 수 있다. 예를 들어, 앞에 나왔던 리스트 6.9의 코드를 보면 다음과 같다.

```
var beverage = readLine()
if (beverage != null) {
    beverage = beverage.capitalize()
} else {
    println("beverage가 null입니다!")
}
```

그리고 이 코드를 null 복합 연산자와 let 함수를 같이 사용하여 변경하면 다음과 같다.

```
var beverage = readLine()
beverage?.let {
    beverage = it.capitalize()
} ?: println("beverage가 null입니다!")
```

이 코드는 리스트 6.9의 코드와 기능적으로나 결과가 모두 같다. 그렇다면 if/else 대신 이런 형태로 코드를 작성해야 할까? 각자 취향에 따라 작성하면 된다. 이런 경우에 이 책에서는 코드를 알기 쉽도록 if/else 형태를 사용할 것이다. 그러나 어떤 형태로 작성하든 다 적합하다.

예외

다른 많은 언어와 마찬가지로 코틀린도 프로그램에서 뭔가 잘못되었다는 것을 나타내기 위해 **예외(exception)**를 갖고 있다. NyetHack 프로젝트의 경우도 잘못될 수 있는 것이 있으므로 예외를 아는 것이 중요하다.

몇 가지 예를 보자. 먼저, NyetHack 게임 프로젝트에 SwordJuggler.kt라는 코틀린 파일을 생성하고 main 함수를 추가한다.

이 게임에서는 술집(tavern)에서 하나 이상의 칼(sword)을 공중에 던져 가며 묘기를 부리는 저글링(juggling)을 해야 한다. 따라서 여기서는 저글링하는 칼의 개수를 null 가능 정수 타입인 swordsJuggling 변수에 저장할 것이다. null 가능 타입으로 지정하는 이유가 무엇일까? 만일 swordsJuggling 변수가 null이면 칼로 하는 저글링을 못한다는 것을 나타내며, 이 경우 NyetHack 게임이 도중에 끝나게 하기 위해서다.

선택된 저글링 능력의 수준에 적합한지를 나타내는 isJugglingProficient 변수와 저글링하는 칼의 개수를 갖는 swordsJuggling 변수를 추가하자. 저글링 능력의 수준 선택은 5장에서 사용했던 것과 같은 무작위 숫자 선택 함수를 사용해서 구한다. 그리고 선택된 저글링 능력의 수준에 적합하다면 저글링하는 칼의 개수를 콘솔로 출력한다.

리스트 6.11 | 저글링 로직 추가하기 `CODE` SwordJuggler.kt

```
fun main(args: Array<String>) {
    var swordsJuggling: Int? = null
    val isJugglingProficient = (1..3).shuffled().last() == 3
    if (isJugglingProficient) {
        swordsJuggling = 2
    }

    println("$swordsJuggling 개의 칼로 저글링합니다!")
}
```

SwordJuggler.kt를 실행해 보자. 1부터 3까지의 정수 중에서 무작위로 선택된 숫자가 3이면 저글링하는 칼의 개수는 2가 되며, "2 개의 칼로 저글링합니다!"가 콘솔로 출력된다. 그러나 3이 아니면 "null 개의 칼로 저글링합니다!"가 출력될 것이다. 출력되는 결과는 SwordJuggler.kt를 실행할 때마다 달라질 수 있다.

swordsJuggling 변수의 값을 출력하는 것은 위험하지 않다. null 값일지라도 콘솔로 출력될 수 있고 우리 프로그램은 계속 실행될 것이기 때문이다. 이제는 위험의 가능성을 증가시켜 보자. 리스트 6.12와 같이 plus 함수와 !! 연산자를 사용하여 칼의 개수를 증가시킨다.

리스트 6.12 | 칼의 개수를 더하기   `CODE` SwordJuggler.kt

```kotlin
fun main(args: Array<String>) {
    var swordsJuggling: Int? = null
    val isJugglingProficient = (1..3).shuffled().last() == 3
    if (isJugglingProficient) {
        swordsJuggling = 2
    }

    swordsJuggling = swordsJuggling!!.plus(1)

    println("$swordsJuggling 개의 칼로 저글링합니다!")
}
```

null 가능 변수에 !! 연산자를 사용하는 것은 위험하다. 이 코드에서는 1부터 3까지 세 번의 기회 중에서 한 번(3일 때)은 칼의 개수가 2가 되지만, 나머지 두 번은 null이 되므로 예외가 발생되면서 프로그램 실행이 중단된다.

예외가 발생될 때는 그것을 처리해야 하며, 그렇지 않으면 프로그램 실행이 중단된다. 처리되지 않는 예외를 **미처리 예외**(unhandled exception)라고 하며, 프로그램 실행이 중단되는 것을 **크래시** (crash)라고 한다.

SwordJuggler.kt를 여러 번 실행하여 우리의 운을 시험해 보자. 만일 swordsJuggling 변수의 값이 null일 때는 나머지 코드(여기서는 println)가 실행되지 않고 KotlinNullPointerException 이 발생되면서 프로그램이 크래시될 것이다. 코틀린에서 변수의 기본 타입이 null 불가능인 이유 중 하나가 이 때문이다.

예외 던지기

다른 많은 언어와 비슷하게 코틀린에서도 예외가 발생되었다는 것을 우리가 알려 줄 수 있다. 이때 throw 키워드를 사용하며 예외를 발생시키는 것을 예외를 **던진다**(throw)고 한다. 방금 전에 보았던 KotlinNullPointerException 외에도 던질 수 있는 예외는 더 많이 있다.

예외를 던지는 이유가 무엇일까? 각 예외의 이름에 있듯이 예외적인 상태가 발생했음을 나타내기 위해서다. 즉, 코드의 무엇인가가 잘못되었다면 실행을 계속하기 전에 처리되어야 하는 문제를 알려 주기 위해 예외를 던지는 것이다.

흔히 발생하는 예외 중 하나로 IllegalStateException이 있다. 이름만 봐서는 확실히 알기 어렵겠지만, 이 예외는 프로그램이 정상적이 아닌 상태가 되었다는 것을 뜻한다. 그리고 이 예외를 던질 때는 문자열을 같이 전달하여 출력할 수 있어서 유용하다. 잘못된 것에 관한 더 많은 정보를 알려 줄 수 있기 때문이다.

NyetHack 게임에서 저글링을 할 수 있는지 검사하는 proficiencyCheck라는 함수를 SwordJuggler.kt에 추가하고, 이 함수를 호출하는 코드를 main 함수에 추가하자. proficiencyCheck 함수에서는 swordsJuggling이 null이면 IllegalStateException을 던져서 프로그램 실행을 중단시킨다.

리스트 6.13 | IllegalStateException 던지기　　　　　　　　　　　　　　CODE ▶ SwordJuggler.kt

```kotlin
fun main(args: Array<String>) {
    var swordsJuggling: Int? = null
    val isJugglingProficient = (1..3).shuffled().last() == 3
    if (isJugglingProficient) {
        swordsJuggling = 2
    }

    proficiencyCheck(swordsJuggling)
    swordsJuggling = swordsJuggling!!.plus(1)

    println("$swordsJuggling 개의 칼로 저글링합니다!")
}

fun proficiencyCheck(swordsJuggling: Int?) {
    swordsJuggling ?: throw IllegalStateException("플레이어가 저글링을 할 수 없음")
}
```

이 코드를 여러 번 실행해서 결과가 출력되는 것을 확인해 보자. 여기서는 swordsJuggling이 null이 아니어야 하므로 null일 때는 IllegalStateException을 던져서 프로그램이 정상적이지 않은 상태라는 것을 알려 준다. 따라서 swordsJuggling 변수를 사용하는 어떤 코드에서도 만에 하나 null이 되는 경우가 생긴다면 프로그램을 개발하는 시점에 알 수 있는 가능성이 커지므로 도움이 된다. 또한, IllegalStateException이 생길 때 에러 메시지가 제공되므로 프로그램이 크래시되는 이유를 정확하게 알 수 있다.

예외는 IllegalStateException과 같이 코틀린에서 제공하는 것만 던질 수 있는 것이 아니다. 우리가 커스텀 예외를 정의하여 애플리케이션의 특정 상태를 나타낼 수도 있다.

커스텀 예외

예외가 생겼음을 알리기 위해 throw 키워드를 사용하는 방법을 이제는 알았을 것이다. 지금부터는 커스텀 예외를 생성하고 사용하는 방법을 알아본다.

커스텀 예외를 정의하기 위해 먼저 다른 예외로부터 상속받는(inherit) 새로운 **클래스(class)**를 정의한다. 클래스는 세상의 모든 것을 정의할 수 있게 해준다. 클래스에 관한 자세한 내용은 12장에서 배울 것이므로 여기서는 크게 개의치 말자.

SwordJuggler.kt에 UnskilledSwordJugglerException이라는 커스텀 예외를 정의하자.

리스트 6.14 | 커스텀 예외 정의하기　　　　　　　　　　　　　　　`CODE` SwordJuggler.kt

```
fun main(args: Array<String>) {
    ...
}

fun proficiencyCheck(swordsJuggling: Int?) {
    swordsJuggling ?: throw IllegalStateException("플레이어가 저글링을 할 수 없음")
}

class UnskilledSwordJugglerException() :
        IllegalStateException("플레이어가 저글링을 할 수 없음")
```

UnskilledSwordJugglerException은 특정 메시지를 갖는 IllegalStateException처럼 동작하는 커스텀 예외다. 따라서 UnskilledSwordJugglerException은 IllegalStateException과 같은 방법으로 throw 키워드를 사용해서 던질 수 있다. IllegalStateException 대신 커스텀 예외를 던지도록 코드를 변경하자.

리스트 6.15 | 커스텀 예외 던지기　　　　　　　　　　　　　　　`CODE` SwordJuggler.kt

```
fun main(args: Array<String>) {
    ...
}

fun proficiencyCheck(swordsJuggling: Int?) {
    swordsJuggling ?: throw IllegalStateException("플레이어가 저글링을 할 수 없음")
    swordsJuggling ?: throw UnskilledSwordJugglerException()
}

class UnskilledSwordJugglerException() :
        IllegalStateException("플레이어가 저글링을 할 수 없음")
```

UnskilledSwordJugglerException은 swordsJuggling 변수가 null일 때 발생시키는 커스텀 예외이며, 우리가 던져야만 발생된다.

커스텀 예외는 유연성이 있고 유용하다. 커스텀 메시지를 출력하기 위해 사용되는 것은 물론이고, 해당 예외가 발생될 때 실행될 기능을 코드에 추가할 수 있기 때문이다. 또한, 코드 전반에 걸쳐 재사용할 수 있으므로 코드의 중복을 줄일 수 있다.

예외 처리

예외는 애플리케이션 실행에 지장을 준다. 처리되지 않으면 복구 불가능한 상태를 나타내는 것이기 때문이다. 코틀린에서는 예외를 발생시킬 수 있는 코드 주위에 try/catch 문을 정의하여 처리 방법을 지정할 수 있다. try/catch의 문법은 if/else와 비슷하다. 어떻게 하는지 알기 위해 SwordJuggler.kt에 try/catch를 추가해 보자.

리스트 6.16 | try/catch 문 추가하기   CODE ▸ SwordJuggler.kt

```kotlin
fun main(args: Array<String>) {
    var swordsJuggling: Int? = null
    val isJugglingProficient = (1..3).shuffled().last() == 3
    if (isJugglingProficient) {
        swordsJuggling = 2
    }

    try {
        proficiencyCheck(swordsJuggling)
        swordsJuggling = swordsJuggling!!.plus(1)
    } catch (e: Exception) {
        println(e)
    }

    println("$swordsJuggling 개의 칼로 저글링합니다!")
}

fun proficiencyCheck(swordsJuggling: Int?) {
    swordsJuggling ?: throw UnskilledSwordJugglerException()
}

class UnskilledSwordJugglerException() :
        IllegalStateException("플레이어가 저글링을 할 수 없음")
```

try 블록에는 예외가 발생될 수 있는 코드(여기서는 swordsJuggling 변수의 사용)를 넣는다. 만일 예외가 발생하지 않으면 try 블록의 코드는 항상 실행되지만 catch 문은 예외가 생길 때만 실행된다.

catch 블록에는 try 블록의 코드에서 예외가 발생될 때 실행될 코드를 정의한다. 여기서는 간단하게 해당 예외의 이름을 출력한다. catch 문에서는 처리할 예외의 특정 타입을 인자로 받는다(여기서는 Exception 타입의 예외).

try 블록 내부에 있는 코드들은 정의된 순서대로 하나씩 실행된다. 여기서는 proficiencyCheck 함수를 호출한 후 swordsJuggling 변수가 null이 아니면 plus 함수에서 swordsJuggling에 1을 더한다. 그리고 try/catch 다음에 있는 println이 실행되며, 다음 결과가 출력된다.

---

3 개의 칼로 저글링합니다!

출력되는 결과는 SwordJuggler.kt를 실행할 때마다 달라질 수 있다. 그러나 만일 swordsJuggling이 null이 되면 proficiencyCheck 함수에서 UnskilledSwordJugglerException을 던진다(발생시킨다). 그러나 try/catch 문에서 이 예외를 처리했으므로 프로그램이 계속 실행되면서 catch 블록의 println이 실행된다. 그리고 try/catch를 벗어나서 그다음에 있는 println이 실행되어 다음 결과가 출력된다.

UnskilledSwordJugglerException: 플레이어가 저글링을 할 수 없음
null 개의 칼로 저글링합니다!

따라서 발생된 예외의 이름과 'null 개의 칼로 저글링합니다!'가 같이 출력된다. 만일 예외를 처리하지 않았다면 프로그램 실행이 중단되었을 것이다. 그러나 try/catch를 사용해서 예외를 처리했으므로 프로그램의 나머지 코드가 정상적으로 실행된다. SwordJuggler.kt를 여러 번 실행하여 두 가지 출력 결과 모두를 확인해 보자.

전제 조건

예기치 않은 값으로 인해 우리가 의도하지 않는 방향으로 프로그램이 실행될 수 있다. 따라서 코드를 작성할 때는 입력값을 검사하는 데 많은 노력을 기울여야 한다. 입력값의 검사와 흔히 생기는 문제의 발견을 더 쉽게 할 수 있도록 코틀린은 표준 라이브러리의 일부로 편의 함수들을 제공한다. 그리고 이 함수들을 사용하면 커스텀 메시지와 함께 예외를 던질 수 있다.

일부 코드가 실행되기 전에 충족되어야 하는 전제 조건을 정의할 수 있으므로 이런 함수들을 **전제 조건 함수(precondition function)**라고 한다.

예를 들어, KotlinNullPointerException에 대비하기 위해 지금까지 이 장에서 보았던 것처럼 checkNotNull 전제 조건 함수를 사용할 수 있다. 이 함수는 어떤 값이 null인지 검사한 후 null이 아니면 그 값을 반환하고, null이면 IllegalStateException을 발생시킨다. null 값을 검사하여 UnskilledSwordJugglerException을 던지는 코드를 checkNotNull 함수로 교체해 보자.

리스트 6.17 | 전제 조건 함수 사용하기   `CODE` SwordJuggler.kt

```kotlin
fun main(args: Array<String>) {
    var swordsJuggling: Int? = null
    val isJugglingProficient = (1..3).shuffled().last() == 3
    if (isJugglingProficient) {
        swordsJuggling = 2
    }
    try {
        proficiencyCheck(swordsJuggling)
        swordsJuggling = swordsJuggling!!.plus(1)
    } catch (e: Exception) {
        println(e)
    }
    println("$swordsJuggling 개의 칼로 저글링합니다!")
}

fun proficiencyCheck(swordsJuggling: Int?) {
    swordsJuggling ?: throw UnskilledSwordJugglerException()
    checkNotNull(swordsJuggling, { "플레이어가 저글링을 할 수 없음" })
}

class UnskilledSwordJugglerException() :
        IllegalStateException("플레이어가 저글링을 할 수 없음")
```

여기서는 checkNotNull 함수에 전달된 swordsJuggling의 값이 null이면 IllegalStateException을 발생시켜서 현재 상태에 문제가 있다는 것을 알려 준다. checkNotNull 함수는 두 개의 인자를 받는다. 첫 번째는 null인지 검사할 값이고, 두 번째는 첫 번째 인자가 null일 때 콘솔에 출력할 에러 메시지다.

전제 조건 함수는 일부 코드가 실행되기 전에 필요로 하는 요구 사항을 확인하는 좋은 방법이다. 그리고 충족되어야 할 조건이 함수 이름에 포함되어 있으므로 어떤 것인지 알기 쉽다. 여기서는 두 방법 모두 결과가 같지만, UnskilledSwordJugglerException을 던지는 것보다 checkNotNull 함수를 사용하는 것이 더 쉽다.

코틀린의 표준 라이브러리에는 다섯 개의 전제 조건 함수가 있으며, null을 검사하는 값의 타입이 다르다는 차이가 있다. 이 함수들의 내역은 표 6.1과 같다.

표 6.1 | 코틀린 전제 조건 함수

함수	설명
checkNotNull	첫 번째 인자값이 null이면 IllegalStateException을 던지며, 그렇지 않으면 첫 번째 인자값을 반환한다
require	첫 번째 인자값이 false면 IllegalArgumentException을 던진다
requireNotNull	첫 번째 인자값이 null이면 IllegalArgumentException을 던지며, 그렇지 않으면 첫 번째 인자값을 반환한다
error	첫 번째 인자값이 null이면 제공된 메시지와 함께 IllegalStateException을 던지며, 그렇지 않으면 첫 번째 인자값을 반환한다
assert	인자값이 false면 AssertionError를 던진다. 그리고 컴파일러의 assertion 플래그가 활성화된다[a]

[a] assertion 플래그의 활성화는 이 책의 범위를 벗어나므로 더 자세한 내용을 알고 싶으면 https://kotlinlang.org/api/latest/jvm/stdlib/kotlin/assert.html과 https://docs.oracle.com/cd/E19683-01/806-7930/assert-4/index.html을 참고하자.

null: 무엇이 좋을까?

이 장에서는 null을 방지하고 대처하는 관점에 관해 폭 넓게 알아보았다. 그러나 실제 소프트웨어 세계에서는 null을 사용해서 상태를 나타내는 것이 흔한 일이다.

왜 그럴까? null은 자바나 다른 언어에서 변수의 초깃값으로 흔히 사용되기 때문이다. 예를 들어, 사람 이름을 저장하기 위해 선언된 변수를 생각해 보자. 사람은 누구나 이름이 있지만 기본으로 정해지는(default) 이름은 있을 수 없다. null은 기본값이 없는 변수의 초깃값으로 자주 사용된다. 실제로 많은 언어에서 값을 지정하지 않고 변수를 정의할 수 있으며, 이런 변수의 값은 기본으로 null이 된다.

이처럼 null이 기본값으로 지정되는 방식으로 인해 다른 언어에서는 종종 NullPointerException이 발생될 수 있다. 코틀린에서 값이 없음을 나타내는 null의 처리를 중요시하는 이유가 이 때문이다.

null로 인한 예외 발생을 피할 수 있는 한 가지 방법은 더 좋은 초기화 코드를 제공하여 null이 지정되지 않게 하는 것이다. 예를 들어, 다음과 같이 사람 이름을 갖는 String 타입의 변수는 빈 문자열(empty string)을 가질 수 있다. 빈 문자열은 아직 값이 초기화되지 않았다는 것을 나타내며, null이 아니므로 NullPointerException이 생기기 않는다.

```
var personName: String? = ""      // var personName: String? = null과 다르다
```

또 다른 방법은 null이 될 수 있다는 것을 인정하고, 이 장에서 알아본 null 가능 타입의 처리 방법들을 사용하는 것이다. 예를 들어, NullPointerException을 방지하기 위해 안전 호출 연산자(?.)를 사용하거나, 또는 null 복합 연산자(?:)를 사용해서 기본값을 지정한다.

이 장에서는 null로 인해 생길 수 있는 문제를 코틀린에서 처리하는 방법을 배웠다. 즉, null 가능 타입이 무엇이고 어떻게 정의하여 사용하는지, 그리고 안전 호출 연산자와 null 복합 연산자를 사용하거나, 또는 값이 null인지 직접 확인하여 null 가능 타입을 안전하게 사용할 수 있는 방법을 배웠다. 또한, 안전 호출 연산자와 let 함수를 같이 사용하는 방법도 배웠다. 그리고 try/catch를 사용해서 예외를 처리하는 방법과 전제 조건 함수를 사용하는 방법도 배웠다. 다음 장에서는 코틀린에서 문자열(String)을 사용하는 방법에 관해 더 자세하게 배울 것이다.

궁금증 해소하기: checked 예외와 unchecked 예외

코틀린에서는 모든 예외가 **unchecked** 예외다. 즉, 예외가 생길 수 있는 모든 코드를 우리가 try/catch 문으로 반드시 처리하도록 컴파일러가 강요하지 않는다는 뜻이다.

예를 들어, 자바에는 checked와 unchecked 예외 타입이 구분되어 있다. 그리고 checked 예외의 경우에는 우리가 try/catch 문으로 처리하는지 컴파일러가 확인하고, 만일 처리하지 않으면 컴파일 에러가 된다. 이것은 프로그래머가 예외 처리를 정확하게 하도록 한 것이다.

자바처럼 엄격하게 예외를 처리하는 것이 타당한 것처럼 보인다. 그러나 실제로는 checked 예외라는 개념이 초기 발상과 달리 불편함과 문제점을 야기할 수 있다.

어쨌든 자바에서는 catch 문에서 checked 예외를 처리한다. 처리하지 않으면 컴파일 에러가 되기 때문이다. 그러나 대부분의 checked 예외(예를 들어, 파일을 저장할 때 하드웨어나 기타 시스템 에러 등의 이유로 발생할 수 있는 IOException)는 발생했더라도 우리가 특별히 할 것이 없다. 따라서 개발자들이 해당 예외의 catch 블록 안에 처리 코드를 작성하지 않는 경우가 있다(예를 들어, catch (e: IOException) { }). 이 경우 해당 checked 예외가 무시되고(경보가 울렸는데 무시하는 것과 같다) 프로그램은 정상적으로 수행된다. 이렇게 되면 실제로 뭔가 잘못되어 문제가 생겼을 때 그 정보를 무시하는 것이 되므로 원인을 찾기가 매우 어렵게 된다. 애플리케이션의 규모가 클수록

더욱 그렇다. 대부분의 경우에 컴파일 시점의 문제를 무시하면 향후 런타임 시에 더 심각한 에러를 초래할 수 있다.

경험상 checked 예외는 문제를 해결하기보다는 오히려 더 많은 문제(코드 중복, 이해하기 어려운 에러 복구 로직, 발생된 예외의 기록 없이 예외 무시)를 야기하므로 코틀린을 포함한 현대 언어에서는 unchecked 예외를 지원하고 있다.

궁금증 해소하기: 다른 언어의 코드를 같이 사용할 때의 null 처리

자바와 대비해서 코틀린은 null을 엄격한 방식으로 처리하며, 이것은 코틀린을 사용할 때 매우 요긴하다. 그러나 자바와 같이 null 처리가 엄격하지 않은 언어의 코드를 같이 사용할 때도 여전히 코틀린의 방식이 적용될까? 그리고 어떻게 구현되어 있을까? 4장의 printPlayerStatus 함수를 잠시 보자.

```
fun printPlayerStatus(auraColor: String,
                      isBlessed: Boolean,
                      name: String,
                      healthStatus: String) {
    ...
}
```

printPlayerStatus 함수는 코틀린 타입의 String과 Boolean 매개변수를 갖는다. 만일 코틀린 코드에서 이 함수를 호출한다면 아무 문제없다. 즉, auraColor, name, healthStatus는 null 불가능 String 타입이며, isBlessed는 null 불가능 Boolean 타입이기 때문이다. 그러나 자바는 null 가능과 null 불가능 타입을 구분하지 않으므로 자바의 String 타입은 null이 될 수 있다.

그렇다면 자바 코드를 같이 사용할 때 코틀린이 어떻게 안전한 null 처리를 할까? 이에 대한 답을 구하려면 자바 메서드로 역컴파일된 바이트코드를 살펴봐야 한다.

```
public static final void printPlayerStatus(@NotNull String auraColor,
                                           boolean isBlessed,
                                           @NotNull String name,
                                           @NotNull String healthStatus) {
    Intrinsics.checkParameterIsNotNull(auraColor, "auraColor");
    Intrinsics.checkParameterIsNotNull(name, "name");
    Intrinsics.checkParameterIsNotNull(healthStatus, "healthStatus");
    ...
}
```

null 불가능 매개변수가 null 인자를 받지 않게 해주는 메커니즘에는 두 가지가 있다. 첫 번째, 코틀린의 기본 타입이 아닌(여기서는 String) 각 매개변수에 있는 @NotNull 애노테이션(annotation)이 있다. 이 애노테이션은 printPlayerStatus 자바 메서드의 호출 코드에게 해당 매개변수가 null 인자를 받을 수 없다는 것을 알려 주는 기능을 한다. isBlessed는 @NotNull이 필요하지 않다. boolean은 자바의 기본 타입이면서 null이 될 수 없기 때문이다.

@NotNull 애노테이션은 많은 자바 프로젝트 코드에서 볼 수 있지만, 코틀린에서 자바 메서드를 호출할 때 특히 유용하다. 자바 메서드의 매개변수가 null이 가능한지 코틀린 컴파일러가 판단할 때 @NotNull을 사용하기 때문이다. 코틀린과 자바의 상호운용(interoperability)에 관해서는 20장에서 더 자세히 배울 것이다.

두 번째, auraColor, name, healthStatus가 null이 되지 않게 보장하는 것에 추가하여, 코틀린 컴파일러는 Intrinsics.checkParameterIsNotNull이라는 메서드를 사용한다. 이 메서드는 각각의 null 불가능 매개변수에 대해 호출되며, 만일 null 값이 인자로 전달되면 IllegalArgumentException을 발생시킨다.

간단히 말해서 코틀린에 선언된 함수는 컴파일되어 JVM의 자바 코드로 생성되지만, 여전히 코틀린의 null 처리 규칙에 따라 동작한다.

코틀린에서 null 불가능 타입의 값을 인자로 받는 함수를 작성할 때는 NullPointerException으로부터 이중으로 보호되므로 안전하다. 자바와 같이 null 처리에 엄격하지 않은 언어의 코드를 코틀린과 같이 사용할 때도 마찬가지다.

7

문자열

프로그램에서 텍스트 데이터는 문자가 연속되는 **문자열(string)**로 나타낸다. SimVillage.kt에서 출력했던 다음 문자열처럼 코틀린의 문자열은 이전의 다른 장에서 이미 사용했었다.

`"SimVillage 방문을 환영합니다, 촌장님! (copyright 2019)"`

이 장에서는 코틀린 표준 라이브러리에 있는 String 타입의 다양한 함수들을 사용하여 문자열로 할 수 있는 것을 자세히 알아볼 것이다. 그리고 진행하면서 NyetHack의 술집(tavern)에서 고객이 메뉴를 보고 주문할 수 있도록 기능을 향상시킬 것이다.

부분 문자열 추출하기

먼저, 술집의 고객이 주문을 할 수 있도록 다른 문자열로부터 문자열을 추출하는 두 가지 방법을 살펴보자. 이때 substring과 split 함수를 사용한다.

substring 함수

먼저, NyetHack 게임의 플레이어가 술집 주인에게 주문을 할 수 있는 함수를 작성한다. 6장에서 작성했던 NyetHack 프로젝트의 Tavern.kt를 편집기 창에 열고, 술집 이름을 저장하는 변수 하나와 placeOrder라는 새로운 함수를 추가할 것이다.

그리고 placeOrder 함수에서는 String의 indexOf와 substring 함수를 사용해서 TAVERN_ NAME 문자열로부터 술집 주인의 이름을 추출하고 출력한다(일단 코드를 추가한 후 placeOrder 함수의 코드를 하나씩 살펴볼 것이다). 또한, 이전 장에서 작성했던 코드는 삭제한다.

리스트 7.1 | 술집 주인의 이름 추출하기   `CODE` Tavern.kt

```
const val TAVERN_NAME = "Taernyl's Folly"
fun main(args: Array<String>) {
    var beverage = readLine()
//  beverage = null

    if (beverage != null) {
        beverage = beverage.capitalize()
    } else {
        println("beverage가 null입니다!")
    }

    val beverageServed: String = beverage ?: "맥주"
    println(beverageServed)
    placeOrder()
}

private fun placeOrder() {
    val indexOfApostrophe = TAVERN_NAME.indexOf('\'')
    val tavernMaster = TAVERN_NAME.substring(0 until indexOfApostrophe)
    println("마드리갈은 $tavernMaster 에게 주문한다.")
}
```

Tavern.kt를 실행해 보자. "마드리갈은 Taernyl 에게 주문한다."가 출력될 것이다. 지금부터는 어떻게 술집 이름으로부터 주인 이름을 추출했는지 placeOrder 함수의 코드를 하나씩 살펴보자.

먼저, 문자열에 있는 첫 번째 아포스트로피(') 문자의 인덱스(index)를 얻기 위해 String의 indexOf 함수를 사용한다.

```
val indexOfFirstApostrophe = TAVERN_NAME.indexOf('\'')
```

인덱스는 문자열 내부에서 특정 문자의 위치를 나타내는 정수다. 그리고 문자열에 있는 첫 번째 문자의 인덱스 값은 0부터 시작하며, 그다음 문자의 인덱스는 1씩 증가된다.

indexOf 함수의 인자로는 문자열에서 찾고자 하는 Char 타입의 문자를 전달하며, 문자 앞뒤를 작은 따옴표로 둘러싼다. indexOf 함수에서는 인자로 전달된 문자와 같은 것을 찾은 후 이것의 인덱스값을 반환한다.

여기서는 인자로 '\''를 지정하였다. \(역슬래시)를 넣은 이유가 무엇일까? 아포스트로피(') 문자는 문자 리터럴(literal)을 둘러싸는 작은 따옴표로도 사용된다(리터럴은 변수 선언 없이 지정한 값 자체를 말한다). 따라서 만일 \를 빼고 '''로 인자를 지정한다면 컴파일러가 가운데의 작은 따옴표를 빈 문자 리터럴로 인식하여 컴파일 에러로 처리한다. 따라서 \를 추가하여 아포스트로피 문자로 인식하도록 해야 한다. 이것을 **이스케이프 시퀀스(escape sequence)**라고 하며, 특별한 의미를 갖는 문자라는 것을 컴파일러에게 알려 주는 데 사용된다. 표 7.1에서는 이스케이프 시퀀스와 이것의 의미를 보여 준다.

표 7.1 | 이스케이프 시퀀스

이스케이프 시퀀스	의미
\t	탭(tab) 문자
\b	백스페이스(backspace) 문자
\n	개행(newline) 문자
\r	캐리지 리턴(carriage return)
\"	큰따옴표(double quotation mark)
\'	작은따옴표/아포스트로피(single quotation mark/apostrophe)
\\	역슬래시(backslash)
\$	달러 기호(dollar sign)
\u	유니코드(unicode) 문자

문자열에서 첫 번째 아포스트로피 문자의 인덱스를 얻은 다음에 substring 함수를 호출한다. 이 함수는 전달된 인자를 사용해서 기존 문자열로부터 새로운 문자열을 추출하고 반환한다.

```
val tavernMaster = TAVERN_NAME.substring(0 until indexOfFirstApostrophe)
```

substring 함수는 추출할 문자들의 인덱스들을 결정하는 IntRange(정수 범위를 나타내는 타입)를 인자로 받는다. 여기서는 문자열의 첫 번째 문자부터 첫 번째 아포스트로피 바로 앞 문자까지의 인덱스가 범위다(indexOfFirstApostrophe는 앞에서 찾은 첫 번째 아포스트로피 문자의 인덱스값을 갖고 있는 변수이며, until 키워드를 사용해서 범위를 나타내면 이 키워드 다음에 지정된 상한값은 범위에서 제외된다).

위 코드가 실행되면 TAVERN_NAME 문자열의 맨 앞부터 첫 번째 아포스트로피 문자 바로 앞까지의 문자들로 구성되는 문자열("Taernyl")이 tavernMaster 변수에 지정된다.

그리고 끝으로, 3장에서 배웠던 문자열 템플릿(변수 이름 앞에 $를 추가)을 사용해서 tavernMaster의 문자열을 출력 문자열에 삽입한다.

```
println("마드리갈은 $tavernMaster 에게 주문한다.")
```

split 함수

술집의 메뉴 데이터는 문자열로 나타내며, 쉼표로 구분된 술의 종류, 이름, 가격(금화)으로 저장된다. 예를 들면 다음과 같다.

```
shandy,Dragon's Breath,5.91
```

지금부터는 고객이 주문한 메뉴 데이터를 placeOrder 함수에서 인자로 받아 출력하도록 코드를 변경할 것이다. 먼저, 메뉴 데이터를 인자로 받도록 placeOrder 함수를 수정한다.

(앞으로 코드가 변경 또는 추가될 때는 삭제선을 표시한 기존 코드를 나타내지 않고 기존 코드 대신 변경이나 추가되는 코드만 진한 글씨로 표시할 것이다.)

리스트 7.2 | 메뉴 데이터를 placeOrder 인자로 전달하기   `CODE` **Tavern.kt**

```kotlin
const val TAVERN_NAME = "Taernyl's Folly"
fun main(args: Array<String>) {
    placeOrder("shandy,Dragon's Breath,5.91")
}

private fun placeOrder(menuData: String) {
    val indexOfApostrophe = TAVERN_NAME.indexOf('\'')
    val tavernMaster = TAVERN_NAME.substring(0 until indexOfApostrophe)
    println("마드리갈은 $tavernMaster 에게 주문한다.")
}
```

그다음에 메뉴 데이터의 각 부분을 추출하기 위해 split 함수를 사용할 것이다. 이 함수는 인자로 전달된 구분자(delimiter)를 사용해서 문자열의 각 부분을 별개의 문자열로 추출하여 생성한다. placeOrder 함수에 split 함수를 호출하는 코드를 추가하자.

```
...
private fun placeOrder(menuData: String) {
    val indexOfApostrophe = TAVERN_NAME.indexOf('\'')
    val tavernMaster = TAVERN_NAME.substring(0 until indexOfApostrophe)
    println("마드리갈은 $tavernMaster 에게 주문한다.")

    val data = menuData.split(',')
    val type = data[0]
    val name = data[1]
    val price = data[2]
    val message = "마드리갈은 금화 $price 로 $name ($type)를 구입한다."
    println(message)
}
```

split 함수는 검색할 구분자 문자를 인자로 받는다. 그리고 구분자를 기준으로 분리된 각 부분의 문자열(구분자는 제외됨)을 List에 저장하고 반환한다(List는 10장에서 배울 것이다). 여기서는 split 함수에서 고객 주문의 각 부분 문자열을 저장한 List를 반환한다. List에 저장된 각 요소는 **인덱스 연산자(indexed operator)**라고 하는 대괄호([]) 안에 인덱스를 지정하여 가져올 수 있다. 여기서는 첫 번째, 두 번째, 세 번째 문자열을 가져와서 각각 type, name, price 변수에 지정한다. 끝으로, 세 변수의 문자열을 메시지에 삽입하고 출력한다.

Tavern.kt를 다시 실행해 보자. 이번에는 술의 종류, 이름, 가격을 포함하는 주문 내역이 출력될 것이다(shandy(샌디)는 맥주와 레모네이드를 섞은 술 종류이며, Dragon's Breath(용의 입김)는 술의 이름이다).

```
마드리갈은 Taernyl 에게 주문한다.
마드리갈은 금화 5.91 로 Dragon's Breath (shandy)를 구입한다.
```

split 함수는 List를 반환하므로 **해체 선언(destructuring declaration)**이라는 간단한 문법도 지원한다. 해체 선언을 사용하면 List에 저장된 각 요소를 하나의 표현식에서 다수의 변수로 지정할 수 있다. 해체 선언 문법을 사용하도록 placeOrder 함수를 변경하자.

리스트 7.4 | 주문 데이터의 해체 선언

```
...
private fun placeOrder(menuData: String) {
    val indexOfApostrophe = TAVERN_NAME.indexOf('\'')
    val tavernMaster = TAVERN_NAME.substring(0 until indexOfApostrophe)
```

```
    println("마드리갈은 $tavernMaster 에게 주문한다.")

    val data = menuData.split(',')
    val type = data[0]
    val name = data[1]
    val price = data[2]
    val (type, name, price) = menuData.split(',')
    val message = "마드리갈은 금화 $price 로 $name ($type)를 구입한다."
    println(message)
}
```

해체 선언은 변수의 값 지정을 간단하게 하기 위해 사용될 수 있으며, 함수의 반환 타입이 List 일 때는 언제든지 해체 선언을 할 수 있다. 또한, 해체 선언은 List 외에도 Map과 Pair(이 두 가지는 11장에서 배운다), 그리고 데이터 클래스(data class) 등의 다른 타입에도 사용될 수 있다(데이터 클래스는 15장에서 배운다). Tavern.kt를 다시 실행해 보면 이전과 같은 결과가 출력될 것이다.

문자열 변경하기

Dragon's Breath라는 술을 마시지 말라는 한마디 충고를 나타내는 다음 문장을 보자.

```
A word of advice: Don't drink the Dragon's Breath
```

여기서는 이것을 1337Sp34k와 유사한 고대 언어인 드래곤어(DragonSpeak)로 다음과 같이 번역할 것이다(1337Sp34k에서 1337은 leet, Sp34k는 speak, 즉 리트어(leet speak)를 뜻한다. 이것은 해커들이 사용했던 언어이며, 각 ASCII 문자를 다른 문자로 바꿔서 나타낸다).

```
A w0rd 0f 4dv1c3: D0n't dr1nk th3 Dr4g0n's Br34th
```

String 타입(실제는 클래스)은 문자열의 값을 다양하게 처리하는 함수들을 포함한다. NyetHack 게임의 술집 프로그램인 Tavern.kt에 드래곤어 번역 기능을 추가하기 위해 String의 replace 함수를 사용할 것이다. 이름 그대로 이 함수는 우리가 지정한 규칙을 기반으로 문자를 변경한다. replace 함수는 변경할 문자를 결정하기 위해 정규 표현식(regular expression)을 인자로 받는다. 그리고 정규 표현식과 일치하는 문자를 무엇으로 변경할지 결정하기 위해 우리가 정의한 익명 함수를 호출한다.

문자열을 인자로 받아서 드래곤어로 번역하여 반환하는 toDragonSpeak 함수를 추가하자. 또한, 기존의 printOrder 함수에는 드래곤어로 번역할 문장을 추가하고, 이것을 인자로 전달하여 toDragonSpeak 함수를 호출하는 코드도 추가한다.

리스트 7.5 | toDragonSpeak 함수 추가하기   CODE▶ Tavern.kt

```kotlin
const val TAVERN_NAME = "Taernyl's Folly"

fun main(args: Array<String>) {
    placeOrder("shandy,Dragon's Breath,5.91")
}

private fun toDragonSpeak(phrase: String) =
    phrase.replace(Regex("[aeiou]")) {
        when (it.value) {
            "a" -> "4"
            "e" -> "3"
            "i" -> "1"
            "o" -> "0"
            "u" -> "|_|"
            else -> it.value
        }
    }

private fun placeOrder(menuData: String) {
    ...
    println(message)

    val phrase = "와, $name 진짜 좋구나!"
    println("마드리갈이 감탄한다: ${toDragonSpeak(phrase)}")
}
```

Tavern.kt를 다시 실행해 보자. 이번에는 매우 독특한 드래곤어 말투로 마드리갈이 탄성을 지를 것이다.

```
마드리갈은 Taernyl 에게 주문한다.
마드리갈은 금화 5.91 로 Dragon's Breath (shandy)를 구입한다.
마드리갈이 감탄한다: 와, Dr4g0n's Br34th 진짜 좋구나!
```

여기서 사용한 replace 함수는 두 개의 인자를 받는다. 첫 번째 인자는 변경할 문자를 결정하는 정규 표현식이다. 이것은 regex라고도 하며, 찾고자 하는 문자들의 검색 패턴을 정의한다. 두 번째 인자는 익명 함수이며, 검색 패턴과 일치하는 문자들을 무엇으로 변경할 것인지 정의한다.

앞의 코드에서 replace 함수의 첫 번째 인자로 전달된 정규 표현식은 다음과 같다.

```
phrase.replace(Regex("[aeiou]")) {
    ...
}
```

Regex 함수는 찾아서 변경할 문자가 정의된 검색 패턴인 "[aeiou]"를 인자로 받는다. 이것은 영
문 소문자 a, e, i, o, u 중 하나와 일치되는 것을 뜻한다. 코틀린은 자바와 동일한 정규 표현식
패턴을 사용한다. 정규 표현식 패턴의 자세한 내용은 https://docs.oracle.com/javase/8/docs/api/java/
util/regex/Pattern.html 문서를 참고하자.

replace 함수의 두 번째 인자로 전달된 익명 함수에는 첫 번째 인자로 전달된 정규 표현식의 검
색 패턴과 일치하는 문자들을 무엇으로 변경할 것인지 정의한다.

```
phrase.replace(Regex("[aeiou]")) {
    when (it.value) {
        "a" -> "4"
        "e" -> "3"
        "i" -> "1"
        "o" -> "0"
        "u" -> "|_|"
        else -> it.value
    }
}
```

이때 익명 함수에는 정규 표현식에서 찾은 각 문자가 인자로 전달되며, 이 인자(여기서는 it 키워
드로 참조)와 일치되는 새로운 문자가 익명 함수에서 반환된다.

문자열은 불변이다

리스트 7.5의 toDragonSpeak에서 replace 함수를 호출하기 전과 호출 후의 phrase 변숫값을
출력한다면 이 변숫값이 변경되지 않는다는 것을 알게 될 것이다.

실제로 replace 함수는 phrase 변숫값을 변경하지 않는 대신 새로운 문자열을 생성한다. 즉,
기존 문자열값을 입력으로 사용하여 우리가 지정한 표현식(여기서는 when)에서 새로운 문자열의
문자로 선택하기 때문이다.

원래 var로 정의된 변수는 자신의 값을 변경할 수 있다. 그러나 var이나 val 중 어느 것으로 정의되든 코틀린의 모든 문자열(String 타입)은 자바처럼 불변이다. 따라서 replace처럼 문자열의 값을 변경하는 것처럼 보이는 어떤 함수도 실제로는 새로운 문자열로 변경값을 생성한다.

문자열 비교

플레이어(여기서는 마드리갈)가 Dragon's Breath가 아닌 다른 술을 주문한다면? 그래도 toDragonSpeak 함수는 여전히 호출된다. 그러나 이것은 우리가 원하는 것이 아니다. 플레이어가 칭찬하는 술은 Dragon's Breath이기 때문이다.

만일 플레이어가 Dragon's Breath를 주문하지 않았다면 toDragonSpeak 함수를 호출하지 않도록 Tavern.kt의 placeOrder 함수에 if 표현식을 추가하자.

리스트 7.6 | placeOrder에서 문자열 비교하기　　　　　　　　　　`CODE` Tavern.kt

```
...
private fun placeOrder(menuData: String) {
    ...
    val phrase = "와, $name 진짜 좋구나!"
    println("마드리갈이 감탄한다: ${toDragonSpeak(phrase)}")

    val phrase = if (name == "Dragon's Breath") {
        "마드리갈이 감탄한다: ${toDragonSpeak("와, $name 진짜 좋구나!")}"
    } else {
        "마드리갈이 말한다: 감사합니다 $name."
    }
    println(phrase)
}
```

그리고 main 함수의 Dragon's Breath 주문 코드를 잠시 주석으로 처리하고, 다른 메뉴 데이터로 placeOrder를 호출하는 코드를 추가한다.

리스트 7.7 | 메뉴 데이터 변경하기　　　　　　　　　　`CODE` Tavern.kt

```
const val TAVERN_NAME = "Taernyl's Folly"

fun main(args: Array<String>) {
    // placeOrder("shandy,Dragon's Breath,5.91")
    placeOrder("elixir,Shirley's Temple,4.12")
}
...
```

Tavern.kt를 다시 실행하면 다음 결과가 출력될 것이다.

마드리갈은 Taernyl 에게 주문한다.
마드리갈은 금화 4.12 로 Shirley's Temple (elixir)를 구입한다.
마드리갈이 말한다: 감사합니다 Shirley's Temple.

여기서는 동등 비교 연산자인 ==을 사용해서 name 변숫값과 "Dragon's Breath"를 비교하였다. 앞의 다른 장에서는 숫자값을 비교할 때 이 연산자를 사용했었다. 이 연산자가 문자열의 비교에 사용될 때는 문자열의 각 문자를 같은 순서로 하나씩 비교한다.

두 변수가 같은지 비교하는 또 다른 방법으로 **참조 동등**(referential equality) 비교가 있다. 이것은 특정 타입 인스턴스의 참조를 똑같이 갖는지 검사한다. 달리 말해, 두 변수가 힙(heap) 메모리 영역에 있는 같은 객체를 참조하는지 검사하는 것이며, 이때는 === 연산자를 사용한다.

여기서는 참조 동등 비교가 필요 없다. 비교하는 두 문자열이 같은 String 인스턴스인지 알 필요 없고, 대신 같은 문자들을 같은 순서로 갖고 있는지 검사하면 되기 때문이다.

자바에서는 == 연산자가 두 문자열의 참조를 비교하므로 코틀린과 다르다. 따라서 자바에서 문자열의 값을 비교할 때는 equals 메서드를 사용해야 한다.

이 장에서는 코틀린에서 문자열을 처리하는 방법에 관해 배웠다. 즉, 문자열에 포함된 특정 문자의 인덱스를 찾는 indexOf 함수의 사용법을 배웠으며, 정규 표현식의 검색 패턴과 일치하는 문자들을 문자열에서 검색하여 변경된 문자열을 생성하는 replace 함수의 사용법도 배웠다. 또한, 하나의 표현식에서 다수의 변수로 값을 지정할 수 있는 해체 선언 문법을 배웠으며, == 연산자로 문자열을 비교하면 문자열의 참조가 아닌 값을 비교한다는 것도 배웠다. 다음 장에서는 숫자 타입 간의 변환 등의 숫자 처리 방법을 배울 것이다.

궁금증 해소하기: 유니코드

문자열은 연속된 문자들로 구성되며, 각 문자는 Char 타입의 인스턴스라는 것을 이미 배웠다. Char 타입은 **유니코드**(Unicode) 문자다. 따라서 문자열의 각 문자는 어떤 문자와 기호도 될 수 있다(현재는 136,690개지만 더 증가될 수 있다). 예를 들어, 전 세계 모든 언어의 알파벳 문자, 아이콘, 상형 문자, 이모지 등이다.

문자를 선언하는 방법에는 두 가지가 있으며, 두 방법 모두 작은 따옴표로 문자를 둘러싼다. 컴퓨터 키보드에 있는 문자의 경우에는 작은 따옴표 안에 해당 문자를 넣는 것이 가장 간단한 방법이다.

```
val capitalA: Char = 'A'
```

또는 유니코드 문자를 나타내는 이스케이프 시퀀스인 \u를 해당 문자의 유니코드 앞에 붙이는 방법으로 나타낼 수 있다.

```
val unicodeCapitalA: Char = '\u0041'
```

여기서 0041은 A의 유니코드다. 그러나 13만 6,690개의 모든 유니코드 문자가 키보드에 있는 것은 아니다. 따라서 키보드에 없는 문자를 프로그램 코드에 나타내려면 방금 전과 같이 유니코드를 지정해야 한다. 새로운 코틀린 파일을 생성한 후 리스트 7.8의 코드를 입력하고 실행해 보자(그리고 실행이 끝난 후 해당 코틀린 파일을 삭제할 때는 다음과 같이 하면 된다. 프로젝트 도구 창의 해당 코틀린 파일에서 오른쪽 마우스 버튼을 누른 후 **Delete...**를 선택한다. 그리고 대화상자에서 **OK** 버튼을 클릭하면 삭제된다).

리스트 7.8 | 유니코드 문자 지정하기

```
fun main(args: Array<String>) {
    val omSymbol = '\u0950'
    print(omSymbol)
}
```

궁금증 해소하기: 문자열의 각 문자를 하나씩 처리하기

String 타입은 indexOf와 split 함수 외에도 문자열의 문자를 한 번에 하나씩 처리하는 함수들을 갖고 있다. 예를 들어, 다음과 같이 String 타입의 forEach 함수를 사용하면 문자열의 각 문자를 한 번에 하나씩 출력할 수 있다.

```
"Dragon's Breath".forEach {
    println("$it\n")
}
```

이 코드가 실행되면 다음 결과가 출력된다.

```
D
r
a
g
o
n
'
s

B
r
e
a
t
h
```

이런 함수들은 10장에서 배울 List 타입에도 사용할 수 있으며, 이와는 반대로 List 타입에 있는 대부분의 함수들은 문자열에도 사용할 수 있다. 코틀린 String 타입인 문자열은 문자를 요소로 저장한 List처럼 동작하기 때문이다.

챌린지: toDragonSpeak 함수 개선하기

현재 toDragonSpeak 함수는 소문자만 드래곤어로 번역한다. 따라서 다음 문장은 드래곤어로 올바르게 출력되지 않을 것이다.

```
DRAGON'S BREATH: IT'S GOT WHAT ADVENTURERS CRAVE!
```

대문자도 올바르게 번역할 수 있도록 toDragonSpeak 함수를 개선해 보자.

8

숫자

코틀린은 숫자와 숫자 연산을 처리하는 다양한 타입(클래스)을 갖고 있다. 숫자 타입은 크게 정수와 실수의 두 가지로 분류된다. 이 장에서는 NyetHack 게임에서 플레이어의 지갑을 구현하고 술집 요금을 지불할 수 있도록 NyetHack 프로젝트를 변경하면서 숫자 타입을 처리하는 방법을 배울 것이다.

숫자 타입

코틀린의 모든 숫자 타입은 자바처럼 부호를 갖는다. 즉, 양수와 음수 모두 나타낼 수 있다는 뜻이다. 그리고 메모리에 할당되는 비트 수가 다르므로 각 타입의 최댓값과 최솟값이 다르다. 표 8.1에서는 코틀린의 숫자 타입, 각 타입의 비트 수, 최댓값과 최솟값을 보여 준다.

표 8.1 | **숫자 타입**

타입	비트 수	최댓값	최솟값
Byte	8	127	–128
Short	16	32767	–32768
Int	32	2147483647	–2147483648
Long	64	9223372036854775807	–9223372036854775808
Float	32	3.4028235E38	1.4E–45
Double	64	1.7976931348623157E308	4.9E–324

각 타입의 비트 수와 최댓값/최솟값은 어떤 관계가 있을까? 컴퓨터는 정해진 비트 수에 이진 형태로 정수를 저장하며, 하나의 비트는 0 또는 1을 나타낸다.

숫자를 나타내기 위해 코틀린은 선택된 숫자 타입에 따라 정해진 비트 수를 할당하며, 제일 왼쪽의 1비트는 양수나 음수를 뜻하는 부호를 나타낸다. 그리고 나머지 비트들은 각각 2의 제곱을 나타내며, 제일 오른쪽 비트는 $2^0(1)$이 된다. 그림 8.1에서는 이진수로 나타낸 42를 보여 준다.

$$\boxed{1}\;\boxed{0}\;\boxed{1}\;\boxed{0}\;\boxed{1}\;\boxed{0} = 2^1 + 2^3 + 2^5 = 2 + 8 + 32 = 42$$

$$2^5 \quad 2^4 \quad 2^3 \quad 2^2 \quad 2^1 \quad 2^0$$

그림 8.1 | 이진수로 나타낸 42

Int 타입은 32비트이므로 이 타입에 저장될 수 있는 가장 큰 숫자의 이진 형태는 부호 비트를 제외한 31개의 비트가 모두 1이 된다. 따라서 Int 타입에 저장될 수 있는 가장 큰 값은 2,147,483,647($2^{31} - 1$)이다.

결국 숫자 타입이 나타낼 수 있는 최댓값/최솟값은 비트 수에 의해 결정된다. Long 타입은 비트 수가 64이므로 $2^{63} - 1$까지의 큰 수가 저장될 수 있다(음수는 2^{63}까지).

Short와 Byte 타입을 보자. 대개의 경우 이 타입들은 그리 자주 사용되지 않으며, 기존 자바 프로그램과의 상호운용을 지원하기 위해 주로 사용된다. 일례로 파일로부터 데이터를 읽거나 그래픽을 처리할 때 Byte 타입이 사용될 수 있다(예를 들어, 컬러 픽셀은 RGB(빨강/초록/파랑)의 3바이트로 나타낸다). 또한, Short 타입의 경우는 32비트 명령어를 지원하지 않는 CPU의 네이티브 코드에 사용되곤 한다. 그러나 대부분의 경우는 숫자 타입으로 Int가 사용되고 더 큰 수일 때는 Long이 사용된다.

정수

정수는 소수점이 없는 수이며, 코틀린에서는 기본적으로 Int 타입으로 나타낸다. 정수는 사물의 수량이나 개수를 나타내는 데 적합하다. 예를 들어, NyetHack 게임의 술집에 남은 술의 양, 플레이어가 소지한 금화와 은화의 개수 등이다.

코드를 작성해 보자. NyetHack 프로젝트의 Tavern.kt를 편집기 창에 열고, 플레이어의 지갑에 있는 금화와 은화 개수를 나타내는 Int 변수를 추가한다. 그리고 Dragon's Breath의 주문 메뉴 데이터를 전달하여 placeOrder 함수를 호출하는 코드의 주석을 해제하고 Shirley's Temple을 주문하는 코드를 삭제한다.

또한, 술 구입을 처리하는 performPurchase 함수와 플레이어의 지갑 잔액을 출력하는 displayBalance 함수를 추가하고, performPurchase를 호출하는 코드를 placeOrder 함수에 추가한다.

리스트 8.1 | 플레이어의 지갑 설정하기　　　　　　　　　　　　　CODE▶ Tavern.kt

```kotlin
const val TAVERN_NAME = "Taernyl's Folly"

var playerGold = 10
var playerSilver = 10

fun main(args: Array<String>) {
//  placeOrder("shandy,Dragon's Breath,5.91")
    placeOrder("elixir,Shirley's Temple,4.12")
}

fun performPurchase() {
    displayBalance()
}

private fun displayBalance() {
    println("플레이어의 지갑 잔액: 금화: $playerGold 개, 은화: $playerSilver 개")
}

private fun toDragonSpeak(phrase: String) =
    ...
    }

private fun placeOrder(menuData: String) {
    val indexOfApostrophe = TAVERN_NAME.indexOf('\'')
    val tavernMaster = TAVERN_NAME.substring(0 until indexOfApostrophe)
    println("마드리같은 $tavernMaster 에게 주문한다.")

    val (type, name, price) = menuData.split(',')
    val message = "마드리같은 금화 $price 로 $name ($type)를 구입한다."
    println(message)

    performPurchase()

    val phrase = if (name == "Dragon's Breath") {
        "마드리같이 감탄한다: ${toDragonSpeak("와, $name 진짜 좋구나!")}"
    } else {
        "마드리같이 말한다: 감사합니다 $name."
    }
    println(phrase)
}
```

여기서는 플레이어의 금화와 은화 개수를 나타내기 위해 Int 타입을 사용하였다. 플레이어의 지갑에 있는 금화와 은화의 최대 개수는 Int 타입의 최댓값인 2,147,483,647보다 훨씬 적을 것이기 때문이다.

Tavern.kt를 실행해 보자. 주문된 메뉴 항목에 대해 플레이어가 요금 지불한 것을 보여 주는 코드가 아직 구현되지 않았으므로 지금은 마드리갈이 공짜 술을 마시는 셈이다.

```
마드리갈은 Taernyl 에게 주문한다.
마드리갈은 금화 5.91 로 Dragon's Breath (shandy)를 구입한다.
플레이어의 지갑 잔액: 금화: 10 개, 은화: 10 개
마드리갈이 감탄한다: 와, Dr4g0n's Br34th 진짜 좋구나!
```

소수

placeOrder 함수의 menuData 매개변수로 전달되는 술집의 메뉴 데이터 문자열을 살펴보자.

```
"shandy,Dragon's Breath,5.91"
```

마드리갈은 Dragon's Breath의 대금으로 금화 5.91을 지불해야 하므로 이 술을 주문하면 playerGold 변수의 값에서 5.91을 빼야 한다.

소수점이 있는 숫자값은 Float와 Double 타입으로 나타낸다. 주문한 술의 가격을 나타내는 Double 타입의 값이 performPurchase 함수의 인자로 전달되도록 Tavern.kt를 변경하자.

리스트 8.2 | 가격 정보 전달하기   `CODE` Tavern.kt

```kotlin
const val TAVERN_NAME = "Taernyl's Folly"
...

fun performPurchase(price: Double) {
    displayBalance()
    println("금화 $price 로 술을 구입함")
}
...
private fun placeOrder(menuData: String) {
    ...
    val (type, name, price) = menuData.split(',')
    val message = "마드리갈은 금화 $price 로 $name ($type)를 구입한다."
```

```
        println(message)

        performPurchase(price)
        ...
}
```

문자열을 숫자 타입으로 변환하기

리스트 8.2와 같이 코드를 변경한 후 Tavern.kt를 실행하면 컴파일 에러가 발생할 것이다. 왜냐하면 Double 타입의 인자를 받는 performPurchase 함수에 문자열 형태(String 타입)의 숫자를 인자로 전달했기 때문이다. 인간은 5.91을 숫자로 생각하지만, 코틀린 컴파일러는 menuData로부터 추출된 문자열로 알고 있기 때문이다.

코틀린에는 문자열 형태의 숫자를 다른 숫자 타입으로 변환하는 함수들이 포함되어 있다. 이런 변환 함수 중에 가장 많이 사용되는 것을 보면 다음과 같다.

- toFloat
- toDouble
- toDoubleOrNull
- toIntOrNull
- toLong
- toBigDecimal

단, 잘못된 형식의 문자열을 변환하려고 하면 예외가 발생된다. 예를 들어, 값이 "5.91"인 문자열에 대해 toInt 함수를 호출하면 소수점이 있어서 Int 타입의 정수로 변환할 수 없기 때문이다.

서로 다른 숫자 타입끼리 변환할 때에도 예외가 생길 가능성이 있으므로 코틀린에서는 안전하게 변환할 수 있는 함수인 toDoubleOrNull과 toIntOrNull을 제공한다. 이 함수들은 숫자를 올바르게 변환할 수 없을 때 예외를 발생시키는 대신 null 값을 반환한다. 이럴 때는 toIntOrNull과 null 복합 연산자를 같이 사용하여 기본값을 제공할 수 있다.

```
    val gold: Int = "5.91".toIntOrNull() ?: 0
```

이 경우 toIntOrNull에서 null을 반환하므로 gold 변수에는 0이 지정된다. performPurchase 함수에 전달하는 문자열 인자를 Double 타입으로 변환하도록 변경하자.

리스트 8.3 | price 인자를 Double 타입으로 변환하기   **CODE** Tavern.kt

```
...
private fun placeOrder(menuData: String) {
    val indexOfApostrophe = TAVERN_NAME.indexOf('\'')
    val tavernMaster = TAVERN_NAME.substring(0 until indexOfApostrophe)
    println("마드리갈은 $tavernMaster 에게 주문한다.")

    val (type, name, price) = menuData.split(',')
    val message = "마드리갈은 금화 $price 로 $name ($type)를 구입한다."
    println(message)

    performPurchase(price.toDouble())
    ...
}
```

Int 타입을 Double 타입으로 변환하기

플레이어의 지갑에는 금화와 은화 동전이 들어 있다. 그러나 메뉴 항목의 가격은 Double 타입의 금화로 되어 있다.

따라서 주문 항목의 가격을 공제하려면 먼저, 플레이어의 금화와 은화를 하나의 Double 타입 값으로 변환해야 한다. 플레이어 지갑의 전체 금액을 저장하기 위해 새로운 변수인 totalPurse를 performPurchase에 추가하자. 금화 한 개의 값어치는 100개의 은화와 같다. 따라서 플레이어의 은화를 100으로 나눈 후 금화 개수와 더해서 전체 금액을 산출한다. 그리고 totalPurse와 price 변수는 모두 Double 타입이므로 totalPurse에서 price를 뺀 값(잔액)을 새로운 변수인 remainingBalance에 저장한다.

리스트 8.4 | 플레이어 지갑의 전체 금액에서 주문 금액 공제하기   **CODE** Tavern.kt

```
fun performPurchase(price: Double) {
    displayBalance()
    val totalPurse = playerGold + (playerSilver / 100.0)
    println("지갑 전체 금액: 금화 $totalPurse")
    println("금화 $price 로 술을 구입함")
```

```
    val remainingBalance = totalPurse - price
}
...
```

여기서는 먼저, totalPurse의 값을 산출하고 그 결과를 출력한다. playerSilver를 100으로 나눌 때 그냥 100이 아닌 100.0으로 지정한다는 것에 유의하자.

만일 playerSilver를 코틀린의 Int 타입인 100으로 나눈다면 결과는 Double 타입이 아닌 Int 타입이 되므로 소수점 이하 값이 산출되지 않는다. playerSilver가 Int 타입이므로 정수 나눗셈을 하기 때문이다. 또한, playerGold도 Int 타입이므로 totalPurse에는 정숫값이 지정된다.

따라서 소수점값을 구하려면 코틀린이 부동 소수점 연산을 수행하도록 해야 한다. 이때는 최소한 하나의 소수점 지원 타입이 표현식에 포함되어 있으면 된다(리스트 8.4의 경우 100.0).

금화로 환산된 플레이어 지갑의 전체 금액이 totalPurse에 저장된 다음에는 이 금액에서 Dragon's Breath 금액을 뺀 후 잔액을 구한다.

```
    val remainingBalance = totalPurse - price
```

이 코드의 결과를 알아보기 위해 REPL을 실행시키고(인텔리제이 메인 창의 메뉴에서 Tools ➡ Kotlin ➡ Kotlin REPL 선택) 10.1 - 5.91을 입력하고 Ctrl+Enter[Command+Return] 키를 눌러 실행해 보자. 만일 다른 프로그래밍 언어로 숫자 타입을 사용해 본 경험이 없다면 결괏값이 이상하게 생각될 수 있을 것이다.

결괏값이 당연히 4.19가 될 것이라고 생각하겠지만, 실제로는 4.1899999999999995가 된다. 이 결과는 컴퓨터에서 **부동 소수점(floating point)**을 사용해서 소수를 나타내는 방법으로 인해 나온 것이다. 위치가 달라질 수 있는 소수점을 의미하는 부동 소수점은 실수의 **근사치**이며, 정밀도(다양한 수준의 소수점 이하 자릿수로 넓은 범위의 숫자를 나타내는 능력)와 성능(빠른 연산) 모두를 지원하기 위해 근사치를 사용한다. 만일 훨씬 더 정밀도가 높은 값의 처리가 필요할 때는 BigDecimal 타입(자바의 BigDecimal 타입과 같음)을 사용할 수 있다. 그러나 대개의 경우 Double 타입의 정밀도면 충분하다.

Double 타입 값의 형식 지정하기

금화의 개수를 4.1899999999999995로 나타내는 것보다는 소수점 이하 세 자리에서 반올림하여 4.19로 사용하는 것이 좋을 것이다. 이때 String 타입의 format 함수를 사용하면 된다. 이 함수를 사용해서 플레이어 지갑의 남은 잔액을 소수점 이하 두 자리 형식으로 만들도록 performPurchase 함수를 변경하자.

리스트 8.5 | Double 타입 값의 형식 지정하기   CODE ▶ Tavern.kt

```
...
fun performPurchase(price: Double) {
    displayBalance()
    val totalPurse = playerGold + (playerSilver / 100.0)
    println("지갑 전체 금액: 금화 $totalPurse")
    println("금화 $price 로 술을 구입함")

    val remainingBalance = totalPurse - price
    println("남은 잔액: ${"%.2f".format(remainingBalance)}")
}
...
```

이미 알고 있듯이 지갑의 남은 잔액은 문자열 템플릿인 $를 사용해서 문자열에 삽입된다. 그러나 여기서는 $ 다음에 변수 이름 대신 중괄호로 둘러싼 표현식이 사용되었다. 그리고 표현식에서는 remainingBalance를 인자로 전달하여 format 함수를 호출한다.

또한, format 함수를 호출할 때 형식 문자열인 "%.2f"를 지정하였다. 형식 문자열에는 데이터의 형식을 정의하는 특별한 문자들이 사용된다. 여기서는 소수점 이하 두 자리까지 반올림하도록 형식 문자열을 지정하였다.

코틀린의 형식 문자열은 다른 많은 언어(예를 들어, 자바, C/C++, Ruby)의 표준 형식 문자열과 같은 것을 사용한다. 형식 문자열의 더 자세한 내용은 https://docs.oracle.com/javase/8/docs/api/java/util/Formatter.html의 자바 API 문서를 참고하자.

Tavern.kt를 다시 실행하면 이제는 마드리갈이 Dragon's Breath의 대금을 지불한 것을 알 수 있을 것이다.

```
마드리갈은 Taernyl 에게 주문한다.
마드리갈은 금화 5.91 로 Dragon's Breath (shandy)를 구입한다.
플레이어의 지갑 잔액: 금화: 10 개, 은화: 10 개
```

지갑 전체 금액: 금화 10.1
금화 5.91 로 술을 구입함
남은 잔액: 4.19
마드리갈이 감탄한다: 와, Dr4g0n's Br34th 진짜 좋구나!

Double 타입 값을 Int 타입 값으로 변환하기

플레이어의 남은 잔액을 계산하였으므로 이제는 잔액을 다시 금화와 은화로 변환해야 한다. 리스트 8.6과 같이 performPurchase 함수를 변경하자(import kotlin.math.roundToInt 문을 파일의 제일 앞에 추가해야 한다).

리스트 8.6 | 잔액을 금화와 은화로 변환하기　　　　　　　　　　`CODE` Tavern.kt

```kotlin
import kotlin.math.roundToInt
const val TAVERN_NAME = "Taernyl's Folly"
...
fun performPurchase(price: Double) {
    displayBalance()
    val totalPurse = playerGold + (playerSilver / 100.0)
    println("지갑 전체 금액: 금화 $totalPurse")
    println("금화 $price 로 술을 구입함")

    val remainingBalance = totalPurse - price
    println("남은 잔액: ${"%.2f".format(remainingBalance)}")

    val remainingGold = remainingBalance.toInt()
    val remainingSilver = (remainingBalance % 1 * 100).roundToInt()
    playerGold = remainingGold
    playerSilver = remainingSilver
    displayBalance()
}
...
```

여기서는 Double 타입에 사용 가능한 두 개의 변환 함수를 사용하였다. Double 타입에 toInt를 호출하면 소수점 이하 값이 절삭되어 정수로 변환된다. 이 경우 정밀도의 손실이 생기므로 정수로 변환된 값은 정확도가 떨어진다.

Double 타입에 toInt를 호출하는 것은 "5.91"과 같은 String 타입의 문자열에 toInt를 호출하는 것과 다르다. 문자열로 된 숫자를 Double 타입으로 변환할 때는 문자열 값을 분석한 후 숫자 타입으로 변환해야 한다. 반면에 Double이나 Int와 같이 이미 숫자 타입인 경우는 분석할 필요 없기 때문이다.

여기서 remainingBalance의 값은 4.1899999999999995이다. 따라서 toInt를 호출한 결과는 4가 된다. 이 값이 플레이어의 금화 잔액이다.

다음은 remainingBalance의 소수점 이하 값을 은화로 변환한다.

```
val remainingSilver = (remainingBalance % 1 * 100).roundToInt()
```

여기서는 나눗셈 후의 나머지를 반환하는 연산자인 %를 사용한다. % 1은 remainingBalance의 소수점 이하 값만 남기는 효과를 발휘한다. 따라서 이 값에 100을 곱하면 18.99999999999995가 되며, 다시 이 값으로 roundToInt를 호출하면 가장 근접한 정숫값인 19가 은화값이 된다.

Tavern.kt를 다시 실행하면 다음 결과가 출력될 것이다.

```
마드리갈은 Taernyl 에게 주문한다.
마드리갈은 금화 5.91 로 Dragon's Breath (shandy)를 구입한다.
플레이어의 지갑 잔액: 금화: 10 개, 은화: 10 개
지갑 전체 금액: 금화 10.1
금화 5.91 로 술을 구입함
남은 잔액: 4.19
플레이어의 지갑 잔액: 금화: 4 개, 은화: 19 개
마드리갈이 감탄한다: 와, Dr4g0n's Br34th 진짜 좋구나!
```

이 장에서는 코틀린의 숫자 타입인 정수와 소수를 사용하는 방법을 배웠다. 또한, 서로 다른 타입 간의 값 변환도 배웠다. 다음 장에서는 모든 타입에 사용할 수 있는 코틀린의 표준 함수에 관해 배울 것이다.

궁금증 해소하기: 비트 연산

이 장 앞의 그림 8.1에서 숫자를 이진 형태로 나타낸 것을 보았다. 숫자의 이진 표현은 언제든지 가능하다. 예를 들어, 정수 42의 이진 표현은 다음과 같이 문자열로 변환하여 출력할 수 있다.

```
println(Integer.toBinaryString(42))
```

이 코드를 실행하면 101010이 출력된다. 코틀린은 이진 형태로 연산을 수행하는 함수들을 갖고 있다. 이것을 비트 연산(bitwise operation)이라고 한다. 표 8.2에서는 코틀린에서 사용할 수 있는 비트 연산 함수들을 보여 준다(사용 예에 주석으로 표시된 결과는 Integer.toBinaryString 함수를 실행한 것을 나타낸다).

표 8.2 │ 비트(이진) 연산 함수

함수	설명	사용 예
Integer.toBinaryString	정숫값을 이진 형태의 문자열로 변환한다	Integer.toBinaryString(42) // 101010
shl(bitcount)	부호 비트는 그대로 두고 지정된 비트 수만큼 모든 비트를 왼쪽으로 이동시킨다	42.shl(2) // 10101000
shr(bitcount)	부호 비트는 그대로 두고 지정된 비트 수만큼 모든 비트를 오른쪽으로 이동시킨다	42.shr(2) // 1010
ushr(bitcount)	부호 비트를 포함해서 지정된 비트 수만큼 모든 비트를 오른쪽으로 이동시킨다	42.ushr(2) // 1010
inv()	모든 비트의 값을 반대로 변경한다 (0은 1로, 1은 0으로)	42.inv() // 11111111111111111111111111010101
xor(number)	대응되는 위치의 각 비트에 대해 논리 XOR(exclusive or) 연산을 수행한다. 대응되는 두 비트가 같으면(1과 1 또는 0과 0) 0이 되며 다르면 1이 된다	42.xor(33) // 001011
or(number)	대응되는 위치의 각 비트에 대해 논리 OR 연산을 수행한다. 대응되는 두 비트 중 어느 하나가 1이면 1이 되며 모두 0이면 0이 된다	42.or(33) // 101011
and(number)	대응되는 위치의 각 비트에 대해 논리 AND 연산을 수행한다. 대응되는 두 비트가 모두 1이면 1이 되며, 그렇지 않으면 0이 된다	42.and(10) // 1010

챌린지: 잔액 부족 처리하기

현재 마드리갈은 자신의 지갑에 있는 금화와 은화가 얼마나 있는지(심지어는 없더라도) 상관없이 술을 주문한다. 만일 돈이 없다면 주문이 안 되게 해야 할 것이다. 이 챌린지에서는 이것을 구현한다.

구입이 가능한지 결정하기 위해 performPurchase 함수 코드를 수정한다. 만일 구입할 수 없다면 잔액을 차감하지 않고, "마드리갈은 금화 5.91 로 Dragon's Breath (shandy)를 구입한다"는 메시지 대신에 금화가 부족하다는 것을 알려 주는 바텐더의 메시지를 출력해야 한다. 그리고 여러 번 주문할 때는 placeOrder 함수에서 performPurchase를 여러 번 호출하면 된다.

9

표준 함수

코틀린 라이브러리에 있는 표준 함수는 보편적으로 사용될 수 있는 유틸리티 함수이며, 람다 (lambda)를 인자로 받아 동작한다. 이 장에서는 여섯 개의 주로 사용되는 표준 함수인 apply, let, run, with, also, takeIf와 사용 예를 알아본다.

이 장에서는 NyetHack이나 Sandbox 프로젝트에 코드를 추가하거나 변경하지 않는다. 그러나 각자 프로젝트를 생성하거나 또는 코틀린 REPL을 사용해서 이 장의 예제 코드를 직접 작성하고 테스트해 볼 수 있다.

코틀린의 표준 함수는 내부적으로 **확장 함수**(extension function)이며, 확장 함수를 실행하는 주체를 수신자 또는 수신자 객체라고 한다. 따라서 확장 함수가 호출될 때 수신자 객체의 참조가 확장 함수로 전달된다(확장 함수를 사용하면 특정 타입(예를 들어, 클래스)을 변경하지 않고 해당 타입에 새로운 기능을 추가할 수 있다. 확장과 확장 함수에 관해서는 18장에서 배울 것이다).

apply

먼저, apply 함수부터 알아보자. 이 함수는 구성 함수라고 생각할 수 있다. 즉, apply 함수를 사용하면 수신자 객체를 구성하기 위해 apply의 람다에 포함된 수신자 함수들을 연속적으로 호출할 수 있다. 그다음에 람다의 실행이 끝나면 구성된 수신자 객체가 반환된다.

apply 함수는 우리가 사용할 객체를 구성할 때 반복되는 코드의 양을 줄이기 위해 사용된다. 먼저, apply 함수를 사용하지 않고 파일 객체를 구성하는 예를 보면 다음과 같다(여기서는 menu-file.txt라는 파일을 사용하기 위해 File 객체를 생성하고 이 파일의 읽기, 쓰기, 실행 속성을 구성한다).

```kotlin
val menuFile = File("menu-file.txt")
menuFile.setReadable(true)
menuFile.setWritable(true)
menuFile.setExecutable(false)
```

이 코드에 apply 함수를 사용하면 반복되는 코드를 줄이고 동일하게 파일 객체를 구성할 수 있다.

```kotlin
val menuFile = File("menu-file.txt").apply {
    setReadable(true)
    setWritable(true)
    setExecutable(false)
}
```

이처럼 apply 함수를 사용하면 수신자(여기서는 File 객체)를 구성하기 위해 수행되는 모든 함수 호출에 필요한 참조 변수(여기서는 menuFile) 이름을 생략할 수 있다. 왜냐하면 람다 내부에서 해당 수신자에 대한 모든 함수 호출이 가능하도록 apply 함수가 사용 범위를 설정해 주기 때문이다(달리 말해, apply 함수를 호출한 수신자 객체의 참조를 사용할 수 있게 해준다).

람다 내부의 모든 함수 호출이 이제는 수신자에 관련되어 호출되므로 때로는 이것을 **연관 범위(relative scoping)** 또는 수신자에 대한 **암시적 호출(implicitly called)**이라고도 한다.

```kotlin
val menuFile = File("menu-file.txt").apply {
    setReadable(true) // 암시적으로 menuFile.setReadable(true)가 된다
    setWritable(true) // 암시적으로 menuFile.setWritable(true)가 된다
    setExecutable(false) // 암시적으로 menuFile.setExecutable(false)가 된다
}
```

let

흔히 사용되는 또 다른 표준 함수로는 6장에서 알아보았던 let이 있다. let은 이 함수의 인자로 전달된 람다를 실행한 후 결과를 반환해 준다. 이때 5장에서 배웠던 it 키워드를 사용해서 let을 호출한 수신자 객체를 참조할 수 있다. 예를 들어, List에 저장된 첫 번째 요소(여기서는 1)의 제곱근을 구하는 코드는 다음과 같다.

```
val firstItemSquared = listOf(1,2,3).first().let {
    it * it
}
```

만일 let을 사용하지 않으면 곱셈을 하기 위해 첫 번째 요소값을 별도의 변수에 지정해야 한다.

```
val firstElement = listOf(1,2,3).first()
val firstItemSquared = firstElement * firstElement
```

또한, 6장에서 배웠듯이 null 복합 연산자와 같이 사용하면 null 가능 타입에서 발생될 수 있는 예외를 방지하고 null일 때 기본값을 지정할 수 있다. 다음 예를 보자. 여기서는 NyetHack 게임의 플레이어가 술집 주인과 아는 사이인지의 여부에 따라 인사 메시지를 다르게 반환한다.

```
fun formatGreeting(vipGuest: String?): String {
    return vipGuest?.let {
        "오랜만입니다, $it. 테이블이 준비되어 있으니 들어오시죠."
    } ?: "저희 술집에 오신 것을 환영합니다. 곧 자리를 마련해 드리겠습니다."
}
```

vipGuest는 null이 가능한 String 타입이므로 이 변수로 함수를 호출하기 전에 null이 될 가능성에 대처해야 하는 것이 중요하다. 먼저, return 표현식에서는 안전 호출 연산자를 사용한다. 따라서 let 함수는 vipGuest가 null이 아닐 때만 호출된다. 그러나 vipGuest가 null이면 null 복합 연산자에 지정된 문자열이 반환된다.

위 코드를 let을 사용하지 않은 다음 코드와 비교해 보자.

```
fun formatGreeting(vipGuest: String?): String {
    return if (vipGuest != null) {
```

```
        " 오랜만입니다, $vipGuest. 테이블이 준비되어 있으니 들어오시죠."
    } else {
        " 저희 술집에 오신 것을 환영합니다. 곧 자리를 마련해 드리겠습니다."
    }
}
```

이 코드는 let을 사용한 코드와 기능적으로 같지만 더 장황하다. 즉, if/else에서는 vipGuest
변수 이름을 두 번 사용하고, 코드도 길다. 반면에 let을 사용할 때는 한 번만 사용하고, 코드
도 간결하다.

let 함수는 어떤 종류의 수신자 객체에서도 호출될 수 있으며, 우리가 제공한 람다의 실행 결
과를 반환한다. 여기서는 let이 null 가능 String 타입 변수인 vipGuest에서 호출된다. 그리고
let의 인자로 전달된 람다는 자신이 호출된 수신자 객체 참조만 인자로 받는다. 따라서 it 키워
드로 인자를 사용할 수 있다.

let과 apply 간의 몇 가지 차이점을 알아 둘 필요가 있다. 이미 보았듯이 let은 수신자 객체를
람다로 전달한다. 그러나 apply는 아무것도 전달하지 않는다. 또한, apply는 람다의 실행이 끝
나면 현재의 수신자 객체를 반환한다. 반면에 let은 람다에 포함된 마지막 코드 줄의 실행 결과
를 반환한다.

또한, let과 같은 표준 함수는 변수의 값이 예기치 않게 변경되는 위험을 줄일 때도 사용된다.
왜냐하면 let이 람다에 전달하는 인자는 읽기 전용의 함수 매개변수이기 때문이다. 표준 함수
의 응용 예는 12장에서 알아볼 것이다.

run

다음으로 알아볼 표준 함수는 run이다. run은 apply와 동일한 연관 범위를 제공한다. 그러나
apply와 다르게 run은 수신자 객체를 반환하지 않는다.

예를 들어, 파일에 특정 문자열이 포함되어 있는지 검사하는 코드는 다음과 같다.

```
val menuFile = File("menu-file.txt")
val servesDragonsBreath = menuFile.run {
    readText().contains("Dragon's Breath")
}
```

readText 함수는 암시적으로 수신자인 File 객체에 대해 수행된다. 이것은 apply에서 보았던 setReadable, setWriteable, setExecutable 함수들의 경우와 마찬가지다. 그러나 apply와 다르게 run은 람다의 결과(여기서는 true 또는 false)를 반환한다.

run은 또한, 수신자에 대한 함수 참조를 실행하기 위해 사용될 수 있다. 5장에서 보았던 함수 참조를 run을 사용해서 구현한 예를 보면 다음과 같다.

```
fun nameIsLong(name: String) = name.length >= 20

"Madrigal".run(::nameIsLong)  // False가 반환됨
"Polarcubis, Supreme Master of NyetHack".run(::nameIsLong)  // True가 반환됨
```

이 코드의 "Madrigal".run(::nameIsLong)은 그냥 nameIsLong("Madrigal")을 호출한 것과 동일하다. 즉, 함수의 인자로 전달된 이름이 20자 이상인지 검사한 후 true 또는 false를 반환한다. 그러나 함수 호출이 여러 개 있을 때는 run을 사용하면 편리하다. run을 사용해서 여러 함수를 연쇄 호출하면 중첩된 함수 호출보다 코드를 알기 쉽기 때문이다.

예를 들어, 다음 코드를 보자. 이 코드에서는 플레이어의 이름이 20자 이상인지 검사한 후 그 결과에 따라 서로 다른 메시지를 생성하고 출력한다.

```
fun nameIsLong(name: String) = name.length >= 20
fun playerCreateMessage(nameTooLong: Boolean): String {
    return if (nameTooLong) {
        "Name is too long. Please choose another name."
    } else {
        "Welcome, adventurer"
    }
}

"Polarcubis, Supreme Master of NyetHack"
    .run(::nameIsLong)
    .run(::playerCreateMessage)
    .run(::println)
```

이처럼 run을 사용해서 세 개의 함수를 연쇄 호출한 코드를 다음의 중첩된 함수 호출 코드와 비교해 보자.

```
println(playerCreateMessage(nameIsLong("Polarcubis, Supreme Master of NyetHack")))
```

중첩된 함수 호출 코드는 이해하기가 더 어렵다. 왜냐하면 위에서 아래의 순서대로 코드가 실행되는 것이 아니고, 안쪽에서 바깥쪽의 순서로 코드가 실행되기 때문이다.

또한, 수신자 객체 없이 호출될 수 있다는 것도 run의 또 다른 장점이다. 이런 형태는 거의 사용되지 않지만, 예를 들면 다음과 같다.

```
val status = run {
    if (healthPoints == 100) "perfect health" else "has injuries"
}
```

with

with는 run과 동일하게 동작하지만 호출 방식이 다르다. 지금까지 보았던 표준 함수들은 수신자 객체로 호출하였다. 그러나 with는 수신자 객체를 첫 번째 매개변수의 인자로 받는다. 예를 들면 다음과 같다.

```
val nameTooLong = with("Polarcubis, Supreme Master of NyetHack") {
    length >= 20
}
```

"Polarcubis, Supreme Master of NyetHack".run처럼 문자열로 표준 함수를 호출하는 대신 with를 호출할 때는 "Polarcubis, Supreme Master of NyetHack" 문자열(즉, String 타입의 수신자 객체)이 with의 첫 번째 인자로 전달된다.

이런 방식은 나머지 다른 표준 함수들과 일관성이 없으므로 with 대신 run을 사용할 것을 권한다.

also

also 함수는 let 함수와 매우 비슷하게 동작한다. also도 let처럼 자신을 호출한 수신자 객체를 람다의 인자로 전달한다. 그러나 let과 also는 한 가지 큰 차이점이 있다. 즉, also는 람다의 결과를 반환하지 않고 수신자 객체를 반환한다.

예를 들어, 다음과 같이 두 가지의 서로 다른 처리를 also를 사용해서 연쇄 호출할 수 있다. 즉, 하나는 파일 이름을 출력하는 것이고, 다른 것은 파일의 내용을 fileContents 변수에 지정한다.

```
var fileContents: List<String>
File("file.txt")
    .also {
        print(it.name)
    }.also {
        fileContents = it.readLines()
    }
}
```

also는 람다의 결과 대신 수신자 객체를 반환하므로 원래의 수신자 객체로 함수를 연쇄 호출할 수 있다.

takeIf

코틀린의 또 다른 표준 함수로 takeIf가 있다. takeIf는 다른 표준 함수와 약간 다르게 동작한다. 즉, 람다에 제공된 **조건식(predicate)**을 실행한 후 그 결과에 따라 true 또는 false를 반환한다. 만일 조건식의 결과가 true면 수신자 객체가 반환되며, false면 null이 반환된다. 읽고 쓸 수 있는 속성의 파일일 때만 해당 파일을 읽는 다음 예를 보자.

```
val fileContents = File("myfile.txt")
    .takeIf { it.canRead() && it.canWrite() }
    ?.readText()
```

만일 takeIf를 사용하지 않는다면 다음과 같이 더 장황한 코드를 작성해야 할 것이다.

```
val file = File("myfile.txt")
val fileContents = if (file.canRead() && file.canWrite()) {
    file.readText()
} else {
    null
}
```

takeIf를 사용한 코드에서는 File 객체를 참조하는 변수가 필요 없으며, null을 반환하는 코드도 필요 없다. takeIf는 변수에 값을 지정하는 데 필요한 어떤 조건, 또는 처리를 계속하기 전에 만족되어야 하는 조건을 검사하는 데 유용하다. 개념적으로 takeIf는 if와 비슷하다. 그러나 특정 객체의 함수를 직접 호출할 수 있다는 장점이 있으므로 해당 객체를 참조하는 변수가 필요 없다.

takeUnless

takeIf를 보완하는 함수로 takeUnless가 있다. takeUnless 함수는 takeIf와 똑같다. 단, 우리가 지정한 조건식이 **false**일 때 원래 값을 반환한다는 점이 다르다. 다음 예에서는 파일의 속성이 **숨김(hidden)**이 아니면 파일을 읽으며, 그렇지 않으면 null을 반환한다.

```
val fileContents = File("myfile.txt").takeUnless { it.isHidden }?.readText()
```

그러나 특히 더 복잡한 조건을 검사할 때는 takeUnless를 제한적으로 사용할 것을 권한다. 왜냐하면 코드를 이해하는 데 더 많은 시간이 걸리기 때문이다. takeIf와 takeUnless를 다음과 같은 문장으로 비교해 보자.

- '만일 조건이 true면 해당 값을 반환해라' – takeIf
- '만일 조건이 true가 아니면 해당 값을 반환해라' – takeUnless

두 문장을 읽어 보면 알겠지만, 두 번째 문장을 읽고 이해하는 것이 약간 더 부자연스러울 것이다.

위의 예처럼 간단한 조건의 경우는 takeUnless를 사용해도 문제없다. 그러나 더 복잡한 조건의 경우는 금방 알기 어려울 수 있다.

표준 라이브러리 함수 사용하기

표 9.1에서는 이 장에서 알아보았던 코틀린 표준 라이브러리 함수들을 요약해서 보여 준다.

표 9.1 | 표준 라이브러리 함수

함수	수신자 객체를 람다의 인자로 전달하는가?	연관 범위를 제공하는가?	반환
let	Yes	No	람다의 결과
apply	No	Yes	수신자 객체
run[a]	No	Yes	람다의 결과
with[b]	No	Yes	람다의 결과
also	Yes	No	수신자 객체
takeIf	Yes	No	수신자 객체의 null 가능 버전
takeUnless	Yes	No	수신자 객체의 null 가능 버전

[a] 거의 사용되지 않지만, 수신자 객체 없이 호출될 수 있는 run의 경우는 수신자 객체를 람다에 전달하지 않으며, 연관 범위도 지원하지 않는다. 그리고 람다의 결과를 반환한다.

[b] "hello.with {..}"처럼 with는 수신자 객체로 호출되지 않는다. 대신에 with("hello"){..}처럼 첫 번째 인자를 수신자 객체로, 그리고 두 번째 인자를 람다로 처리한다. with는 이런 방식으로 동작하는 유일한 표준 함수이므로 가급적 사용하지 말 것을 권한다.

이 장에서는 표준 함수를 사용해서 코드를 간결하게 작성하는 방법을 알아보았다. 코틀린 표준 라이브러리 함수를 사용하면 코드를 간결하게 작성할 수 있는 것은 물론, 코틀린 특유의 코드 작성 감각을 살릴 수 있다. 이 책에서는 가능한 한 표준 라이브러리 함수를 사용할 것이다. 다음 장에서는 코틀린의 컬렉션 타입인 List와 Set을 사용하는 방법을 배울 것이다.

10

List와 Set

대다수 프로그램에서는 연관된 값들을 모아서 저장하고 사용하는 방법이 필요하다. 이런 방법을 제공하는 것을 **컬렉션(collection)**이라고 한다. 컬렉션에는 List, Set, Map의 세 가지 종류가 있으며, 서로 다른 구조와 사용 방법을 갖는다. 그리고 컬렉션에 저장된 각각의 데이터를 **요소 (element)**라고 한다.

List는 각 요소가 특정 순서로 저장된다. 그리고 Set은 집합의 개념을 나타내므로 중복되지 않는 값을 갖는 요소들로 저장된다. 또한, Map은 키(key)와 이 키에 대응되는 값(value)의 쌍으로 저장된다. 코틀린의 컬렉션에는 변경 가능한(mutable) 타입과 읽기 전용(read-only) 타입이 있다.

이 장에서는 NyetHack 게임의 술집 기능을 향상시키기 위해 컬렉션을 사용할 것이며, List와 Set을 중점적으로 배울 것이다(Map은 다음장에서 배운다).

List

메뉴 데이터로부터 3개의 요소를 추출하기 위해 7장에서 split 함수를 사용할 때 이미 List를 접해 보았다. List는 각 요소값이 순차적으로 저장되며, 중복값을 허용한다.

먼저, NyetHack 프로젝트의 Tavern.kt를 편집기 창에 열자. 그리고 listOf 함수를 사용해서 고객들의 이름을 저장하는 List를 생성하고 출력하는 코드를 Tavern.kt에 추가하자. listOf 함수는 인자로 전달된 값들이 저장된 읽기 전용 List를 반환한다. 여기서는 세 명의 고객 이름을 List로 생성할 것이다.

리스트 10.1 | 고객 이름 List 생성하기 `CODE`▶ Tavern.kt

```kotlin
import kotlin.math.roundToInt
const val TAVERN_NAME = "Taernyl's Folly"

var playerGold = 10
var playerSilver = 10
val patronList: List<String> = listOf("Eli", "Mordoc", "Sophie")

fun main(args: Array<String>) {
    placeOrder("shandy,Dragon's Breath,5.91")

    println(patronList)
}
...
```

Tavern.kt를 실행하면 다음 결과가 출력될 것이다.

```
[Eli, Mordoc, Sophie]
```

List나 Set을 println으로 바로 출력하면 대괄호([]) 안에 모든 요소가 나타나며, 각 요소는 쉼표(,)로 구분된다. 여기서는 patronList의 모든 요소가 출력되었다.

컬렉션을 사용할 때는 먼저 컬렉션 자체를 생성한다(여기서는 고객 이름을 저장하는 List). 그리고 생성된 컬렉션에 데이터(여기서는 고객 이름)를 추가한다. 코틀린은 두 가지 일을 한 번에 수행하는 listOf와 같은 함수를 제공한다.

지금부터는 List 타입을 더 자세하게 알아보자.

변수의 타입 추론(2장 참고)은 List에서도 잘된다. 그러나 추가 설명을 하기 위해 리스트 10.1 코드에서는 val patronList: List<String>과 같이 변수의 타입을 지정하였다. 여기서 patronList는 List를 참조하는 변수이므로 List 타입이다. 그런데 <String>은 무엇일까? <String>은 **매개변수화 타입(parameterized type)**이라고 하며, 이 List에 저장된 **요소의 타입**이 String이라는 것을 컴파일러에게 알려 준다.

따라서 만일 patronList에 정수를 추가하려고 하면 컴파일러가 허용하지 않는다. 다음과 같이 코드를 변경해 보자.

리스트 10.2 | patronList에 정수 추가하기　　　　　　　　　　　　　　　　　CODE Tavern.kt

```
...
val patronList: List<String> = listOf("Eli", "Mordoc", "Sophie", 1)
...
```

이 경우 인텔리제이가 코드 밑에 빨간 줄을 보여 주며 기대하는 타입이 String이 아니라고 경고를 줄 것이다. 여기서 <String>을 사용한 이유는 List가 **제네릭 타입**(generic type)이기 때문이다. 즉, List는 어떤 타입의 데이터도 저장할 수 있다는 뜻이다. 예를 들어, patronList의 경우처럼 String 타입의 문자열, 또는 Int나 Double 타입의 숫자, 심지어는 우리가 정의한 새로운 타입까지도 저장할 수 있다(제네릭은 17장에서 자세히 배울 것이다).

방금 수정했던 것을 취소하고 원래 코드로 되돌리자. 이때는 인텔리제이에서 **Ctrl+z [Command+z]** 키를 눌러 입력을 취소(undo)하면 편리하다.

리스트 10.3 | 수정 취소하기　　　　　　　　　　　　　　　　　　　　　　CODE Tavern.kt

```
...
val patronList: List<String> = listOf("Eli", "Mordoc", "Sophie", 1)
...
```

List 요소 사용하기

7장에서 split 함수를 사용하는 코드(리스트 7.3)를 다시 보면 인덱스 연산자([])를 사용해서 List의 각 요소값을 가져오는 것을 알 수 있다. List의 인덱스는 0부터 시작한다. 따라서 바로 앞 코드의 "Eli"는 인덱스가 0이고 "Sophie"의 인덱스는 2다.

patronList의 첫 번째 고객 이름만 출력하도록 Tavern.kt를 변경하자. 또한, 컴파일러가 patronList의 타입을 추론해 줄 수 있으므로 patronList에 지정한 타입도 제거하자.

리스트 10.4 | 첫 번째 고객 이름 가져오기　　　　　　　　　　　　　　　　CODE Tavern.kt

```
import kotlin.math.roundToInt
const val TAVERN_NAME = "Taernyl's Folly"
```

```
var playerGold = 10
var playerSilver = 10
val patronList: List<String> = listOf("Eli", "Mordoc", "Sophie")

fun main(args: Array<String>) {
    placeOrder("shandy,Dragon's Breath,5.91")

    println(patronList[0])
}
...
```

Tavern.kt를 실행하면 첫 번째 고객 이름인 Eli가 출력될 것이다. List는 또한, 첫 번째 또는 마지막 요소를 가져오는 함수들도 제공한다.

```
patronList.first() // Eli
patronList.last() // Sophie
```

인덱스 유효 범위와 안전한 인덱스 사용

인덱스를 사용해서 요소를 가져올 때는 주의가 필요하다. 왜냐하면 존재하지 않는 인덱스 위치의 요소(예를 들어, 세 개의 요소가 저장된 List의 네 번째 요소)를 참조하면 ArrayIndexOutOf BoundsException 예외가 발생할 수 있기 때문이다.

코틀린 REPL을 실행시킨 후(인텔리제이 메인 창의 메뉴에서 Tools ➡ Kotlin ➡ Kotlin REPL 선택) 리스트 10.5 코드를 입력하고, **Ctrl+Enter[Command+Return]** 키를 눌러 실행해 보자(첫 번째 줄의 코드는 Tavern.kt에서 복사 및 붙여넣기하면 된다).

리스트 10.5 | 존재하지 않는 인덱스 사용하기   `CODE` ▶ REPL

```
val patronList = listOf("Eli", "Mordoc", "Sophie")
patronList[4]
```

이 코드의 실행 결과는 java.lang.ArrayIndexOutOfBoundsException: 4가 된다. 예외가 발생했기 때문이다. 이 예에서 알 수 있듯이 인덱스로 요소를 참조할 때는 예외가 발생될 수 있으므로 코틀린은 안전하게 인덱스를 사용할 수 있는 함수를 제공한다. 즉, 인덱스가 유효 범위를 벗어나면 예외를 발생시키는 대신 다른 처리를 할 수 있게 해준다.

예를 들어, 안전한 인덱스 사용 함수 중 하나인 getOrElse는 두 개의 인자를 받는다. 첫 번째 인자는 괄호(대괄호가 아님)로 둘러싼 요청된 인덱스다. 그리고 두 번째 인자는 람다이며, 만일 요청된 인덱스가 존재하지 않으면 예외 대신 기본값을 반환하기 위해 사용된다.

리스트 10.6 코드를 REPL에서 실행해 보자.

리스트 10.6 | getOrElse 테스트하기   CODE ▷ REPL

```
val patronList = listOf("Eli", "Mordoc", "Sophie")
patronList.getOrElse(4) { "Unknown Patron" }
```

이번에는 알 수 없는 고객을 의미하는 Unknown Patron이 실행 결과가 될 것이다. 요청된 인덱스가 존재하지 않으므로(달리 말해, 유효하지 않으므로) 람다에서 예외 대신 Unknown Patron을 반환했기 때문이다.

또 다른 안전한 인덱스 사용 함수인 getOrNull은 예외를 발생시키는 대신 null을 반환한다. getOrNull을 사용할 때는 6장에서 보았듯이 null일 때 무엇을 할 것인지 결정해야 한다. 이 경우 null 복합 연산자(?:)를 사용해서 null 대신 기본값을 반환하는 것도 한 가지 방법이다. 리스트 10.7의 코드를 REPL로 실행해 보자.

리스트 10.7 | getOrNull 테스트하기   CODE ▷ REPL

```
val fifthPatron = patronList.getOrNull(4) ?: "Unknown Patron"
fifthPatron
```

이번에도 실행 결과는 Unknown Patron이 될 것이다.

요소가 있는지 검사하기

NyetHack 게임의 술집에는 어두운 구석과 안쪽에 방이 있어서 특정 고객이 술집에 있는지 알기 어렵다. 그러나 술집에서 나갔거나 들어온 고객들을 관찰력이 좋은 술집 주인이 고객 명부(patronList)에 꼼꼼히 기록한다. 따라서 특정 고객이 술집에 있는지 물어 보면 술집 주인이 고객 명부에서 찾아 알려 줄 수 있다. 특정 고객이 있는지 확인하기 위해 contains 함수를 사용하도록 Tavern.kt를 변경하자.

리스트 10.8 | 고객이 있는지 확인하기   CODE ▷ Tavern.kt

```
...
fun main(args: Array<String>) {
    if (patronList.contains("Eli")) {
        println("술집 주인이 말한다: Eli는 안쪽 방에서 카드하고 있어요.")
```

```
    } else {
        println("술집 주인이 말한다: Eli는 여기 없어요.")
    }

    placeOrder("shandy,Dragon's Breath,5.91")

    println(patronList[0])
}
...
```

Tavern.kt를 다시 실행해 보자. patronList는 "Eli"를 포함하고 있으므로 "술집 주인이 말한다: Eli는 안쪽 방에서 카드하고 있어요."가 맨 앞에 출력될 것이다. contains 함수는 == 연산자처럼 List의 요소가 갖는 값을 비교한다.

여러 명의 고객이 있는지 한 번에 확인할 때는 containsAll 함수를 사용할 수 있다. Sophie와 Mordoc 두 고객이 모두 있는지 확인하는 코드를 추가해 보자.

리스트 10.9 | 여러 명의 고객 확인하기　　　　　　　　　　　**CODE** ▶ Tavern.kt

```
...
fun main(args: Array<String>) {
    if (patronList.contains("Eli")) {
        println("술집 주인이 말한다: Eli는 안쪽 방에서 카드하고 있어요.")
    } else {
        println("술집 주인이 말한다: Eli는 여기 없어요.")
    }

    if (patronList.containsAll(listOf("Sophie", "Mordoc"))) {
        println("술집 주인이 말한다: 네, 모두 있어요.")
    } else {
        println("술집 주인이 말한다: 아니오, 나간 사람도 있습니다.")
    }

    placeOrder("shandy,Dragon's Breath,5.91")
}
...
```

Tavern.kt를 다시 실행하면 다음 결과가 출력될 것이다.

```
술집 주인이 말한다: Eli는 안쪽 방에서 카드하고 있어요.
술집 주인이 말한다: 네, 모두 있어요.
...
```

List 요소 변경하기

만일 어떤 고객이 밤시간내내 들락날락한다면 술집 주인이 고객 명부(patronList)에서 해당 고객을 매번 삭제 또는 추가해야 한다. 그러나 현재는 이것이 불가능하다.

listOf 함수는 저장된 요소를 변경할 수 없는 읽기 전용 List를 반환한다. 따라서 요소의 추가, 삭제, 변경을 할 수 없다. 읽기 전용 List는 실수로 요소를 변경하는 것을 막기 때문이다.

List의 읽기 전용 특성은 patronList와 같은 List 참조 변수를 정의하는 데 사용되는 val이나 var 키워드와는 아무 관계가 없다. 따라서 patronList 변수를 현재 정의된 val에서 var로 변경하여 선언하더라도 읽기 전용 List가 변경 가능 List로 바뀌지는 않는다. 단, var일 때는 patronList 변수가 다른 List를 참조하도록 지정할 수 있다.

List의 변경 가능 여부는 List의 **타입**에 의해 결정되며, '변경 가능'은 List에 저장된 요소를 변경할 수 있다는 것을 뜻한다. 고객은 술집을 자유롭게 들락날락하므로 patronList를 변경 가능 타입의 List로 변경해야 한다. 이런 List를 코틀린에서는 **변경 가능(mutable) List**라고 하며, mutableListOf 함수를 사용해서 생성할 수 있다.

listOf 대신 mutableListOf를 사용하도록 Tavern.kt를 변경하자. 또한, 변경 가능 List는 요소를 추가, 삭제, 변경하는 다양한 함수들을 갖고 있다. add와 remove 함수를 사용해서 들락날락하는 고객들을 처리해 보자.

리스트 10.10 | patronList를 변경 가능하게 만들기 `CODE` Tavern.kt

```
...
val patronList = listOf("Eli", "Mordoc", "Sophie")
val patronList = mutableListOf("Eli", "Mordoc", "Sophie")

fun main(args: Array<String>) {
    ...
    placeOrder("shandy,Dragon's Breath,5.91")

    println(patronList)
    patronList.remove("Eli")
    patronList.add("Alex")
    println(patronList)
}
...
```

Tavern.kt를 다시 실행하면 다음 결과가 콘솔로 출력될 것이다.

```
...
마드리갈이 감탄한다: 와, Dr4g0n's Br34th 진짜 좋구나!
[Eli, Mordoc, Sophie]
[Mordoc, Sophie, Alex]...
```

다시 말하지만, List의 변경 가능 여부는 List의 **타입**에 의해 결정되며, '변경 가능'은 List
에 저장된 요소를 변경할 수 있다는 것을 뜻한다. 따라서 저장된 요소를 변경해야 한다면
mutableListOf가 생성하는 MutableList 타입을 사용하고, 그렇지 않다면 listOf가 생성하는
List 타입을 사용해서 변경하지 못하게 하는 것이 좋다.

기본적으로 새로운 요소는 List의 제일 끝에 추가된다. 그러나 특정 위치에 추가할 수도 있다.
예를 들어, VIP가 술집에 오면 술집 주인이 그 고객부터 우선적으로 접대할 수 있다.

Alex라는 이름의 VIP 고객을 patronList의 맨 앞에 추가하자. 그리고 List에는 같은 값을 갖
는 요소가 저장될 수 있다. 따라서 patronList에는 같은 이름을 갖는 또 다른 Alex를 추가해도
문제없다.

리스트 10.11 | 또 다른 Alex 추가하기　　　　　　　　　　　　　　　`CODE` Tavern.kt

```
...
val patronList = mutableListOf("Eli", "Mordoc", "Sophie")

fun main(args: Array<String>) {
    ...
    placeOrder("shandy,Dragon's Breath,5.91")

    println(patronList)
    patronList.remove("Eli")
    patronList.add("Alex")
    patronList.add(0, "Alex")
    println(patronList)
}
...
```

Tavern.kt를 다시 실행하면 다음 결과가 출력될 것이다.

```
...
[Eli, Mordoc, Sophie]
[Alex, Mordoc, Sophie, Alex]
```

patronList를 읽기 전용에서 변경 가능 List로 변경하기 위해 앞에서는 listOf 대신 mutableListOf를 사용하였다. 그러나 이렇게 하지 않고 toList와 toMutableList를 사용하면 읽기 전용과 변경 가능 버전 간을 상호 변경할 수 있다. 예를 들어, toList를 사용해서 변경 가능한 patronList를 읽기 전용 버전으로 변경할 수 있다.

```kotlin
val patronList = mutableListOf("Eli", "Mordoc", "Sophie")
val readOnlyPatronList = patronList.toList()
```

VIP인 Alex가 자신의 이름을 Alexis로 변경하고 싶다고 해보자. 이때는 요소값을 변경하는 인덱스 연산자([])를 사용해서 patronList의 첫 번째 인덱스에 "Alexis" 문자열을 다시 지정하면 된다.

리스트 10.12 | 인덱스 연산자를 사용해서 요소 변경하기　　　　　　　　`CODE` Tavern.kt

```kotlin
...
val patronList = mutableListOf("Eli", "Mordoc", "Sophie")

fun main(args: Array<String>) {
    ...
    placeOrder("shandy,Dragon's Breath,5.91")

    println(patronList)
    patronList.remove("Eli")
    patronList.add("Alex")
    patronList.add(0, "Alex")
    patronList[0] = "Alexis"
    println(patronList)
}
...
```

Tavern.kt를 다시 실행하면 첫 번째 요소의 고객 이름이 Alexis로 변경된 것을 알 수 있다.

```
...
[Eli, Mordoc, Sophie]
[Alexis, Mordoc, Sophie, Alex]
```

변경 가능 List의 요소를 변경하는 함수들을 **변경자 함수(mutator function)**라고 한다. 표 10.1에서는 가장 흔히 사용되는 변경자 함수들을 보여 준다.

표 10.1 | 변경자 함수

함수	설명	사용 예

[]
(인덱스
연산자)
	지정된 인덱스 위치에
	값을 변경한다. 만일
	지정된 인덱스가 없으면
	예외를 발생시킨다
		``val patronList = mutableListOf("Eli",
		                                  "Mordoc",
		                                  "Sophie")```
		
		```patronList[4] = "Reggie"```
		IndexOutOfBoundsException

add	List의 끝에 요소를
	추가한다
		``val patronList = mutableListOf("Eli",
		                                  "Mordoc",
		                                  "Sophie")```
		
		```patronList.add("Reggie")```
		[Eli, Mordoc, Sophie, Reggie]
		
		```patronList.size```
		4

add
(인덱스)
	지정된 인덱스 위치에
	요소를 추가한다(요소 수가
	하나 증가한다). 만일
	지정된 인덱스가 없으면
	예외를 발생시킨다
		``val patronList = mutableListOf("Eli",
		                                  "Mordoc",
		                                  "Sophie")```
		
		```patronList.add(0, "Reggie")```
		[Reggie, Eli, Mordoc, Sophie]
		
		```patronList.add(5, "Sophie")```
		IndexOutOfBoundsException

addAll	같은 타입을 갖는 다른
	컬렉션의 모든 요소들을
	해당 List의 끝에 추가한다
		``val patronList = mutableListOf("Eli",
		                                  "Mordoc",
		                                  "Sophie")```
		```patronList.addAll(listOf("Reginald", "Alex"))```
		[Eli, Mordoc, Sophie, Reginald, Alex]

+=	지정된 하나의 요소 또는 컬렉션의 모든 요소들을 List의 끝에 추가한다	```mutableListOf("Eli", "Mordoc", "Sophie") += "Reginald"``` *[Eli, Mordoc, Sophie, Reginald]* ```mutableListOf("Eli", "Mordoc", "Sophie") += listOf("Alex", "Shruti")``` *[Eli, Mordoc, Sophie, Alex, Shruti]*

-=	지정된 하나의 요소 또는
	컬렉션의 모든 요소들을
	List에서 삭제한다
		``mutableListOf("Eli",
		              "Mordoc",
		              "Sophie") -= "Eli"```
		[Mordoc, Sophie]
		
		``val patronList = mutableListOf("Eli",
		                                  "Mordoc",
		                                  "Sophie")```
		```patronList -= listOf("Eli", Mordoc")```
		[Sophie]

표 10.1 | 변경자 함수(계속)

함수	설명	사용 예
clear	List의 모든 요소들을 삭제한다	`mutableListOf("Eli", "Mordoc", "Sophie").clear()` `[]`

removeIf	람다에 지정된 조건식을 기반으로 List의 요소들을 삭제한다	`val patronList = mutableListOf("Eli",`
		`                                "Mordoc",`
		`                                "Sophie")`
		`patronList.removeIf { it.contains("o") }`
		`[Eli]`

반복 처리

List에는 저장된 각 요소를 자동으로 **반복 처리(iteration)**할 수 있는 다양한 함수와 기능이 포함되어 있다. 따라서 코드를 간결하게 작성할 수 있다.

List를 반복 처리하는 한 가지 방법이 for 루프이며, 'List의 각 요소에 대해 무엇인가를 수행하라'는 로직으로 수행된다. 이때 요소의 이름을 지정하면 이것의 타입을 코틀린 컴파일러가 자동으로 찾아서 처리해 준다. NyetHack 게임의 술집 주인은 사업의 일환으로 항상 각 고객에게 친절하게 인사한다. 고객에 대한 인사말을 출력하도록 Tavern.kt를 변경하자. 또한, 콘솔 출력을 알아보기 쉽도록 patronList의 요소를 변경하고 출력하는 코드를 삭제한다.

리스트 10.13 | for를 사용해서 patronList를 반복 처리하기　　　　`CODE` Tavern.kt

```
...
fun main(args: Array<String>) {
    ...
    placeOrder("shandy,Dragon's Breath,5.91")

    println(patronList)
    patronList.remove("Eli")
    patronList.add("Alex")
    patronList.add(0, "Alex")
    patronList[0] = "Alexis"
    println(patronList)
    for (patron in patronList) {
        println("좋은 밤입니다, $patron 님")
    }
}
...
```

Tavern.kt를 실행하면 다음과 같이 각 고객 이름이 포함된 인사말이 출력될 것이다.

```
...
좋은 밤입니다, Eli 님
좋은 밤입니다, Mordoc 님
좋은 밤입니다, Sophie 님
```

이 경우에 patronList가 MutableList<String> 타입이므로 patron은 String 타입이 된다. 그리고 for 루프 블록 내부에서 patron을 사용하는 모든 코드는 patronList의 각 요소에 대해 수행된다.

자바를 포함한 일부 언어에서는 반복 처리할 배열이나 컬렉션의 인덱스를 for 루프에 지정해야 한다. 따라서 코드가 길고 번거롭다. 그러나 각 요소의 반복 처리를 다양하게 할 수 있어서 유용할 수 있다.

자바의 for 루프는 for(int i = 0; i < 10; i++) { ... }와 같은 형태이지만, 코틀린에서는 for(i in 1..10) { ... }와 같이 작성한다. 그러나 성능 향상을 위해 코틀린 컴파일러가 for 루프를 최적화한 후 자바 버전의 for 루프를 사용하도록 바이트코드를 생성한다. for 루프에 있는 다음의 in 키워드를 보자.

```
for (patron in patronList) { ... }
```

여기서 in 키워드는 for 루프에서 반복 처리되는 객체를 나타낸다.

for 루프 대신 forEach 함수를 사용할 수도 있다. forEach 함수는 List의 각 요소를 왼쪽부터 오른쪽으로 하나씩 가져와서 우리가 인자로 지정한 익명 함수(또는 람다)에 전달하고 실행시킨다. for 루프를 forEach 함수로 변경해 보자.

리스트 10.14 | forEach 함수를 사용해서 patronList를 반복 처리하기   `CODE` ▶ Tavern.kt

```
...
fun main(args: Array<String>) {
    ...
    placeOrder("shandy,Dragon's Breath,5.91")

    for (patron in patronList) {
        println("좋은 밤입니다, $patron 님")
    }
```

```
    patronList.forEach { patron ->
        println("좋은 밤입니다, $patron 님")
    }
}
...
```

Tavern.kt를 다시 실행하면 이전과 같은 결과가 출력될 것이다. for 루프와 forEach 함수는 기능적으로 동일하기 때문이다.

코틀린의 for 루프와 forEach 함수는 인덱스를 내부적으로 처리한다. 따라서 만일 List에 저장된 각 요소의 인덱스를 사용하고 싶다면 forEachIndexed 함수를 사용하면 된다. 각 고객의 순서를 보여 주기 위해 forEachIndexed를 사용하도록 Tavern.kt를 변경해 보자.

리스트 10.15 | forEachIndexed를 사용해서 고객 순서 보여 주기   `CODE` ▶ Tavern.kt

```
...
fun main(args: Array<String>) {
    ...
    placeOrder("shandy,Dragon's Breath,5.91")

    patronList.forEachIndexed { index, patron ->
        println("좋은 밤입니다, $patron 님 - 당신은 #${index + 1} 번째입니다.")
    }
}
...
```

Tavern.kt를 다시 실행하면 다음과 같이 고객 인사말과 순서를 볼 수 있을 것이다.

```
...
좋은 밤입니다, Eli 님 - 당신은 #1 번째입니다.
좋은 밤입니다, Mordoc 님 - 당신은 #2 번째입니다.
좋은 밤입니다, Sophie 님 - 당신은 #3 번째입니다.
```

또한, forEach와 forEachIndexed 함수는 코틀린의 다른 타입에도 사용할 수 있다. 이런 유형의 타입을 Iterable이라고 하며, 여기에는 List, Set, Map, IntRange(3장에서 보았던 0..9와 같은 범위) 등이 속한다. Iterable 타입은 반복 처리를 지원한다. 달리 말해, 저장된 요소를 하나씩 가져와서 반복적으로 어떤 처리를 수행할 수 있다는 뜻이다.

술집의 각 고객이 Dragon's Breath를 주문하도록 해보자. 이렇게 하려면 forEachIndexed 함수에 전달하는 람다 내부로 placeOrder 함수 호출 코드를 옮겨야 한다. 그래야만 patronList

의 각 고객에 대해 매번 호출될 수 있기 때문이다. 그리고 이제는 마드리갈이 아닌 다른 고객들이 주문할 것이므로 고객 이름을 인자로 받도록 placeOrder를 변경하자.

또한, placeOrder에 있는 performPurchase 호출 코드를 주석으로 처리한다(다음 장에서 다시 사용할 것이다).

리스트 10.16 | 여러 주문 처리하기　　　　　　　　　　　　　　　`CODE` ▶ Tavern.kt

```
...
fun main(args: Array<String>) {
    ...
    placeOrder("shandy,Dragon's Breath,5.91")

    patronList.forEachIndexed { index, patron ->
        println("좋은 밤입니다, $patron 님 - 당신은 #${index + 1} 번째입니다.")
        placeOrder(patron, "shandy,Dragon's Breath,5.91")
    }
}
...
private fun placeOrder(patronName: String, menuData: String) {
    val indexOfApostrophe = TAVERN_NAME.indexOf('\'')
    val tavernMaster = TAVERN_NAME.substring(0 until indexOfApostrophe)
    println("마드리갈은 $tavernMaster 에게 주문한다.")
    println("$patronName 은 $tavernMaster 에게 주문한다.")

    val (type, name, price) = menuData.split(',')
    val message = "마드리갈은 금화 $price 로 $name ($type)를 구입한다."
    val message = "$patronName 은 금화 $price 로 $name ($type)를 구입한다."
    println(message)

//  performPurchase(price.toDouble())

    val phrase = if (name == "Dragon's Breath") {
        "마드리갈이 감탄한다: ${toDragonSpeak("와, $name 진짜 좋구나!")}"
        "$patronName 이 감탄한다: ${toDragonSpeak("와, $name 진짜 좋구나!")}"
    } else {
        "마드리갈이 말한다: 감사합니다 $name."
        "$patronName 이 말한다: 감사합니다 $name."
    }
    println(phrase)
}
```

Tavern.kt를 다시 실행하면 세 명의 고객이 Dragon's Breath를 주문하는 메시지가 출력될 것이다.

술집 주인이 말한다: Eli는 안쪽 방에서 카드하고 있어요.
술집 주인이 말한다: 네, 모두 있어요.

```
좋은 밤입니다, Eli 님 - 당신은 #1 번째입니다.
Eli 은 Taernyl 에게 주문한다.
Eli 은 금화 5.91 로 Dragon's Breath (shandy)를 구입한다.
Eli 이 감탄한다: 와, Dr4g0n's Br34th 진짜 좋구나!
좋은 밤입니다, Mordoc 님 - 당신은 #2 번째입니다.
Mordoc 은 Taernyl 에게 주문한다.
Mordoc 은 금화 5.91 로 Dragon's Breath (shandy)를 구입한다.
Mordoc 이 감탄한다: 와, Dr4g0n's Br34th 진짜 좋구나!
좋은 밤입니다, Sophie 님 - 당신은 #3 번째입니다.
Sophie 은 Taernyl 에게 주문한다.
Sophie 은 금화 5.91 로 Dragon's Breath (shandy)를 구입한다.
Sophie 이 감탄한다: 와, Dr4g0n's Br34th 진짜 좋구나!
```

Iterable 타입에 속하는 컬렉션들은 저장된 각 요소에 대한 처리를 우리가 정의할 수 있는 다양한 함수를 지원한다. Iterable과 이것의 다른 반복 함수들은 19장에서 배울 것이다.

파일 데이터를 읽어서 List에 넣기

고객들이 다양한 메뉴 항목을 원한다는 것을 술집 주인은 알고 있다. 현재는 Dragon's Breath 만을 판매할 수 있다. 따라서 이제는 고객이 선택할 수 있는 몇 가지 메뉴 항목을 추가할 때가 되었다.

데이터를 입력하는 수고를 덜기 위해 NyetHack 프로젝트에 로드할 수 있는 텍스트 파일로 미리 작성된 메뉴 데이터를 제공하고 있다. 이 파일은 현재의 Dragon's Breath 메뉴 데이터와 같은 형식으로 된 몇 가지 메뉴 항목을 포함한다.

먼저, data라는 이름의 폴더를 생성하자. 프로젝트 도구 창의 NyetHack 프로젝트에서 오른쪽 마우스 버튼을 클릭한 후 **New ➡ Directory**를 선택한다(그림 10.1). 그리고 디렉터리 이름을 data 로 입력하고 **OK** 버튼을 누른다.

그림 10.1 | 새로운 디렉터리 생성하기

그리고 방금 생성한 data 디렉터리에서 오른쪽 마우스 버튼을 클릭하고 **New ➡ File**을 선택한 후 파일 이름을 tavern-menu-items.txt로 입력하고 **OK** 버튼을 누른다. 그러면 이 파일이 생성되고 편집기 창에 빈 화면이 열릴 것이다.

그런 다음 웹 브라우저상에서 https://www.bignerdranch.com/solutions/tavern-menu-data.txt에 접속하면 화면에 데이터가 나타난다. 이것을 마우스로 끌어서 선택 및 복사한 후 인텔리제이의 편집기 창에 열린 tavern-menu-items.txt 파일로 붙여넣기 한다(비어 있는 공간에서 오른쪽 마우스 버튼을 누른 후 Paste 선택).

이제는 메뉴 데이터 파일이 준비되었으므로 이 파일로부터 문자열로 텍스트를 읽어서 split 함수를 호출하도록 Tavern.kt를 변경하자. 제일 앞에 import java.io.File 문을 추가해야 한다.

리스트 10.17 | 파일로부터 메뉴 데이터 읽기   `CODE` ▸ Tavern.kt

```kotlin
import java.io.File
...
val patronList = mutableListOf("Eli", "Mordoc", "Sophie")
val menuList = File("data/tavern-menu-items.txt")
                .readText()
                .split("\r\n")   // 맥 OS나 리눅스에서는 .split("\n")
...
```

여기서는 tavern-menu-items.txt 파일의 메뉴 데이터를 읽기 위해 이 파일의 경로를 생성자 인자로 전달하여 java.io.File 객체를 생성하고 사용하였다.

File 클래스의 readText 함수는 파일의 모든 내용을 하나의 문자열로 반환한다. 그러나 이 문자열에는 모든 메뉴 항목이 포함되어 있으므로 각 항목을 분리하여 List의 요소로 저장해야 한다. 이런 일을 해주는 것이 split 함수다. split 함수를 호출할 때는 분리할 문자열을 구분할 수 있는 구분자(delimiter)를 지정해야 한다.

tavern-menu-items.txt는 텍스트 파일이며, 한 줄에 하나의 메뉴 데이터 항목이 있다. 따라서 구분자로 윈도우 시스템에서는 "\r\n"을, 맥 OS나 리눅스에서는 "\n"을 지정해야 한다(이스케이프 시퀀스 문자인 \r은 carriage-return, \n은 newline을 뜻한다). 그리고 이 구분자를 인자로 전달하여 split 함수를 호출하면 메뉴의 각 항목을 요소로 저장한 List가 생성되어 반환된다(이때 구분자는 제외된다).

다음은 인덱스값과 menuList의 각 요소값을 같이 출력하기 위해 forEachIndexed를 호출하는 코드를 추가하자.

CODE Tavern.kt

```
...
fun main(args: Array<String>) {
    ...
    patronList.forEachIndexed { index, patron ->
        println("Good evening, $patron - you're #${index + 1} in line.")
        placeOrder(patron, "shandy,Dragon's Breath,5.91")
    }

    menuList.forEachIndexed { index, data ->
        println("$index : $data")
    }
}
...
```

Tavern.kt를 다시 실행해 보자. List에 추가된 메뉴 데이터가 인덱스값과 함께 출력될 것이다.

```
...
0 : shandy,Dragon's Breath,5.91
1 : elixir,Shirley's Temple,4.12
2 : meal,goblet of LaCroix,1.22
3 : desert dessert,pickled camel hump,7.33
4 : elixir,iced boilermaker,11.22
```

이제는 menuList에 메뉴 데이터가 추가되었으므로 각 고객의 주문을 무작위로 메뉴에서 선택할 수 있다.

CODE Tavern.kt

```
...
fun main(args: Array<String>) {
    ...
    patronList.forEachIndexed { index, patron ->
        println("Good evening, $patron - you're #${index + 1} in line.")
        placeOrder(patron, "shandy,Dragon's Breath,5.91")
        placeOrder(patron, menuList.shuffled().first())
    }

    menuList.forEachIndexed { index, data ->
        println("$index : $data")
    }
}
...
```

Tavern.kt를 다시 실행해 보자. 이번에는 각 고객이 임의의 메뉴 항목을 주문한 것을 볼 수 있을 것이다.

해체 선언

List는 또한, 맨 앞의 다섯 개 요소까지 변수로 해체(destructure)할 수 있는 기능을 제공한다. 7장에서 보았듯이 해체 선언을 사용하면 하나의 표현식에서 다수의 변수를 선언하고 값을 지정할 수 있다. Tavern.kt의 placeOrder 함수에서는 메뉴 데이터의 요소들을 분리하기 위해 다음과 같이 해체 선언을 사용하였다.

```
val (type, name, price) = menuData.split(',')
```

menuData는 모든 메뉴 항목을 갖는 List이며, 각 요소에는 하나의 메뉴 항목 데이터가 문자열로 저장되어 있다(예를 들어, shandy,Dragon's Breath,5.91). 따라서 위와 같이 구분자인 쉼표(,)를 인자로 전달하여 split 함수를 호출하면 메뉴 항목의 유형, 이름, 가격을 각각 요소로 저장하는 List가 생성된다. 그다음에 이 List의 세 개 요소가 해체 선언으로 지정된 type, name, price 변수에 차례대로 지정된다.

또한, 해체를 원하지 않는 요소에 밑줄 기호(_)를 사용해서 선택적으로 해체할 수도 있다. 예를 들어, 칼로 묘기를 부리는 저글링을 가장 잘 하는 세 명의 고객에게 NyetHack의 술집 주인이 메달을 주려고 했지만 은메달을 분실했다고 해보자. 따라서 대상 고객 List(patronList)에서 첫 번째와 세 번째 요소(고객)만 변수로 지정하고자 한다면 다음과 같이 할 수 있다.

```
val (goldMedal, _, bronzeMedal) = patronList
```

Set

이미 알아본 List는 중복된 요소를 허용한다. 같은 값을 갖는 요소가 있더라도 위치로 식별되기 때문이다. 그러나 때로는 집합처럼 요소가 고유한 것을 보장해 주는 컬렉션이 필요할 때가 있다. 바로 이때 Set을 사용한다.

Set은 여러 면에서 List와 비슷하다. 따라서 둘 다 같은 반복 처리 함수를 사용하며, Set 또한, 읽기 전용과 변경 가능 버전이 있다.

그러나 List와 Set 간에는 두 가지의 큰 차이점이 있다. Set의 요소는 고유하며(같은 값을 갖는 요소는 하나만 저장된다), 인덱스와 인덱스 연산자([])를 사용해서 요소를 처리할 수 없다. Set에 저장된 요소는 어떤 특정 순서도 갖지 않기 때문이다(잠시 후에 설명하겠지만, 함수를 사용해서 특정 인덱스의 요소를 읽을 수는 있다).

Set 생성하기

listOf 함수를 사용해서 읽기 전용 List를 생성했듯이, setOf 함수를 사용하면 읽기 전용 Set 을 생성할 수 있다. 다음과 같이 코틀린 REPL에서 Set을 생성해 보자.

리스트 10.20 | Set 생성하기   CODE ▶ REPL

```
val planets = setOf("Mercury", "Venus", "Earth")
planets
["Mercury", "Venus", "Earth"]
```

만일 중복된 값의 요소로 planets Set을 생성하려고 한다면 해당 값을 갖는 요소는 하나만 저장된다.

리스트 10.21 | 중복된 값의 요소로 Set 생성 시도하기   CODE ▶ REPL

```
val planets = setOf("Mercury", "Venus", "Earth", "Earth")
planets
["Mercury", "Venus", "Earth"]
```

여기서 중복 요소인 "Earth" 하나는 Set에 저장되지 않는다. 또한, List에서 하듯이 Set에서도 contains와 containsAll을 사용해서 특정 요소가 있는지 확인할 수 있다. REPL에서 다음 코드를 실행해 보자.

리스트 10.22 | 요소가 있는지 확인하기   CODE ▶ REPL

```
planets.contains("Earth")
true
planets.contains("Pluto")
false
```

Set은 인덱스를 사용하지 않는다. 따라서 인덱스를 사용해서 요소를 처리하기 위한 인덱스 연산자([])를 제공하지 않는다. 그러나 요소를 반복 처리하는 함수를 사용해서 특정 인덱스의 요소를 요청할 수는 있다. elementAt 함수를 사용해서 planets Set의 세 번째 요소를 읽는 다음 코드를 REPL에서 실행해 보자.

리스트 10.23 | 세 번째 행성 찾기   `CODE` ▶ REPL

```
val planets = setOf("Mercury", "Venus", "Earth")
planets.elementAt(2)
Earth
```

이 코드는 제대로 동작한다. 그러나 인덱스 기반으로 Set을 사용하면 인덱스 기반의 List 사용 시보다 처리 속도가 느리다. elementAt이 내부적으로 실행되는 방법 때문이다. 즉, Set에 elementAt을 호출하면 한 번에 하나의 요소를 반복해서 읽는다. 따라서 요소가 많은 Set의 경우에 큰 값의 인덱스에 해당되는 요소를 요청하면 List보다 느리게 될 것이다. 이런 이유로 만일 인덱스 기반의 처리를 원한다면 Set이 아닌 List를 사용해야 한다. 또한, List처럼 Set도 변경 가능한 버전이 있지만, 인덱스 기반으로 사용할 수 있는 변경자 함수들(예를 들어, List의 add(index, element))은 없다.

그렇더라도 Set은 중복 요소를 제거하는 매우 유용한 기능을 제공한다. 만일 고유한 요소와 인덱스 기반의 고성능 처리 모두 필요하다면 어떻게 해야 할까? 둘 다 사용하자. 즉, 중복을 제거하기 위해 Set을 생성한 후 인덱스 기반의 요소 처리나 변경자 함수가 필요하게 될 때 해당 Set을 List로 변환하면 된다. 더 정교한 고객 명부를 만들기 위해 NyetHack에서도 그렇게 할 것이다.

Set에 요소 추가하기

NyetHack 게임의 술집에 다양성을 추가하기 위해 여기서는 고객의 이름(first name)과 성(last name)을 저장한 List를 사용해서 무작위로 고객 이름을 생성할 것이다. 고객의 성을 저장한 List를 추가하고 forEach를 사용해서 이름(patronList에 저장되어 있음)과 성이 무작위로 조합된 10개의 이름을 생성한 후 출력하도록 Tavern.kt를 변경하자.

그리고 고객에 대한 인사말과 메뉴 데이터를 출력했던 두 개의 forEachIndexed 함수 호출 코드는 삭제하자.

```
...
val patronList = mutableListOf("Eli", "Mordoc", "Sophie")
val lastName = listOf("Ironfoot", "Fernsworth", "Baggins")
val menuList = File("data/tavern-menu-items.txt")
                         .readText()
                         .split("\r\n")  // 맥 OS나 리눅스에서는 .split("\n")

fun main(args: Array<String>) {
    ...
    patronList.forEachIndexed { index, patron ->
        println("Good evening, $patron - you're #${index + 1} in line.")
        placeOrder(patron, menuList.shuffled().first())
    }

    menuList.forEachIndexed { index, data ->
        println("$index : $data")
    }
    (0..9).forEach {
        val first = patronList.shuffled().first()
        val last = lastName.shuffled().first()
        val name = "$first $last"
        println(name)
    }
}
...
```

Tavern.kt를 다시 실행하면 무작위로 생성된 10개의 고객 이름이 출력될 것이다. 결과를 보면
알 수 있듯이 서로 다른 것도 있고 일부 중복된 것도 있다.

```
...
Mordoc Baggins
Eli Ironfoot
Eli Ironfoot
Eli Ironfoot
Eli Ironfoot
Mordoc Baggins
Mordoc Fernsworth
Sophie Baggins
Mordoc Fernsworth
Mordoc Baggins
```

NyetHack 게임의 술집에서는 고유한 고객 이름이 필요하다. 술집 금전출납부에 각 고객의 고유
한 이름과 금화 잔액을 유지 관리할 것이기 때문이다. 그리고 List에 저장된 중복 이름을 제거

하기 위해 각 고객 이름을 Set에 추가하여 중복된 요소가 삭제되면 고유한 고객 이름을 갖는 요소들만 남게 될 것이다.

저장된 요소가 없는 변경 가능한 Set을 생성하고 무작위로 생성된 고객 이름을 이 Set에 추가하자.

리스트 10.25 | Set을 사용해서 고유한 이름만 남기기　　　　　　　　`CODE` Tavern.kt

```
...
val lastName = listOf("Ironfoot", "Fernsworth", "Baggins")
val uniquePatrons = mutableSetOf<String>()
val menuList = File("data/tavern-menu-items.txt")
                            .readText()
                            .split("\r\n")   // 맥 OS나 리눅스에서는 .split("\n")

fun main(args: Array<String>) {
    ...
    (0..9).forEach {
        val first = patronList.shuffled().first()
        val last = lastName.shuffled().first()
        val name = "$first $last"
        println(name)
        uniquePatrons += name
    }
    println(uniquePatrons)
}
...
```

uniquePatrons는 저장된 요소가 없는 Set이므로 컴파일러가 요소의 타입을 추론할 수 없다. 따라서 저장된 요소의 타입(여기서는 String)을 mutableSetOf<String>의 형태로 지정해야 한다.

10회 반복 실행되는 forEach 함수에 전달되는 람다에서는 += 연산자를 사용해서 name을 uniquePatrons에 추가한다.

Tavern.kt를 다시 실행하면 고유한 고객 이름만 Set에 저장되므로 고객 이름이 10개 미만인 것을 알 수 있을 것이다. 실행 결과는 다음과 같으며, 이 결과는 매번 실행할 때마다 다를 수 있다. 성을 요소로 저장한 List(lastName)와 이름을 요소로 저장한 List(patronList)의 요소 순서를 무작위로 바꾼 후 첫 번째 요소를 추출하여 조합한 것이기 때문이다.

```
...
[Eli Fernsworth, Eli Ironfoot, Sophie Baggins, Mordoc Baggins, Sophie Fernsworth]
```

MutableList처럼 MutableSet도 요소의 추가와 삭제를 지원한다. 그러나 인덱스 기반의 변경자 함수는 제공하지 않는다. 표 10.2에서는 MutableSet에 흔히 사용되는 변경자 함수들(인덱스 기반이 아님)을 보여 준다.

표 10.2 | MutableSet의 변경자 함수

함수	설명	사용 예
add	Set에 요소를 추가한다	mutableSetOf(1,2).add(3) [1,2,3]
addAll	다른 컬렉션의 모든 요소를 Set에 추가한다	mutableSetOf(1,2).addAll(listOf(1,5,6)) [1,2,5,6]
+=	Set에 요소를 추가한다	mutableSetOf(1,2) += 3 [1,2,3]
-=	Set에서 요소를 삭제한다	mutableSetOf(1,2,3) -= 3 [1,2] mutableSetOf(1,2,3) -= listOf(2,3) [1]
remove	Set에서 요소를 삭제한다	mutableSetOf(1,2,3).remove(1) [2,3]
removeAll	다른 컬렉션의 모든 요소와 일치되는 요소를 Set에서 삭제한다	mutableSetOf(1,2).removeAll(listOf(1,5,6)) [2]
clear	Set의 모든 요소를 삭제한다	mutableSetOf(1,2).clear() []

while 루프

이제는 고유한 이름의 고객들을 갖게 되었으므로 이 고객들로 무작위 주문을 할 것이다. 단, 여기서는 while 루프를 사용해서 컬렉션의 요소들을 반복 처리한다.

for 루프는 각 요소들에 대해 연속적으로 코드를 실행할 때 유용하다. 그러나 반복 처리될 수 없는 상태 데이터가 필요할 때는 적합하지 않으므로 이때는 while 루프가 유용하다.

while 루프의 로직은 '어떤 조건이 true일 동안만 이 블록의 코드를 실행하라'이다. 여기서는 생성된 주문 건수를 추적하기 위해 while 루프에서 var 변수를 사용하여 정확히 10건의 주문을 생성할 것이다.

while 루프에서 uniquePatrons Set의 요소를 반복 처리하면서 10건의 주문을 생성하도록 Tavern.kt를 변경하자.

```
...
fun main(args: Array<String>) {
    ...
    println(uniquePatrons)

    var orderCount = 0
    while (orderCount <= 9) {
        placeOrder(uniquePatrons.shuffled().first(),
                menuList.shuffled().first())
        orderCount++
    }
}
...
```

각 반복이 실행될 때마다 **증가 연산자**(++)는 orderCount의 값에 1을 더한다. Tavern.kt를 다시 실행해 보자. 이번에는 이전에 생성되었던 고유한 이름의 고객들로 10건이 무작위 주문된 것을 볼 수 있을 것이다.

```
...
Sophie Baggins 은 Taernyl 에게 주문한다.
Sophie Baggins 은 금화 11.22 로 iced boilermaker (elixir)를 구입한다.
Sophie Baggins 이 말한다: 감사합니다 iced boilermaker.
Mordoc Fernsworth 은 Taernyl 에게 주문한다.
Mordoc Fernsworth 은 금화 5.91 로 Dragon's Breath (shandy)를 구입한다.
Mordoc Fernsworth 이 감탄한다: 와, Dr4g0n's Br34th 진짜 좋구나!
Eli Fernsworth 은 Taernyl 에게 주문한다.
Eli Fernsworth 은 금화 5.91 로 Dragon's Breath (shandy)를 구입한다.
Eli Fernsworth 이 감탄한다: 와, Dr4g0n's Br34th 진짜 좋구나!
Mordoc Fernsworth 은 Taernyl 에게 주문한다.
Mordoc Fernsworth 은 금화 7.33 로 pickled camel hump (desert dessert)를 구입한다.
Mordoc Fernsworth 이 말한다: 감사합니다 pickled camel hump.
Mordoc Fernsworth 은 Taernyl 에게 주문한다.
Mordoc Fernsworth 은 금화 11.22 로 iced boilermaker (elixir)를 구입한다.
Mordoc Fernsworth 이 말한다: 감사합니다 iced boilermaker.
...
```

while 루프는 자신의 상태를 관리하기 위해 카운터가 필요하다. 리스트 10.26의 코드에서는 카운터의 역할을 하는 orderCount의 값을 0부터 시작하여 루프마다 증가시킨다. 이처럼 while 루프는 반복에 기반을 두지 않는 상태 데이터를 나타낼 수 있어서 for 루프보다 유연하다.

while 루프를 다른 형태의 제어문(예를 들어 if)과 같이 사용하면 더 복잡한 상태를 나타낼 수 있다. 예를 들어, 다음 코드를 보자.

```
var isTavernOpen = true
val isClosingTime = false
while (isTavernOpen == true) {
        if (isClosingTime) {
            isTavernOpen = false
        }

        println("즐거운 시간 되세요!")
}
```

이 코드에서는 Boolean 값으로 상태를 나타내는 isTavernOpen이 true일 동안만 while 루프가
반복 실행된다. 이것은 유용하지만 위험할 수도 있다. 만일 isTavernOpen이 절대로 false가 되
지 않는다면 이 while 루프는 영원히 반복 실행될 것이고, 프로그램은 먹통이 되거나 무한정으
로 실행될 것이다. 이런 이유로 while 루프를 사용할 때는 조심해야 한다.

break 표현식

while 루프를 벗어나는 한 가지 방법은 바로 앞의 코드처럼 반복을 제어하는 상태 데이터를 변
경하는 것이다. 또 다른 방법으로는 break 표현식이 있다. 바로 앞의 코드에서 isTavernOpen의
값을 false로 변경하여 루프 실행을 끝내는 대신에 break 표현식을 사용하도록 변경하면 다음과
같다.

```
var isTavernOpen = true
val isClosingTime = false
while (isTavernOpen == true) {
    if (isClosingTime) {
        break
    }

    println("즐거운 시간 되세요!")
}
```

break를 사용하지 않은 이전 코드에서는 isClosingTime의 값이 false로 변경된 후 "즐거운 시간
되세요!"가 한 번 더 출력된다. 그러나 break를 사용한 현재 코드에서는 즉시 루프를 벗어나므로
"즐거운 시간 되세요!"가 출력되지 않는다. break는 프로그램 전체의 실행을 중단시키는 것이 아
니고 자신이 실행되는 루프만 중단시키며 프로그램은 계속 실행된다.

컬렉션 변환

리스트 10.25에서는 List의 요소들로부터 고유한 고객 이름을 저장한 변경 가능 Set을 생성하였다. toSet과 toList 함수(변경 가능 Set과 List는 toMutableSet과 toMutableList)를 사용해도 List를 Set으로, 또는 Set을 List로 변환할 수 있다. 따라서 List의 중복된 요소를 제거할 때 toSet을 호출하면 편리하다. 다음 코드를 REPL에서 입력하고 실행해 보자.

리스트 10.27 | List를 Set으로 변환하기   `CODE` ▶ REPL

```
listOf("Eli Baggins", "Eli Baggins", "Eli Ironfoot").toSet()
[Eli Baggins, Eli Ironfoot]
```

중복된 요소를 제거하기 위해 List를 Set으로 변환한 후 곧바로 인덱스 기반으로 요소를 처리하고자 한다면 다음과 같이 연속해서 Set을 List로 변환하면 된다.

리스트 10.28 | Set을 다시 List로 변환하기   `CODE` ▶ REPL

```
val patrons = listOf("Eli Baggins", "Eli Baggins", "Eli Ironfoot")
            .toSet()
            .toList()
[Eli Baggins, Eli Ironfoot]
patrons[0]
Eli Baggins
```

List에서 중복 요소를 제거하면서 여전히 인덱스 기반의 요소 처리를 할 수 있도록 코틀린에서는 distinct라는 List의 함수를 제공한다. 이 함수는 내부적으로 toSet과 toList를 호출한다.

리스트 10.29 | distinct 호출하기   `CODE` ▶ REPL

```
val patrons = listOf("Eli Baggins", "Eli Baggins", "Eli Ironfoot").distinct()
[Eli Baggins, Eli Ironfoot]
patrons[0]
Eli Baggins
```

Set은 고유한 값의 데이터들을 요소로 저장하고 사용하는 데 유용하다. 다음 장에서는 Map에 관해 배우면서 컬렉션 타입을 마무리할 것이다.

궁금증 해소하기: 배열 타입

이 장에서 사용했던 List나 Set과 같은 참조 타입과 다르게, 자바에서는 배열을 기본 타입으로 지원한다. 그러나 코틀린에서는 기본 타입이 아닌 Arrays라는 참조 타입으로 배열을 지원한다. Arrays 타입은 여러 종류가 있으며, 바이트코드로 생성될 때는 자바의 기본 타입 배열로 컴파일된다. Arrays 타입은 코틀린과 자바 간의 상호운용을 지원하기 위해 포함되어 있다.

코틀린에서 호출하고자 하는 다음의 자바 메서드(method, 코틀린의 경우는 함수)가 있다고 해보자.

```java
static void displayPlayerAges(int[] playerAges) {
        for(int i = 0; i < playerAges.length; i++) {
            System.out.println("age: " + playerAges[i]);
        }
}
```

여기서 displayPlayerAges 메서드의 매개변수는 자바의 int 기본 타입 값을 저장하는 배열 타입(int[])이며, 이름은 playerAges이다. 따라서 코틀린에서 displayPlayerAges 메서드를 호출할 때는 다음과 같이 할 수 있다.

```kotlin
val playerAges: IntArray = intArrayOf(34, 27, 14, 52, 101)
displayPlayerAges(playerAges)
```

여기서는 IntArray 타입을 사용하고 intArrayOf 함수를 호출하였다. List처럼 IntArray 타입은 일련의 요소들을 저장하며, 요소의 타입은 정수(Int)다. 단, List와 다르게 IntArray 타입은 자바의 기본 배열 타입으로 컴파일된다. 따라서 위의 코드가 컴파일되면 자바 displayPlayerAges 메서드가 호출될 때 전달되는 인자인 playerAges가 자바 코드에서 필요로 하는 int 배열(int[])로 전달된다.

또한, 코틀린의 변환 함수들을 사용하면 코틀린 컬렉션을 자바의 기본 배열 타입으로 변환할 수 있다. 예를 들어, List에서 제공하는 toIntArray 함수를 사용하여 정수를 저장한 List를 IntArray로 변환할 수 있다. 따라서 코틀린 컬렉션을 사용하면서 자바의 기본 배열 타입을 인자로 전달하여 메서드를 호출할 필요가 있을 때 유용하다. 예를 들면, 다음과 같다.

```kotlin
val playerAges: List<Int> = listOf(34, 27, 14, 52, 101)
displayPlayerAges(playerAges.toIntArray())
```

표 10.3에서는 코틀린의 배열 타입과 이 타입을 생성하는 함수를 보여 준다.

표 10.3 | 배열 타입

배열 타입	생성 함수
IntArray	intArrayOf
DoubleArray	doubleArrayOf
LongArray	longArrayOf
ShortArray	shortArrayOf
ByteArray	byteArrayOf
FloatArray	floatArrayOf
BooleanArray	booleanArrayOf
Array[a]	arrayOf

[a]Array는 값이 아닌 참조 타입을 저장하는 자바의 기본 배열 타입으로 컴파일된다(이외의 다른 배열 타입은 해당 기본 타입의 값을 저장하는 자바의 기본 배열 타입으로 컴파일된다).

자바 코드를 같이 사용하는 것과 같은 어쩔 수 없는 이유가 없다면 가급적 List와 같은 컬렉션을 사용하자. 코틀린 컬렉션은 '읽기 전용'과 '변경 가능' 개념을 제공하면서 더 강력한 기능들도 지원하므로 대부분의 경우에 컬렉션이 더 좋은 선택이기 때문이다.

궁금증 해소하기: 읽기 전용 vs 변경 불가능

이 책 전반에 걸쳐 '불변(immutable)'보다는 '읽기 전용(read-only)'이라는 용어를 주로 사용하였지만 그 이유를 설명한 적은 없다. 지금이 설명이 필요한 때다. '불변'은 '변경 불가능'을 뜻한다. 그러나 실제로는 변경할 수 있으므로 코틀린 컬렉션의 경우에는 이 용어가 어울리지 않는다고 생각한다. 따라서 '읽기 전용'이 더 낫다.

List를 사용하는 다음의 몇 가지 예를 보자(진한 글씨로 된 코드를 REPL에서 입력하고 실행해 보자). 여기서는 두 개의 List를 선언하며, 읽기 전용이면서 val로 선언되었다. 각 List에는 변경 가능 List가 요소로 저장되어 있다(이처럼 컬렉션에는 또 다른 컬렉션이 요소로 저장될 수 있다).

```
val x = listOf(mutableListOf(1,2,3))
val y = listOf(mutableListOf(1,2,3))

x == y
true
```

지금까지는 아무 문제없다. x와 y는 같은 값으로 지정된 것처럼 보이고, 읽기 전용 List는 특정 요소를 추가, 삭제, 변경하는 어떤 함수도 없기 때문이다.

그러나 두 List는 변경 가능한 List를 요소로 갖고 있으므로 다음과 같이 요소의 값이 변경될 수 있다.

```
val x = listOf(mutableListOf(1,2,3))
val y = listOf(mutableListOf(1,2,3))
x[0].add(4)

x == y
false
```

이 경우 == 연산자를 사용해서 x와 y의 값을 비교하면 결과는 false가 된다. x의 요소값이 변경 되었기 때문이다. 또 다른 예를 보자.

```
var myList: List<Int> = listOf(1,2,3)
(myList as MutableList)[2] = 1000
myList
[1, 2, 1000]
```

이 코드에서는 as 키워드를 사용해서 myList를 MutableList로 타입 변환(casting)하였다(타입 변환은 14장과 16장에서 자세히 알아볼 것이다). 즉, myList가 listOf로 생성되었음에도 불구하고 myList를 변경 가능한 List로 처리하라고 컴파일러에게 지시한 것이다. 이처럼 타입 변환을 함으로써 myList의 세 번째 요소값을 변경할 수 있다. 진정으로 '변경 불가능' List라면 이렇게 할수 없을 것이다.

코틀린은 List의 불변성을 강요하지 않는다. 따라서 요소를 변경할 수 없게 하는 것은 우리에게 달려 있다는 것을 기억하자.

챌린지: 정형화된 술집 메뉴

술집에서 고객이 제일 먼저 보는 것이 메뉴다. 이 챌린지에서는 더 보기 좋은 메뉴 버전을 생성 할 것이다. 메뉴 항목의 이름을 대문자로 시작하고 균일하게 들여쓰기해서 보여 주자. 그리고 가격은 소수점을 기준으로 정렬시킨다. 출력된 메뉴는 다음과 같이 될 것이다.

```
*** Welcome to Taernyl's Folly ***
Dragon's Breath.............5.91
Shirley's Temple...........4.12
Goblet of LaCroix..........1.22
Pickled Camel Hump.........7.33
Iced Boilermaker...........11.22
```

힌트: 메뉴 항목이 저장된 List 요소 중에서 가장 긴 문자열을 사용해서 각 줄의 항목 이름과 가격 사이에 들어갈 점의 개수를 산출해야 한다.

CHAPTER

11

Map

세 번째로 흔히 사용되는 코틀린 컬렉션 타입이 Map이다. Map 타입은 List, Set 타입과 함께 많이 사용된다. 세 가지 타입 모두 기본적으로 읽기 전용이며, 저장된 요소의 타입을 컴파일러에게 알려 주기 위해 매개변수화 타입(예를 들어, Map<String, Double>)을 사용한다. 또한, 반복 처리도 모두 지원한다.

Map은 List나 Set과 다르다. 즉, 키와 값의 쌍으로 데이터(이것을 **항목(entry)**이라고 한다)가 저장되며, 정수를 사용한 인덱스 기반 처리 대신 키를 기반으로 데이터를 처리한다. Map의 키는 고유하며 자신과 대응되는 값을 식별한다. 키와 대응되는 값은 고유하지 않아도 된다. 고유한 요소를 저장한다는 관점에서는 Map이 Set과 비슷하지만, Set은 키가 아닌 값이 고유하다는 것이 다르다.

Map 생성하기

List와 Set처럼 Map은 mapOf와 mutableMapOf 함수를 사용해서 생성된다. Tavern.kt에서 각 고객의 지갑에 있는 금화 잔액을 나타내는 Map을 생성하자(이때 전달하는 인자의 문법은 잠시 후에 설명할 것이다).

```kotlin
...
var uniquePatrons = mutableSetOf<String>()
val menuList = File("data/tavern-menu-items.txt")
                    .readText()
                    .split("\r\n")  // 맥 OS나 리눅스에서는 .split("\n")
val patronGold = mapOf("Eli" to 10.5, "Mordoc" to 8.0, "Sophie" to 5.5)

fun main(args: Array<String>) {
    ...
    println(uniquePatrons)

    var orderCount = 0
    while (orderCount <= 9) {
        placeOrder(uniquePatrons.shuffled().first(),
                menuList.shuffled().first())
        orderCount++
    }

    println(patronGold)
}
...
```

하나의 Map에서 키의 모든 요소는 같은 타입이어야 하고, 값의 모든 요소도 같은 타입이어야 하지만, 키와 값은 서로 다른 타입이 될 수 있다. 여기서 키의 타입은 String, 값의 타입은 Double이다. 그리고 mapOf 함수를 사용해서 Map을 생성할 때 저장되는 항목의 타입을 지정하지 않았으므로 mapOf 함수에 전달된 인자의 타입을 기준으로 컴파일러가 항목 타입을 추론해 준다. 그러나 다음과 같이 명시적으로 타입을 지정해도 된다.

```kotlin
val patronGold: Map<String, Double>
```

Tavern.kt를 실행하면 Map의 모든 항목들이 출력될 것이다. Map이 출력될 때는 중괄호({}) 안에 항목들이 나타나며(대괄호([])로 나타나는 List나 Set과 다르다), 각 키와 값이 =로 연결된다. 출력된 결과는 다음과 같다.

```
술집 주인이 말한다: Eli는 안쪽 방에서 카드하고 있어요.
술집 주인이 말한다: 네, 모두 있어요.
...
{Eli=10.5, Mordoc=8.0, Sophie=5.5}
```

여기서는 Map의 각 항목(키와 값)을 정의하기 위해 to를 사용하였다.

```
mapOf("Eli" to 10.5, "Mordoc" to 8.0, "Sophie" to 5.5)
```

to는 키워드처럼 보인다. 그러나 내부적으로는 컴파일러가 다음 코드로 변환하며, 우리가 이렇게 작성할 수도 있다.

```
mapOf("Eli".to(10.5), "Mordoc".to(8.0), "Sophie".to(5.5))
```

즉, 지정된 키로 to 함수를 호출하면서 이 키에 대응되는 값을 인자로 전달한다(to 연산자를 오버로딩(overloading)한 것이기 때문이다. 연산자 오버로딩은 15장에서 배울 것이다).

또한, Map의 각 항목은 Pair 타입을 사용해서 나타낼 수도 있다. 예를 들면, 다음과 같다(REPL에서 입력하고 실행해 보자).

리스트 11.2 | Pair 타입을 사용해서 Map 항목 생성하기

CODE ▶ REPL

```
val patronGold = mapOf(Pair("Eli", 10.5),
                       Pair("Mordoc", 8.0),
                       Pair("Sophie", 5.5))
println(patronGold)
{Eli=10.5, Mordoc=8.0, Sophie=5.5}
```

그러나 이것보다는 to를 사용하는 것이 더 간결하고 알기 쉽다.

Map의 키는 고유해야 한다. 그러나 만일 중복된 키를 갖는 항목을 Map에 추가하려고 하면 어떻게 될까? 중복된 "Sophie" 키를 갖는 항목을 다음과 같이 추가해 보자.

리스트 11.3 | 중복된 키 추가하기

CODE ▶ REPL

```
val patronGold = mutableMapOf("Eli" to 5.0, "Sophie" to 1.0)
patronGold += "Sophie" to 6.0
println(patronGold)
{Eli=5.0, Sophie=6.0}
```

여기서는 += 연산자를 사용해서 Map에 항목을 추가한다. 그러나 "Sophie" 키는 이미 Map에 있으므로 새로 추가되지 않으며, 대신에 기존의 "Sophie" 키와 대응되는 값이 변경된다. 다음과 같이 Map을 생성하고 초기화할 때도 마찬가지다.

```
println(mapOf("Eli" to 10.5,
              "Mordoc" to 8.0,
              "Sophie" to 5.5,
              "Sophie" to 6.25))
{Eli=10.5, Mordoc=8.0, Sophie=6.25}
```

Map에서 값 가져오기

Map은 키를 사용해서 값을 가져올 수 있다. 여기서는 고객 이름인 문자열을 키로 사용해서 patronGold Map의 금화 잔액을 가져올 것이다.

리스트 11.4 | 각 고객의 금화 잔액 가져오기　　　　　　　　　　　　`CODE` Tavern.kt

```
...
fun main(args: Array<String>) {
    ...
    println(uniquePatrons)

    var orderCount = 0
    while (orderCount <= 9) {
        placeOrder(uniquePatrons.shuffled().first(),
                menuList.shuffled().first())
        orderCount++
    }

    println(patronGold)
    println(patronGold["Eli"])
    println(patronGold["Mordoc"])
    println(patronGold["Sophie"])
}
```

Tavern.kt를 실행하면 Map에 추가했던 고객들의 잔액이 출력될 것이다.

```
...
10.5
8.0
5.5
```

여기서는 키는 제외하고 값만 출력하였다. 다른 컬렉션처럼 코틀린은 Map에 저장된 값을 가져오는 함수를 제공한다. 이 함수들의 내역은 표 11.1과 같다.

표 11.1 | Map에서 값을 가져오는 함수

함수	설명	사용 예
[] (인덱스 연산자)	키의 값을 가져오며, 키가 없으면 null을 반환한다	patronGold["Reginald"] *null*
getValue	키의 값을 가져오며, 키가 없으면 예외를 발생시킨다	patronGold.getValue("Reggie") *NoSuchElementException*
getOrElse	키의 값을 가져오거나, 또는 키가 없으면 지정된 익명 함수를 실행해서 결괏값을 반환한다	patronGold.getOrElse("Reggie") {"No such patron"} *No such patron*
getOrDefault	키의 값을 가져오거나, 또는 키가 없으면 우리가 지정한 기본값을 반환한다	patronGold.getOrDefault("Reginald", 0.0) *0.0*

Map에 항목 추가하기

patronGold Map의 값은 Eli, Mordoc, Sophie 고객의 지갑 잔액을 나타낸다. 그러나 이전에 동적으로 생성했던 모든 고객들의 지갑 잔액을 갖고 있지는 않다. 따라서 여기서는 Eli, Mordoc, Sophie를 삭제하고, 모든 고객들과 그들의 지갑 잔액을 patronGold Map에 추가할 것이다.

이렇게 하려면 먼저, patronGold를 변경 가능한 Map으로 교체해야 한다. 그다음에 고유한 고객 이름을 요소로 저장한 uniquePatrons Set을 반복해서 읽으면서 이 Set의 고객 이름을 키로 사용하고, 값은 일괄적으로 6.0을 갖는 항목들을 patronGold Map에 추가한다. 또한, 이전에 Eli, Mordoc, Sophie를 생성했던 코드는 삭제한다.

리스트 11.5 | patronGold Map에 항목 추가하기   `CODE` Tavern.kt

```kotlin
import java.io.File
import kotlin.math.roundToInt
const val TAVERN_NAME: String = "Taernyl's Folly"

var playerGold = 10
var playerSilver = 10
val patronList = mutableListOf("Eli", "Mordoc", "Sophie")
val lastName = listOf("Ironfoot", "Fernsworth", "Baggins")
val uniquePatrons = mutableSetOf<String>()
val menuList = File("data/tavern-menu-items.txt")
        .readText()
        .split("\r\n")   // 맥 OS나 리눅스에서는 .split("\n")
val patronGold = mapOf("Eli" to 10.5, "Mordoc" to 8.0, "Sophie" to 5.5)
val patronGold = mutableMapOf<String, Double>()
```

```
fun main(args: Array<String>) {
    ...
    println(uniquePatrons)
    uniquePatrons.forEach {
        patronGold[it] = 6.0
    }

    var orderCount = 0
    while (orderCount <= 9) {
        placeOrder(uniquePatrons.shuffled().first(),
                menuList.shuffled().first())
        orderCount++
    }

    println(patronGold)
    println(patronGold["Eli"])
    println(patronGold["Mordoc"])
    println(patronGold["Sophie"])
}
...
```

여기서는 uniquePatrons Set을 반복 처리하면서 이 Set의 각 요소(고유한 고객 이름)를 키로 사용하고, 값은 일괄적으로 6.0을 갖는 항목들을 patronGold Map에 추가한다(여기서 it 키워드는 uniquePatrons에 저장된 요소를 나타낸다).

표 11.2에서는 변경 가능한 Map의 항목을 변경하기 위해 흔히 사용되는 변경자(mutator) 함수들을 보여 준다.

표 11.2 | 변경 가능한 Map의 변경자 함수

함수	설명	사용 예
[] (인덱스 연산자)	지정된 키의 값을 추가 또는 변경한다	val patronGold = mutableMapOf("Mordoc" to 6.0) patronGold["Mordoc"] = 5.0 *{Mordoc=5.0}*
+=	지정된 항목(키와 값)을 추가 또는 변경한다	val patronGold = mutableMapOf("Mordoc" to 6.0) patronGold += "Eli" to 5.0 *{Mordoc=6.0, Eli=5.0}* val patronGold = mutableMapOf("Mordoc" to 6.0) patronGold += mapOf("Eli" to 7.0, "Mordoc" to 1.0, "Jebediah" to 4.5) *{Mordoc=1.0, Eli=7.0, Jebediah=4.5}*
put	지정된 키의 값을 추가 또는 변경한다	val patronGold = mutableMapOf("Mordoc" to 6.0) patronGold.put("Mordoc", 5.0) *{Mordoc=5.0}*

표 11.2 │ 변경 가능한 Map의 변경자 함수(계속)

함수	설명	사용 예

putAll	키와 값의 쌍으로 지정된 모든 항목을 추가한다	```val patronGold = mutableMapOf("Mordoc" to 6.0)```
		```patronGold.putAll(listOf("Jebediah" to 5.0,```
		``` "Sahara" to 6.0))```
		```patronGold["Jebediah"]```
		```5.0```
		
		```patronGold["Sahara"]```
		```6.0```

getOrPut	키가 없으면 항목을 추가하고 항목의 값을 반환하며, 있으면 기존 항목의 값을 반환한다	```val patronGold = mutableMapOf<String, Double>()```
		```patronGold.getOrPut("Randy"){5.0}```
		```5.0```
		
		```patronGold.getOrPut("Randy"){10.0}```
		```5.0```

remove	지정된 키의 항목을 삭제한다	```val patronGold = mutableMapOf("Mordoc" to 5.0)```
		```val mordocBalance = patronGold.remove("Mordoc")```
		```{}```

-	지정된 키의 항목을 제외한 새로운 Map을 반환한다	```val newPatrons = mutableMapOf("Mordoc" to 6.0,```
		``` "Jebediah" to 1.0) - "Mordoc"```
		```{Jebediah=1.0}```

-=	지정된 키의 항목을 삭제한다	```mutableMapOf("Mordoc" to 6.0,```
		``` "Jebediah" to 1.0) -= "Mordoc"```
		```{Jebediah=1.0}```

clear	Map의 모든 항목을 삭제한다	```mutableMapOf("Mordoc" to 6.0,```
		``` "Jebediah" to 1.0).clear()```
		```{}```

Map의 값 변경하기

거래를 완료하려면 고객이 구입한 항목의 가격을 고객의 지갑에서 공제해야 한다. patronGold Map에는 키가 고객 이름이며, 이 고객 지갑의 금화 잔액이 값으로 저장되어 있다. 따라서 거래가 완료되면 해당 고객의 금화 잔액을 변경할 것이다.

먼저, 마드리갈 고객의 거래를 처리했던 performPurchase와 displayBalance 함수 및 이 함수에서 사용했던 playerGold와 playerSilver 변수는 여기서 필요 없으므로 삭제하자. 그다음에 모든 고객의 지갑을 처리하는 새로운 performPurchase 함수를 정의한다(고객 지갑 잔액을 출력하는 새로운 함수는 곧 정의할 것이다).

거래가 완료된 후에 지갑 잔액을 변경하기 위해 performPurchase 함수에서는 해당 고객의 이름을 키로 사용해서 patronGold Map의 지갑 잔액을 가져올 것이다. placeOrder 함수에 있는 performPurchase 함수 호출 코드의 주석을 제거하고, 추가로 고객 이름을 인자로 전달하도록 수정하자.

리스트 11.6 | patronGold의 잔액 변경하기　　　　　　　　　　　　　　`CODE` Tavern.kt

```kotlin
import java.io.File
import kotlin.math.roundToInt
const val TAVERN_NAME: String = "Taernyl's Folly"

var playerGold = 10
var playerSilver = 10
val patronList = mutableListOf("Eli", "Mordoc", "Sophie")
...
fun performPurchase(price: Double) {
    displayBalance()
    val totalPurse = playerGold + (playerSilver / 100.0)
    println("Total purse: $totalPurse")
    println("Purchasing item for $price")
    val remainingBalance = totalPurse - price
    println("Remaining balance: ${"%.2f".format(remainingBalance)}")
    val remainingGold = remainingBalance.toInt()
    val remainingSilver = (remainingBalance % 1 * 100).roundToInt()
    playerGold = remainingGold
    playerSilver = remainingSilver
    displayBalance()
}

private fun displayBalance() {
    println("Player's purse balance: Gold: $playerGold , Silver: $playerSilver")
}
fun performPurchase(price: Double, patronName: String) {
    val totalPurse = patronGold.getValue(patronName)
    patronGold[patronName] = totalPurse - price
}

private fun toDragonSpeak(phrase: String) =
        ...
        }

private fun placeOrder(patronName: String, menuData: String) {
    ...
    println(message)
//  performPurchase(price.toDouble(), patronName)

    val phrase = if (name == "Dragon's Breath") {
        ...
}
...
```

Tavern.kt를 실행하면 무작위로 10개의 주문 내역이 출력되는 것을 볼 수 있을 것이다.

```
술집 주인이 말한다: Eli는 안쪽 방에서 카드하고 있어요.
술집 주인이 말한다: 네, 모두 있어요.
Mordoc Ironfoot 은 Taernyl 에게 주문한다.
Mordoc Ironfoot 은 금화 11.22 로 iced boilermaker (elixir)를 구입한다.
Mordoc Ironfoot 이 말한다: 감사합니다 iced boilermaker.
...
```

이제는 고객의 금화 잔액이 변경되었으므로 한 가지 일만 남았다. 즉, 거래 후에 고객의 잔액을 출력하는 것이다. 이것은 forEach를 사용해서 patronGold Map을 반복 처리하면 된다.

displayPatronBalances라는 새로운 함수를 Tavern.kt에 추가하자. 이 함수는 patronGold Map을 반복 처리하면서 각 고객의 금화 잔액을 소수점 이하 두 자릿수의 형식으로 출력한다. 그리고 이 함수를 호출하는 코드를 main 함수의 끝에 추가한다.

리스트 11.7 | 고객의 잔액 출력하기   `CODE` ▶ Tavern.kt

```kotlin
...
fun main(args: Array<String>) {
    ...
    var orderCount = 0
    while (orderCount <= 9) {
        placeOrder(uniquePatrons.shuffled().first(),
                menuList.shuffled().first())
        orderCount++
    }

    displayPatronBalances()
}

private fun displayPatronBalances() {
    patronGold.forEach { patron, balance ->
        println("$patron, balance: ${"%.2f".format(balance)}")
    }
}
...
```

Tavern.kt를 다시 실행하면 제일 마지막에 각 고객의 금화 잔액이 출력될 것이다.

```
술집 주인이 말한다: Eli는 안쪽 방에서 카드하고 있어요.
술집 주인이 말한다: 네, 모두 있어요.
Sophie Fernsworth 은 Taernyl 에게 주문한다.
```

Sophie Fernsworth 은 금화 11.22 로 iced boilermaker (elixir)를 구입한다.
Sophie Fernsworth 이 말한다: 감사합니다 iced boilermaker.
Sophie Fernsworth 은 Taernyl 에게 주문한다.
Sophie Fernsworth 은 금화 7.33 로 pickled camel hump (desert dessert)를 구입한다.
Sophie Fernsworth 이 말한다: 감사합니다 pickled camel hump.
Mordoc Ironfoot 은 Taernyl 에게 주문한다.
Mordoc Ironfoot 은 금화 11.22 로 iced boilermaker (elixir)를 구입한다.
Mordoc Ironfoot 이 말한다: 감사합니다 iced boilermaker.
Sophie Baggins 은 Taernyl 에게 주문한다.
Sophie Baggins 은 금화 4.12 로 shirley temple (elixir)를 구입한다.
Sophie Baggins 이 말한다: 감사합니다 shirley temple.
Sophie Fernsworth 은 Taernyl 에게 주문한다.
Sophie Fernsworth 은 금화 5.91 로 Dragon's Breath (shandy)를 구입한다.
Sophie Fernsworth 이 감탄한다: 와, Dr4g0n's Br34th 진짜 좋구나!
Eli Ironfoot 은 Taernyl 에게 주문한다.
Eli Ironfoot 은 금화 11.22 로 iced boilermaker (elixir)를 구입한다.
Eli Ironfoot 이 말한다: 감사합니다 iced boilermaker.
Eli Fernsworth 은 Taernyl 에게 주문한다.
Eli Fernsworth 은 금화 5.91 로 Dragon's Breath (shandy)를 구입한다.
Eli Fernsworth 이 감탄한다: 와, Dr4g0n's Br34th 진짜 좋구나!
Mordoc Ironfoot 은 Taernyl 에게 주문한다.
Mordoc Ironfoot 은 금화 5.91 로 Dragon's Breath (shandy)를 구입한다.
Mordoc Ironfoot 이 감탄한다: 와, Dr4g0n's Br34th 진짜 좋구나!
Sophie Baggins 은 Taernyl 에게 주문한다.
Sophie Baggins 은 금화 11.22 로 iced boilermaker (elixir)를 구입한다.
Sophie Baggins 이 말한다: 감사합니다 iced boilermaker.
Sophie Ironfoot 은 Taernyl 에게 주문한다.
Sophie Ironfoot 은 금화 7.33 로 pickled camel hump (desert dessert)를 구입한다.
Sophie Ironfoot 이 말한다: 감사합니다 pickled camel hump.
Eli Fernsworth, balance: 0.09
Sophie Fernsworth, balance: -18.46
Eli Ironfoot, balance: -5.22
Sophie Baggins, balance: -9.34
Sophie Ironfoot, balance: -1.33
Mordoc Ironfoot, balance: -11.13

10장과 11장에 걸쳐 코틀린의 컬렉션 타입인 List, Set, Map을 사용하는 방법을 배웠다. 컬렉션 타입들의 특성을 비교해 보면 표 11.3과 같다.

표 11.3 | 코틀린 컬렉션 요약

컬렉션 타입	요소의 순서가 있는가?	요소가 고유한가?	저장 단위	해체 선언 지원?
List	Yes	No	요소	Yes
Set	No	Yes(요소)	요소	No
Map	No	Yes(키)	항목(키와 값의 쌍)	No

실수로 요소를 추가하거나 삭제하는 것을 방지하기 위해 코틀린 컬렉션은 기본적으로 읽기 전용이다. 따라서 저장된 요소를 변경하려면 애초에 변경 가능한 컬렉션 타입을 생성하거나, 또는 읽기 전용 컬렉션을 변경 가능 컬렉션으로 변환해야 한다.

다음 장에서는 NyetHack에 우리의 클래스를 정의하면서 객체지향 프로그래밍을 하는 방법을 배울 것이다.

챌린지: 술집 문지기

금화가 없는 고객은 아예 주문을 할 수 없어야 한다. 실제로 그런 고객은 술집에서 어슬렁거리는 것도 허용해서는 안 될 것이다. 이것을 술집 입구를 지키는 문지기가 알아야 한다. 만일 고객이 충분한 돈이 없다면, 야속하지만, uniquePatrons와 patronGold에서 삭제하여 NyetHack의 길거리로 쫓아내자.

12

클래스 정의하기

객체지향 프로그래밍(object-oriented programming)은 1960년대부터 시작되었다. 그리고 프로그램의 구조를 단순화하기 위한 많은 유용한 도구들을 제공하므로 지속적으로 보편화되었다. 객체지향의 중심은 **클래스(class)**다. 클래스는 세상의 사물(thing)이나 개념을 추상화한 것이다. 클래스는 속성(property)과 기능(function)을 갖는다.

이 장에서는 NyetHack을 객체지향 애플리케이션으로 만들기 위해 먼저, Player 클래스를 추가할 것이다. 이 클래스는 NyetHack 게임의 플레이어를 나타내기 위해 사용된다.

클래스 정의하기

코틀린에서는 하나의 파일에 하나 또는 여러 개의 클래스를 정의할 수 있다. 또한, 클래스 외의 다른 요소(예를 들어, 함수)들도 클래스와 같은 파일에 포함될 수 있다. 그러나 애플리케이션의 규모가 커지는 데 따른 기능 추가나 유지보수의 용이성을 고려하여 가급적 하나의 클래스를 하나의 파일에 정의하는 것이 좋다. NyetHack에서도 그렇게 할 것이다.

NyetHack 프로젝트에 Player.kt 파일을 새로 생성하자. 그리고 다음과 같이 class 키워드를 사용해서 NyetHack 게임의 플레이어를 나타내는 첫 번째 클래스를 정의하자.

```
class Player
```

클래스가 정의되었으므로 이제는 우리가 필요한 일을 이 클래스가 할 수 있게 만들 것이다.

인스턴스 생성하기

클래스는 청사진과 비슷하다. 청사진은 건물을 짓는 데 필요한 세부 사항을 포함하지만, 건물 자체는 아니다. Player 클래스도 이와 비슷하다.

NyetHack 게임을 시작하면 main 함수가 호출되며, 이때 제일 먼저 할 일 중 하나는 게임을 하는 플레이어 캐릭터를 생성하는 것이다. NyetHack에 사용될 수 있는 플레이어를 만들려면 Player 클래스의 **생성자(constructor)**를 호출하여 **인스턴스(instance)**를 생성해야 한다. 먼저, 이전에 작성했던 Game.kt 파일을 편집기 창에 열자(프로젝트 도구 창의 src 폴더에 있는 Game.kt를 더블클릭). 그리고 main 함수에서 변수들이 선언된 곳에 Player 클래스의 인스턴스를 생성하는 코드를 추가하자(리스트 12.2).

리스트 12.2 | Player 인스턴스 생성하기　　　　　　　　　　　　　　　　　　　　`CODE` Game.kt

```
fun main(args: Array<String>) {
    val name = "Madrigal"
    var healthPoints = 89
    val isBlessed = true
    val isImmortal = false

    val player = Player()

    // 아우라
    val auraColor = auraColor(isBlessed, healthPoints, isImmortal)
    val healthStatus = formatHealthStatus(healthPoints, isBlessed)

    // 플레이어의 상태 출력
    printPlayerStatus(auraColor, isBlessed, player.name, healthStatus)

    castFireball()
}
...
```

여기서는 Player 클래스 이름 바로 다음에 괄호를 붙여서 Player의 **기본 생성자(primary constructor)**를 호출하였다. 이렇게 하면 Player 클래스의 인스턴스가 생성된다. 그리고 player 변수가 이 인스턴스를 참조한다.

생성자는 그 이름이 의미하듯 인스턴스를 생성하고 사용할 준비를 해준다. 생성자를 호출하는 문법은 함수 호출과 매우 비슷하다. 즉, 괄호를 사용해서 매개변수의 인자를 전달한다(인스턴스를 생성하는 또 다른 방법은 13장에서 배울 것이다).

클래스 함수

클래스에는 **행동(behavior)**과 **데이터(data)**를 정의한다. 예를 들어, NyetHack 게임에서는 플레이어가 전투를 수행하고, 움직이고, 파이어볼(불덩이)을 던지는 등의 다양한 행동을 할 수 있다. 클래스의 행동은 클래스 몸체에 함수를 정의하여 구현하며, 이처럼 클래스 내부에 정의된 함수를 **클래스 함수(class function)**라고 한다(더 뒤에서 알아보겠지만, 클래스의 데이터는 속성(property)이라고 한다).

플레이어의 행동을 나타내는 일부 함수들은 이미 Game.kt에 정의되어 있다. 이제는 그런 함수들을 Player 클래스로 옮겨서 코드를 재구성할 것이다.

먼저, castFireball 함수를 Player 클래스에 추가하자.

리스트 12.3 | Player 클래스 함수 정의하기   `CODE` ▶ Player.kt

```
class Player {
    fun castFireball(numFireballs: Int = 2) =
            println("한 덩어리의 파이어볼이 나타난다. (x$numFireballs)")
}
```

(이미 Game.kt에 정의되어 있던 castFireball 함수와 다르게, 여기서는 castFireball에 private 키워드가 없다. 이 내용은 잠시 후에 설명할 것이다.)

리스트 12.3 코드에서는 중괄호({})를 사용해서 Player의 **클래스 몸체**를 정의한다. 함수의 실행 코드가 함수 몸체에 정의되듯이 클래스의 행동을 나타내는 함수는 클래스 몸체에 정의한다. Game.kt에 이미 정의되어 있던 castFireball 함수를 삭제하고, Player 클래스의 castFireball 함수를 호출하는 코드를 main 함수에 추가하자.

```kotlin
fun main(args: Array<String>) {
    var healthPoints = 89
    val isBlessed = true
    val isImmortal = false

    val player = Player()
    player.castFireball()

// 아우라
    val auraColor = auraColor(isBlessed, healthPoints, isImmortal)
    val healthStatus = formatHealthStatus(healthPoints, isBlessed)

// 플레이어의 상태 출력
    printPlayerStatus(auraColor, isBlessed, player.name, healthStatus)

    castFireball()
}
...
private fun castFireball(numFireballs: Int = 2) =
        println("한 덩어리의 파이어볼이 나타난다. (x$numFireballs)")
```

이처럼 클래스를 사용해서 해당 클래스에 관련되는 코드를 모아 두면 향후 코드의 확장이나 유지보수에 좋다. NyetHack의 경우에도 규모가 커지는 데 따라 앞으로 더 많은 클래스를 추가하게 될 것이다.

Game.kt를 실행하여 castFireball 함수가 제대로 호출되는지 확인해 보자. 그런데 castFireball 함수를 Player 클래스로 옮긴 이유가 무엇일까? NyetHack에서 파이어볼이 나타나게 하는 것은 플레이어가 하는 일이다. 그리고 Player 인스턴스가 없이는 그런 일이 생길 수 없으며, castFireball이 호출된 특정 플레이어에 의해 수행된다. 따라서 Player 클래스의 인스턴스에서 호출될 수 있도록 castFireball을 클래스 함수로 정의한 것이다. 이 장 뒤에서는 NyetHack의 플레이어에 관련되는 다른 함수들도 Player 클래스로 옮길 것이다.

가시성과 캡슐화

클래스 함수로 클래스의 행동을 추가하는 것은 클래스가 할 수 있는 일의 명세를 만드는 것이며, 이런 명세는 해당 클래스의 인스턴스를 사용하는 어떤 코드에서도 알 수 있다(그리고 잠시 후에 알아볼 클래스 속성을 나타내는 데이터도 마찬가지다).

클래스 함수나 속성에 가시성 제한자(visibility modifier)를 지정하지 않으면 코틀린에서는 기본적으로 public이 된다. 즉, 프로그램의 어떤 파일이나 함수에서도 사용할 수 있다는 뜻이다. 현재는 castFireball 함수의 가시성 제한자가 없으므로 이 함수를 어디서든 호출할 수 있다.

castFireball처럼 클래스의 속성이나 함수를 다른 코드에서 사용할 수 있기를 원하는 경우가 있지만, 그렇지 않은 경우도 있다.

프로그램의 클래스가 많아질수록 코드는 더 복잡해진다. 따라서 코드의 다른 곳에서 볼 필요 없는 클래스 내부의 구현 코드를 감추면 처리 로직을 명쾌하고 간결하게 해주는 것은 물론 유지보수 등의 여러 측면에서 도움이 된다. 가시성이 필요한 이유가 바로 그 때문이다.

public 클래스 함수는 프로그램의 어디서든 호출될 수 있지만, private 클래스 함수는 자신이 정의된 클래스 내부에서만 사용될 수 있다. 이처럼 특정 클래스 함수나 속성의 가시성을 제한하는 객체지향 프로그래밍 개념을 **정보은닉(information hiding)과 캡슐화(encapsulation)**라고 한다. 클래스 외부에 노출될 필요가 없는 내부의 구현 함수와 속성은 private이어야 한다.

예를 들어, 만일 castFireball 함수가 Game.kt의 다른 코드에서 호출된다면 castFireball이 내부적으로 어떻게 구현되는지 호출 코드에서는 알 필요 없다. 요약하면, 클래스를 만들 때는 꼭 필요한 것만 외부에 노출해야 한다는 뜻이다.

표 12.1에서는 사용할 수 있는 가시성 제한자를 보여 준다.

표 12.1 | 가시성 제한자

제한자	설명
public	함수나 속성이 클래스 외부에서 사용될 수 있다. 가시성 제한자가 없으면 기본적으로 public이 된다
private	함수나 속성이 정의된 클래스 내부에서만 사용될 수 있다
protected	함수나 속성이 정의된 클래스 내부 또는 이 클래스의 서브 클래스에서만 사용될 수 있다
internal	함수나 속성이 정의된 클래스가 포함된 모듈(module)에서 사용될 수 있다

protected 키워드는 14장에서 자세히 알아볼 것이다. 그리고 자바의 패키지 가시성은 코틀린에 없다. 그 이유와 internal 가시성은 이 장 뒤의 '궁금증 해소하기: 패키지 가시성'에서 추가로 설명할 것이다.

클래스 속성

클래스 속성은 클래스의 데이터 즉, 상태나 특성을 나타낸다. 예를 들어, Player 클래스의 속성은 플레이어의 이름, 현재의 건강 점수, 성별 등이 될 수 있다.

현재는 플레이어의 이름을 main 함수에 정의하고 있다. 그러나 Player 클래스의 속성으로 정의하는 것이 바람직하다. 먼저, Player 클래스에서 name 속성을 갖도록 Player.kt를 변경하자 (name 속성은 고정된 값을 갖는 것이 아니지만, 여기서는 일단 값이 지정된 상태로 두자).

리스트 12.5 | name **속성 정의하기**　　　　　　　　　　　　　　　`CODE` Player.kt

```
class Player {
    val name = "madrigal"

    fun castFireball(numFireballs: Int = 2) =
            println("한 덩어리의 파이어볼이 나타난다. (x$numFireballs)")
}
```

여기서는 Player 인스턴스에 필요한 데이터를 갖는 name 속성을 Player 클래스에 추가하면서 val로 정의하였다. 클래스 속성도 변수처럼 val(읽기 전용)이나 var(변경 가능)로 나타낼 수 있다. 이 내용은 이 장 뒤에서 추가로 알아볼 것이다.

다음은 Game.kt에 선언된 name 변수를 삭제하자.

리스트 12.6 | main **함수의 name 변수 삭제하기**　　　　　　　　　　　`CODE` Game.kt

```
fun main(args: Array<String>) {
    val name = "Madrigal"
    var healthPoints = 89
    ...
}
...
```

이 시점에서는 Game.kt에 문제가 있다고 인텔리제이가 경고를 해줄 것이다(그림 12.1)(F2 키를 누르면 에러가 있는 곳으로 커서가 이동된다).

```
fun main(args: Array<String>) {
    var healthPoints = 89
    val isBlessed = true
    val isImmortal = false

    val player = Player()
    player.castFireball()

    // 아우라
    val auraColor = auraColor(isBlessed, healthPoints, isImmortal)
    val healthStatus = formatHealthStatus(healthPoints, isBlessed)

    // 플레이어의 상태 출력
    printPlayerStatus(auraColor, isBlessed, name, healthStatus)
                                        Unresolved reference: name
    performCombat()
```

그림 12.1 | 알 수 없는 참조 에러

지금은 name이 Player 클래스의 속성이므로 printPlayerStatus 함수를 호출할 때 Player 클래스의 인스턴스가 갖는 name 속성을 인자로 전달해야 한다. 리스트 12.7과 같이 수정하자.

리스트 12.7 | Player 인스턴스의 name 속성을 인자로 전달하기　　　　　`CODE` Game.kt

```
fun main(args: Array<String>) {
    ...

    // 플레이어의 상태 출력
    printPlayerStatus(auraColor, isBlessed, player.name, healthStatus)
}
...
```

Game.kt를 다시 실행해 보자. 플레이어의 이름과 상태가 이전처럼 출력될 것이다. 그러나 지금은 main 함수의 지역 변수 대신 Player 인스턴스의 name 속성을 사용한다.

클래스의 인스턴스가 생성될 때는 모든 속성이 값을 가져야 한다. 변수와 다르게 클래스 속성은 반드시 초깃값이 지정되어야 한다는 뜻이다. 예를 들어, 다음 코드는 에러다. 선언 시점에 name 속성의 값이 지정되지 않았기 때문이다.

```
class Player {
    var name: String
}
```

클래스 속성의 초기화는 13장에서 자세히 살펴볼 것이다.

속성의 게터와 세터

클래스가 갖는 데이터를 보존하는 속성을 외부에서 사용할 때 코틀린에서는 자동으로 게터(getter)를 통해 값을 가져오고, 세터(setter)를 통해 값을 지정한다. 그리고 우리가 정의한 각 속성에 대해 **필드(field)**와 **게터**가 자동 생성되며, 경우에 따라 **세터**도 자동 생성된다.

코틀린에서 클래스의 필드는 속성의 데이터가 저장되는 곳이며, 우리가 직접 정의할 수 없다. 필드를 캡슐화하여 필드의 데이터를 보호하고, 게터와 세터를 통해서만 외부에 노출시키기 위함이다. 속성의 게터에는 속성값을 읽는 방법이 명시되며, 모든 속성에 대해 자동 생성된다. 세터에는 속성값을 지정하는 방법을 정의한다. 따라서 속성의 값을 변경할 수 있을 때(즉, 속성이 var일 때)만 자동 생성된다.

메뉴에 다른 음식과 더불어 스파게티가 있는 식당에 있다고 해보자. 우리가 스파게티를 주문하면 스파게티 소스와 치즈를 바른 스파게티를 종업원이 가져온다. 소스와 치즈를 추가해도 마찬가지다. 우리가 직접 주방에 들어갈 필요는 없다. 종업원이 모든 것을 처리하기 때문이다. 여기서 우리는 클래스 속성을 사용하는 코드이고, 종업원은 클래스 게터인 셈이다.

고객 입장에서는 스파게티가 주문될 때 주방에서 물 끓이는 일을 하는 것을 원치 않을 것이다. 대신에 스파게티만 주문하면 가져다주기를 원한다. 그리고 식당에서는 고객이 조리법을 캐묻고 식사를 준비하면서 주방에 있는 것을 바라지 않는다. 이것이 일의 캡슐화다.

기본적인 게터와 세터를 코틀린이 자동으로 제공하지만, 속성의 데이터를 읽거나 쓰는 방법을 우리가 지정하기 원할 때는 커스텀 게터와 세터를 정의할 수 있다. 이것을 게터와 세터의 **오버라이딩(overriding)**이라고 한다(속성이 사용될 때 자동으로 생성되는 게터나 세터를 무시하고 우리가 정의한 게터나 세터를 대신 실행하기 때문이다).

게터를 오버라이딩하는 방법을 알기 위해 name 속성의 게터를 추가해 보자. 이 게터에서는 name 속성이 사용될 때 속성값의 첫 번째 문자를 대문자로 바꾼다(만일 빈 문자열이거나 첫 자가 이미 대문자이면 변경 없이 원래 문자열을 반환한다).

리스트 12.8 | 커스텀 게터 정의하기　　　　　　　　　　　CODE Player.kt

```kotlin
class Player {
    val name = "madrigal"
        get() = field.capitalize()

    fun castFireball(numFireballs: Int = 2) =
```

```
    println("한 덩어리의 파이어볼이 나타난다. (x$numFireballs)")
}
```

속성의 커스텀 게터를 정의할 때는 해당 속성이 사용될 때 속성값을 어떻게 처리하여 반환할지를 지정하면 된다(자동으로 생성되는 게터에서는 해당 속성값을 있는 그대로 반환한다).

Game.kt를 다시 실행하고, madrigal의 첫 자가 대문자 'M'으로 바뀌어 출력되는지 확인해 보자.

여기서 field 키워드는 해당 속성에 대해 코틀린이 자동으로 관리해 주는 후원 필드(backing field)를 참조한다. 후원 필드는 게터와 세터가 사용하는 속성 데이터다. 후원 필드는 마치 음식점 주방의 재료와 같다. 즉, 해당 속성을 사용하는 코드에서는 후원 필드를 직접 참조할 수 없고, 자동 실행되는 게터를 통해서만 속성 데이터를 받을 수 있다. field 키워드는 게터와 세터에서만 사용될 수 있다.

첫 자가 대문자로 바뀐 고객 이름이 게터에서 반환되더라도 후원 필드값은 변경되지 않는다. 이와는 달리, 세터는 자신이 선언된 속성의 후원 필드값을 **변경한다**. name 속성의 세터를 추가해 보자. 이 세터에서는 trim 함수를 사용해서 인자로 전달된 값(문자열)의 앞과 뒤에 있는 공백 문자를 제거한 후 name 속성의 데이터를 저장한 후원 필드의 값을 변경한다.

리스트 12.9 | 커스텀 세터 정의하기   `CODE` Player.kt

```
class Player {
    val name = "madrigal"
        get() = field.capitalize()
        set(value) {
            field = value.trim()
        }

    fun castFireball(numFireballs: Int = 2) =
            println("한 덩어리의 파이어볼이 나타난다. (x$numFireballs)")
}
```

그러나 name 속성에 세터를 추가하는 것은 문제가 있다. 따라서 인텔리제이가 그림 12.2와 같이 경고를 보여 줄 것이다.

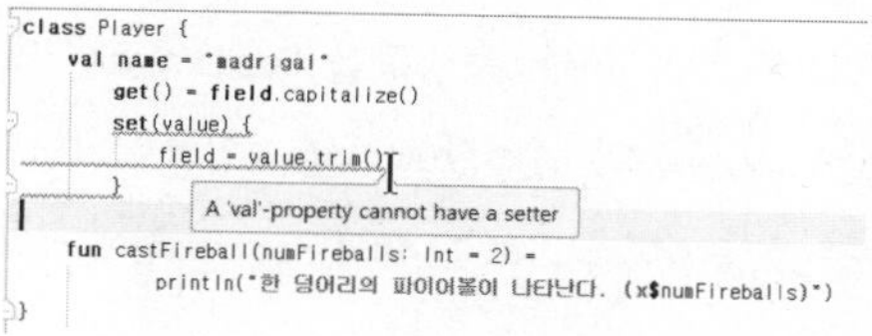

그림 12.2 | val 속성은 읽기 전용이다

name 속성은 val이므로 값을 변경할 수 없고, 세터도 오버라이딩할 수 없으므로 이런 경고를 보여 주는 것이다(val 속성은 세터가 자동 생성되지 않는다). 그러나 여기서는 플레이어의 이름을 변경할 수 있어야 하므로 name 속성의 val을 var로 변경하자.

리스트 12.10 | name 속성을 var로 변경하기 `CODE` Player.kt

```kotlin
class Player {
    ~~val~~var name = "madrigal"
        get() = field.capitalize()
        set(value) {
            field = value.trim()
        }

    fun castFireball(numFireballs: Int = 2) =
        println("한 덩어리의 파이어볼이 나타난다. (x$numFireballs)")
}
```

이제는 커스텀 세터에 정의된 코드에 의해 고객 이름이 변경될 수 있고, 인텔리제이의 경고도 없어졌을 것이다.

게터는 속성을 참조할 때 자동 호출되며, 세터는 대입 연산자(예를 들어, =)를 사용해서 속성에 값을 지정할 때 자동 호출된다. 코틀린 REPL에서 리스트 12.11 코드를 입력하고 실행하여 플레이어의 이름을 변경해 보자.

리스트 12.11 | 플레이어의 이름 변경하기 `CODE` REPL

```kotlin
val player = Player()
player.name = "estragon "
println(player.name + "TheBrave")
EstragonTheBrave
```

이 코드를 실행하면 name 속성을 사용할 때 커스텀 게터와 세터의 효과가 나타난 것을 알 수 있을 것이다. 코드를 잠시 살펴보자. 먼저, 첫 번째 줄에서는 Player 클래스의 인스턴스가 생성되고, 이 인스턴스를 player 변수가 참조한다. 이때 player 인스턴스의 name 속성값은 Player 클래스에 정의한 "madrigal"로 초기화된다.

두 번째 줄에서는 player 인스턴스의 name 속성값을 "estragon "으로 다시 지정한다. 따라서 이 코드가 실행될 때 = 연산자 오른쪽의 변경값(String 타입의 문자열인 "estragon ")이 인자로 전달되면서 커스텀 세터가 자동 호출된다(리스트 12.10의 name 속성에 정의된 set(value) 참조). 그리고 커스텀 세터에서는 String 타입의 trim 함수를 호출하여 문자열 앞과 뒤의 공백 문자를 제거한다. 따라서 결괏값은 "estragon"이 되며, 이 값이 후원 필드(field 키워드)에 지정되어 name 속성의 값이 변경된다.

세 번째 줄에서는 player.name으로 name 속성값을 가져온다. 이때 커스텀 게터가 자동 호출된다. 그리고 게터에서는 name 속성의 후원 필드(field 키워드)에 저장된 값인 "estragon"을 가져와서 capitalize 함수를 호출하여 첫 자가 대문자로 바뀐 "Estragon"을 반환한다. 그다음에 "Estragon" 끝에 "TheBrave"가 결합되어 println 인자로 전달되므로 EstragonTheBrave가 출력된다.

클래스 속성을 사용할 때 게터와 세터가 어떻게 동작하는지 이제는 알 수 있을 것이다. 코틀린에서는 이처럼 게터와 세터가 자동 호출되어 실행된다. 그리고 커스텀 게터나 세터를 정의하지 않으면 기본으로 생성된 게터와 세터에서 속성값을 있는 그대로 반환하거나 지정한다.

만일 name 속성이 val이었다면 위의 코드를 REPL에서 실행할 때 다음 에러 메시지가 출력되었을 것이다. val 속성은 값을 다시 지정(변경)할 수 없기 때문이다.

```
error: val cannot be reassigned
```

(Player 클래스의 name 속성을 val로 수정한 후에는 Player 클래스를 다시 빌드해야 한다. 그러므로 REPL 도구 창의 왼쪽 제일 위에 있는 'Build and restart' 버튼(🔄)을 클릭해서 REPL이 다시 실행되게 한 후에 우리가 테스트할 코드를 입력하고 실행시킨다.)

속성의 가시성

클래스 속성은 함수 내부에 정의된 지역 변수와 다르게 클래스 내부에 정의되며, 표 12.1에 있는 가시성 제한자에 따라 클래스 내부에서만 사용되거나 또는 외부에서 사용될 수 있다.

이미 알아보았듯이 클래스의 모든 속성은 게터를 가지며, var 속성의 경우는 세터도 갖는다. 그리고 속성값을 읽을 때는 게터가, 변경할 때는 세터가 자동 실행된다. 기본적으로 게터와 세터의 가시성은 속성 자체의 가시성과 일치한다. 따라서 만일 속성의 가시성이 public이라면 게터와 세터도 public이 된다.

만일 속성은 외부에 노출시키되(public), 이 속성의 세터는 노출시키고 싶지 않다면(private) 어떻게 할까? 이때는 세터의 가시성을 따로 지정할 수 있다. 리스트 12.12와 같이 name 속성의 세터를 private으로 지정해 보자.

리스트 12.12 | name 속성의 세터를 감추기 CODE Player.kt

```
class Player {
    var name = "madrigal"
        get() = field.capitalize()
        private set(value) {
            field = value.trim()
        }

    fun castFireball(numFireballs: Int = 2) =
            println("한 덩어리의 파이어볼이 나타난다. (x$numFireballs)")
}
```

이 경우 name 속성의 값을 읽는 것은 NyetHack의 어느 코드에서도 가능하다. 게터의 가시성이 기본적으로 public이기 때문이다. 그러나 이제는 Player 클래스 내부에서만 name 속성의 값을 변경할 수 있다. 속성값의 변경을 우리가 제어하고자 할 때 이렇게 하면 유용하다.

산출 속성

클래스 속성을 정의하면 그 값을 저장하는 후원 필드가 생성된다는 것을 이미 배웠다. 이것은 사실이다. 그러나 **산출 속성(computed property)**의 경우는 그렇지 않다. 산출 속성은 다른 속성이나 변수 등의 값을 사용해서 자신의 값을 산출하는 속성을 말한다. 따라서 값을 저장할 필요가 없으므로 코틀린 컴파일러가 후원 필드를 생성하지 않는다.

산출 속성인 rolledValue를 갖는 Dice 클래스를 REPL에서 생성해 보자.

리스트 12.13 | 산출 속성 정의하기 CODE REPL

```
class Dice() {
  val rolledValue
    get() = (1..6).shuffled().first()
}
```

그다음에 리스트 12.14와 같이 각각 코드를 입력하면서 실행시켜 보자(진한 글씨로 표시된 것이 입력하고 실행할 코드다).

`CODE` ▶ REPL

```
val myD6 = Dice()
myD6.rolledValue
6
myD6.rolledValue
1
myD6.rolledValue
4
```

rolledValue 속성을 참조할 때마다 다른 값이 나타날 것이다. 왜냐하면 이 속성이 참조될 때마다 1부터 6까지의 범위값 중에서 무작위로 산출된 값을 게터가 반환하기 때문이다. rolledValue 속성은 초깃값이나 기본값이 없다. 즉, 자신의 독자적인 값을 갖지 않으므로 후원 필드가 생성되지 않는다.

val과 var 속성이 내부적으로 어떻게 구현되는지는 이 장 뒤의 '궁금증 해소하기: var과 val 속성의 내부 구현'에서 추가로 알아볼 것이다.

NyetHack 코드 리팩터링하기

지금까지 클래스 함수와 속성을 배웠으며, 이것을 NyetHack에 적용하는 작업을 하였다. 이제는 NyetHack의 코드를 리팩터링(refactorng)하여 마무리할 것이다(리팩터링은 기존 소스 코드의 가독성, 재사용성, 구조를 개선하기 위해 코드의 실행 로직이나 의미에 영향을 주지 않고 재작성 또는 변경하는 것을 말한다).

먼저, Game.kt의 일부 코드를 Player.kt로 이동시킬 것이다. 이때 인텔리제이에서 제공하는 기능을 사용하면 쉽게 할 수 있다.

Game.kt와 Player.kt가 모두 편집기 창에 열려 있는지 확인한다. 그리고 편집기 창 위의 Player.kt 탭에서 오른쪽 마우스 버튼을 클릭하고 Split Vertically를 선택한다(그림 12.3).

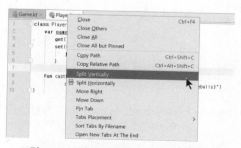

그림 12.3 | 편집기 창을 수직으로 분할하기

그러면 편집기 창이 두 개의 패널로 분할될 것이다(그림 12.4)(각 탭을 마우스로 끌어서 좌우로 이동시키면 패널의 위치를 변경할 수 있다). 만일 Player.kt 탭이 양쪽 패널 모두에 있을 때는 Game.kt와 같이 있는 Player.kt 탭을 닫으면(탭 이름 오른쪽의 X를 클릭) 그림 12.4와 같이 될 것이다.

그림 12.4 | 두 개의 패널로 분할된 편집기 창

지금부터는 별도의 변수와 함수로 정의되었던 코드들을 Player 클래스의 속성과 함수로 이동시키고, 이 속성과 함수를 사용하는 main 함수 코드도 수정할 것이다. 이것은 복잡한 리팩터링 작업이다. 그러나 이 작업이 끝나면 외부의 다른 코드에서 사용할 필요가 있는 함수와 속성만 Player 클래스가 노출시키고, 내부 구현 코드는 캡슐화하게 될 것이다.

먼저, Player 클래스의 속성이 되었어야 할 변수들인 healthPoints, isBlessed, isImmortal을 Game.kt의 main 함수에서 찾은 후 Player 클래스의 속성으로 옮기자. 편집기에서 main 함수의 속성들을 마우스로 선택하고 오른쪽 버튼을 누른 후 cut를 클릭하여 잘라내기 한다(리스트 12.15). 그리고 오른쪽 Player.kt 패널의 해당 위치(리스트 12.16)에서 마우스 오른쪽 버튼을 누른 후 paste를 선택하여 붙여넣기하면 된다.

리스트 12.15 | main 함수의 변수 삭제(잘라내기)　　　　　　　　　　　`CODE` Game.kt

```
fun main(args: Array<String>) {
    var healthPoints = 89
    val isBlessed = true
    val isImmortal = false

    val player = Player()
    player.castFireball()
    ...
}
...
```

main 함수에 있던 healthPoints, isBlessed, isImmortal 속성들은 Player 클래스의 속성으로 정의되어야 한다.

CODE ▶ Player.kt

```kotlin
class Player {
    var name = "madrigal"
        get() = field.capitalize()
        private set(value) {
            field = value.trim()
        }

    var healthPoints = 89
    val isBlessed = true
    val isImmortal = false

    fun castFireball(numFireballs: Int = 2) =
            println("한 덩어리의 파이어볼이 나타난다. (x$numFireballs)")
}
```

이렇게 하면 Game.kt에는 빨간색으로 표시된 에러가 많이 생길 것이다. 이후 작업이 끝날 때까지는 계속 에러가 남아 있을 것이지만 지금은 개의치 말자.

healthPoints와 isBlessed는 Game.kt의 코드에서 사용될 것이지만, isImmortal은 Player 클래스 외부에서 사용되지 않는다. 따라서 isImmortal을 private으로 지정하여 캡슐화하는 것이 좋다.

리스트 12.17 | Player 클래스의 isImmortal 속성을 캡슐화하기

CODE ▶ Player.kt

```kotlin
class Player {
    var name = "madrigal"
        get() = field.capitalize()
        private set(value) {
            field = value.trim()
        }

    var healthPoints = 89
    val isBlessed = true
    private val isImmortal = false

    fun castFireball(numFireballs: Int = 2) =
            println("한 덩어리의 파이어볼이 나타난다. (x$numFireballs)")
}
```

다음은 Game.kt에 선언된 함수들을 살펴보자. printPlayerStatus 함수는 게임 관련 정보(플레이어의 상태 포함)를 알려 주는 것이므로 Game.kt에 선언되는 것이 적합하다. 그러나 auraColor와 formatHealthStatus 함수는 게임보다는 플레이어와 밀접하게 관련이 있다. 따라서 두 함수

는 Player 클래스에 정의되어야 한다. Game.kt의 auraColor와 formatHealthStatus 함수를 잘라내기한 후(리스트 12.18) Player 클래스에 붙여넣기하자(리스트 12.19).

리스트 12.18 | Game.kt의 함수 삭제(잘라내기) `CODE` Game.kt

```kotlin
fun main(args: Array<String>) {
    ...
}

private fun formatHealthStatus(healthPoints: Int, isBlessed: Boolean) =
        when (healthPoints) {
            100 -> " 최상의 상태임!"
            in 90..99 -> "약간의 찰과상만 있음."
            in 75..89 -> if (isBlessed) {
                "경미한 상처가 있지만 빨리 치유되고 있음!"
            } else {
                "경미한 상처만 있음."
            }
            in 15..74 -> "많이 다친 것 같음."
            else -> "최악의 상태임!"
        }

private fun printPlayerStatus(auraColor: String,
                              isBlessed: Boolean,
                              name: String,
                              healthStatus: String) {
    println("(Aura: $auraColor) " +
            "(Blessed: ${if (isBlessed) "YES" else "NO"})")
    println("$name $healthStatus")
}

private fun auraColor(isBlessed: Boolean,
                      healthPoints: Int,
                      isImmortal: Boolean): String {
    val auraVisible = isBlessed && healthPoints > 50 || isImmortal
    val auraColor = if (auraVisible) "GREEN" else "NONE"
    return auraColor
}
```

Game.kt에 있던 auraColor와 formatHealthStatus 함수들은 Player 클래스의 함수로 정의되어야 한다.

리스트 12.19 | Player의 함수로 추가하기(붙여넣기) `CODE` Player.kt

```kotlin
class Player {
    var name = "madrigal"
        get() = field.capitalize()
```

```kotlin
        private set(value) {
            field = value.trim()
        }

    var healthPoints = 89
    val isBlessed = true
    private val isImmortal = false

    private fun auraColor(isBlessed: Boolean,
                          healthPoints: Int,
                          isImmortal: Boolean): String {
        val auraVisible = isBlessed && healthPoints > 50 || isImmortal
        val auraColor = if (auraVisible) "GREEN" else "NONE"
        return auraColor
    }

    private fun formatHealthStatus(healthPoints: Int, isBlessed: Boolean) =
            when (healthPoints) {
                100 -> " 최상의 상태임!"
                in 90..99 -> "약간의 찰과상만 있음."
                in 75..89 -> if (isBlessed) {
                    "경미한 상처가 있지만 빨리 치유되고 있음!"
                } else {
                    "경미한 상처만 있음."
                }
                in 15..74 -> "많이 다친 것 같음."
                else -> "최악의 상태임!"
            }

    fun castFireball(numFireballs: Int = 2) =
            println("한 덩어리의 파이어볼이 나타난다. (x$numFireballs)")
}
```

지금까지는 주로 코드의 잘라내기와 붙여넣기를 했지만, Game.kt와 Player.kt에는 아직 할 것이 더 있다. 일단 Player 클래스를 집중적으로 살펴보기 위해 분할된 편집기 창을 닫을 것이다. 그림 12.5와 같이 Game.kt 탭의 X를 클릭하여 Game.kt를 닫는다. 이제는 편집기 창에 Player.kt만 열려 있을 것이다.

그림 12.5 | Game.kt 닫기

Game.kt로부터 Player.kt로 이동된 auraColor와 formatHealthStatus 함수들은 이제는 Player 클래스의 속성이 된 isBlessed, healthPoints, isImmortal을 인자로 받는다. 두 함수

가 Game.kt에 정의되어 있었을 때는 Player 클래스의 외부에 있었으므로 그렇게 했던 것이다. 그러나 지금은 두 함수가 Player 클래스의 함수이므로 이 클래스의 모든 속성을 그냥 사용할 수 있다. 따라서 isBlessed, healthPoints, isImmortal을 인자로 받지 않아도 된다.

auraColor와 formatHealthStatus 함수들의 헤더에서 매개변수를 삭제하자.

리스트 12.20 │ 불필요한 매개변수를 클래스 함수에서 삭제하기   CODE▶ Player.kt

```kotlin
class Player {
    var name = "madrigal"
        get() = field.capitalize()
        private set(value) {
            field = value.trim()
        }

    var healthPoints = 89
    val isBlessed = true
    private val isImmortal = false

    private fun auraColor(isBlessed: Boolean,
                          healthPoints: Int,
                          isImmortal: Boolean): String {
        val auraVisible = isBlessed && healthPoints > 50 || isImmortal
        val auraColor = if (auraVisible) "GREEN" else "NONE"
        return auraColor
    }

    private fun formatHealthStatus(healthPoints: Int, isBlessed: Boolean) =
            when (healthPoints) {
                100 -> " 최상의 상태임!"
                in 90..99 -> "약간의 찰과상만 있음."
                in 75..89 -> if (isBlessed) {
                    "경미한 상처가 있지만 빨리 치유되고 있음!"
                } else {
                    "경미한 상처만 있음."
                }
                in 15..74 -> "많이 다친 것 같음."
                else -> "최악의 상태임!"
            }

    fun castFireball(numFireballs: Int = 2) =
            println("한 덩어리의 파이어볼이 나타난다. (x$numFireballs)")
}
```

이처럼 코드를 변경하기 전에 formatHealthStatus 함수에서 healthPoints를 사용할 때는 formatHealthStatus의 매개변수를 참조하였으므로 함수 내부에서만 사용할 수 있었다. 그러나 이제는 healthPoints라는 매개변수가 없으므로 healthPoints 속성이 정의된 Player 클래스가 사용 가능 범위가 된다.

클래스 함수인 auraColor와 formatHealthStatus는 private으로 정의되어 있다. 따라서 Player 클래스 외부에서 사용할 수 있게 하려면 private 키워드를 삭제해야 한다(클래스 함수의 경우에 private과 같은 가시성 제한자를 지정하지 않으면 기본적으로 public이 된다).

리스트 12.21 | private 삭제하기   CODE▶ Player.kt

```kotlin
class Player {
    var name = "madrigal"
        get() = field.capitalize()
        private set(value) {
            field = value.trim()
        }

    var healthPoints = 89
    val isBlessed = true
    private val isImmortal = false

    ~~private~~ fun auraColor(): String {
        ...
    }

    ~~private~~ fun formatHealthStatus() = when (healthPoints) {
        ...
    }

    fun castFireball(numFireballs: Int = 2) =
            println("한 덩어리의 파이어볼이 나타난다. (x$numFireballs)")
}
```

이제는 Player 클래스의 속성과 함수가 올바르게 정의되었다. 그러나 이 속성과 함수를 사용하는 Game.kt의 코드가 다음 세 가지 이유로 적합하지 않으므로 수정되어야 한다.

1. 이제는 printPlayerStatus가 변수를 인자로 받을 수 없다. 세 개의 변수는 Player 클래스의 속성으로 바뀌었고, 나머지 하나는 Player의 함수로부터 반환되는 것이기 때문이다.
2. 또한, auraColor와 같은 함수들은 Player 클래스의 함수이므로 Player 인스턴스로부터 호출되어야 한다.
3. Player 클래스의 함수들은 매개변수 없이 호출되어야 한다.

printPlayerStatus 함수가 Player 인스턴스를 인자로 받으면 이 모든 것이 해결된다. 이 함수 내부에서는 인자로 받은 Player 인스턴스의 속성과 함수를 사용해서 플레이어의 상태를 출력할 수 있기 때문이다.

리스트 12.22와 같이 코드를 수정하자(만일 편집기 창에 Game.kt가 열려 있지 않다면 프로젝트 도구 창의 src 폴더 밑에 있는 Game.kt를 더블 클릭한다).

리스트 12.22 | 클래스 함수 호출하기 `CODE` Game.kt

```kotlin
fun main(args: Array<String>) {
    val player = Player()
    player.castFireball()

    // 아우라
    val auraColor = auraColor(isBlessed, healthPoints, isImmortal)
    val healthStatus = formatHealthStatus(healthPoints, isBlessed)

    // 플레이어의 상태 출력
    printPlayerStatus(playerauraColor, isBlessed, player.name, healthStatus)
    ...
}

private fun printPlayerStatus(player: PlayerauraColor: String,
isBlessed: Boolean,
name: String,
healthStatus: String) {
    println("(Aura: ${player.auraColor()}) " +
            "(Blessed: ${if (player.isBlessed) "YES" else "NO"})")
    println("${player.name} ${player.formatHhealthStatus()}")
}
```

printPlayerStatus 함수 헤더의 매개변수를 이와 같이 변경하면 Player 클래스의 내부 구현을 감출 수 있다. 다음 두 개의 printPlayerStatus 함수 헤더를 비교해 보자.

```kotlin
printPlayerStatus(player: Player)

printPlayerStatus(auraColor: String,
                  isBlessed: Boolean,
                  name: String,
                  healthStatus: String)
```

여기서 첫 번째 것은 변경 후의 헤더이며, 두 번째는 변경 전의 헤더다. 어느 것이 바람직할까? 두 번째의 경우는 호출 코드에서 Player 클래스의 내부 구현에 관해 많은 것을 알아야 한다. 반면에 첫 번째의 경우는 Player 인스턴스만 인자로 전달하면 된다. 이것이 객체지향 프로그래밍의 장점 중 하나다. 즉, printPlayerStatus 함수에서 필요한 데이터는 이제 Player 클래스의 일부이므로 해당 데이터의 참조나 변경은 Player 인스턴스에 맡기면 되는 것이다.

코드를 리팩터링한 결과 이제는 Player 클래스가 NyetHack 게임의 플레이어에 관련된 모든 데이터(속성)와 행동(함수)을 갖게 되었다. 그리고 세 개의 속성과 세 개의 함수는 외부에서 사용할 수 있으며, 클래스 내부에서만 사용해야 할 속성이나 함수는 캡슐화되어 외부에 노출되지 않는다.

이전처럼 제대로 잘 되는지 Game.kt를 실행하여 확인해 보자. 이후의 다른 장에서는 NyetHack 게임에 객체지향 프로그래밍 기능을 더 추가할 것이다.

다음 장에서는 초기화(initialization)에 관해 배우면서 여러 가지 방법으로 Player 클래스의 인스턴스를 생성하는 코드를 추가할 것이다. 그러나 우리 애플리케이션이 더 커지기 전에 패키지(package)에 관해 알아 둘 필요가 있다.

패키지 사용하기

패키지는 폴더처럼 비슷한 요소들을 분류하고 모아 놓은 것이다. 이때 유사한 기능을 구현하는 데 필요한 클래스, 인터페이스, 함수, 속성들을 같은 패키지에 두면 코드의 유지 관리가 쉽다. 예를 들어, kotlin.collections 패키지에는 List와 Set을 생성하고 사용하기 위한 클래스들이 포함되어 있다. 디렉터리와 서브 디렉터리 간의 관계처럼 kotlin은 상위 패키지이고, collections는 kotlin의 하위 패키지다. 패키지를 사용하면 프로젝트의 규모가 커지고 복잡해질 때 프로젝트를 구성하고 관리하기 좋다. 또한, 같은 이름을 갖는 요소(예를 들어, 클래스)들의 이름 충돌을 막을 수 있다.

NyetHack 프로젝트의 패키지를 생성해 보자. 프로젝트 도구 창의 src 폴더에서 오른쪽 마우스 버튼을 누른 후 New ➡ Package를 선택한다. 그리고 이름을 com.bignerdranch.nyethack로 입력하고 OK 버튼을 누르면 패키지가 생성된다(패키지 이름은 우리가 원하는 대로 지정해도 되지만 가급적 DNS를 거꾸로 하고(여기서는 com.bignerdranch), 그다음에 첫 자를 소문자로 바꾼 프로젝트 이름(여기서는 nyethack)을 붙이는 것이 좋다).

방금 생성한 com.bignerdranch.nyethack 패키지는 NyetHack의 최상위 수준 패키지다. 이처럼 패키지를 만들어 프로젝트 파일들을 포함시키면 우리가 정의한 타입(예를 들어, 클래스)과 외부의 다른 라이브러리나 모듈 등에 있는 타입이 같은 이름을 갖는 것이 있더라도 이름 충돌이 생기지 않는다. 그리고 하위 패키지를 추가로 생성하여 프로젝트 파일들을 기능별로 분류하고 구성할 수 있다.

프로젝트 도구 창의 src 폴더에 있는 소스 파일들(Game.kt, Player.kt, SwordJuggler.kt, Tavern.kt)을 마우스로 끌어서 com.bignerdranch.nyethack 패키지에 넣자(그림 12.6).

그림 12.6 | com.bignerdranch.nyethack 패키지

com.bignerdranch.nyethack 패키지로 이동시킨 소스 파일들을 편집기 창에서 보면 제일 앞에 package com.bignerdranch.nyethack이 자동으로 추가되어 있는 것을 볼 수 있을 것이다(물리적으로는 이 소스 파일들이 컴퓨터 파일 시스템의 NyetHack\src\com\bignerdranch\nyethack 디렉터리 밑에 위치한다).

프로그램에서 직접 패키지를 지정할 때는 package 키워드를 사용한다. 이때는 소스 코드 파일의 맨 앞에 패키지 경로를 지정하면 된다. 예를 들면, 다음과 같다.

```
package mypkg.util
```

그리고 이것이 지정된 소스 코드 파일이 컴파일되면 이때 생성된 바이트코드 파일(.class)이 mypkg\util에 위치하게 된다.

내부적으로 코틀린의 표준 라이브러리는 기능별로 여러 패키지로 분류되어 있다. 예를 들어, 코틀린 전체에 근간이 되는 클래스, 인터페이스, 속성, 함수 등은 kotlin 패키지에 있다(https://kotlinlang.org/api/latest/jvm/stdlib/ 참고).

같은 패키지에 있는 클래스들은 기본적으로 같이 사용할 수 있다. 그러나 다른 패키지에 있는 클래스나 함수 등을 사용하려면 import 문을 사용해서 그것들의 위치를 컴파일러에게 알려 주어야 한다. 이때 import 문을 소스 코드(.kt) 파일의 맨 앞에 지정한다(package 문도 있을 때 는 그 바로 다음에 지정). 예를 들면, 다음과 같다(여기서 MyClass는 클래스, MyFunction은 함수라고 가정한다).

```
import mypkg.util.MyClass
import mypkg.util.MyFunction
```

그리고 특정 패키지에 있는 모든 클래스나 함수 등을 나타낼 때는 다음과 같이 '*'를 사용하면 편리하다.

```
import mypkg.util.*
```

단, 코틀린 표준 라이브러리의 모든 클래스나 함수 등은 import를 지정하지 않아도 바로 사용 할 수 있다.

또한, 서로 다른 패키지에 있는 같은 이름의 클래스나 함수 등을 함께 사용할 경우에는 as 키워 드로 별칭(alias)을 지정하여 이름 충돌이 생기지 않게 할 수 있다. 같은 이름의 함수를 함께 사 용하는 예를 보면 다음과 같다.

```
import mypkg.io.extractValue
import mypkg.util.extractValue as extractValueUtil
...
val value1 = extractValue()
...
val value2 = extractValueUtil()
...
```

여기서는 mypkg.util 패키지의 extractValue 함수의 별칭을 extractValueUtil로 지정하여 사용하므로 이름 충돌이 생기지 않는다.

궁금증 해소하기: var과 val 속성의 내부 구현

클래스 속성의 경우에 var은 변경 가능한 속성을, 그리고 val은 읽기 전용 속성을 지정하는 데 사용된다는 것을 이번 장에서 배웠다.

그러나 코틀린의 클래스 속성이 내부적으로 어떻게 구현되는지 궁금할 수 있을 것이다. 이때는 역컴파일된 JVM 바이트코드를 살펴보면 도움이 된다. 특히 하나의 속성을 var과 val로 다르게 지정하여 생성된 각각의 바이트코드를 비교해 보면 더 알기 쉽다. 프로젝트 도구 창에서 src 폴더에 새로운 코틀린 파일로 Student.kt를 생성하자(이 파일은 이번 실습이 끝난 후 삭제할 것이다). 그리고 리스트 12.23과 같이 var 속성을 갖는 클래스를 정의한다.

리스트 12.23 | Student 클래스 정의하기 `CODE` Student.kt

```
class Student(var name: String)
```

여기서는 name 속성이 Student 클래스의 기본 생성자에 정의되었다. 생성자는 13장에서 자세히 배울 것이므로 여기서는 일단 name 속성을 지정하는 또 다른 방법이라고 생각하자.

다음은 역컴파일된 JVM 바이트코드를 살펴보자. 인텔리제이 메인 메뉴에서 **Tools ➡ Kotlin ➡ Show Kotlin Bytecode**를 선택한 후 바이트코드 도구 창의 왼쪽 위에 있는 **Decompile** 버튼을 클릭한다. 그러면 편집기 창에 Student.decompiled.java 파일이 새로운 탭으로 열릴 것이다.

```java
...
public final class Student {
    @NotNull
    private String name;

    @NotNull
    public final String getName() {
        return this.name;
    }

    public final void setName(@NotNull String var1) {
        Intrinsics.checkParameterIsNotNull(var1, "<set-?>");
        this.name = var1;
    }

    public Student(@NotNull String name) {
        Intrinsics.checkParameterIsNotNull(name, "name");
        super();
        this.name = name;
```

```
    }
}
```

name 속성을 var로 정의했을 때 바이트코드에는 네 개의 Student 클래스 요소들이 생성되었음을 알 수 있다. 즉, name 속성의 데이터가 저장될 name 필드, 게터 메서드, 세터 메서드, name 필드가 초기화되는 기본 생성자다.

그다음에 편집기 창의 Student.kt 탭을 클릭하여 선택한 후 name 속성을 val로 변경해 보자.

리스트 12.24 | name 속성을 var에서 val로 변경하기 `CODE` Student.kt

```
class Student(varval name: String)
```

그리고 앞에서 했던 것처럼 다시 역컴파일된 JVM 바이트코드를 살펴보자(바로 앞의 var로 생성되었던 바이트코드에서 제외되는 코드는 삭제선으로 표시하여 나타내었다).

```
public final class Student {
    @NotNull
    private String name;

    @NotNull
    public final String getName() {
        return this.name;
    }

    public final void setName(@NotNull String var1) {
        Intrinsics.checkParameterIsNotNull(var1, "<set-?>");
        this.name = var1;
    }

    public Student(@NotNull String name) {
        Intrinsics.checkParameterIsNotNull(name, "name");
        super();
        this.name = name;
    }
}
```

이처럼 JVM 바이트코드를 비교해 보면 알 수 있듯이, 속성에 var과 val 키워드를 사용할 때의 차이점은 세터의 유무다.

이 장에서는 또한, 커스텀 게터와 세터를 정의할 수 있다는 것도 배웠다. 커스텀 게터는 있지만 데이터를 저장하는 필드가 없는 산출 속성을 정의하면 바이트코드가 어떻게 생성될까?

Student 클래스를 사용해서 확인해 보자. 먼저, 리스트 12.25와 같이 name을 산출 속성으로
변경한다.

리스트 12.25 | name을 산출 속성으로 변경하기

CODE Student.kt

```
class Student(val name: String) {
val name: String
    get() = "Madrigal"
}
```

그리고 앞에서 했던 것처럼 다시 역컴파일된 JVM 바이트코드를 살펴보자(바로 앞에서 생성되었던
바이트코드에서 제외되는 코드는 삭제선으로 표시하여 나타내었다).

```
public final class Student {
    @NotNull
    private String name;
    @NotNull
    public final String getName() {
        return this.name;
        return "Madrigal"
    }
    public final void setName(@NotNull String var1) {
        Intrinsics.checkParameterIsNotNull(var1, "<set-?>");
        this.name = var1;
    }

    public Student(@NotNull String name) {
        Intrinsics.checkParameterIsNotNull(name, "name");
        super();
        this.name = name;
    }
}
```

이때는 게터 하나만 생성된다는 것을 알 수 있다. 즉, 필드로부터 데이터를 읽거나 쓰는 것이 아
니므로 데이터를 저장하는 필드가 필요 없다고 컴파일러가 판단했기 때문이다.

'변경 가능(mutable)'과 '변경 불가능(immutable)' 대신에 '쓸 수 있음(writable)'과 '읽기 전용(read-
only)'이라는 용어를 사용하는 이유 중 하나가 이처럼 독특하게 값을 산출하는 속성의 특성 때
문이다. 리스트 12.13에서 REPL로 정의했던 Dice 클래스를 다시 보자.

```
class Dice() {
    val rolledValue
    get() = (1..6).shuffled().first()
}
```

Dice 클래스의 rolledValue 속성값은 이 속성이 사용될 때마다 1부터 6까지의 범위에서 무작위로 산출된다. 따라서 이것은 '변경 불가능'보다는 '읽기 전용'이 적합한 표현일 것이다. 값을 갖는 필드가 아예 없기 때문이다.

이제는 바이트코드 살펴보기가 끝났으므로 편집기 창에서 Student.kt와 역컴파일된 파일들을 모두 닫자. 그리고 프로젝트 도구 창의 Student 파일에서 오른쪽 마우스 버튼을 클릭한 후 **Delete...**를 선택하고 **OK** 버튼을 눌러서 Student.kt를 삭제하자.

궁금증 해소하기: 경합 상태 방지하기

클래스 속성의 값이 null이 될 수 있으면서 변경도 가능할 때는 해당 속성을 참조하기 전에 null이 되지 않게 해야 한다. 예를 들어, 게임 플레이어가 무기를 사용하는지 여부를 검사(플레이어가 무장 해제되었거나 무기를 버렸을 수 있으므로)하고 무기가 있다면 그 이름을 출력하는 다음 코드를 보자(프로젝트 도구 창에서 src 폴더에 새로운 코틀린 파일로 RaceCondition.kt를 생성하고 실습해 보자. 코틀린에서는 하나의 파일에 여러 개의 클래스를 정의하고 사용할 수 있다).

```
class Weapon(val name: String)
class Player {
    var weapon: Weapon? = Weapon("Ebony Kris")

    fun printWeaponName() {
        if (weapon != null) {
            println(weapon.name)
        }
    }
}

fun main(args: Array<String>) {
    Player().printWeaponName()
}
```

이 코드의 입력이 끝나면 음영으로 표시한 weapon 밑에 에러가 있다는 것을 알려 주는 빨간 줄이 나타날 것이다. 그리고 마우스 커서를 weapon에 대면 그림 12.7과 같이 에러 메시지를 보여 준다.

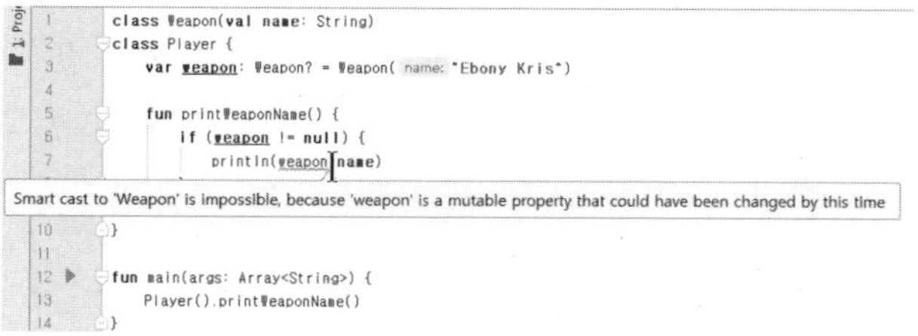

그림 12.7 | Weapon 타입으로 스마트 캐스팅을 할 수 없다는 에러 메시지

여기서 weapon의 타입은 Weapon?이므로 null 값을 가질 수 있다. 그러므로 이 코드에서는 if (weapon != null)로 weapon이 null이 아닌지 확인한 후 println(weapon.name)을 실행한다. 이때 코틀린 컴파일러는 println(weapon.name)의 weapon을 null 값을 가질 수 없는 Weapon 타입으로 일시 변환해 준다(if 문 안에서는 weapon의 값이 절대로 null이 아니기 때문이다). 이것을 **스마트 캐스팅(smart casting)**이라고 한다(스마트 캐스팅은 14장에서 추가로 알아본다). 즉, 상황에 맞게 컴파일러가 똑똑하게 타입을 변환해 준다는 뜻이다.

그러나 여기서는 weapon의 타입을 Weapon?에서 Weapon으로 변환할 수 없다는 에러가 발생한다. 왜 그럴까? **경합 상태(race condition)**라는 것이 생길 가능성이 있다는 것을 컴파일러가 알기 때문이다. 경합 상태는 특정 코드의 데이터를 프로그램의 다른 코드에서 동시에 변경할 때 발생하며, 이로 인해 예기치 않은 결과를 초래할 수 있다.

즉, weapon의 값이 null이 아님이 확인되었더라도 if로 확인된 시점과 println으로 weapon의 name을 출력하는 시점 사이에 Player 인스턴스의 weapon 속성값이 null로 변경될 가능성이 여전히 있다(예를 들어, 여러 개의 스레드로 실행될 때)는 것을 컴파일러가 알기 때문이다. 따라서 null 값이 아님이 확인되었을 때 정상적으로 스마트 캐스팅되는 경우와는 다르게 여기서는 에러가 된다.

이런 문제를 해결할 때 9장에서 배웠던 also와 같은 표준 함수를 사용하는 것도 한 가지 방법이 될 수 있다.

```
class Player {
    var weapon: Weapon? = Weapon("Ebony Kris")

    fun printWeaponName() {
```

```
            weapon?.also {
                println(it.name)
            }
        }
}
```

이 코드는 에러 없이 정상적으로 컴파일된다. also의 익명 함수 내에서만 존재하는 지역 변수인 it로 해당 weapon 인스턴스의 name 속성이 참조되기 때문이다. 이 경우 it의 값은 프로그램의 다른 코드에서 변경할 수 없으며, 또한 안전 호출 연산자로 null이 아님이 확인되었으므로 컴파일러가 Weapon 타입으로 스마트 캐스팅을 할 수 있다.

궁금증 해소하기: 패키지 가시성

이 장에서 알아보았듯이 코틀린 클래스, 함수, 속성은 기본적으로(가시성 제한자가 없을 때) public이다. 즉, 프로젝트의 다른 클래스나 함수 등에서 사용할 수 있다는 뜻이다.

여러분이 자바를 사용해 본 경험이 있다면 자바의 기본 가시성이 코틀린과 다르다는 것을 알 수 있을 것이다. 자바는 기본적으로 패키지 가시성을 사용한다. 즉, 가시성 제한자가 없는 메서드, 필드, 클래스는 같은 패키지에 있는 클래스에서만 사용 가능하다는 뜻이다. 반면에 코틀린에는 패키지 가시성이 없다. 왜냐하면 같은 패키지에 있는 클래스, 함수, 속성 등은 기본적으로 상호 사용할 수 있어서 굳이 별도의 가시성을 가질 필요가 없기 때문이다.

그리고 코틀린에서는 자바에 없는 internal 가시성을 지원한다. 이것은 같은 **모듈(module)**에 있는 클래스, 함수, 속성끼리 상호 사용할 수 있다는 것을 뜻한다. 모듈은 독자적으로 실행 및 테스트될 수 있는 구성 단위를 말한다. 예를 들어, 코틀린 소스 코드 파일을 포함해서 여러 개의 서로 다른 종류의 파일들이 포함된 인텔리제이 프로젝트를 컴파일하여 빌드하는 경우다 (internal이 지정된 클래스와 이 클래스의 함수나 속성은 바이트코드 파일에서 public이 된다).

모듈에는 소스 코드, 빌드 스크립트, 단위 테스트와 같은 여러 종류의 파일들이 포함될 수 있다. 또한, 하나의 인텔리제이 프로젝트는 다수의 모듈을 포함할 수 있다.

한 모듈 내에서는 클래스들을 공유하되, 다른 모듈에서는 사용하지 못하게 할 때 internal 가시성이 유용하다. 예를 들어, 코틀린의 라이브러리를 만들 때 internal 가시성을 사용하면 좋다.

13

초기화

12장에서는 실세계의 객체를 나타내는 클래스를 정의하는 방법에 관해 배웠다. 그리고 게임 플레이어의 속성과 행동을 나타내는 Player 클래스를 정의하여 NyetHack 게임에 객체지향 프로그래밍 기법을 적용하였다. 이 장에서는 클래스로부터 인스턴스(객체)를 생성하고 초기화 (initialization)하는 방법을 배울 것이다.

12장에서 정의했던 Player 클래스는 다음과 같다.

```kotlin
class Player {
    ...
    private val isImmortal = false
    ...
}
```

그리고 Player 클래스의 인스턴스 생성은 다음과 같이 간단하게 할 수 있다.

```kotlin
fun main(args: Array<String>) {
    val player = Player()
    ...
}
```

그러나 이런 간단한 형태 외에도 클래스 인스턴스를 생성하고 초기화하는 또 다른 방법이 있다. 지금부터는 이 내용과 관련된 생성자(constructor)와 속성 초기화에 관해 자세히 알아볼 것이다.

(클래스의 인스턴스를 생성하는 것은 클래스에 정의된 속성을 구조로 갖는 객체를 메모리에 할당하는 것을 말한다. 그러나 실제로 해당 객체를 사용할 수 있게 하려면 각 속성에 초깃값을 지정해야 한다. 이것을 **초기화**라고 한다.)

생성자

바로 앞의 코드에서 볼 수 있듯이 Player 클래스에는 다른 속성과 더불어 isImmortal 속성이 다음과 같이 정의되어 있다.

```kotlin
private val isImmortal = false
```

이 속성은 게임 플레이어가 불멸인지를 나타내며, val 속성이면서 초깃값을 false로 지정하였다. 따라서 Player 클래스에서 생성되는 모든 인스턴스는 isImmortal 속성의 값이 false가 된다. 인스턴스를 생성할 때 이 속성의 값을 변경할 방법이 없기 때문이다.

바로 이런 경우에 **기본 생성자**(primary constructor)가 필요하다. 클래스에 생성자를 정의하면 생성자를 호출하여 인스턴스를 생성하는 코드에서 각 속성에 필요한 초깃값을 지정할 수 있다.

기본 생성자

생성자에는 함수처럼 인자로 전달되어야 하는 매개변수를 정의할 수 있다. 여기서는 Player 인스턴스가 제대로 동작하는 데 필요한 것을 지정하기 위해 Player 클래스 헤더에 기본 생성자를 정의할 것이다. 임시 변수를 사용해서 Player 클래스의 각 속성에 초깃값을 제공하기 위해 12장에서 작성했던 Player.kt를 변경하자.

리스트 13.1 | 기본 생성자 정의하기　　　　　　　　　　　　　　　　　　　`CODE` ▶ Player.kt

```kotlin
class Player(_name: String,
             _healthPoints: Int,
             _isBlessed: Boolean,
             _isImmortal: Boolean) {
```

```
    var name = "Madrigal" _name
        get() = field.capitalize()
        private set(value) {
            field = value.trim()
        }

    var healthPoints = 89 _healthPoints
    val isBlessed = true _isBlessed
    private val isImmortal = false _isImmortal
    ...
}
```

(여기서 맨 앞에 밑줄(_)이 있는 변수는 임시 변수를 나타낸다. 매개변수를 포함해서 임시 변수는 한 번 이상 참조될 필요가 없는 변수이며, 1회용이라는 것을 나타내기 위해 이름 앞에 밑줄을 붙인다.)

이제는 Player 인스턴스를 생성할 때 기본 생성자의 매개변수 타입과 일치하는 인자를 전달하면 된다. 리스트 13.2와 같이 Game.kt의 main 함수에 있는 Player의 생성자 호출 코드를 변경하자.

리스트 13.2 | 기본 생성자 호출하기

`CODE` Game.kt

```
fun main(args: Array<String>) {
    val player = Player("Madrigal", 89, true, false)
    ...
}
```

이처럼 기본 생성자를 추가하기 전에는 NyetHack 게임의 모든 플레이어 이름이 항상 Madrigal 이었으며, 다른 속성도 모두 똑같이 초기화된 값을 갖게 되어 있었다. 그러나 이제는 각 플레이어마다 서로 다른 속성값을 가질 수 있다. Player 클래스 인스턴스를 생성할 때 우리가 원하는 인자값을 생성자에 전달하면 되기 때문이다. Game.kt를 실행하여 이전과 같은 결과가 출력되는지 확인해 보자.

기본 생성자에 속성 정의하기

현재는 Player 클래스의 생성자 매개변수와 클래스 속성이 일대일 관계를 갖고 모두 정의되어 있다. 그러나 자동으로 생성되는 기본 게터와 세터를 사용하는 속성의 경우에는 클래스 내부에 따로 정의하지 않고 기본 생성자에만 정의해도 된다. 단, name 속성과 같이 커스텀 게터와 세터를 사용하는 경우는 지금처럼 임시 변수를 사용하는 생성자 매개변수와 클래스 속성을 따로 정의해야 한다.

healthPoints, isBlessed, isImmortal 속성을 기본 생성자에만 정의하도록 Player 클래스를 변경하자(이때는 변수 이름의 맨 앞에 밑줄을 붙이지 않는다).

리스트 13.3 | 기본 생성자에 속성 정의하기　　　　　　　　　　　　`CODE` Player.kt

```kotlin
class Player(_name: String,
            var ~~_healthPoints~~healthPoints: Int,
            val ~~_isBlessed~~isBlessed: Boolean,
            private val ~~_isImmortal~~isImmortal: Boolean) {
    var name = _name
        get() = field.capitalize()
        private set(value) {
            field = value.trim()
        }

    ~~var healthPoints = _healthPoints~~
    ~~val isBlessed = _isBlessed~~
    ~~private val isImmortal = _isImmortal~~
    ...
}
```

이처럼 기본 생성자에 속성을 정의할 때는 var이나 val을 추가해야 한다. 그리고 기본 생성자에 정의된 변수는 클래스 속성과 생성자 매개변수의 두 가지 역할을 모두 하게 되므로 코드의 중복도 줄여 준다.

보조 생성자

생성자에는 두 종류가 있다. 기본(primary) 생성자와 보조(secondary) 생성자다. 지금까지 알아본 기본 생성자에는 클래스의 모든 속성이 **정의**되고 초기화된다. 반면에 보조 생성자는 이름 그대로 기본 생성자에 정의된 속성을 다양하게 초기화하는 보조 역할을 수행한다.

보조 생성자는 기본 생성자를 호출하거나 또는 다른 보조 생성자를 호출할 수 있다. 리스트 13.4와 같이 Player 클래스의 보조 생성자를 추가해 보자.

리스트 13.4 | 보조 생성자 정의하기　　　　　　　　　　　　`CODE` Player.kt

```kotlin
class Player(_name: String,
            var healthPoints: Int,
            val isBlessed: Boolean,
            private val isImmortal: Boolean) {
    var name = _name
        get() = field.capitalize()
```

```
        private set(value) {
            field = value.trim()
        }

    constructor(name: String) : this(name,
            healthPoints = 100,
            isBlessed = true,
            isImmortal = false)
    ...
}
```

보조 생성자는 클래스 헤더가 아닌 몸체에 정의하며, 매개변수를 다르게 조합하여 여러 개를 정의할 수 있다. 앞의 코드에서는 보조 생성자에서 플레이어의 이름만 인자로 받아 기본 생성자를 호출한다. 여기서 this 키워드는 보조 생성자를 사용해서 생성되는 Player 인스턴스의 또 다른 생성자인 기본 생성자를 뜻한다.

이 보조 생성자의 경우는 healthPoints, isBlessed, isImmortal 속성에 대해 기본값을 지정하므로 이 생성자를 호출하여 Player 인스턴스를 생성할 때는 name 속성의 값만 인자로 전달하면 된다.

(여기서는 보조 생성자에서 지명 인자(named argument)를 사용하였다. 지명 인자는 더 뒤에서 설명할 것이다.)

기본 생성자 대신 보조 생성자를 호출하도록 Game.kt의 Player 인스턴스 생성 코드를 변경하자.

리스트 13.5 | 보조 생성자 호출하기   `CODE` Game.kt

```
fun main(args: Array<String>) {
    val player = Player("Madrigal", 89, true, false)
    ...
}
```

클래스 인스턴스가 생성될 때 속성을 초기화하는 코드를 정의하기 위해 보조 생성자를 사용할 수도 있다. 플레이어의 이름이 Kar이면 건강 점수를 40으로 지정하는 표현식을 리스트 13.6과 같이 추가해 보자.

리스트 13.6 | 보조 생성자에 속성 초기화 코드 추가하기   `CODE` Player.kt

```
class Player(_name: String,
            var healthPoints: Int,
            val isBlessed: Boolean,
            private val isImmortal: Boolean) {
```

```
    var name = _name
        get() = field.capitalize()
        private set(value) {
            field = value.trim()
        }

    constructor(name: String) : this(name,
            healthPoints = 100,
            isBlessed = true,
            isImmortal = false) {
        if (name.toLowerCase() == "kar") healthPoints = 40
    }
    ...
}
```

클래스 인스턴스를 생성할 때 속성을 초기화하는 대안으로 보조 생성자를 사용하면 편리하다. 그러나 다시 말하지만, 보조 생성자에서는 클래스 속성을 정의할 수 없다. 클래스 속성은 기본 생성자에 정의되거나 또는 클래스 몸체에 정의되어야 한다.

Game.kt를 실행해 보자. 그리고 Player 클래스의 보조 생성자를 호출한 결과가 제대로 출력되는지 확인해 보자.

기본 인자

생성자를 정의할 때 인자의 기본값을 지정할 수도 있다. 이 경우 생성자를 호출하면서 해당 인자를 생략하면 사전 지정된 기본값으로 속성이 초기화된다. 이것은 4장에서 배웠던 함수의 기본 인자와 동일한 개념이며, 기본 생성자와 보조 생성자 모두에서 가능하다. 리스트 13.7과 같이 기본 생성자에서 healthPoints의 기본 인자값을 100으로 지정한 후 기본 생성자를 호출하는 보조 생성자에서 healthPoints 인자를 생략하도록 변경해 보자.

리스트 13.7 | 생성자의 기본 인자 정의하기   CODE Player.kt

```
class Player(_name: String,
            var healthPoints: Int = 100,
            val isBlessed: Boolean,
            private val isImmortal: Boolean) {
    var name = _name
        get() = field.capitalize()
        private set(value) {
            field = value.trim()
        }
```

```
    constructor(name: String) : this(name,
        healthPoints = 100,
        isBlessed = true,
        isImmortal = false) {
        if (name.toLowerCase() == "kar") healthPoints = 40
    }
    ...
}
```

여기서는 기본 생성자의 healthPoints 매개변수에 대한 기본 인자값을 지정했으므로 보조 생
성자에서 기본 생성자를 호출할 때 healthPoints 인자를 생략하였다. 이처럼 기본 인자를 지정
하면 Player 인스턴스를 생성할 때 다음과 같이 여러 방법으로 생성자를 호출할 수 있다.

```
// healthPoints 값으로 64가 전달되면서 기본 생성자가 호출된다.
Player("Madrigal", 64, true, false)

// healthPoints 인자를 생략했으므로 기본 생성자가 호출되면서 healthPoints 속성은 기본값인 100이 된다.
Player("Madrigal", true, false)

// 보조 생성자가 호출되며 이 생성자에서는 다시 healthPoints 인자를 생략하고
// 기본 생성자를 호출하므로 healthPoints 속성은 기본값인 100이 된다.
Player("Madrigal")
```

지명 인자

기본 인자가 많아질수록 생성자를 호출할 수 있는 방법도 많아지므로 혼란스러울 수 있다. 따라
서 코틀린에서는 함수처럼 생성자에도 지명 인자(named argument)를 사용할 수 있다.

Player 인스턴스를 생성하는 다음 두 가지 방법을 비교해 보자.

```
val player = Player(name = "Madrigal",
        healthPoints = 100,
        isBlessed = true,
        isImmortal = false)

val player = Player("Madrigal", 100, true, false)
```

어떤 방법이 더 알기 쉬울까? 첫 번째 방법일 것이다. 생성자를 호출할 때 첫 번째 방법처럼 매
개변수 이름을 포함시키면 코드의 가독성이 좋아진다. 특히 같은 타입의 매개변수(여기서는 true

와 false가 전달되는 isBlessed와 isImmortal)가 여러 개 있을 때 어떤 매개변수에 전달되는 인자값인지 알기 쉬우므로 유용하다.

지명 인자를 사용하면 또 다른 장점이 있다. 즉, 매개변수가 정의된 순서와 다르게 인자를 전달할 수 있다는 것이다. 반면에 지명 인자를 사용하지 않을 때는 반드시 매개변수가 정의된 순서에 맞게 인자를 전달해야 한다. 지명 인자는 앞의 Player 클래스 보조 생성자에서 이미 사용했다는 것을 알 수 있을 것이다.

```kotlin
constructor(name: String) : this(name,
        healthPoints = 100,
        isBlessed = true,
        isImmortal = false)
```

생성자나 함수의 인자가 많을 때는 지명 인자를 사용할 것을 권한다. 어떤 매개변수로 전달되는 인자값인지 쉽게 알 수 있기 때문이다.

초기화 블록

기본과 보조 생성자에 추가하여 코틀린에서는 클래스의 초기화 블록(initializer block)도 정의할 수 있다. 초기화 블록은 속성값의 검사(예를 들어, 생성자에 전달되는 인자가 적합한지 확인하기 위해)와 설정을 할 수 있는 방법이다. 초기화 블록은 init 키워드로 정의한다.

예를 들어, Player 인스턴스가 생성되려면 건강 점수가 최소한 1이 되어야 하고 이름이 있어야 한다고 해보자.

이러한 전제 조건을 검사하기 위해 초기화 블록을 사용하는 코드를 Player 클래스에 추가하자.

리스트 13.8 | 초기화 블록 정의하기　　　　　　　　　　　　　`CODE` Player.kt

```kotlin
class Player(_name: String,
            var healthPoints: Int = 100,
            val isBlessed: Boolean,
            private val isImmortal: Boolean) {
    var name = _name
        get() = field.capitalize()
        private set(value) {
            field = value.trim()
```

```
        }

    init {
        require(healthPoints > 0, { "healthPoints는 0보다 커야 합니다." })
        require(name.isNotBlank(), { "플레이어는 이름이 있어야 합니다." })
    }

    constructor(name: String) : this(name,
            isBlessed = true,
            isImmortal = false) {
        if (name.toLowerCase() == "kar") healthPoints = 40
    }
    ...
}
```

만일 이런 사전 조건 중 하나라도 false가 되면 IllegalArgumentException이 발생된다. 정말 그런지 확인해 보기 위해 REPL에서 다음 코드를 입력하고 실행시켜 보자(12장에서 NyetHack의 프로그램들을 com.bignerdranch.nyethack 패키지로 옮겼으므로 REPL에서 Player 클래스를 사용할 때는 클래스 이름 앞에 패키지 이름을 추가해야 한다. 그러나 만일 옮기지 않았다면 그럴 필요 없다).

```
val player = com.bignerdranch.nyethack.Player("Madrigal", 0, true, false)
```

여기서는 Player 인스턴스를 생성할 때 두 번째 매개변수인 healthPoints의 값을 0으로 전달하였다. 따라서 초기화 블록의 첫 번째 require 함수의 결과가 false가 되므로 IllegalArgumentException이 발생되면서 우리가 지정한 "healthPoints는 0보다 커야 합니다." 메시지가 같이 출력된다(require 함수는 6장의 표 6.1을 참고하자).

이와 같은 전제 조건 검사는 생성자나 속성보다는 초기화 블록에서 하는 것이 좋다. 초기화 블록은 어떤 생성자가 호출되든 클래스 인스턴스가 생성될 때마다 자동으로 호출되어 실행된다.

속성 초기화

지금까지는 두 가지 방법으로 속성을 초기화하였다. 즉, 기본 생성자의 인자로 전달된 값을 지정하거나 또는 기본 생성자에서 초깃값을 지정하는 방법이다.

속성은 자신의 타입에 적합한 어떤 값으로도 초기화될 수 있으며(함수의 반환값으로도 초기화가 가능하다) 반드시 초기화되어야 한다. 다음 예를 보자.

플레이어는 NyetHack 게임 세계의 어떤 도시 출신도 될 수 있다. 플레이어의 출신 도시 이름을 저장하는 hometown이라는 String 타입의 새로운 속성을 정의하자.

리스트 13.9 | hometown 속성 정의하기   `CODE` Player.kt

```kotlin
class Player(_name: String,
            var healthPoints: Int = 100,
            val isBlessed: Boolean,
            private val isImmortal: Boolean) {
    var name = _name
        get() = field.capitalize()
        private set(value) {
            field = value.trim()
        }

    val hometown: String

    init {
        require(healthPoints > 0, { "healthPoints는 0보다 커야 합니다." })
        require(name.isNotBlank(), { "플레이어는 이름이 있어야 합니다." })
    }
    ...
}
```

이처럼 hometown 속성을 정의하면 초깃값을 지정하지 않아서 컴파일 에러가 된다. 초깃값을 지정하지 않으면 속성의 값이 null이 될 수 있으므로 String과 같은 null 불가능 타입에는 부적합하기 때문이다.

이때는 다음과 같이 hometown 속성을 빈 문자열로 초기화하는 것이 이 문제를 해결하는 한 가지 방법이다.

```kotlin
val hometown = ""
```

이렇게 하면 컴파일 에러는 생기지 않는다. 그러나 ""는 NyetHack 게임의 도시 이름이 아니므로 이상적인 해결책은 아니다. 따라서 이 방법 대신에 selectHometown이라는 함수를 추가한 후 이 함수를 사용해서 hometown 속성의 초깃값을 지정할 것이다. 리스트 13.10과 같이 Player.kt를 변경하자.

```kotlin
import java.io.File
class Player(_name: String,
             var healthPoints: Int = 100,
             val isBlessed: Boolean,
             private val isImmortal: Boolean) {
    var name = _name
        get() = field.capitalize()
        private set(value) {
            field = value.trim()
        }

    val hometown: String = selectHometown()
    ...
    private fun selectHometown() = File("data/towns.txt")
        .readText()
        .split("\r\n")   // 맥 OS나 리눅스에서는 .split("\n")
        .shuffled()
        .first()
}
```

(File 클래스를 사용하기 위해 Player.kt의 앞에 `import java.io.File`을 추가해야 한다. 또한, 끝에 있는 split 함수에는 데이터의 구분자를 지정하며, 윈도우 시스템에서는 "\r\n"을, 맥 OS나 리눅스에서는 "\n"을 지정해야 한다(이스케이프 시퀀스 문자인 \r은 carriage-return, \n은 newline을 의미한다).)

코드 변경이 끝난 후에는 도시 이름이 저장된 파일을 NyetHack 프로젝트의 data 디렉터리에 추가해야 한다.

프로젝트 도구 창의 data 디렉터리(10장에서 생성했었다)에서 오른쪽 마우스 버튼을 클릭하고 **New ➡ File**을 선택한 후 파일 이름을 towns.txt로 입력하고 **OK** 버튼을 누른다. 그러면 이 파일이 생성되고 편집기 창에 빈 화면이 열릴 것이다.

그런 다음 웹 브라우저상에서 https://www.bignerdranch.com/solutions/towns.txt에 접속하면 화면에 데이터가 나타난다. 이것을 마우스로 끌어서 선택 및 복사한 후 인텔리제이의 편집기 창에 열린 towns.txt 파일로 붙여넣기 한다(편집기 창의 빈 화면에서 오른쪽 마우스 버튼을 누른 후 Paste 선택).

끝으로, name 속성의 게터에서 플레이어의 이름과 함께 hometown 속성값을 문자열로 반환하도록 Player.kt를 변경하자. 같은 이름의 플레이어일지라도 출신 도시를 같이 보여 주면 구분이 용이하기 때문이다.

```kotlin
class Player(_name: String,
             var healthPoints: Int = 100,
             val isBlessed: Boolean,
             private val isImmortal: Boolean) {
    var name = _name
        get() = "${field.capitalize()} of $hometown"
        private set(value) {
            field = value.trim()
        }

    val hometown = selectHometown()
    ...
    private fun selectHometown() = File("data/towns.txt")
        .readText()
        .split("\r\n")   // 맥 OS나 리눅스에서는 .split("\n")
        .shuffled()
        .first()
}
```

Game.kt를 실행하면 다음 결과가 출력될 것이다.

```
한 덩어리의 파이어볼이 나타난다. (x2)
(Aura: GREEN (Blessed: YES)
Madrigal of Neversummer 최상의 상태임!
...
```

만일 속성을 초기화하는 코드가 복잡하다면(예를 들어, 다수의 표현식이 필요할 때) 초기화 코드를 함수나 초기화 블록에 넣는 것을 고려하자.

클래스 속성의 초기화는 클래스를 정의할 때 기본값을 지정하거나 또는 생성자를 정의하여 반드시 초기화가 보장되어야 한다. 이런 규칙은 함수에 선언하는 지역 변수와 다르다. 예를 들어, 다음 코드를 보자.

```kotlin
class JazzPlayer {
    fun acquireMusicalInstrument() {
        val instrumentName: String
        instrumentName = "바이올린"
    }
}
```

여기서 instrumentName은 지역 변수이므로 참조(사용)되기 전에 초기화하면 된다. 따라서 val instrumentName: String처럼 선언 시점에 초기화하지 않더라도 컴파일 에러가 생기지 않는다.

그러나 앞에서 이야기했듯이 클래스 속성의 초기화는 이보다 더 엄격한 규칙이 적용된다. 왜냐하면 속성의 가시성이 public일 경우 인스턴스 생성 즉시 다른 클래스에서 사용될 수 있기 때문이다. 이와는 달리, 함수의 지역 변수는 자신이 선언된 함수 내부에서만 사용될 수 있고, 외부에서는 사용될 수 없다.

초기화 순서

지금까지는 클래스 속성을 초기화하는 다양한 방법(기본 생성자, 보조 생성자, 초기화 블록)을 알아보았다. 그런데 이와 같은 여러 가지의 초기화 코드에서 같은 속성이 참조될 가능성이 생길 수 있다. 이 경우 초기화가 처리되는 순서가 중요하다.

이때는 역컴파일된 자바 바이트코드에서 어떻게 처리되는지 살펴보면 도움이 된다. 예를 들어, Player 클래스를 정의하고 이 클래스의 인스턴스를 생성하는 다음 코드를 보자(주의: NyetHack 프로젝트에도 같은 이름의 Player 클래스가 com.bignerdranch.nyethack 패키지에 있다. 따라서 이 코드를 실습하고 싶다면 다른 패키지에 새로운 코틀린 파일로 Player를 생성하고 코드를 작성해야 한다. 예를 들어, src 디렉터리에 생성하자).

```
class Player(_name: String, val health: Int) {
    val race = "DWARF"
    var town = "Bavaria"
    val name = _name
    val alignment: String
    private var age = 0

    init {
        println("initializing player")
        alignment = "GOOD"
    }

    constructor(_name: String) : this(_name, 100) {
        town = "The Shire"
    }
}

fun main(args: Array<String>) {
```

```
    Player("Madrigal")
}
```

여기서는 Player("Madrigal")로 보조 생성자를 호출하여 Player 클래스 인스턴스를 생성한다. 그림 13.1의 왼쪽에는 Player 클래스의 소스 코드를, 오른쪽에는 필요한 부분만 발췌한 역컴파일된 바이트코드를 보여 준다.

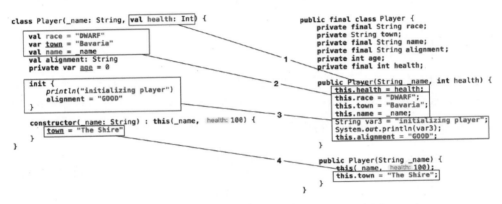

그림 13.1 | Player 클래스 인스턴스 생성 시의 초기화 순서 (바이트코드)

바이트코드로 살펴본 초기화 순서는 다음과 같다.

1. 기본 생성자에 정의된 속성에 인자값 지정(val health: Int)
2. 클래스 내부에 지정된 속성에 초깃값 지정(val race = "DWARF", val town = "Bavaria", val name = _name)
3. 초기화 블록에서 속성에 초깃값 지정 및 함수 호출/실행(println, alignment = "GOOD")
4. 보조 생성자에서 속성의 초깃값 지정 및 기본 생성자 호출/실행(town = "The Shire")

3번의 초기화 블록과 2번의 클래스 내부 지정 속성의 초기화 코드는 소스 코드에 먼저 정의된 것이 우선적으로 실행된다.

age 속성의 경우는 클래스 내부에 정의되었지만, 기본 생성자에서 초기화되지 않는다. 왜냐하면 private 가시성이면서 기본값인 0(JVM int 타입의 기본값)이 지정되었으므로 따로 초기화할 필요가 없기 때문이다.

초기화 지연시키기

클래스 속성은 어디에 선언되든 인스턴스가 생성될 때 반드시 초기화되어야 한다. 이것은 코틀린의 null 안전 시스템에서 중요한 부분이다. 왜냐하면 클래스의 생성자가 호출될 때 null 불가능 속성이 null이 아닌 값으로 초기화된다는 것을 보장하기 때문이다. 그리고 인스턴스가 생성되면 클래스 내부나 외부에서 해당 인스턴스의 어떤 속성도 바로 참조하여 사용할 수 있다.

그러나 기본 타입(예를 들어, Int)의 값을 갖는 속성이 아니고, 다른 객체를 참조하는 속성의 경우에는 선언하는 시점에서 초기화될 수 없는 경우도 있다. 클래스 속성의 초기화는 생성자를 호출할 수 있어야 보장되는데 생성자가 호출되는 방법이나 시점을 우리가 제어할 수 없는 경우가 생기기 때문이다. 예를 들어, 외부 프레임워크(framework)에서 초기화되는 경우가 그렇다. 이것을 초기화가 늦게 된다고 해서 **지연 초기화(late initialization)**라고 하며, 대표적인 사례가 안드로이드 프레임워크(Android framework)다.

지연 초기화 속성

안드로이드에서는 Activity 클래스에서 애플리케이션의 사용자 인터페이스(주로 화면)와 업무 로직 등의 모든 것을 처리하며, 우리가 사용하는 컴포넌트 클래스들(예를 들어, Button)의 인스턴스를 참조하는 속성을 갖는다. 그리고 애플리케이션이 실행될 때 우리 Activity 클래스의 인스턴스가 자동 생성되고, 제일 먼저 onCreate 함수가 자동 호출된다. 따라서 Activity 클래스에 정의된 모든 속성은 이때 초기화되어야 한다.

이처럼 클래스 인스턴스의 생성 시점에 속성을 초기화할 수 없다면 어떻게 해야 할까? 바로 이것이 지연 초기화가 중요한 이유다. 지연 초기화는 lateinit 키워드를 사용해서 나타낸다. 예를 들어, 다음 코드를 보자.

```
class Wheel {
    lateinit var alignment: String

    fun initAlignment() {
        alignment = "Good"
    }

    fun printAlignment() {
        if (::alignment.isInitialized) println(alignment)
    }
}
```

Wheel 클래스의 alignment 속성은 lateinit 키워드를 사용해서 지연 초기화 속성으로 선언되었다. 따라서 선언 시점에 초기화하지 않아도 컴파일 에러가 생기지 않는다. 그러나 lateinit를 빼면 컴파일 에러가 된다. lateinit 키워드는 우리 스스로가 책임지고 해당 속성을 사용하기 전에 초기화해야 된다는 것을 뜻한다.

initAlignment 함수에서는 alignment 속성을 초기화한다. 그리고 printAlignment 함수에서는 alignment 속성이 초기화되었는지 검사한 후 초기화되었으면 이 속성값을 출력한다. 이때 코틀린의 표준 라이브러리에서 제공하는 isInitialized 함수를 사용할 수 있다. 이 함수는 지연 초기화 속성이 초기화되었는지 검사해 준다. 단, 이 함수를 호출할 때는 속성이 갖는 값이 아닌 참조를 전달해야 하므로 속성 이름 앞에 참조임을 나타내는 두 개의 콜론(::)을 붙여야 한다.

지연 초기화 속성은 유용하지만 조심해서 사용해야 한다. 선언된 시점이 아니더라도 사용되기 전에 반드시 초기화된다면 전혀 문제가 없다. 그러나 만에 하나 초기화되기 전에 사용된다면 UninitializedPropertyAccessException이 발생된다.

지연 초기화 속성은 다음 경우에만 사용할 수 있다. 즉, 다른 타입의 객체를 참조하므로 기본 타입(예를 들어, Int)이 될 수 없고, var이면서 null 불가능 타입(예를 들어, String?이 아닌 String)이어야 한다. 또한, 우리 나름의 커스텀 게터와 세터를 정의할 수 없다(기본으로 생성되는 게터와 세터가 사용됨).

지연 초기화 속성 대신 null 가능 타입의 속성을 사용할 수도 있다. 예를 들어, 앞의 코드에서 lateinit var alignment: String 대신 var alignment: String?. 그러나 이때는 alignment 속성을 사용하는 모든 코드에서 이 속성값이 null이 아닌지 검사해야 하므로 코드 작성이 번거로울 수 있다.

lateinit 키워드는 클래스 속성 외에 최상위 수준 속성(클래스 내부에 선언되지 않고 코틀린 파일 (.kt)에 선언된 속성)과 함수의 지역 변수에도 사용될 수 있다.

늦 초기화

지연 초기화만이 초기화를 지연시킬 수 있는 유일한 방법은 아니다. 변수나 속성이 최초 사용될 때까지 초기화를 연기할 수도 있다. 이것을 **늦 초기화**(lazy initialization)라고 하며, 코드를 더 효율적으로 만들어 준다.

이 장에서 초기화했던 대부분의 속성은 기본 타입이거나 String 타입과 같은 단일 객체를 참조하는 간단한 것이었다. 그러나 더 복잡한 것들이 많다. 예를 들어, 속성이 초기화될 때 다수의 객체를 초기화해야 하거나, 또는 파일을 읽는 것과 같은 여러 가지 작업이 수반될 수 있다. 이런 경우이거나 또는 우리 클래스에서 속성을 즉시로 사용할 필요가 없다면 늦 초기화가 좋은 선택이 될 수 있다. 코틀린에서 늦 초기화는 **위임(delegation)**이라는 메커니즘을 사용해서 구현한다.

위임한다는 것을 나타낼 때 코틀린에서는 by 키워드를 사용하며 by 다음에는 위임받은 일을 처리하는 **대리자(delegate)**를 지정한다. 예를 들어, 특정 함수를 대리자로 지정하면 이 함수가 위임받은 일을 처리한다는 뜻이다. 대리자로는 우리 함수 또는 코틀린 표준 라이브러리의 함수를 사용할 수 있다.

속성의 늦 초기화를 위임하여 처리할 때는 코틀린 표준 라이브러리의 lazy 함수를 대리자로 사용한다. 이 함수는 람다를 인자로 받아 실행시켜 준다. 따라서 우리 속성이 초기화될 때 실행하고자 하는 코드를 람다에 정의하면 된다.

NyetHack에서 게임 플레이어의 출신 도시를 나타내는 Player 클래스의 hometown 속성값은 파일에서 읽은 데이터로 초기화된다. 따라서 hometown 속성의 경우는 필요한 시점에 초기화되도록 하는 것이 더 효율적이다. 이 속성을 늦 초기화하도록 Player 클래스를 변경하자.

리스트 13.12 | hometown 속성을 늦 초기화하기   `CODE` ▶ Player.kt

```kotlin
class Player(_name: String,
             var healthPoints: Int = 100,
             val isBlessed: Boolean,
             private val isImmortal: Boolean) {
    var name = _name
        get() = "${field.capitalize()} of $hometown"
        private set(value) {
            field = value.trim()
        }

    val hometown = selectHometown()
    val hometown by lazy { selectHometown() }
    ...
    private fun selectHometown() = File("towns.txt")
            .readText()
            .split("\r\n")  // 맥 OS나 리눅스에서는 .split("\n")
            .shuffled()
            .first()
}
```

lazy 함수에서는 selectHometown이 실행되어 반환되는 값을 hometown 속성에 초기화한다. 그러나 hometown 속성은 바로 초기화되지 않으며, 다른 코드에서 최초 사용될 때 비로소 lazy 함수의 람다가 실행되어 초기화된다.

여기서는 name 속성의 게터에서 최초로 hometown 속성이 사용될 때 lazy 함수의 람다가 한 번만 실행된다. 그리고 이후에는 캐시에 저장된 결과가 사용된다. 이것이 늦 초기화 속성의 장점이다. 다음 장에서는 객체지향의 핵심 원리 중 하나인 상속(inheritance)에 관해 배울 것이다.

궁금증 해소하기: 초기화 순서를 고려한 코드 작성

초기화 블록을 사용할 때는 순서가 중요하다는 것을 앞에서 알아보았다. 즉, 초기화 블록에서 사용되는 모든 속성은 소스 코드에서 초기화 블록이 정의되기 전에 초기화되도록 해야 한다. 초기화 블록의 순서와 관련된 문제를 보여 주는 다음 코드를 살펴보자.

```kotlin
class Player() {
    init {
        val healthBonus = health.times(3)
    }
    val health = 100
}

fun main(args: Array<String>) {
    Player()
}
```

이 코드는 컴파일 에러가 발생한다. 초기화 블록에서 사용되는 시점에 health 속성이 초기화되지 않았기 때문이다. 이미 이야기했듯이 초기화 블록에서 속성이 사용될 때는 이보다 앞서 해당 속성이 초기화되도록 소스 코드가 작성되어야 한다. 그러나 다음과 같이 health 속성의 선언 코드를 초기화 블록 앞으로 옮기면 정상적으로 컴파일된다.

```kotlin
class Player() {
    val health = 100

    init {
        val healthBonus = health.times(3)
    }
}
```

```
fun main(args: Array<String>) {
    Player()
}
```

앞의 문제점과 비슷하지만 조금 더 까다로워서 프로그래머들이 실수하기 쉬운 경우가 있다. 예를 들어, 다음 코드에서는 name 속성이 선언된 다음에 초기화 블록에서 firstLetter 함수를 실행하여 name 속성의 첫 문자를 출력한다.

```
class Player() {
    val name: String

    private fun firstLetter() = name[0]

    init {
        println(firstLetter())
        name = "Madrigal"
    }
}

fun main(args: Array<String>) {
    Player()
}
```

이 코드는 정상적으로 컴파일된다. 왜냐하면 name 속성이 초기화 블록에서 초기화되므로 컴파일러가 이상 없다고 판단했기 때문이다(컴파일러는 소스 코드상의 초기화 순서를 검사하지 않는다). 그러나 이 코드를 실행하면 NullPointerException이 발생된다. 초기화 블록에서 name 속성에 초깃값이 지정되기 전에 이 속성을 사용하는 firstLetter 함수가 호출되기 때문이다.

컴파일러는 초기화 블록에서 속성을 사용하는 함수와 비교하면서까지 속성의 초기화 순서를 검사하지는 않는다. 따라서 속성을 사용하는 함수를 호출하는 초기화 블록을 정의할 때는 해당 함수를 호출하기 전에 그런 속성이 초기화되도록 코드를 작성해야 한다. 여기서는 name 속성을 초기화하는 코드를 firstLetter 함수 호출 코드 앞으로 옮기면 컴파일과 실행 모두 정상적으로 잘 된다.

```
class Player() {
    val name: String

    private fun firstLetter() = name[0]
```

```
    init {
        name = "Madrigal"
        println(firstLetter())
    }
}

fun main(args: Array<String>) {
    Player()
}
```

그러나 더 까다로운 경우가 생길 수 있다. 두 개의 속성이 초기화되는 다음 코드를 보자.

```
class Player(_name: String) {
    val playerName: String = initPlayerName()
    val name: String = _name

    private fun initPlayerName() = name
}

fun main(args: Array<String>) {
    println(Player("Madrigal").playerName)
}
```

이 코드 역시 컴파일은 잘 된다. 모든 속성이 초기화되었다고 컴파일러가 판단하기 때문이다. 그러나 막상 실행해 보면 결과가 null로 출력된다.

여기서는 무슨 문제가 있는 것일까? playerName 속성이 initPlayerName 함수의 반환값으로 초기화될 때 컴파일러는 name 속성이 초기화된다고 간주한다. 그러나 initPlayerName 함수가 호출되는 시점에는 name 속성이 초기화되지 않은 상태다.

이 경우에도 초기화 순서가 문제가 된다. 따라서 여기서는 두 속성을 선언하고 초기화하는 소스 코드의 순서를 바꿔야 한다. 그리고 다시 실행하면 Player 클래스가 정상적으로 컴파일되고 null이 아닌 "Madrigal"이 출력될 것이다.

```
class Player(_name: String) {
    val name: String = _name
    val playerName: String = initPlayerName()

    private fun initPlayerName() = name
}
fun main(args: Array<String>) {
    println(Player("Madrigal").playerName)
}
```

챌린지: 엑스컬리버 검의 불가사의

12장에서 배웠듯이 우리가 속성의 게터와 세터를 정의할 수 있다. 이 챌린지에서는 클래스 속성의 커스텀 게터와 세터 및 초기화 블록을 여러분이 얼마나 이해하고 있는지 테스트한다.

모든 위대한 검은 이름이 있다. 코틀린 REPL에서 Sword라는 클래스를 정의하자.

리스트 13.13 | Sword 클래스 정의하기   `CODE` REPL

```
class Sword(_name: String) {
    var name = _name
        get() = "The Legendary $field"
        set(value) {
            field = value.toLowerCase().reversed().capitalize()
        }
}
```

Sword 클래스의 인스턴스를 생성하고 name 속성을 참조하여 사용하면 무엇이 출력될까? (리스트 13.14와 같이 REPL로 확인하기 전에 답을 찾아보자.)

리스트 13.14 | name 속성 참조 사용하기   `CODE` REPL

```
val sword = Sword("Excalibur")
println(sword.name)
```

이 코드의 실행 결과는 The Legendary Excalibur가 출력된다. 그다음에 리스트 13.15와 같이 name 속성의 값을 다시 지정하면 무엇이 출력될까?

리스트 13.15 | name 속성값을 다시 지정하기   `CODE` REPL

```
sword.name = "Gleipnir"
println(sword.name)
```

이 코드의 실행 결과는 The Legendary Rinpielg가 출력된다. 끝으로, name 속성에 값을 지정하는 초기화 블록을 Sword 클래스에 추가해 보자.

리스트 13.16 | 초기화 블록 추가하기   `CODE` REPL

```
class Sword(_name: String) {
    var name = _name
        get() = "The Legendary $field"
```

```
        set(value) {
            field = value.toLowerCase().reversed().capitalize()
        }

    init {
        name = _name
    }
}
```

그다음에 리스트 13.17과 같이 Sword 클래스의 인스턴스를 생성하고 name 속성을 참조하여 사용하면 무엇이 출력될까?

리스트 13.17 | name 속성을 다시 참조하여 사용하기   `CODE` REPL

```
val sword = Sword("Excalibur")
println(sword.name)
```

14

상속

상속(Inheritance)은 타입(클래스나 인터페이스 등) 간의 계층적인 관계를 정의하기 위해 사용할 수 있는 객체지향 원리다. 이 장에서는 상호 관계가 있는 클래스 간의 데이터와 행동을 공유하기 위해 상속을 사용할 것이다.

예를 들어 보자. 승용차와 트럭은 모두 바퀴, 엔진 등을 갖고 있어서 공통점이 많으며, 또한 자신만의 다른 기능도 있다. 이 경우 상속을 사용하면 바퀴나 엔진 등의 공통적인 특성을 승용차와 트럭이 따로 구현하지 않도록 하나의 공유 클래스인 자동차로 정의할 수 있다. 그리고 승용차와 트럭은 공통된 기능을 상속받아 사용하면 된다. 또한, 각각의 고유한 기능을 추가로 가질 수도 있다.

이 장에서는 NyetHack 게임의 플레이어가 위치할 수 있는 공간(room)들을 추가하기 위해 상속을 사용할 것이다.

Room 클래스 정의하기

먼저, NyetHack 프로젝트의 com.bignerdranch.nyethack 패키지에 Room.kt 파일을 새로 생성하자(패키지를 생성하지 않은 경우는 src에 생성). 이 파일은 새로운 클래스인 Room을 포함한다. 이 클래스는 NyetHack 게임의 좌표면에 있는 정사각형 모양의 공간 하나를 나타낸다. 그리고 이후에 Room에서 상속받는 특별한 종류의 다른 공간을 클래스로 정의할 것이다.

Room 클래스는 하나의 name 속성, 그리고 두 개의 함수인 description과 load를 갖는다. description 함수는 어떤 공간인지를 나타내는 문자열을 반환하며, load 함수는 플레이어가 해당 공간에 들어가는 것을 알려주는 문자열을 반환한다. 이 두 함수는 NyetHack의 모든 공간에서 공통적으로 필요하다.

리스트 14.1과 같이 Room.kt에 Room 클래스를 추가하자.

리스트 14.1 | Room 클래스 정의하기   `CODE` Room.kt

```kotlin
class Room(val name: String) {
    fun description() = "Room: $name"

    fun load() = "아무도 여기에 오지 않았습니다..."
}
```

그리고 Room 클래스를 테스트하기 위해 Room 인스턴스를 생성하고, description 함수의 결과를 출력하는 코드를 Game.kt의 main 함수에 추가한다.

리스트 14.2 | Room 인스턴스 생성하기   `CODE` Game.kt

```kotlin
fun main(args: Array<String>) {
    val player = Player("Madrigal")
    player.castFireball()

    var currentRoom = Room("Foyer")
    println(currentRoom.description())
    println(currentRoom.load())

    // 플레이어의 상태 출력
    printPlayerStatus(player)
}
...
```

Game.kt를 실행하면 다음 결과가 콘솔로 출력될 것이다.

```
한 덩어리의 파이어볼이 나타난다. (x2)
Room: Foyer
아무도 여기에 오지 않았습니다...
(Aura: GREEN (Blessed: YES)
```

```
Madrigal of Trell 최상의 상태임!
...
```

Room 클래스는 NyetHack 게임의 모든 공간을 개념적으로 나타낸 것이다. 그러나 NyetHack에는 플레이어가 들어갈 수 있는 여러 종류의 공간들이 있을 수 있다.

서브 클래스 생성하기

서브 클래스(subclass)는 상속해 주는 클래스의 모든 속성과 함수를 공유한다. 이때 상속해 주는 클래스를 부모 클래스 또는 **슈퍼 클래스(superclass)**라고 한다.

예를 들어, NyetHack 게임 세계의 시민들은 함께 모여 쉴 수 있는 광장이 필요할 것이다. 광장은 Room 클래스로 나타낸 공간의 한 가지 타입이다. 광장을 나타내는 TownSquare 클래스를 Room의 서브 클래스로 생성하자.

그러나 TownSquare를 정의하기 전에 Room 클래스가 서브 클래스를 가질 수 있도록 변경해야 한다.

우리가 작성하는 모든 클래스가 상속 관계를 갖는 것은 아니므로 코틀린의 클래스는 기본적으로 서브 클래스를 만들 수 없게 되어 있다. 따라서 서브 클래스를 가질 수 있게 하려면 해당 클래스에 open 키워드를 지정해야 한다. Room이 서브 클래스를 가질 수 있도록 open 키워드를 추가하자.

리스트 14.3 | Room 클래스에 open 키워드 지정하기   `CODE` ▶ Room.kt

```kotlin
open class Room(val name: String) {
    fun description() = "Room: $name"

    fun load() = "아무도 여기에 오지 않았습니다..."
}
```

이제는 Room의 서브 클래스로 TownSquare를 생성할 수 있다.

```kotlin
open class Room(val name: String) {
    fun description() = "Room: $name"

    fun load() = "아무도 여기에 오지 않았습니다..."
}

class TownSquare : Room("Town Square")
```

서브 클래스로 TownSquare를 정의할 때는 클래스 이름 다음에 콜론(:)을 추가하고, 그다음에 슈퍼 클래스인 Room과 이것의 생성자 호출을 지정해야 한다(서브 클래스의 인스턴스를 생성할 때 슈퍼 클래스의 생성자가 호출되어야 하기 때문이다). 여기서는 광장임을 나타내는 "Town Square"를 인자로 전달하여 Room의 기본 생성자를 호출하였다.

TownSquare 클래스는 Room의 name 속성 및 description과 load 함수를 상속받는다. 그러나 상속받은 속성과 함수 외에 자신만의 속성과 함수를 추가할 수도 있다. 또한, 상속받은 속성과 함수를 그대로 사용하지 않고 **오버라이딩(overriding)**할 수도 있다. 즉, 슈퍼 클래스에서 상속받은 것을 무시하고 자신의 특화된 버전으로 구현한다는 뜻이다.

Room 클래스는 description과 load 함수를 갖고 있다. TownSquare에서는 상속받은 load 함수를 오버라이딩할 것이다. 이때 override 키워드를 사용한다.

리스트 14.5 | load 함수 오버라이딩하기

CODE Room.kt

```kotlin
open class Room(val name: String) {
    fun description() = "Room: $name"

    fun load() = "아무도 여기에 오지 않았습니다..."

}

class TownSquare : Room("Town Square") {
    override fun load() = "당신의 참여를 주민들이 다 함께 환영합니다!"
}
```

이렇게 하면 인텔리제이에서 override 키워드에 빨간 밑줄을 그어서 에러가 있음을 알려 줄 것이다(그림 14.1).

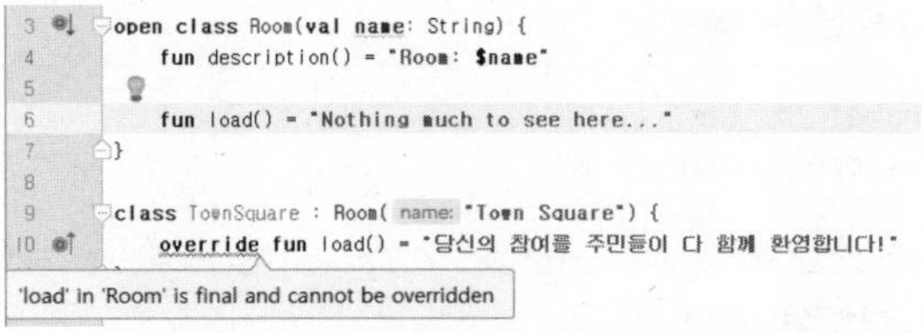

```
 3    open class Room(val name: String) {
 4        fun description() = "Room: $name"
 5
 6        fun load() = "Nothing much to see here..."
 7    }
 8
 9    class TownSquare : Room( name: "Town Square") {
10        override fun load() = "당신의 참여를 주민들이 다 함께 환영합니다!"
```

'load' in 'Room' is final and cannot be overridden

그림 14.1 | load 함수를 오버라이딩할 수 없음

코틀린에서는 서브 클래스에서 오버라이딩하는 슈퍼 클래스의 함수에도 open 키워드를 지정해야 한다.

Room 클래스의 load 함수를 TownSquare에서 오버라이딩할 수 있도록 open 키워드를 추가하자.

리스트 14.6 | open 키워드 추가하기　　　　　　　　　　　　　　　　　　　`CODE` ▶ Room.kt

```
open class Room(val name: String) {
    fun description() = "Room: $name"

    open fun load() = "아무도 여기에 오지 않았습니다..."
}

class TownSquare : Room("Town Square") {
    override fun load() = "당신의 참여를 주민들이 다 함께 환영합니다!"
}
```

이제는 TownSquare의 인스턴스가 Room의 load 함수 대신 TownSquare의 load 함수를 실행할수 있게 되었다.

가시성 제한자를 사용해서 속성과 함수의 가시성을 제어하는 방법은 12장에서 이미 배웠다. 코틀린에서는 속성과 함수가 기본적으로 public 가시성을 갖는다. 그러나 private으로 지정되면속성과 함수가 정의된 클래스 내부에서만 사용될 수 있다.

또한, protected 가시성도 사용할 수 있다. 이 가시성이 지정된 속성과 함수는 자신이 정의된클래스 내부 또는 이 클래스의 어떤 서브 클래스에서도 사용될 수 있다.

protected 가시성을 갖는 dangerLevel 속성을 Room 클래스에 추가해 보자.

```kotlin
open class Room(val name: String) {
    protected open val dangerLevel = 5

    fun description() = "Room: $name\r\n" +      // 맥 OS나 리눅스에서는 "Room: $name\n"
            "위험 수준: $dangerLevel"

    open fun load() = "아무도 여기에 오지 않았습니다..."
}

class TownSquare : Room("Town Square") {
    override fun load() = "당신의 참여를 주민들이 다 함께 환영합니다!"
}
```

dangerLevel 속성에는 공간(room)의 위험도가 1에서 10 사이의 값으로 저장되며, 게임 플레이어가 각 공간의 위험 수준을 알 수 있게 하기 위해 사용된다. 평균 위험 수준은 5이며, 이 값이 Room 클래스에 초기화되는 기본값이다.

Room의 서브 클래스에서는 상속받은 dangerLevel의 위험 수준값을 변경할 수 있다. 단, Room과 이것의 서브 클래스에서만 dangerLevel을 사용할 수 있게 해야 한다. 바로 이런 경우에 protected 가시성을 사용한다.

코틀린에서는 함수는 물론이고 속성도 서브 클래스에서 오버라이딩할 수 있으며, 이때도 함수처럼 override 키워드를 사용한다.

Room에서 상속된 dangerLevel 속성을 TownSquare에서 오버라이딩해 보자. TownSquare 클래스로 나타낸 NyetHack 광장의 위험 수준은 평균보다 3점이 낮다. 이것을 TownSquare에서 구현하려면 슈퍼 클래스인 Room의 dangerLevel 속성을 참조할 수 있어야 한다. 이때 super 키워드를 사용한다(오버라이딩되는 슈퍼 클래스 함수를 서브 클래스에서 호출할 때도 이 키워드를 사용하며, 슈퍼 클래스의 public이나 protected 속성과 함수를 사용할 수 있다).

Room의 dangerLevel 속성을 TownSquare에서 오버라이딩하도록 Room.kt를 변경하자.

리스트 14.8 | dangerLevel을 오버라이딩하기
CODE Room.kt

```kotlin
open class Room(val name: String) {
    protected open val dangerLevel = 5

    fun description() = "Room: $name\r\n" +      // 맥 OS나 리눅스에서는 "Room: $name\n"
            "위험 수준: $dangerLevel"
```

```
    open fun load() = "아무도 여기에 오지 않았습니다..."
}

class TownSquare : Room("Town Square") {
    override val dangerLevel = super.dangerLevel - 3

    override fun load() = "당신의 참여를 주민들이 다 함께 환영합니다!"
}
```

서브 클래스에서는 슈퍼 클래스에서 상속받은 속성과 함수를 오버라이딩하는 것은 물론이고 자신만의 것을 추가할 수도 있다.

예를 들어, NyetHack의 광장에는 중요한 일이 생길 때 소리로 알려 주는 종이 있다. private 함수인 ringBell과 private 속성인 bellSound를 TownSquare 클래스에 추가하자. bellSound 는 종이 울리는 소리를 나타내는 문자열을 저장한다. 그리고 load 함수에서 호출되는 ringBell 함수는 플레이어가 광장에 들어오는 것을 알리는 문자열을 반환한다.

리스트 14.9 | 새로운 속성과 함수를 서브 클래스에 추가하기 　　　　　　　CODE Room.kt

```
open class Room(val name: String) {
    protected open val dangerLevel = 5

    fun description() = "Room: $name\r\n" +       // 맥 OS나 리눅스에서는 "Room: $name\n"
            "위험 수준: $dangerLevel"

    open fun load() = "아무도 여기에 오지 않았습니다..."
}

class TownSquare : Room("Town Square") {
    override val dangerLevel = super.dangerLevel - 3
    private var bellSound = "댕댕"

    override fun load() = "당신의 참여를 주민들이 다 함께 환영합니다!\r\n${ringBell()}"

    private fun ringBell() = "당신의 도착을 종탑에서 알립니다. $bellSound"
}
```

TownSquare 클래스는 자신이 추가한 속성과 함수는 물론이고, Room에서 상속된 속성과 함수 도 포함한다. 그러나 슈퍼 클래스인 Room에서는 ringBell 함수를 사용할 수 없다. 서브 클래스 인 TownSquare에서만 갖는 것이기 때문이다.

Game.kt의 currentRoom 변수 선언에서 Room 대신 TownSquare 인스턴스를 생성하여 초기화하 도록 변경하고 load 함수가 어떻게 실행되는지 테스트해 보자.

```kotlin
fun main(args: Array<String>) {
    val player = Player("Madrigal")
    player.castFireball()

    var currentRoom: Room = Room("Foyer")TownSquare()
    println(currentRoom.description())
    println(currentRoom.load())

    // 플레이어의 상태 출력
    printPlayerStatus(player)
}
...
```

Game.kt를 다시 실행하면 다음 결과가 출력될 것이다.

```
한 덩어리의 파이어볼이 나타난다. (x2)
Room: Town Square
위험 수준: 2
당신의 참여를 주민들이 다 함께 환영합니다!
당신의 도착을 종탑에서 알립니다. 댕댕
(Aura: GREEN (Blessed: YES)
Madrigal of Sanorith 최상의 상태임!
...
```

여기서 Game.kt의 currentRoom 변수 타입은 여전히 Room이다. 그러나 이 변수는 Room이 아닌 TownSquare 인스턴스를 참조하므로 Room의 load를 오버라이딩한 TownSquare의 load 함수가 실행된다. 이처럼 currentRoom 변수 타입을 슈퍼 클래스인 Room으로 선언하면 Room의 어떤 서브 클래스 인스턴스도 참조할 수 있다(이것은 객체지향의 원리 중 하나인 **다형성(polymorphism)**을 구현한 것이다).

변수 외에 함수 인자에도 슈퍼 클래스 타입을 지정하면 장점을 얻을 수 있다. 예를 들어, 다음 함수를 보자.

```kotlin
fun drawBlueprint(room: Room)
```

이 함수에서는 Room 타입의 인자를 받는다. 따라서 이 함수를 호출할 때는 Room의 어떤 서브 클래스 인스턴스도 인자로 전달할 수 있다.

다시 말하지만, 코틀린에서는 클래스가 정의될 때 기본적으로 서브 클래스를 만들지 못하게 되어 있으며, 클래스의 함수나 속성 또한, 서브 클래스에서 오버라이딩하지 못하게 되어 있다. 따라서 Room 클래스에서 했듯이 어떤 클래스의 서브 클래스를 생성하고 함수나 속성을 오버라이딩할 수 있게 하려면 해당 클래스 및 이 클래스의 함수나 속성 모두에 open 키워드를 지정해야 한다.

그러나 서브 클래스의 오버라이딩 함수나 속성은 기본적으로 open이 되므로(서브 클래스가 open 일 때), 서브 클래스의 서브 클래스에서는 언제든 오버라이딩할 수 있다.

그렇다면 Room의 서브 클래스인 TownSquare로부터 또 다시 서브 클래스를 생성할 수 있게 하되, TownSquare의 load 함수는 오버라이딩되지 않게 할 수 없을까? 바로 이때 final 키워드를 사용하면 된다.

Room.kt에서 TownSquare 클래스는 open으로 지정하고, load 함수는 final로 지정하여 오버라이딩할 수 없게 변경하자.

리스트 14.11 | load 함수를 final로 지정하기

`CODE` ► Room.kt

```
open class Room(val name: String) {
    protected open val dangerLevel = 5

    fun description() = "Room: $name\r\n" +      // 맥 OS나 리눅스에서는: "Room: $name\n"
            "위험 수준: $dangerLevel"

    open fun load() = "아무도 여기에 오지 않았습니다..."
}

open class TownSquare : Room("Town Square") {
    override val dangerLevel = super.dangerLevel - 3
    private var bellSound = "댕댕"

    final override fun load() =
        "당신의 참여를 주민들이 다 함께 환영합니다!\r\n${ringBell()}"

    private fun ringBell() = "당신의 도착을 종탑에서 알립니다. $bellSound"
}
```

이제는 TownSquare의 어떤 서브 클래스에서도 load 함수를 오버라이딩할 수 없다. final 키워드가 지정되었기 때문이다.

지금까지 보았듯이 코틀린에서는 open과 override 키워드를 추가로 지정해야만 클래스 상속 및 이 클래스의 속성과 함수를 오버라이딩할 수 있다. 어찌 보면 번거롭게 생각될 수도 있겠지

만, 이렇게 함으로써 무의미하게 서브 클래스를 생성하고 속성과 함수를 오버라이딩하는 것을
막을 수 있다.

타입 검사

NyetHack은 그리 복잡한 프로그램이 아니다. 그러나 실무 애플리케이션에는 많은 클래스와 서
브 클래스가 포함될 수 있다. 따라서 런타임 시에 객체(클래스 인스턴스)의 타입이 불확실한 경우
가 생길 수 있다. 이럴 때 is 연산자를 사용하면 현재 객체가 특정 타입인지 검사할 수 있다.

다음 코드를 코틀린 REPL에서 입력하고 실행해 보자. 먼저, Room 클래스의 인스턴스를 생성한
다(12장에서 NyetHack의 프로그램들을 com.bignerdranch.nyethack 패키지로 옮겼으므로, REPL에서
테스트할 때는 최초 한 번 import com.bignerdranch.nyethack.*를 해주어야 한다. 그러나 만일 옮기
지 않았다면 import는 필요 없다).

리스트 14.12 | Room 클래스의 인스턴스 생성하기　　　　　　　　**CODE** ▶ REPL

```
import com.bignerdranch.nyethack.*
var room = Room("Foyer")
```

그다음에 is 연산자를 사용해서 room이 Room 타입인지 검사한다.

리스트 14.13 | room의 타입 검사하기　　　　　　　　**CODE** ▶ REPL

```
room is Room
true
```

is 연산자는 왼쪽의 객체가 오른쪽의 타입인지 검사한 후 타입이 맞으면 **true**를, 아니면 **false**를
반환한다. 이번에는 room이 TownSquare 타입인지 검사해 보자.

리스트 14.14 | room이 TownSquare 타입인지 검사하기　　　　　　　　**CODE** ▶ REPL

```
room is TownSquare
false
```

room은 TownSquare의 슈퍼 클래스인 Room의 인스턴스이므로 Room 타입이지만, TownSquare 타입은 될 수 없다. 이번에는 TownSquare의 인스턴스를 생성하고 타입을 검사해 보자.

리스트 14.15 | townSquare가 TownSquare 타입인지 검사하기 `CODE` ► REPL

```
var townSquare = TownSquare()
townSquare is TownSquare
true
```

리스트 14.16 | townSquare가 Room 타입인지 검사하기 `CODE` ► REPL

```
townSquare is Room
true
```

townSquare는 TownSquare 타입이면서 동시에 Room 타입도 된다는 것을 알 수 있을 것이다. 즉, 서브 클래스의 인스턴스는 해당 서브 클래스 타입이면서 동시에 슈퍼 클래스의 타입도 된다.

변수의 타입은 조건문이나 표현식을 같이 사용해서 검사할 수도 있다. 단, 이때는 주의할 것이 있다.

예를 들어, 변수의 타입에 따라 "Room" 또는 "TownSquare"를 반환하는 when 표현식을 REPL에서 작성하고 실행해 보자.

리스트 14.17 | when 표현식에서 타입 검사하기 `CODE` ► REPL

```
var townSquare = TownSquare()
var className = when(townSquare) {
    is TownSquare -> "TownSquare"
    is Room -> "Room"
    else -> throw IllegalArgumentException()
}
print(className)
```

townSquare는 TownSquare 타입이므로 when 표현식의 첫 번째 분기 코드는 true가 된다. 또한, townSquare는 Room 타입도 되므로 두 번째 분기 코드 역시 true지만, 첫 번째 분기 코드에서 이미 true가 되어 우리가 원하는 결과가 나왔으므로 문제가 되지 않는다.

이 코드를 실행하면 TownSquare가 출력될 것이다. 이번에는 첫 번째와 두 번째 분기 코드의 순서를 바꿔 보자.

```
var townSquare = TownSquare()
var className = when(townSquare) {
    is TownSquare -> "TownSquare"
    is Room -> "Room"
    is TownSquare -> "TownSquare"
    else -> throw IllegalArgumentException()
}
print(className)
```

이 코드를 실행하면 Room이 출력된다. 첫 번째 분기 코드가 true가 되기 때문이다. Room의 서브 클래스가 하나만 있을 때는 이처럼 슈퍼 클래스의 타입을 먼저 검사해도 된다. 그러나 서브 클래스가 여러 개 있을 때는 문제가 될 수 있다. Room의 어떤 서브 클래스 인스턴스 타입을 검사하더라도 항상 true가 되기 때문이다. 따라서 정확히 어떤 서브 클래스 타입인지 알 필요가 있다면 슈퍼 클래스 타입에 앞서 해당 서브 클래스 타입을 먼저 검사해야 한다.

코틀린 타입의 상속 계층

코틀린의 모든 null 불가능 클래스는 자동으로 Any라는 최상위 슈퍼 클래스로부터 상속받는다 (그림 14.2).

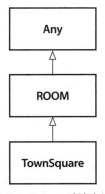

그림 14.2 TownSquare 타입의 상속 계층

예를 들어, Room과 Player는 모두 Any의 서브 클래스(타입)이다(자바의 모든 클래스가 자동으로 java.lang.Object의 서브 클래스인 것과 비슷하다).

다음의 printIsSourceOfBlessings 함수 예를 보자. 이 함수는 Any 타입의 인자를 받는다. 그리고 인자의 타입에 따라 다른 결과를 출력한다. 이 코드에는 몇 가지 새로운 개념이 있다. 이 내용은 잠시 후에 계속 알아볼 것이다.

```kotlin
fun printIsSourceOfBlessings(any: Any) {
    val isSourceOfBlessings = if (any is Player) {
        any.isBlessed
    } else {
        (any as Room).name == "Fount of Blessings"
    }

    println("$any is a source of blessings: $isSourceOfBlessings")
}
```

코틀린의 모든 객체는 Any의 서브 클래스 인스턴스이므로 어떤 타입의 인자도 printIsSource OfBlessings 함수에 전달할 수 있다. 이 코드에서는 Any 타입 인자를 처리하기 위해 바로 다음에 설명하는 **타입 변환(type casting)**을 사용한다.

타입 변환

Any 타입을 사용해서 타입을 검사하고 처리하면 편리하지만, 그렇다고 항상 유용한 것은 아니다. 예를 들어, printIsSourceOfBlessings 함수의 Any 타입 매개변수는 Any 타입의 인자가 전달된다는 것을 나타내지만, 해당 인자를 적합한 타입으로 변환하여 사용해야 하므로 추가적인 노력과 주의가 필요하기 때문이다.

타입 변환을 사용하면 우리가 지정한 타입으로 객체를 사용할 수 있다(타입 변환은 변환된 타입의 속성 참조나 함수 호출을 할 수 있는 것이지 해당 객체가 갖는 값을 변환하는 것이 아니다).

바로 앞에 나왔던 printIsSourceOfBlessings 함수의 if 표현식에서는 전달된 인자가 Player 타입인지 검사한다. 그리고 Player 타입이 아니면 Room 타입의 name 속성을 참조한다.

```kotlin
fun printIsSourceOfBlessings(any: Any) {
    val isSourceOfBlessings = if (any is Player) {
        any.isBlessed
    } else {
        (any as Room).name == "Fount of Blessings"
    }
```

```
            println("$any is a source of blessings: $isSourceOfBlessings")
    }
```

음영으로 표시된 표현식에서 as 연산자는 타입 변환을 나타낸다. 여기서는 인자로 전달된 any 객체의 타입을 Room 타입으로 변환한다. 이때 변환이 될 수 없는 경우는 ClassCastException 이 발생되고 프로그램 실행이 중단된다. 그러나 타입 변환이 가능할 때는 Room 타입으로 변환 한 후 Room 타입의 name 속성을 참조한다. 그리고 name 속성의 값과 "Fount of Blessings"를 비교하여 같으면 true, 다르면 false가 if 표현식의 결과로 반환되어 isSourceOfBlessings 변수 에 지정된다.

as 연산자에서 타입 변환이 가능한 경우와 불가능한 경우는 언제일까? 예를 들어, as 연산자 왼쪽의 객체는 Int 타입이고 오른쪽의 변환 타입은 String인 경우는 타입 변환이 불가능하다. 이 두 타입 간에는 상속 관계가 없기 때문이다. 앞의 printIsSourceOfBlessings 함수에서는 인자로 전달된 any 객체가 Room 클래스의 인스턴스이거나, 또는 Room 클래스의 서브 클래스 인 스턴스일 때만 Room 타입으로 변환이 가능하고 이외에는 불가능하다.

타입 변환은 유용하지만 우리가 안전하게 사용해야 한다. 앞의 printIsSourceOfBlessings 함 수에서 수행하는 타입 변환은 안전하지 않다. 왜냐하면 any 객체가 Player 타입이 아니면 무조 건 Room 타입으로 변환하려고 하기 때문이다. 만일 Player, Room, TownSquare의 서브 클래스 가 아닌 다른 클래스가 NyetHack에 새로 추가된다면 이 클래스의 인스턴스를 인자로 전달하여 printIsSourceOfBlessings 함수를 호출할 때 ClassCastException이 발생되고 프로그램 실 행이 중단될 것이다.

스마트 캐스팅

타입 변환이 성공적으로 되게 하려면 타입을 변환할 변수의 타입을 제일 먼저 검사해야 한다. 앞의 printIsSourceOfBlessings 함수에서 첫 번째 분기 코드를 보자.

```
fun printIsSourceOfBlessings(any: Any) {
    val isSourceOfBlessings = if (any is Player) {
        any.isBlessed
    } else {
        (any as Room).name == "Fount of Blessings"
    }
```

```
        println("$any is a source of blessings: $isSourceOfBlessings")
    }
```

인자로 전달된 any 객체가 Player 타입이면 첫 번째 분기 코드인 any.isBlessed가 실행된다. isBlessed는 Any가 아닌 Player에 정의된 속성이다. 그런데 any의 타입을 Player로 변환하지 않고 어떻게 isBlessed 속성을 참조할 수 있을까? 실제로는 이때 **스마트 캐스팅(smart casting)**이라는 타입 변환이 수행된다.

첫 번째 분기 코드인 any.isBlessed를 실행할 때 코틀린 컴파일러는 any 객체의 타입이 Player 인 것을 알고 있다(if에서 true가 되었으므로). 따라서 똑똑하게 any 객체의 타입을 Player 타입으로 변환하여 처리해 준다. 이렇게 해도 안전하다는 것을 알기 때문이다. 그러므로 우리가 직접 타입 변환을 하지 않아도 된다.

이 장에서는 서브 클래스를 생성하고 사용하는 방법을 배웠다. 다음 장에서는 데이터 클래스, enum 클래스, object 키워드로 생성되는 객체를 포함해서 여러 종류의 클래스에 관해 배울 것이다.

궁금증 해소하기: Any 클래스

코틀린의 모든 null 불가능 클래스는 기본적으로 Any 클래스로부터 상속받게 되어 있다. Any 클래스는 모든 null 불가능 클래스에 공통적으로 필요한 세 개의 함수인 equals, hashCode, toString을 정의하고 있으며, 추가로 확장된 속성과 함수도 갖고 있다.

6장에서 코틀린의 명시적인 null 타입(클래스도 타입이다)을 알아보았듯이, 코틀린은 각 타입을 null 값을 가질 수 없는 null 불가능 타입과 가질 수 있는 null 가능 타입으로 구분한다. 예를 들어, Int는 null 불가능 타입이고, Int?는 null 가능 타입이다. Any의 경우도 마찬가지다. 즉, Any 는 null 불가능 타입이고, Any?는 null 가능 타입이다. 따라서 모든 null 불가능 타입은 기본적으로 Any의 서브 타입이며, null 가능 타입은 기본적으로 Any?의 서브 타입이 된다. 그리고 각 타입에서 null 불가능 타입은 null 가능 타입의 서브 타입이다(null 불가능 타입은 실제 클래스로 존재하지만, null 가능 타입은 클래스로 존재하지 않고 컴파일러가 인지하고 처리한다). 이것을 더 확실하게 이해하기 위해 Int 타입의 클래스 상속 계층을 예로 보면 그림 14.3과 같다.

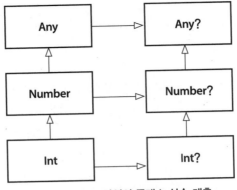

그림 14.3 | Int 타입의 클래스 상속 계층

이 그림에서 보듯이 Int 타입은 Number와 Any의 서브 타입이면서 Int? 타입의 서브 타입도 된다. 또한, Any 타입은 Any?의 서브 타입이다. Any 클래스의 소스 코드를 보면 다음과 같다.

```
/**
 * The root of the Kotlin class hierarchy.
 * Every Kotlin class has [Any] as a superclass.
 */
public open class Any {
    public open operator fun equals(other: Any?): Boolean
    public open fun hashCode(): Int
    public open fun toString(): String
}
```

Any 클래스의 equals, hashCode, toString 함수는 기본적인 구현만 되어 있다. Any 클래스로부터 상속받는 각 타입의 특성이 다르므로 해당 타입에 맞게 오버라이딩하여 구현하라는 의미에서 그렇게 한 것이다.

여기서 toString 함수는 각 타입의 객체를 나타내는 문자열을 반환하며, 이 값을 콘솔로 출력할 때(예를 들어, println 함수를 사용해서) 자동 호출된다. 예를 들어, printIsSourceOfBlessings 함수의 마지막 코드를 보자.

```
fun printIsSourceOfBlessings(any: Any) {
    val isSourceOfBlessings = if (any is Player) {
        any.isBlessed
    } else {
        (any as Room).name == "Fount of Blessings"
    }
    println("$any is a source of blessings: $isSourceOfBlessings")
}
```

Player 객체를 인자로 전달하여 printIsSourceOfBlessings 함수를 호출하면 다음과 같은 결과가 출력된다.

```
Player@71efa55d is a source of blessings: true
```

여기서 Player@71efa55d는 인자로 전달된 Player 객체를 나타내기 위해 Any 클래스의 toString 함수가 자동 호출되어 반환된 문자열이다. Player는 현재 객체의 타입을, 그리고 @71efa55d는 JVM에서 이 객체를 고유하게 관리하기 위한 해시 코드값이다. 그런데 왜 이렇게 알기 어려운 형태로 Player 객체를 나타내는 것일까? Any 클래스의 toString 함수에서는 Player 객체를 어떻게 나타내야 할지 알 수 없으므로 이와 같은 형식으로 문자열을 반환한 것이다. 따라서 우리가 알기 쉬운 형태로 Player 객체를 나타내려면 Player 클래스에서 Any 클래스의 toString 함수를 오버라이딩하여 우리가 원하는 형태의 문자열을 반환하면 된다.

예를 들어, Player 객체를 나타낼 때 이름(name 속성)을 문자열로 반환하고 싶다면 Player 클래스에서 다음과 같이 Any 클래스의 toString 함수를 오버라이딩하면 된다.

```
class Player(_name: String,
            var healthPoints: Int = 100,
            val isBlessed: Boolean,
            private val isImmortal: Boolean) {
    ...
    public override fun toString(): String {
        return this.name
    }
}
```

이렇게 하면 Player 객체를 인자로 전달하여 printIsSourceOfBlessings 함수를 호출했을 때 이 함수의 마지막 코드인 println에서 Any 클래스의 toString 함수가 호출되지 않고 우리가 오버라이딩한 Player 클래스의 toString 함수가 호출된다. 따라서 Player@71efa55d와 같은 형태의 문자열 대신 Madrigal of Abelhaven과 같이 플레이어의 이름이 출력되므로 어떤 Player 객체인지 알기 쉽다.

코틀린 표준 라이브러리의 모든 타입에는 이처럼 Any 클래스의 toString 함수가 이미 오버라이딩되어 있다. 따라서 해당 타입의 객체가 갖는 값을 알아보기 쉽게 출력할 수 있다. 예를 들어, val myValue: Int = 100 다음에 println(myValue)를 실행하면 Int 클래스에 오버라이딩된 toString 함수가 실행되어 문자열값인 "100"이 반환된 후 출력된다.

코틀린을 사용하면 서로 다른 플랫폼의 애플리케이션을 만들 수 있다. 즉, 여러 컴퓨터 운영체제(윈도우, 맥 OS, 리눅스 등)의 JVM에서 실행되는 애플리케이션과 JVM 없이 실행되는 네이티브 애플리케이션, 웹 브라우저에서 실행되는 자바스크립트, 서버에서 실행되는 Http 서블릿, 구글 안드로이드 애플리케이션이다.

Any 클래스는 그런 다양한 플랫폼에 독립적인 애플리케이션을 생성할 수 있게 해주는 방법 중 하나다. 즉, 각 플랫폼에 공통적으로 사용할 수 있는 최상위 슈퍼 클래스인 것이다. 그리고 코틀린 프로그램을 JVM 애플리케이션으로 컴파일하면 Any 클래스가 java.lang.Object로 바이트코드에 구현되지만, 다른 플랫폼을 대상으로 컴파일하면 해당 플랫폼에 맞게 다른 형태로 구현된다. 따라서 우리 코드에서는 최상위 슈퍼 클래스가 Any라고 생각하고 사용하면 된다. 코드가 실행될 각 플랫폼에서 Any가 어떻게 다르게 구현되는지 자세히 알 필요 없기 때문이다.

15

객체

이전 3개 장에서는 객체 간의 의미 있는 관계를 구현하기 위해 객체지향 프로그래밍 원리를 활용하는 방법을 배웠다. 이제까지 사용했던 모든 클래스들은 class 키워드를 사용해서 정의하였다. 이 장에서는 다른 타입의 클래스인 **중첩 클래스**(nested class), **데이터 클래스**(data class), **enum 클래스**는 물론이고 object 키워드 사용법도 알아본다. 곧 알게 되겠지만, 이것들 각각은 나름의 문법과 특성을 갖고 있다.

이 장이 끝날 무렵에는 NyetHack 게임 세계의 각 공간을 플레이어가 돌아다닐 수 있을 것이다. 그리고 이후의 다른 장에서 더 발전할 수 있도록 우리 프로그램이 잘 구성될 것이다.

object 키워드

13장에서는 클래스의 인스턴스를 생성하고 초기화하는 것을 배웠다. 클래스의 생성자에서는 인스턴스를 반환하며, 생성자를 몇 번이고 호출하여 얼마든지 인스턴스를 생성할 수 있다.

예를 들어, NyetHack 게임은 얼마든지 많은 수의 플레이어를 가질 수 있다. 우리가 원하는 대로 Player 클래스의 생성자를 호출할 수 있기 때문이다.

그러나 게임의 상태를 지속적으로 파악하기 위한 Game 클래스가 필요하다고 해보자. 이 경우

Game 클래스의 인스턴스를 많이 생성한다면 문제가 될 것이다. 왜냐하면 각 인스턴스는 상호 동기화되기 어려운 자신만의 상태를 가질 수 있고, 또한 너무 많은 인스턴스가 생성될 수 있어서 자원의 낭비는 물론이고 비효율적이기 때문이다.

프로그램이 실행되는 내내 수시로 변하는 상태 정보를 지속적으로 유지 관리할 필요가 있다면 **싱글톤(singleton)**의 사용을 고려하자. 싱글톤은 하나의 인스턴스(객체)만 생성되는 것을 말한다. 코틀린에서는 object 키워드를 사용하여 싱글톤 객체를 정의할 수 있다(class 키워드를 사용해서 따로 클래스를 정의하지 않는다). 그리고 싱글톤 객체는 최초 사용 시점에 하나만 생성되어 프로그램이 실행되는 동안 계속 유지된다. 또한, 코드의 정의된 곳에 생성되어 동작하며, 다른 클래스 내부에 포함시켜 사용할 수도 있다.

싱글톤은 시스템의 자원 사용과 부담을 줄이고 같은 객체를 공유할 수 있다는 장점이 있다. 그러나 애플리케이션이 다중 스레드(multi-thread)로 실행될 때는 반드시 하나의 객체만 생성되도록 동기화 처리를 해주어야 하므로 주의해야 한다.

object 키워드를 사용하는 방법은 세 가지가 있다. **객체 선언(object declaration)**, **객체 표현식 (object expression)**, **동반 객체(companion object)**다. 지금부터는 이 내용을 알아본다.

객체 선언

객체 선언은 상태 관리에 유용하다. 프로그램이 실행되는 동안 지속적으로 어떤 상태 정보를 유지 관리할 필요가 있을 때 특히 그렇다. 여기서는 Game 객체를 정의하여 그렇게 할 것이다. 객체 선언을 사용해서 Game.kt에 Game 객체를 정의하자.

리스트 15.1 │ Game 객체 정의하기   `CODE` Game.kt

```kotlin
fun main(args: Array<String>) {
    ...
}

private fun printPlayerStatus(player: Player) {
    println("(Aura: ${player.auraColor()}) " +
            "(Blessed: ${if (player.isBlessed) "YES" else "NO"})")
    println("${player.name} ${player.formatHealthStatus()}")
}

object Game {
}
```

이제는 하나의 객체만 존재하는 Game 객체에 모든 게임 로직이 포함될 것이다. 객체 선언에는 초기화 블록이 포함될 수 있지만 생성자는 가질 수 없다. 최초로 사용되는 시점에 하나의 객체가 자동 생성되어 초기화되기 때문이다. 따라서 객체가 생성될 때 실행될 필요가 있는 코드는 초기화 블록에 포함시켜야 한다.

Game 객체가 생성될 때 환영 메시지를 콘솔에 출력하도록 초기화 블록을 추가하자.

리스트 15.2 | 초기화 블록을 Game 객체에 추가하기   `CODE` Game.kt

```
fun main(args: Array<String>) {
    ...
}

private fun printPlayerStatus(player: Player) {
    println("(Aura: ${player.auraColor()}) " +
            "(Blessed: ${if (player.isBlessed) "YES" else "NO"})")
    println("${player.name} ${player.formatHealthStatus()}")
}

object Game {
    init {
        println("방문을 환영합니다.")
    }
}
```

Game.kt를 실행해 보자. 환영 메시지가 출력되지 않을 것이다. 아직 Game 객체를 사용하지 않아서 생성과 초기화가 되지 않았기 때문이다.

객체 선언에도 일반 클래스처럼 속성과 함수가 포함될 수 있다. 그리고 이런 속성이나 함수가 최초로 사용될 때 비로소 해당 객체가 생성되고 초기화된다. 여기서는 Game 객체가 생성 및 초기화되도록 play 함수를 정의하고 호출할 것이다. 이 함수는 NyetHack 게임의 홈 역할을 수행한다.

play 함수를 Game 객체에 추가하고 main 함수에서 호출하게 하자. 객체 선언에 정의된 함수를 호출할 때는 일반 클래스와 달리 객체 선언에 정의된 객체 이름을 사용한다.

리스트 15.3 | 객체 선언에 정의된 함수 호출하기   `CODE` Game.kt

```
fun main(args: Array<String>) {
    ...
    // 플레이어의 상태 출력
    printPlayerStatus(player)
```

```
        Game.play()
}

private fun printPlayerStatus(player: Player) {
    println("(Aura: ${player.auraColor()}) " +
            "(Blessed: ${if (player.isBlessed) "YES" else "NO"})")
    println("${player.name} ${player.formatHealthStatus()}")
}

object Game {
    init {
        println("방문을 환영합니다.")
    }
    fun play() {
        while (true) {
            // NyetHack 게임을 시작한다
        }
    }
}
```

Game 객체는 게임 상태를 보존하는 것 외에 게임 루프도 유지할 것이다. 게임 루프는 while 루프로 되어 있으며, 우리 애플리케이션이 실행되는 한 계속 반복된다.

지금은 play 함수가 아무 일도 하지 않지만, 앞으로는 게임 라운드마다 해당 플레이어의 상태 정보와 그 밖의 게임 정보를 콘솔에 출력할 것이다. 그리고 readLine 함수를 호출하여 사용자 입력을 받을 것이다.

지금부터는 main 함수에 있는 게임 로직 처리 코드를 Game 객체로 옮기는 것을 생각해 보자. 예를 들어, 게임 라운드가 시작될 때마다 Player와 Room 인스턴스를 생성하는 것은 바람직하지 않다. 게임이 처음 시작될 때만 생성하면 되기 때문이다. 따라서 이런 게임 로직 처리 코드는 Game 객체에 두어야 한다. main 함수에 있는 player와 currentRoom을 삭제하고 Game 객체의 private 속성으로 선언하자.

그다음에 main 함수의 castFireball 호출 코드를 Game 객체의 초기화 블록으로 옮기고, print PlayerStatus 함수 정의도 Game 객체로 이동시킨다.

player, currentRoom, printPlayerStatus는 모두 Game 객체에 캡슐화할 것이므로 private 가시성을 지정한다.

```kotlin
fun main(args: Array<String>) {
    val player = Player("Madrigal")
    player.castFireball()

    var currentRoom: Room = TownSquare()
    println(currentRoom.description())
    println(currentRoom.load())

    // 플레이어의 상태 출력
    printPlayerStatus(player)

    Game.play()
}

private fun printPlayerStatus(player: Player) {
    println("(Aura: ${player.auraColor()}) " +
            "(Blessed: ${if (player.isBlessed) "YES" else "NO"})")
    println("${player.name} ${player.formatHealthStatus()}")
}

object Game {
    private val player = Player("Madrigal")
    private var currentRoom: Room = TownSquare()

    init {
        println("방문을 환영합니다.")
        player.castFireball()
    }

    fun play() {
        while (true) {
            // NyetHack 게임을 시작한다
        }
    }

    private fun printPlayerStatus(player: Player) {
        println("(Aura: ${player.auraColor()}) " +
                "(Blessed: ${if (player.isBlessed) "YES" else "NO"})")
        println("${player.name} ${player.formatHealthStatus()}")
    }
}
```

이제 main 함수에 남은 것은 세 가지 정보(플레이어가 진입하는 공간의 이름과 환영 메시지 및 플레이어의 상태)를 출력하는 코드다. 이런 상태 정보들은 매 게임 라운드가 시작될 때 출력되어야 하므로 게임 루프로 옮겨야 한다.

```kotlin
fun main(args: Array<String>) {
    println(currentRoom.description())
    println(currentRoom.load())

    // 플레이어의 상태 출력
    printPlayerStatus(player)

    Game.play()
}

object Game {
    private val player = Player("Madrigal")
    private var currentRoom: Room = TownSquare()
    init {
        println("방문을 환영합니다.")
        player.castFireball()
    }
    fun play() {
        while (true) {
            // NyetHack 게임을 시작한다
            println(currentRoom.description())
            println(currentRoom.load())

            // 플레이어의 상태 출력
            printPlayerStatus(player)
        }
    }

    private fun printPlayerStatus(player: Player) {
        println("(Aura: ${player.auraColor()}) " +
                "(Blessed: ${if (player.isBlessed) "YES" else "NO"})")
        println("${player.name} ${player.formatHealthStatus()}")
    }
}
```

지금 Game.kt를 실행하면 while 루프를 중단시키는 코드가 없으므로 무한 루프로 실행된다. 따라서 일단 지금은 readLine 함수를 사용하여 콘솔로부터 사용자 입력을 받게 할 것이다. 6 장에서 이야기했듯이 readLine 함수는 콘솔로부터 사용자 입력을 기다린다. 그리고 원하는 것을 입력하고 엔터 키를 누르면 입력된 데이터가 반환되고 그다음 코드가 실행된다. 게임 루프에 readLine 함수를 추가하자.

```
...
object Game {
    ...
    fun play() {
        while (true) {
            println(currentRoom.description())
            println(currentRoom.load())

            // 플레이어의 상태 출력
            printPlayerStatus(player)

            print("> 명령을 입력하세요: ")
            println("최근 명령: ${readLine()}")
        }
    }
    ...
}
```

Game.kt를 실행하고 아무거나 명령(예를 들어, 여기처럼 **fight**)으로 입력해 보자. 그러면 다음과 같은 결과가 출력될 것이다.

```
방문을 환영합니다.
한 덩어리의 파이어볼이 나타난다. (x2)
Room: Town Square
위험 수준: 2
당신의 참여를 주민들이 다 함께 환영합니다!
당신의 도착을 종탑에서 알립니다. 댕댕
(Aura: GREEN (Blessed: YES)
Madrigal of Zan'tro 최상의 상태임!
> 명령을 입력하세요: fight
최근 명령: fight
Room: Town Square
위험 수준: 2
당신의 참여를 주민들이 다 함께 환영합니다!
당신의 도착을 종탑에서 알립니다. 댕댕
(Aura: GREEN (Blessed: YES)
Madrigal of Zan'tro 최상의 상태임!
> 명령을 입력하세요:
```

현재 실행 중인 프로그램을 중단시킬 때는 그림 15.1의 화살표가 가리키는 Run 도구 창의 **중단** 버튼을 클릭하면 된다.

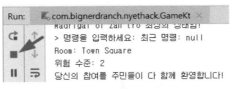

여기서는 Game 객체가 최상위 수준(코틀린 파일의 클래스 외부에 따로 선언되는 것을 의미함)의 객체 선언으로 정의되고 사용되었다. 그러나 객체 선언은 클래스 내부에서도 사용될 수 있다. 이 경우 포함하는 클래스의 인스턴스가 여러 개 생성되더라도 여전히 객체 선언의 객체는 하나만 생성된다. 또한, 포함하는 클래스의 인스턴스를 생성하지 않아도 객체 선언의 함수와 속성을 사용할 수 있다(자바의 static 멤버와 유사함). 단, 객체 선언을 포함하는 클래스 외부에서 객체 선언의 함수와 속성을 사용할 때는 포함 클래스 이름과 객체 선언 이름을 모두 지정해야 한다.

객체 표현식

대개의 경우는 class 키워드를 사용해서 이름이 있는 클래스를 별도의 파일에 정의한다. 그리고 클래스 이름으로 다른 코드에서 얼마든지 사용할 수 있다. 그러나 이와는 달리 기존 클래스의 서브 클래스를 우리가 원하는 코드 안에 이름 없이 정의한 후 바로 인스턴스를 생성해서 사용하면 편리한 경우가 있다. 이때는 클래스 이름이 없어도 된다(이것을 익명(anonymous) 클래스라고 한다). 해당 코드에서만 사용하는 것이기 때문이다. 이럴 때 object 키워드로 객체 표현식을 정의하고 사용한다. 다음 예를 보자.

```
val abandonedTownSquare = object : TownSquare() {
    override fun load() = "환영받을 것을 예상했겠지만 여기는 아무도 없군요..."
}
```

여기서 object 키워드로 정의된 것이 객체 표현식이며, 중괄호 안에 정의된 코드가 익명 클래스의 몸체를 정의한 것이다. 그리고 이 객체 표현식으로 정의된 익명 클래스는 TownSquare의 서브 클래스다. 따라서 TownSquare의 속성과 함수를 상속받으며, 오버라이딩 및 새로운 속성과 함수의 추가도 할 수 있다.

이 익명 클래스의 인스턴스(객체 표현식으로 생성된 객체)는 위의 코드가 실행될 때 생성과 초기화된다(abandonedTownSquare 변수가 최상위 수준, 즉 코틀린 파일(.kt)에 선언된 경우는 바로 생성과 초기화되며, 다른 클래스 안에 선언된 경우는 해당 클래스가 초기화될 때 생성과 초기화된다). 여기서는 생성된 인스턴스의 참조를 val 변수에 지정하므로 싱글톤 객체가 된다. abandonedTownSquare 변수가 존재하는 동안만 사용 가능하기 때문이다. 그러나 함수 내부에서 사용될 때는 해당 함수가 호출될 때마다 매번 인스턴스가 생성된다는 것에 유의하자(시스템에 부담을 줄 수 있다).

동반 객체

동반 객체(companion object)는 앞의 객체 선언과 유사하지만, 최상위 수준에서는 사용할 수 없고 클래스 내부에 정의하여 사용한다. 동반 객체를 정의할 때는 object 키워드 앞에 companion 키워드를 추가한다. 동반 객체는 클래스 내부에 정의된 객체 선언이라고 생각할 수 있다. 그러나 동반 객체를 포함하는 클래스 내부에서는 동반 객체의 속성이나 함수를 자신의 속성이나 함수인 것처럼 인식하므로 동반 객체의 이름을 지정하지 않고 사용할 수 있다. 단, 하나의 클래스에는 하나의 동반 객체만 포함될 수 있다.

이미 이야기했듯이 객체 선언을 포함하는 클래스 외부에서 객체 선언의 함수와 속성을 사용할 때는 포함 클래스 이름과 객체 선언 이름을 모두 지정해야 한다. 그러나 동반 객체의 경우는 동반 객체를 포함하는 클래스 이름만 지정하면 된다. 또한, 객체 선언처럼 포함 클래스의 인스턴스를 생성하지 않아도 사용할 수 있다. 그리고 포함 클래스의 인스턴스가 얼마나 많이 생성되든 동반 객체의 인스턴스는 하나만 생성된다.

동반 객체는 자신을 포함하는 클래스가 메모리에 로드될 때 같이 생성되며, 자신의 속성과 함수 중 하나가 사용될 때 초기화된다. 다음 예를 보자.

```
class PremadeWorldMap {
    ...
    companion object {
        private const val MAPS_FILEPATH = "nyethack.maps"

        fun load() = File(MAPS_FILEPATH).readBytes()
    }
}
```

PremadeWorldMap 클래스는 load 함수가 있는 동반 객체를 갖고 있다. 이 경우 PremadeWorldMap 의 인스턴스를 생성하지 않고, 다음과 같이 load 함수를 호출할 수 있다.

```
PremadeWorldMap.load()
```

중첩 클래스

다른 클래스 내부에 정의되는 모든 클래스가 이름이 없는 것은 아니다. 다른 클래스 내부에 **중첩된(nested)** 클래스에도 class 키워드를 사용해서 이름을 지정할 수 있다. 여기서는 Game 객체 내부에 중첩된 새로운 클래스인 GameInput을 정의할 것이다.

이제는 게임 루프가 정의되었으므로 게임에 전달되는 사용자 입력을 처리할 것이다. NyetHack 은 readLine 함수에서 사용자가 입력하는 명령에 의해 수행되는 텍스트 모험 게임이다. 따라서 사용자의 명령이 적합한 것인지 확인되어야 하며, 'move east'와 같이 여러 단어로 구성된 명령 이 올바르게 처리되어야 한다. 'move east'의 경우에 'move'는 이동 기능을 나타내는 명령이며, 'east'는 이동 방향을 나타내는 인자다.

이런 요구 사항을 해결하기 위해 GameInput 클래스를 Game 객체의 private 중첩 클래스로 정 의하자. GameInput 클래스는 사용자가 입력한 명령과 인자를 처리하는 로직을 제공한다.

리스트 15.7 | 중첩 클래스 정의하기   `CODE` Game.kt

```
...
object Game {
    ...
    private class GameInput(arg: String?) {
        private val input = arg ?: ""
        val command = input.split(" ")[0]
        val argument = input.split(" ").getOrElse(1, { "" })
    }
}
```

GameInput을 Game 객체의 private 클래스로 중첩시킨 이유가 무엇일까? GameInput 클래스는 Game 객체에서만 필요하고 다른 코드에서는 사용하지 않기 때문이다.

GameInput 클래스는 하나의 문자열로 된 사용자의 입력 명령과 인자를 생성자 인자로 받는다. 그리고 split 함수를 사용하여 해당 문자열에서 명령과 인자를 분리한 후, 명령은 command 속 성에, 그리고 이 명령의 인자는 argument 속성에 저장한다.

사용자 입력 명령과 인자 사이에는 공백(space) 문자가 있다. 따라서 공백 문자를 구분자로 지정하여 split 함수를 호출하면 명령과 인자가 별도의 문자열로 분리된 후 각각 List의 요소로 저장된다(인덱스 [0]에는 명령, [1]에는 인자). 그러나 사용자가 입력한 명령의 인자는 없을 수도 있다. 따라서 split 함수에서 생성된 List의 두 번째 요소(인덱스 [1])를 getOrElse 함수로 읽은 후 있으면 그 값을, 없으면 빈 문자열을 argument 속성에 저장한다.

사용자가 입력한 명령과 인자를 분리할 수 있게 되었으므로 이제는 명령이 적합한 것인지 확인해야 한다.

사용자가 입력한 명령의 적합성을 검사하기 위해 여기서는 when 표현식을 사용한다. 먼저, 부적합한 명령이 입력되었을 때 출력될 문자열을 반환하는 commandNotFound 함수를 GameInput 클래스에 추가하자.

리스트 15.8 | 중첩 클래스의 함수 정의하기　　　　　　　　`CODE` Game.kt

```
...
object Game {
    ...
    private class GameInput(arg: String?) {
        private val input = arg ?: ""
        val command = input.split(" ")[0]
        val argument = input.split(" ").getOrElse(1, { "" })

        private fun commandNotFound() = "적합하지 않은 명령입니다!"
    }
}
```

다음은 또 다른 함수인 processCommand를 GameInput에 추가한다. processCommand는 사용자가 입력한 명령을 확인하는 when 표현식의 결과를 반환한다. 이때 toLowerCase 함수를 호출하여 소문자로 명령을 변환한 후 철자를 검사하게 한다.

리스트 15.9 | processCommand 함수 정의하기　　　　　　　`CODE` Game.kt

```
...
object Game {
    ...
    private class GameInput(arg: String?) {
        private val input = arg ?: ""
        val command = input.split(" ")[0]
        val argument = input.split(" ").getOrElse(1, { "" })

        fun processCommand() = when (command.toLowerCase()) {
```

```
        else -> commandNotFound()
    }

    private fun commandNotFound() = "적합하지 않은 명령입니다!"
}
```

이제는 GameInput 클래스의 인스턴스를 생성하여 실행시킬 때가 되었다. Game.play 함수에 있
는 readLine 함수 호출 코드를 GameInput 클래스를 사용하는 코드로 변경하자.

리스트 15.10 | GameInput 사용하기   `CODE` Game.kt

```
...
object Game {
    ...
    fun play() {
        while (true) {
            println(currentRoom.description())
            println(currentRoom.load())

            // 플레이어의 상태 출력
            printPlayerStatus(player)

            print("> 명령을 입력하세요: ")
            println("최근 명령: ${readLine()}")
            println(GameInput(readLine()).processCommand())
        }
    }
    ...
}
```

Game.kt를 실행해 보자. 그리고 아무거나 명령(예를 들어, 여기처럼 **fight**)으로 입력해 보자. 그러면
commandNotFound 함수에서 반환하는 메시지가 출력될 것이다.

```
방문을 환영합니다.
한 덩어리의 파이어볼이 나타난다. (x2)
Room: Town Square
위험 수준: 2
당신의 참여를 주민들이 다 함께 환영합니다!
당신의 도착을 종탑에서 알립니다. 댕댕
(Aura: GREEN (Blessed: YES)
Madrigal of Abelhaven 최상의 상태임!
> 명령을 입력하세요: fight
적합하지 않은 명령입니다!
Room: Town Square
```

```
위험 수준: 2
당신의 참여를 주민들이 다 함께 환영합니다!
당신의 도착을 종탑에서 알립니다. 댕댕
(Aura: GREEN (Blessed: YES)
Madrigal of Abelhaven 최상의 상태임!
> 명령을 입력하세요:
```

지금은 아무 명령도 검사하지 않고 부적합한 것으로 처리한다. 그러나 이 장 뒤에서 'move' 명령을 추가할 것이다. 그림 15.1의 화살표가 가리키는 Run 도구 창의 **중단** 버튼을 클릭하여 프로그램 실행을 종료하자.

리스트 15.10의 코드에서 println(GameInput(readLine()).processCommand())를 살펴보자. GameInput(readLine())에서는 readLine 함수로부터 반환된 사용자 입력 문자열을 생성자 인자로 전달하여 GameInput 클래스의 인스턴스를 생성한다. 그리고 이 인스턴스의 processCommand 함수를 호출한 후 반환된 문자열을 println에서 출력한다. 이 코드에서 볼 수 있듯이, 중첩된 클래스의 인스턴스는 이 클래스를 포함하는 외곽 클래스의 인스턴스(여기서는 객체 선언으로 생성된 객체인 Game)가 생성되어야 사용할 수 있다. 또한, 외곽 클래스에서는 중첩된 클래스의 속성과 함수를 사용할 수 있다.

데이터 클래스

다음은 플레이어가 이동하는 좌표계를 나타내는 Coordinate 클래스를 생성할 것이다. Coordinate는 x와 y좌표를 나타내는 간단한 타입이며, **데이터 클래스(data class)**로 정의하면 좋다. 이름이 암시하듯 데이터 클래스는 데이터를 저장하기 위해 특별히 설계된 클래스이며, 강력한 데이터 처리 기능을 갖고 있다. 데이터 클래스는 class 키워드 앞에 data 키워드를 추가하여 정의한다.

NyetHack 프로젝트의 com.bignerdranch.nyethack 패키지에 Navigation.kt 파일을 생성하고 데이터 클래스인 Coordinate를 추가하자. Coordinate는 다음 세 개의 속성을 갖는다.

- x: 기본 생성자에 정의된 Int 타입의 val 속성이며 x좌표를 나타낸다.
- y: 기본 생성자에 정의된 Int 타입의 val 속성이며 y좌표를 나타낸다.
- isInBounds: x와 y의 값이 모두 양의 정수인지를 나타내는 Boolean 타입의 val 속성이다.

```kotlin
data class Coordinate(val x: Int, val y: Int) {
    val isInBounds = x >= 0 && y >= 0
}
```

좌표를 나타내는 x와 y 속성값은 0보다 작으면 안 된다. 따라서 현재 위치의 x와 y좌표가 이 조건을 만족하는지를 나타내는 isInBounds 속성을 Coordinate 클래스에 추가한 것이다. 그리고 향후에 플레이어가 이동하는 Coordinate의 좌표가 유효한지 결정하기 위해 isInBounds 속성값을 검사할 것이다. 예를 들어, 플레이어가 게임 지도상의 제일 위에서 더 북쪽으로 이동하려고 한다면 isInBounds에서 검사하여 막을 것이다.

다음은, 플레이어가 게임 지도상의 어디에 있는지 지속적으로 파악하기 위해 currentPosition 이라는 속성을 Player 클래스에 추가하자.

```kotlin
class Player(_name: String,
             var healthPoints: Int = 100,
             val isBlessed: Boolean,
             private val isImmortal: Boolean) {
    var name = _name
        get() = "${field.capitalize()} of $hometown"
        private set(value) {
            field = value.trim()
        }

    val hometown by lazy { selectHometown() }
    var currentPosition = Coordinate(0, 0)
    ...
}
```

14장에서 이야기했듯이 코틀린의 모든 null 불가능 클래스는 Any 클래스로부터 상속받는다. 그리고 Any 클래스에는 모든 클래스의 인스턴스에서 호출할 수 있는 toString, equals, hashCode 함수가 있다. 그러나 기본적인 정의만 되어 있다. Any 클래스로부터 상속받는 각 타입의 특성이 다르므로 해당 타입에 맞게 오버라이딩하여 구현하라는 의미에서 그렇게 한 것이다.

데이터 클래스는 비즈니스 로직을 처리하는 함수보다는 주로 데이터값을 저장하는 속성을 갖는다. 따라서 데이터 클래스 인스턴스끼리 각 속성의 값을 비교하거나(equals 함수), 인스턴스를 컬렉션(예를 들어, HashMap)에 저장할 때 사용할 키값인 해시 코드를 생성하거나(hashCode 함수), 객체를 문자열로 나타내는 기능(toString 함수)이 반드시 필요하다.

따라서 데이터 클래스를 정의하면 이 클래스의 속성에 맞게 처리되는 toString, equals, hashCode 함수들을 코틀린 컴파일러가 자동으로 생성(Any 클래스의 것을 오버라이딩)해 준다. 또한, 이외에도 각 속성의 값을 쉽게 변수로 추출해 주는 componentN(예를 들어, 첫 번째 속성은 component1, 두 번째 속성은 component2) 함수들도 생성해 주며, 기존 인스턴스의 속성값을 쉽게 변경하여 사용할 수 있게 해주는 copy 함수도 생성해 준다.

단, 자동 생성되는 함수들이 데이터 클래스의 모든 속성을 처리할 수 있게 하려면 반드시 기본 생성자에 속성들을 지정해야 한다. 그래야만 코틀린 컴파일러가 어떤 속성들을 처리할지 알 수 있기 때문이다. 지금까지 이야기한 데이터 클래스의 중요 함수들을 조금 더 자세히 알아보자.

toString

14장에서 이야기했듯이 Any 클래스에 정의된 toString 함수는 우리가 알아보기 어려운 형태로 객체를 나타낸다. 예를 들어, Coordinate가 데이터 클래스가 아닌 **일반 클래스**로 정의되었다면 println(Coordinate(1,2))와 같이 Coordinate 객체를 생성하여 출력할 때 Any 클래스의 toString 함수가 자동 호출되어 다음과 같은 문자열이 결괏값으로 반환된다.

```
Coordinate@3527c201
```

여기서 Coordinate@3527c201은 Coordinate 객체를 나타내기 위해 Any 클래스의 toString 함수가 자동 호출되어 반환된 문자열이다. Coordinate는 현재 객체의 타입을, 그리고 @3527c201은 JVM에서 이 객체를 고유하게 관리하기 위한 해시 코드값이다. 그런데 왜 이렇게 알기 어려운 형태로 Coordinate 객체를 나타내는 것일까? Any 클래스의 toString 함수에서는 Coordinate 객체를 어떻게 문자열로 나타내야 할지 알 수 없으므로 그와 같은 형식의 문자열을 반환한 것이다. 따라서 우리가 원하는 형태로 Coordinate 객체를 나타내려면 Coordinate 클래스에서 Any 클래스의 toString 함수를 오버라이딩하여 우리가 원하는 형태의 문자열을 반환하면 된다.

그러나 리스트 15.11과 같이 Coordinate를 **데이터 클래스**로 정의하면 Any 클래스의 toString을 오버라이딩한 toString 함수를 생성해 준다. 따라서 println(Coordinate(1,2))와 같이 Coordinate 객체를 출력할 때 Coordinate 클래스에 생성된 toString 함수가 호출되어 다음과 같은 문자열이 결괏값으로 반환된다.

```
Coordinate(x=1, y=2)
```

이런 형태는 우리가 알기 쉽다. x 속성값은 1, y 속성값은 2를 갖는 Coordinate 객체를 나타내는 것이기 때문이다. 단, 앞에서 이야기했듯이 기본 생성자에 정의된 속성들만 보여 주므로 isInBounds 속성은 나타나지 않는다.

equals

equals 함수는 두 개의 클래스 인스턴스를 비교할 때 자동 호출된다. 예를 들어, Coordinate가 데이터 클래스가 아닌 **일반 클래스**로 정의되었을 때 다음 코드를 실행하면 그 결과가 어떻게 될까?

```
Coordinate(1, 2) == Coordinate(1, 2)
```

놀랍게도 결과는 false가 된다. 왜 그럴까? Coordinate 클래스에 equals 함수를 구현하지 않았으므로 Any 클래스의 equals 함수가 자동 호출되어 실행되었기 때문이다. Any 클래스의 equals 함수에서는 객체의 각 속성값을 비교하지 않고 객체 참조를 비교한다.

그러나 리스트 15.11과 같이 Coordinate를 **데이터 클래스**로 정의하면 Any 클래스의 equals를 오버라이딩하여 Coordinate 클래스의 각 속성값을 비교하도록 equals 함수를 생성해 준다. 따라서 Coordinate(1, 2) == Coordinate(1, 2)의 결과는 true가 된다. 두 객체의 x와 y 속성값이 모두 같기 때문이다. 이것이 우리가 원하는 것이다. 단, toString 함수처럼 기본 생성자에 정의된 속성들만 비교된다.

copy

데이터 클래스를 사용하면 toString과 equals 함수에 추가하여 기존 인스턴스(객체)의 속성값을 쉽게 변경하여 새로운 인스턴스로 사용할 수 있게 해주는 copy 함수도 자동 생성해 준다.

예를 들어, 특정 Player 인스턴스로부터 isImmortal 속성의 값만 변경하여 새로운 인스턴스를 복제한다고 해보자. 이 경우 Player가 데이터 클래스라면 변경할 속성과 값만 인자로 전달하여 copy 함수를 호출하면 된다.

```
val mortalPlayer = player.copy(isImmortal = false)
```

해체 선언

10장에서는 split 함수를 사용했을 때 자동 생성되는 List의 메뉴 항목을 해체 선언(destructuring declaration)을 사용해서 세 개의 변수에 지정하는 방법을 알아보았다. 해체 선언은 데이터 클래스에도 사용할 수 있다.

데이터 클래스 인스턴스의 속성값은 쉽게 변수로 추출할 수 있다. 데이터 클래스의 **기본 생성자**에 정의된 **속성**과 **정의 순서**를 기준으로 각 속성값을 변수로 추출해 주는 componentN(예를 들어, 첫 번째 속성은 component1, 두 번째 속성은 component2) 함수들을 자동 생성하고 호출해 주기 때문이다.

데이터 클래스가 아닌 일반 클래스의 경우에도 operator 키워드(연산자 오버로딩을 나타냄)를 사용해서 componentN 함수들을 추가하면 해체 선언을 지원할 수 있다. 예를 들면 다음과 같다.

```
fun main(args: Array<String>) {
    val (vExperience, vLevel) = PlayerScore(1250, 5)
    println("vExperience = $vExperience, vLevel = $vLevel")
}

class PlayerScore(val experience: Int, val level:Int ){
    operator fun component1() = experience
    operator fun component2() = level
}
```

main 함수의 첫 번째 코드에서는 PlayerScore 인스턴스를 생성하고 experience와 level 속성값을 vExperience와 vLevel 변수 각각에 지정한다. 이때 component1 함수가 자동 호출되어 experience 속성값을 반환하며 이 값이 vExperience 변수에 지정된다. 또한, component2 함수가 자동 호출되어 level 속성값을 반환하고 이 값이 vLevel 변수에 지정된다. 그리고 두 번째 코드에서는 각 변수의 값을 출력한다.

그러나 PlayerScore를 데이터 클래스로 정의하면 우리가 componentN 함수들을 정의할 필요 없다. 기본 생성자에 정의된 속성들에 대해 코틀린 컴파일러가 componentN 함수들을 자동 생성해 주기 때문이다. 예를 들면 다음과 같다.

```
fun main(args: Array<String>) {
    val (vExperience, vLevel) = PlayerScore(1250, 5)
    println("vExperience = $vExperience, vLevel = $vLevel")
}

data class PlayerScore(val experience: Int, val level:Int ){
}
```

이처럼 데이터 클래스를 사용하면 훨씬 간단하다. 그러나 데이터 클래스는 다음 요구 사항이 충족되어야 한다.

- 최소한 하나의 매개변수를 갖는 기본 생성자를 가져야 한다.
- 기본 생성자의 매개변수에는 val이나 var이 지정되어야 한다. 그래야만 속성이 생성되기 때문이다.
- abstract, open, sealed, 또는 inner 키워드를 지정할 수 없다(abstract는 추상 클래스, open은 서브 클래스를 가질 수 있는 클래스, sealed는 sealed 클래스, inner는 내부 클래스를 뜻한다).

다음의 경우에는 데이터 클래스를 사용해도 그리 유용하지 않을 수 있다. Any 클래스에서 상속되는 toString, equals, hashCode 함수들을 우리 클래스에서 오버라이딩할 필요가 없을 때, copy 함수가 필요 없을 때 등이다. 또한, 클래스의 인스턴스들을 비교할 때 자동 호출되는 equals 함수를 우리 나름대로 구현할 때에도 해당된다(예를 들어, 클래스의 모든 속성이 아닌 특정 속성들의 값만 비교하는 경우).

이 장 후반의 **'궁금증 해소하기: 객체의 값 비교하기'**에서는 인텔리제이의 편리한 기능을 사용해서 equals 함수를 우리가 오버라이딩하는 방법을 배울 것이다.

enum 클래스

일련의 상숫값을 정의하는 열거형(enumerated type)을 코틀린에서는 **enum 클래스**로 정의한다.

NyetHack 게임에서는 플레이어가 이동할 수 있는 네 가지 기본 방향(동서남북)을 나타내기 위해 enum 클래스를 사용할 것이다. Direction이라는 enum 클래스를 Navigation.kt에 추가하자.

리스트 15.13 | enum 클래스 정의하기   `CODE` Navigation.kt

```kotlin
enum class Direction {
    NORTH,
    EAST,
    SOUTH,
    WEST
}

data class Coordinate(val x: Int, val y: Int) {
    val isInBounds = x >= 0 && y >= 0
}
```

enum 클래스인 Direction은 네 개의 항목을 갖고 있다. NORTH, EAST, SOUTH, WEST다. 그리고 String과 같은 다른 타입의 상수보다 더 서술적이라서 무엇을 의미하는지 알기 쉽다. 각 항목은 enum 클래스와 점(.) 및 항목 이름을 사용해서 참조할 수 있다. 예를 들면 다음과 같다.

```
Direction.EAST
```

코틀린에서는 enum 클래스의 각 항목에 대해 내부적으로 name(항목 이름이며 String 타입) 과 ordinal(항목 위치이며 Int 타입) 속성을 갖는다. 예를 들어, 항목 이름을 알고자 할 때는 Direction.NORTH, Direction.NORTH.name, Direction.valueOf("NORTH") 중 어느 것을 사용해도 모두 "NORTH"를 반환한다. 또한, Direction.values는 Direction의 모든 항목 이름을 배열로 생성해 준다.

그리고 항목 위치의 경우는 Direction.NORTH.ordinal이 0, Direction.EAST.ordinal은 1, Direction.SOUTH.ordinal은 2, Direction.WEST.ordinal은 3을 반환한다(항목의 위치값은 0부터 시작하며 1씩 증가한다).

enum 클래스와 when 표현식을 같이 사용하면 우리가 알기 쉬운 문자열로 enum 항목을 나타낼 수 있다. 예를 들면 다음과 같다.

```kotlin
fun getDirectionName(direction: Direction) =
    when (direction) {
        Direction.NORTH -> "북"
```

```
        Direction.EAST -> "동"
        Direction.SOUTH -> "남"
        Direction.WEST -> "서"
    }
```

여기서는 getDirectionName 함수에서 enum 타입인 Direction을 인자로 받아 알기 쉬운 문자열로 기본 방향을 반환한다.

또한, enum 클래스 항목의 속성을 우리가 정의할 수도 있다. 코틀린에서는 각 항목이 단순한 상수가 아니라 enum 클래스의 서브 타입이기 때문이다. NyetHack 게임에서는 플레이어의 이동 방향을 나타내기 위해 Direction을 사용한다. 그리고 Direction의 각 항목 속성으로 좌표를 나타내는 Coordinate 인스턴스를 사용할 것이다. 플레이어가 이동하는 방향에 따라 x와 y 좌표를 변경해야 하기 때문이다.

예를 들어, 플레이어가 동쪽으로 이동하면 x 위치는 1이 되고 y 위치는 0이 된다. 또한, 플레이어가 남쪽으로 이동하면 x 위치는 0이 되고 y 위치는 1이 된다.

Direction의 기본 생성자에 좌표 속성(**Coordinate 타입**)을 추가하자. 그리고 각 항목의 속성값으로 Coordinate 인스턴스를 추가해야 한다.

리스트 15.14 | **enum 클래스 생성자 정의하기**   `CODE` ▶ Navigation.kt

```
enum class Direction(private val coordinate: Coordinate) {
    NORTH(Coordinate(0, -1)),
    EAST(Coordinate(1, 0)),
    SOUTH(Coordinate(0, 1)),
    WEST(Coordinate(-1, 0))
}

data class Coordinate(val x: Int, val y: Int) {
    val isInBounds = x >= 0 && y >= 0
}
```

enum 클래스는 다른 클래스처럼 함수도 가질 수 있다. Direction에 updateCoordinate 함수를 추가하자. 이 함수는 플레이어의 이동에 따라 좌표가 변경된 Coordinate 인스턴스를 반환한다(enum 클래스에 함수를 정의할 때는 마지막 항목의 제일 끝에 세미콜론(;)을 붙여야 한다는 것에 주의하자. 항목과 함수를 구분해야 하기 때문이다).

```kotlin
enum class Direction(private val coordinate: Coordinate) {
    NORTH(Coordinate(0, -1)),
    EAST(Coordinate(1, 0)),
    SOUTH(Coordinate(0, 1)),
    WEST(Coordinate(-1, 0));        // 제일 끝에 세미콜론을 추가한다

    fun updateCoordinate(playerCoordinate: Coordinate) =
            Coordinate(playerCoordinate.x + coordinate.x,
                       playerCoordinate.y + coordinate.y)
}

data class Coordinate(val x: Int, val y: Int) {
    val isInBounds = x >= 0 && y >= 0
}
```

enum 클래스의 함수는 **클래스명.항목명.함수명**의 형태로 호출해야 한다. 예를 들어, updateCoordinate 함수는 다음과 같이 호출할 수 있다.

```kotlin
Direction.EAST.updateCoordinate(Coordinate(1, 0))
```

연산자 오버로딩

이미 배웠듯이 코틀린에는 여러 가지 종류의 연산자(operator)가 있다. 산술 연산자의 예를 들면, 덧셈은 +, 뺄셈은 -, 곱셈은 *, 나눗셈은 /, 나머지는 %다. 이 연산자들은 숫자 타입의 값을 연산하는 데 사용된다. 예를 들어, 정수 타입(Int)의 변수 a와 b가 있을 때 a+b는 두 변수의 정숫값을 더하라는 뜻이다(여기서 a와 b는 피연산자다). 이때 코틀린 컴파일러는 a+b를 컴파일하여 a.plus(b)를 실행하도록 바이트코드로 생성한다. 즉, b의 값을 인자로 전달하여 a의 plus 함수를 실행하는 것이다. + 연산자는 plus라는 이름의 함수를 호출하도록 약속되어 있기 때문이다. 여기서는 a 변수가 Int 타입이므로 Int 클래스에 정의된 plus 함수가 호출되어 실행된다(코틀린에는 Int와 같은 기본 타입도 클래스로 정의되어 있다).

그렇다면 변수 a와 b가 Int가 아닌 다른 타입(예를 들어, 우리가 정의한 클래스)의 객체일 때 a+b를 실행하게 하면 어떻게 될까? 이때도 정수의 덧셈 연산과 동일하게 컴파일러가 a.plus(b)로 코드 변환을 시도한다. 따라서 a의 클래스에 plus 함수가 정의되어 있어야 하며, 그렇지 않으면 컴파일 에러가 된다.

이처럼 + 연산자가 사전에 약속된 plus 함수로 실행되게 하면 장점이 있다. 즉, 피연산자의 타입이 다르더라도 덧셈은 항상 +로 나타내면 되기 때문이다. 만일 이렇게 하지 않는다면 피연산자의 타입마다 서로 다른 종류의 덧셈 연산자를 사용해야 하므로 연산자의 수가 많아지고 사용하기도 매우 불편할 것이다.

방금 알아본 덧셈 기능처럼 피연산자의 타입이 무엇이든 같은 연산자를 사용해서 동일한 기능을 구현할 수 있게 해주는 것을 **연산자 오버로딩(operator overloading)**이라고 한다. 코틀린에서는 각 연산자를 사전에 약속된 함수로 구현하여 연산자 오버로딩을 지원한다. 앞의 데이터 클래스에서 알아보았던 == 비교 연산자가 equals 함수로 호출되는 것도 연산자 오버로딩 때문이다. 또한, 10장과 11장의 컬렉션에서 사용했던 인덱스 연산자([])는 get 또는 set 함수로 오버로딩되어 있다. 따라서 예를 들어, spellList[3]는 spellList.get(3) 또는 spellList.set(3)으로 컴파일되어 실행된다.

Int와 같은 기본 타입을 포함해서 대부분의 코틀린 내장 타입에는 연산자를 오버로딩한 함수들이 이미 정의되어 있다(오버로딩이 지원되지 않는 연산자도 있다). 그러나 우리가 정의한 클래스의 인스턴스에 코틀린의 연산자를 사용할 때는 관련 함수를 우리 클래스에 오버로딩해 주어야 한다. 이때 operator 키워드를 사용한다.

여기서는 Coordinate 클래스에 연산자 오버로딩을 사용할 것이다. 플레이어가 이동할 때 두 개의 좌표(Coordinate 인스턴스)를 합산할 것이기 때문이다. Coordinate 클래스에 plus 함수를 추가하자.

리스트 15.16 | plus 함수 오버로딩하기　　　　　`CODE` Navigation.kt

```kotlin
enum class Direction(private val coordinate: Coordinate) {
    NORTH(Coordinate(0, -1)),
    EAST(Coordinate(1, 0)),
    SOUTH(Coordinate(0, 1)),
    WEST(Coordinate(-1, 0));

    fun updateCoordinate(playerCoordinate: Coordinate) =
            Coordinate(playerCoordinate.x + coordinate.x,
                    playerCoordinate.y + coordinate.y)
}

data class Coordinate(val x: Int, val y: Int) {
    val isInBounds = x >= 0 && y >= 0

    operator fun plus(other: Coordinate) = Coordinate(x + other.x, y + other.y)
}
```

이제는 + 연산자를 사용해서 두 개의 Coordinate 인스턴스를 합산할 수 있다. Direction의 updateCoordinate 함수를 변경하자.

리스트 15.17 | 오버로딩된 연산자 사용하기

CODE▶ Navigation.kt

```kotlin
enum class Direction(private val coordinate: Coordinate) {
    NORTH(Coordinate(0, -1)),
    EAST(Coordinate(1, 0)),
    SOUTH(Coordinate(0, 1)),
    WEST(Coordinate(-1, 0));

    fun updateCoordinate(playerCoordinate: Coordinate) =
        Coordinate(playerCoordinate.x + coordinate.x,
            playerCoordinate.y + coordinate.y)
        coordinate + playerCoordinate
}

data class Coordinate(val x: Int, val y: Int) {
    val isInBounds = x >= 0 && y >= 0

    operator fun plus(other: Coordinate) = Coordinate(x + other.x, y + other.y)
}
```

표 15.1에서는 흔히 오버로딩될 수 있는 몇 가지 연산자를 보여 준다.

표 15.1 | 오버로딩 가능한 연산자

연산자	오버로딩 함수명	기능
+	plus	객체를 다른 객체와 더한다
+=	plusAssign	객체를 다른 객체와 더한 후 그 결과를 왼쪽 피연산자 객체에 지정한다
==	equals	두 객체가 같으면 true를, 다르면 false를 반환한다
>	compareTo	왼쪽 객체가 오른쪽 객체보다 크면 true를, 아니면 false를 반환한다
[]	get	지정된 인덱스의 컬렉션 요소를 반환한다
..	rangeTo	범위 객체를 생성한다
in	contains	객체가 컬렉션에 있으면 true를 반환한다

이 연산자들은 어떤 클래스에서도 오버로딩될 수 있다. 단, equals 함수를 오버로딩할 때는 hashCode 함수도 오버로딩해야 한다. 인텔리제이의 단축 명령을 사용해서 이 두 함수를 오버로 딩하는 예는 이 장 뒤의 '궁금증 해소하기: 객체의 값 비교하기'에서 알아본다. hashCode 함수를 오버로딩하는 이유와 방법은 이 책에서 다루지 않으므로 관심이 있다면 https://kotlinlang.org/api/latest/jvm/stdlib/kotlin/-any/hash-code.html을 참고하자.

NyetHack 게임 세계 탐험하기

게임 루프와 좌표계를 만들었으므로 이제는 NyetHack 게임 세계를 탐험하기 위해 더 많은 공간(room)을 추가할 때가 되었다.

게임 세계의 지도를 설정하려면 플레이어가 이동할 수 있는 격자 형태의 모든 공간을 저장한 List가 필요하다(여기서는 worldMap). 그리고 이 List는 다시 두 개의 공간 List를 포함한다. 첫 번째 List는 플레이어가 게임을 시작하는 Town Square(광장)와 Tavern(술집) 및 Back Room(밀실)을 요소로 저장한다. 두 번째 List는 Long Corridor(긴 복도)와 Generic Room(다용도실)을 요소로 저장한다. 플레이어가 이동할 모든 공간을 갖는 worldMap 속성을 Game에 추가하자.

리스트 15.18 | worldMap 속성 정의하기   `CODE` Game.kt

```
...
object Game {
    private val player = Player("Madrigal")
    private var currentRoom: Room = TownSquare()

    private var worldMap = listOf(
            listOf(currentRoom, Room("Tavern"), Room("Back Room")),
            listOf(Room("Long Corridor"), Room("Generic Room")))
    ...
}
```

그림 15.2에서는 NyetHack 게임에서 이동할 수 있는 격자 형태의 공간들을 보여 준다.

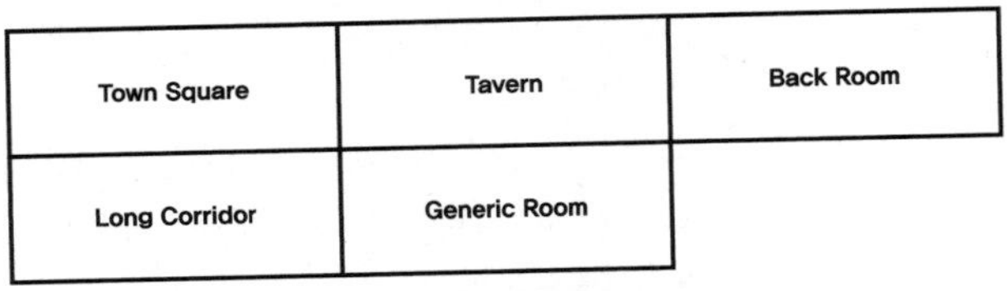

Town Square	Tavern	Back Room
Long Corridor	Generic Room	

그림 15.2 | NyetHack 게임 세계 지도

이제는 플레이어가 NyetHack의 신비한 공간으로 나갈 수 있는 'move' 명령을 추가할 때가 되었다. 문자열로 방향을 입력받는 move 함수를 추가하자. 이 함수에서는 많은 것을 처리한다. 이 내용은 일단 코드를 입력한 후 설명할 것이다.

```
...
object Game {
    private var currentRoom: Room = TownSquare()
    private val player = Player("Madrigal")

    private var worldMap = listOf(
        listOf(currentRoom, Room("Tavern"), Room("Back Room")),
        listOf(Room("Long Corridor"), Room("Generic Room")))
    ...
    private fun move(directionInput: String) =
        try {
            val direction = Direction.valueOf(directionInput.toUpperCase())
            val newPosition = direction.updateCoordinate(player.currentPosition)
            if (!newPosition.isInBounds) {
                throw IllegalStateException("$direction 쪽 방향이 범위를 벗어남.")
            }

            val newRoom = worldMap[newPosition.y][newPosition.x]
            player.currentPosition = newPosition
            currentRoom = newRoom
            "OK, $direction 방향의 ${newRoom.name}로 이동했습니다."
        } catch (e: Exception) {
            "잘못된 방향임: $directionInput."
        }
}
```

move 함수는 try/catch 표현식의 결과를 문자열로 반환한다. try 블록에서는 valueOf 함수를 사용한다. 이 함수는 enum 클래스에서 사용할 수 있는 함수이며, 인자로 전달된 문자열값과 일치하는 enum 항목을 반환한다. 예를 들어, Direction.valueOf("EAST")를 실행하면 Direction.EAST가 반환된다. 그러나 enum 항목 중 어느 하나라도 일치하지 않으면 IllegalArgumentException이 발생되고, 이 예외는 catch 블록에서 처리된다(여기서는 catch 블록에서 예외 타입을 Exception으로 검사했으므로 어떤 타입의 예외도 처리된다).

valueOf 함수가 예외 발생 없이 정상적으로 실행되면 move 함수의 인자로 전달된 방향으로 플레이어의 좌표를 변경한 후 변경된 좌표가 범위를 벗어나지 않았는지 검사한다. 그리고 만일 벗어났으면 IllegalStateException을 발생시켜서 catch 블록에서 처리되게 한다.

만일 플레이어가 적합한 방향으로 이동하면 worldMap에서 새로운 좌표 위치의 공간을 가져온다. 이때 worldMap[newPosition.y]는 worldMap List에 저장된 두 개의 List 중 하나를 가리키며, [newPosition.x]는 찾은 List에 저장된 요소(여기서는 각 공간)를 가리킨다. 만일 가져올 좌표의 공간이 존재하지 않으면 ArrayIndexOutOfBoundsException이 발생되고, 이 예외 역시 catch 블록에서 처리된다.

만일 모든 코드가 예외 발생 없이 실행되면 플레이어의 currentPosition 속성이 변경되고 플레이어가 입력한 방향으로 공간을 이동했다는 메시지 문자열이 반환된다.

move 함수는 플레이어가 'move' 명령을 입력할 때 호출되어야 한다. 이렇게 될 수 있도록 이 장 앞에서 작성했던 GameInput 클래스를 변경하자.

리스트 15.20 | processCommand 함수에서 move 함수 호출하기　　　`CODE` Game.kt

```
...
object Game {
    ...
    private class GameInput(arg: String?) {
        private val input = arg ?: ""
        val command = input.split(" ")[0]
        val argument = input.split(" ").getOrElse(1, { "" })

        fun processCommand() = when (command.toLowerCase()) {
            "move" -> move(argument)
            else -> commandNotFound()
        }

        private fun commandNotFound() = "적합하지 않은 명령입니다!"
    }
}
```

Game.kt를 실행하고 move east를 입력하면 다음과 같은 결과가 출력될 것이다.

```
방문을 환영합니다.
한 덩어리의 파이어볼이 나타난다. (x2)
Room: Town Square
위험 수준: 2
당신의 참여를 주민들이 다 함께 환영합니다!
당신의 도착을 종탑에서 알립니다. 댕댕
(Aura: GREEN (Blessed: YES)
Madrigal of Phandoril 최상의 상태임!
> 명령을 입력하세요: move east
OK, EAST 방향의 Tavern로 이동했습니다.
Room: Tavern
위험 수준: 5
아무도 여기에 오지 않았습니다...
(Aura: GREEN (Blessed: YES)
Madrigal of Phandoril 최상의 상태임!
> 명령을 입력하세요:
```

결과가 확인되었으면 그림 15.1의 화살표가 가리키는 Run 도구 창의 **중단** 버튼을 클릭하여 프로그램 실행을 종료하자.

다 되었다. 이제는 플레이어가 NyetHack의 세계를 돌아다닐 수 있게 되었다. 이 장에서는 여러 종류의 클래스들을 사용하는 방법을 배웠다. 따라서 일반 클래스는 물론이고 객체 선언, 데이터 클래스, enum 클래스를 사용해서 데이터를 나타낼 수 있다.

다음 장에서는 우리 클래스가 지켜야 하는 규약을 정의하는 인터페이스(interface)와 추상 클래스(abstract class)에 관해 배우면서 NyetHack에 전투 기능을 추가할 것이다.

궁금증 해소하기: 객체의 값 비교하기

이름과 타입 속성을 갖는 Weapon 클래스가 있다고 해보자.

```
open class Weapon(val name: String, val type: String)
```

이 경우 동등 비교 연산자(==)를 사용해서 두 개의 Weapon 인스턴스가 같은지(모든 속성의 값이 같은지) 비교하면 결과는 false가 된다. 이미 이야기했듯이 == 연산자는 기본적으로 객체 참조가 같은지 비교하기 때문이다(더 자세히 말하면 Any 클래스에서 상속받은 equals 함수를 Weapon 클래스에서 오버라이딩하지 않았으므로 Any 클래스의 equals 함수가 실행되기 때문이다). 예를 들면 다음과 같다.

```
open class Weapon(val name: String, val type: String)
println(Weapon("ebony kris", "dagger") == Weapon("ebony kris", "dagger")) // False
```

그러나 Weapon을 데이터 클래스로 정의하면 기본 생성자에 정의된 모든 속성의 값을 비교해 주는 equals 함수가 자동 생성된다(Any 클래스에서 상속받은 equals 함수를 오버라이딩). 그러나 이처럼 open 키워드를 지정하여 Weapon의 서브 클래스들을 만들고자 한다면 Weapon을 데이터 클래스로 정의할 수 없다. 데이터 클래스는 슈퍼 클래스가 될 수 없기 때문이다.

따라서 이 경우에는 '연산자 오버로딩'에서 이야기했던 대로 equals와 hashCode 함수를 우리가 Weapon 클래스에 구현해야 한다.

이런 일은 흔히 생기므로 인텔리제이에서는 equals와 hashCode 함수를 쉽게 생성해 주는 기능을 제공한다. 이 기능을 사용할 때는 먼저, 두 함수를 생성할 클래스(예를 들어, Weapon)가 편집기 창에 열린 상태에서 해당 클래스 몸체(중괄호({}) 내부)의 아무 곳이나 클릭해야 한다. 그다음에 메인 메뉴의 **Code ➡ Generate...**를 선택하면 그림 15.3의 Generate 대화상자가 나타난다.

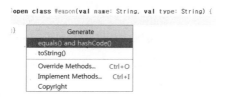

그림 15.3 | **Generate 대화상자**

equals() and hashCode()를 클릭한 후 다음 대화상자에서 Next 버튼을 누르면 equals 함수에서 비교될 속성을 선택할 수 있는 그림 15.4의 대화상자가 나타난다.

그림 15.4 | **equals 함수에서 비교될 속성 선택**

여기서는 기본적으로 모든 속성이 선택되어 있으며, 우리가 필요한 속성만 선택할 수도 있다. Next 버튼을 누르면 hashCode 함수에 포함시킬 속성을 선택하는 대화상자가 나타나며, Finish 버튼을 누르면 다음과 같이 equals와 hashCode 함수를 생성해 준다.

```
open class Weapon(val name:String, val type: String) {
    override fun equals(other: Any?): Boolean {
        if (this === other) return true
        if (javaClass != other?.javaClass) return false

        other as Weapon
```

```
        if (name != other.name) return false
        if (type != other.type) return false

        return true
    }

    override fun hashCode(): Int {
        var result = name.hashCode()
        result = 31 * result + type.hashCode()
        return result
    }
}
```

이제는 equals와 hashCode 함수가 오버라이딩되었으므로 다음과 같이 두 개의 Weapon 인스턴스를 == 연산자로 비교하면 결과는 true가 된다. Weapon 클래스에 오버라이딩된 equals가 실행되어 두 인스턴스의 각 속성값을 비교하기 때문이다.

```
println(Weapon("ebony kris", "dagger") == Weapon("ebony kris", "dagger")) // True
```

오버라이딩된 equals 함수의 다음 코드를 보면 두 인스턴스의 각 속성값을 비교하는 것을 알 수 있다.

```
    ...
    if (name != other.name) return false
    if (type != other.type) return false

    return true
    ...
```

모든 속성의 값이 같으면 비교 결과가 true가 되고, 그렇지 않으면 false가 된다. 이미 이야기했듯이 equals 함수를 오버라이딩할 때는 hashCode 함수도 같이 오버라이딩해야 한다. HashMap과 같은 Map 타입의 컬렉션에서는 **키**와 **값**의 쌍으로 데이터를 저장하며, 이때 hashCode 함수에서 생성된 해시 코드(hash code)를 키로 사용한다. 해시 코드는 각 인스턴스를 고유하게 식별하기 위해 생성된 값이다. HashMap 외에 HashSet, LinkedHashSet, LinkedHashMap에서도 hashCode 함수에서 생성된 해시 코드를 사용한다.

궁금증 해소하기: ADT

ADT(Algebraic data type, 대수적 데이터 타입)는 지정된 타입과 연관될 수 있는 서브 타입들의 폐집합(closed set)을 나타낼 수 있다. enum 클래스도 ADT의 간단한 형태다.

학생의 입학 상태에 따라 세 가지의 연관된 상태 정보를 갖는 Student 클래스를 생각해 보자. 이 정보들은 NOT_ENROLLED(미등록), ACTIVE(재학), GRADUATED(졸업)다.

이 장에서 배웠던 enum 클래스를 사용하면 다음과 같이 구현할 수 있다(enum 클래스의 각 항목은 이 클래스의 서브 타입이다).

```
enum class StudentStatus {
    NOT_ENROLLED,
    ACTIVE,
    GRADUATED
}

class Student(var status: StudentStatus)

fun main(args: Array<String>) {
    val student = Student(StudentStatus.NOT_ENROLLED)
}
```

enum 클래스를 포함해서 ADT의 장점은 우리가 모든 타입을 처리했는지 컴파일러가 검사할 수 있다는 것이다. ADT는 사용 가능한 타입들이 제한되어 있기 때문이다. 따라서 그림 15.5와 같이 StudentStatus 클래스의 인스턴스를 인자로 받는 studentMessage 함수의 when 표현식에서 NOT_ENROLLED 항목만 처리하면 컴파일 에러가 된다. enum 클래스인 StudentStatus의 ACTIVE와 GRADUATED 항목을 처리하지 않았기 때문이다.

그림 15.5 | 모든 enum 항목의 처리가 필요함

그러나 다음과 같이 StudentStatus의 모든 항목을 처리하면 에러 없이 컴파일된다.

```
    fun studentMessage(status: StudentStatus): String {
        return when (status) {
            StudentStatus.NOT_ENROLLED -> "과정에 등록하세요!"
            StudentStatus.ACTIVE -> "환영합니다!"
            StudentStatus.GRADUATED -> "졸업을 축하합니다!"
        }
    }
```

코틀린에서는 enum 클래스의 각 항목이 단순한 상수가 아니라 서브 타입이므로 속성도 가질 수 있다. 그러나 각 항목 나름의 더 복잡한 처리가 필요한 경우는 각 항목을 클래스로 정의하여 sealed 클래스로 묶어서 사용할 수 있다.

예를 들어, 학생이 재학 중이면 과정 번호를 지정한다고 해보자. 이 경우 enum 클래스의 ACTIVE 항목에 과정 번호 속성(courseId)을 추가할 수 있다. 그러나 이 속성은 ACTIVE 항목에만 사용되므로 다른 두 항목의 과정 번호 속성은 불필요하며 null 값을 갖게 된다.

```
enum class StudentStatus {
    NOT_ENROLLED,
    ACTIVE,
    GRADUATED;
    var courseId: String? = null // 이 속성은 ACTIVE에만 사용된다
}
```

이런 경우에 다음과 같이 sealed 클래스를 사용하면 좋다. sealed 클래스는 class 앞에 sealed 키워드를 지정하여 정의한다.

sealed 클래스는 자신의 서브 클래스 종류를 제한하기 위해 사용된다. sealed 클래스는 enum 클래스와 비슷하다. 그러나 차이점이 있다. enum 클래스의 각 항목은 하나의 인스턴스만 생성된다. 반면에 sealed 클래스에 속하는 서브 클래스들은 일반 클래스이므로 인스턴스 개수에 제한이 없다.

sealed 클래스는 두 가지 형태로 사용할 수 있다. 첫 번째는 sealed 클래스의 모든 서브 클래스들을 독립적인 클래스로 정의하는 것이다. 단, 이때는 모든 서브 클래스들이 sealed 클래스와 같은 코틀린 파일(.kt) 안에 있어야 한다. 이 방법을 사용해서 앞의 StudentStatus를 enum 클래스가 아닌 sealed 클래스로 구현한 코드는 다음과 같다(sealed 클래스에는 open 키워드를 지정하지 않아도 된다).

```
sealed class StudentStatus
object NotEnrolled : StudentStatus()
class Active(val courseId: String) : StudentStatus()
object Graduated : StudentStatus()
```

이때는 Active 서브 클래스의 인스턴스를 다음과 같이 생성한다. 이것은 일반 클래스의 인스턴스를 생성하는 방법과 동일하다.

```
val active = Active("Kotlin101")
```

sealed 클래스를 정의하는 두 번째 방법은 sealed 클래스의 모든 서브 클래스들을 sealed 클래스 내부에 중첩된 클래스로 정의하는 방법이다. 이 방법을 사용해서 StudentStatus를 sealed 클래스로 정의하면 다음과 같다.

```
sealed class StudentStatus {
    object NotEnrolled : StudentStatus()
    class Active(val courseId: String) : StudentStatus()
    object Graduated : StudentStatus()
}
```

이때는 Active 서브 클래스의 인스턴스를 다음과 같이 생성한다.

```
val active = StudentStatus.Active("Kotlin101")
```

둘 중 어떤 방법으로 sealed 클래스를 정의하든 StudentStatus는 제한된 수의 서브 클래스를 가지며, enum 클래스보다 더 다양한 처리를 할 수 있다.

과정 번호(courseId)가 필요 없는 NotEnrolled와 Graduated는 object 키워드로 객체를 선언하였다. 하나의 인스턴스만 있으면 되기 때문이다. 반면에 Active는 클래스로 선언하였다. 학생에 따라 과정이 여러 개 있을 수 있으므로 서로 다른 인스턴스를 가질 수 있기 때문이다.

sealed 클래스인 StudentStatus를 정의하고 Active 서브 클래스 인스턴스를 생성한 후 과정 번호를 출력하는 예를 보면 다음과 같다.

```kotlin
fun main(args: Array<String>) {
    val student = Student(StudentStatus.Active("Kotlin101"))
    println(studentMessage(student.status))
}

fun studentMessage(status: StudentStatus): String {
    return when (status) {
        is StudentStatus.NotEnrolled -> "과정에 등록하세요!"
        is StudentStatus.Active -> "${status.courseId} 과정에 등록되었습니다!"
        is StudentStatus.Graduated -> "졸업을 축하합니다!"
    }
}

class Student(var status: StudentStatus)

sealed class StudentStatus {
    object NotEnrolled : StudentStatus()
    class Active(val courseId: String) : StudentStatus()
    object Graduated : StudentStatus()
}
```

이 코드를 실행하면 다음 결과가 출력된다.

```
Kotlin101 과정에 등록되었습니다!
```

여기서 하나 주목할 것이 있다. Student 클래스의 기본 생성자에 정의된 status 속성의 타입은 StudentStatus다. 따라서 main 함수의 첫 번째 코드에서 Student 인스턴스를 생성할 때 Active 서브 클래스 인스턴스의 타입이 StudentStatus 타입으로 스마트 캐스팅된다. sealed 클래스인 StudentStatus가 Active의 슈퍼 클래스이기 때문이다.

챌린지: 'quit' 명령

플레이어는 어떤 시점에서든 게임을 끝낼 수 있기를 바랄 것이다. 그러나 현재는 NyetHack에서 그렇게 할 수 있는 방법을 제공하지 않는다. 이 챌린지에서는 그 방법을 제공할 것이다. 사용자가 'quit' 또는 'exit'를 입력하면 NyetHack에서 작별 메시지를 출력하고 게임을 종료해야 할 것이다. 힌트: 현재는 while 루프가 무한정으로 실행되므로 이 루프에 조건을 지정하여 끝나도록 하는 것이 해결 방법이다.

챌린지: 게임 세계 지도 구현하기

NyetHack 게임에서는 ASCII 그래픽을 지원하지 않는다고 했었다. 그러나 이 챌린지를 성공적으로 완성하면 가능할 것이다.

때로는 플레이어가 광활한 NyetHack의 세계에서 길을 잃을 수 있다. 그러나 다행스럽게도 우리가 멋진 지도를 줄 수 있다. 게임 세계에서 플레이어의 현재 위치를 보여 주는 'map' 명령을 구현해 보자. 예를 들어, 플레이어가 현재 tavern(술집)에 있을 때 'map' 명령을 입력하면 다음과 같이 보여 줄 것이다.

```
> 명령을 입력하세요: map
O X O
O O
```

여기서 X는 플레이어가 현재 위치한 공간을 나타낸다(그림 15.2의 공간 위치 참조).

챌린지: 종을 치기

NyetHack의 광장에서 우리가 원하는 대로 얼마든지 종을 칠 수 있게 'ring' 명령을 추가하자. 힌트: ringBell 함수를 public으로 만들어야 한다.

CHAPTER

16

인터페이스와 추상 클래스

이 장에서는 코틀린에서 **인터페이스(interface)**와 **추상 클래스(abstract class)**를 정의하고 사용하는 방법을 배울 것이다.

인터페이스를 사용하면 여러 클래스들의 공통적인 속성과 행동을 나타낼 수 있다. 클래스는 **어떻게(how)** 구현하는가에 초점을 두지만, 인터페이스는 **무엇(what)**을 구현해야 하는지를 나타낸다. 따라서 인터페이스를 사용하면 상속 관계가 없는 클래스들 간에 속성과 함수를 공유할 수 있다.

또한, 인터페이스와 클래스의 특성을 혼합한 추상 클래스라는 클래스 타입을 사용할 수도 있다. **무엇(what)**을 구현해야 하는지를 나타낸다는 관점에서 추상 클래스는 인터페이스와 비슷하다. 그러나 추상 클래스는 서브 클래스를 가질 수 있고 생성자도 정의할 수 있다는 차이점이 있다. 여기서는 NyetHack 게임의 플레이어가 괴물을 상대할 수 있게 전투 기능을 추가할 것이다.

인터페이스 정의하기

먼저, 전투 수행에 필요한 속성과 함수를 나타내는 인터페이스를 생성할 것이다. 게임 플레이어는 마귀를 비롯해서 여러 가지 괴물과 부딪칠 수 있다. 그러나 이 인터페이스에는 어떤 부류의 괴물에도 적용될 수 있는 전투 기능을 정의할 것이다.

com.bignerdranch.nyethack 패키지(12장 참고)에 Creature.kt라는 파일을 생성하자. 그리고 interface 키워드를 사용해서 Fightable 인터페이스를 정의하자.

리스트 16.1 | 인터페이스 정의하기　　　　　　　　　　　　　　　　　　　　　　**CODE** ▶ Creature.kt

```kotlin
interface Fightable {
    var healthPoints: Int
    val diceCount: Int
    val diceSides: Int
    val damageRoll: Int

    fun attack(opponent: Fightable): Int
}
```

이 인터페이스는 게임에서 전투를 수행할 수 있는 모든 개체(플레이어와 각종 괴물)에 공통적인 속성과 함수를 정의한다. diceCount는 전투에 사용하는 주사위 개수를 나타내고, diceSides는 주사위 면의 수를 나타낸다. 그리고 damageRoll은 주사위를 굴려서 나온 수의 합계이며, 적에게 입힐 손상의 양을 결정한다. 또한, healthPoints는 각 개체의 건강 점수를 나타내며, 이 점수가 0 이하가 되면 해당 개체가 더 이상 싸울 수 없어서 패배한 것으로 간주한다(여기서는 전투를 하는 쌍방이 각각 주사위를 굴려서 무작위로 점수를 산출한 후 상대방의 healthPoints에서 해당 점수를 삭감한다).

게임 플레이어를 포함해서 전투를 할 수 있는(fightable) 생명체들은 건강 점수를 나타내는 healthPoints 속성을 가져야 하고 attack 함수를 구현해야 한다. Fightable 인터페이스의 네 개 속성은 초기화하는 코드가 없으며, attack 함수는 함수 몸체가 없다. 이처럼 헤더만 선언하고 몸체의 구현 코드가 없는 함수를 **추상 함수**(abstract function)라고 한다. 다시 말하지만, 인터페이스는 어떻게(how)가 아닌 무엇(what)을 구현해야 하는지를 명시하는 것이므로 추상 함수를 정의한다.

Fightable 인터페이스는 attack 함수의 매개변수 타입이기도 하다. 클래스처럼 인터페이스도 매개변수 타입으로 사용될 수 있기 때문이다.

함수의 매개변수가 값이 아닌 타입(클래스나 인터페이스)인 경우는 해당 매개변수로 전달되는 인자(객체)가 무엇을 할 수 있는지를 나타내는 것이지 어떻게 구현되는지를 나타내는 것이 아니다. 따라서 매개변수의 타입을 인터페이스로 지정하면 장점이 많다. 즉, 상속 관계가 없지만 공통적인 요구사항을 갖는 클래스들의 슈퍼 타입으로 인터페이스를 지정하여 함수의 인자로 전달할 수 있기 때문이다. 이것이 인터페이스의 장점 중 하나다.

인터페이스 구현하기

인터페이스는 무엇을 해야 하는지를 정의한 것이므로 어떻게 할 것인지는 클래스로 **구현 (implement)**해야 한다. 즉, 해당 인터페이스를 구현하는 클래스를 정의한 후에 이 클래스에서 인터페이스에 명시된 모든 속성과 함수의 구현 코드를 제공하게 한다. 클래스에서 인터페이스를 구현한다는 것을 나타낼 때는 클래스 상속과 동일하게 콜론(:)을 사용한다.

Player 클래스에서 Fightable 인터페이스를 구현하도록 변경하자.

리스트 16.2 | 인터페이스 구현하기   `CODE` ▸ Player.kt

```kotlin
class Player(_name: String,
        override var healthPoints: Int = 100,
        var isBlessed: Boolean = false,
        private var isImmortal: Boolean) : Fightable {
    ...
}
```

이렇게 Fightable 인터페이스를 추가하면 인텔리제이가 class Player에 빨간색 밑줄을 보여주며 경고를 알려 줄 것이다. Fightable 인터페이스의 모든 속성과 함수를 Player 클래스에서 구현해야 하는데 아직 덜 되었기 때문이다. 이때는 인텔리제이의 자동 생성 기능을 사용하면 편리하다.

편집기 창의 Player 제일 끝의 빈 줄에서 오른쪽 마우스 버튼을 클릭한 후 Generate... ➡ Implement Methods...를 선택하면 그림 16.1의 Implement Members 대화상자가 나타난다.

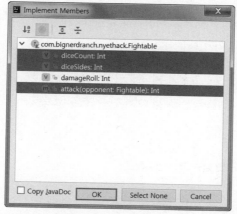

그림 16.1 | 구현할 Fightable 속성과 함수 선택하기

그림 16.1처럼 diceCount, diceSides, attack을 선택하고(윈도우 시스템의 경우 **Ctrl** 키를 누른 채로 왼쪽 마우스 버튼을 클릭하여 각 항목을 선택) OK 버튼을 누르면 다음과 같이 Player 클래스에 자동 생성된 코드가 추가된 것을 볼 수 있다(damageRoll 속성은 더 뒤에서 처리할 것이다).

```kotlin
class Player(_name: String,
        override var healthPoints: Int = 100,
        var isBlessed: Boolean = false,
        private var isImmortal: Boolean) : Fightable {

    override val diceCount: Int
        get() = TODO("not implemented")
    //To change initializer of created properties use
    //File | Settings | File Templates.

    override val diceSides: Int
        get() = TODO("not implemented")
    //To change initializer of created properties use
    //File | Settings | File Templates.

    override fun attack(opponent: Fightable): Int {
        TODO("not implemented")
    //To change body of created functions use
    //File | Settings | File Templates.
    }
    ...
}
```

여기서 추가된 attack 함수는 헤더만 있고 몸체의 구현 코드는 없으므로 잠시 후에 우리가 추가할 것이다(TODO 함수의 자세한 내용은 4장을 참고하자). 그리고 인터페이스에 정의된 것을 구현하는 클래스의 속성과 함수에는 서브 클래스처럼 override 키워드를 지정한다. 그러나 인터페이스의 속성과 함수에는 open 키워드를 지정하지 않는다. 인터페이스의 속성과 함수는 클래스에서 구현하기 위해 정의된 것이기 때문이다.

다음은 diceCount, diceSides 속성의 게터에 있는 TODO 함수 호출 코드를 삭제하고 정해진 값을 반환하도록 변경하자. 또한, attack의 TODO 함수 호출 코드를 삭제하고 우리 코드를 추가하자.

리스트 16.3 | **인터페이스의 구현 함수 코드 변경하기** **CODE** Player.kt

```kotlin
class Player(_name: String,
        override var healthPoints: Int = 100,
        var isBlessed: Boolean = false,
```

```kotlin
                private var isImmortal: Boolean) : Fightable {

    override val diceCount~~: Int~~ = 3
        ~~get() = TODO("not implemented")~~
        ~~//To change initializer of created properties use~~
        ~~//File | Settings | File Templates.~~

    override val diceSides~~: Int~~ = 6
        ~~get() = TODO("not implemented")~~
        ~~//To change initializer of created properties use~~
        ~~//File | Settings | File Templates.~~

    override fun attack(opponent: Fightable): Int {
        ~~TODO("not implemented")~~
        ~~//To change body of created functions use~~
        ~~//File | Settings | File Templates.~~
        val damageDealt = if (isBlessed) {
            damageRoll * 2
        } else {
            damageRoll
        }
        opponent.healthPoints -= damageDealt
        return damageDealt
    }
    ...
}
```

diceCount와 diceSides 속성은 정해진 정숫값을 갖도록 구현되었다. 그리고 attack 함수는
damageRoll 속성(아직 구현되지 않았다)을 사용해서 결괏값을 산출하고 반환한다. 그리고 attack
함수는 Fightable 인터페이스 타입의 매개변수를 가지므로 이 인터페이스를 구현하는 어떤 클
래스의 인스턴스(여기서는 전투의 상대방)도 인자로 받을 수 있다. 이것이 인터페이스의 장점이다.

기본 구현

인터페이스는 **어떻게(how)**가 아닌 **무엇(what)**을 구현해야 하는지에 초점을 둔다고 여러 번 이야기
했었다. 그러나 코틀린에서는 인터페이스에 정의된 속성에 기본으로 구현된 게터를, 그리고 함
수에도 기본으로 구현된 몸체 코드를 제공할 수 있다. 그다음에 이 인터페이스를 구현하는 클
래스에서 기본 구현을 사용할 것인지, 아니면 오버라이딩하여 자신의 것을 구현할 것인지를 선
택할 수 있다.

Fightable 인터페이스에 정의된 damageRoll 속성의 기본 구현 게터를 추가하자. 이 게터에서는 1회의 전투에서 적에게 입힐 손상의 양을 결정하기 위해 주사위를 굴려 나온 수의 합계를 반환한다.

(무작위 수를 생성하는 Random 클래스를 사용하기 위해 import java.util.*를 맨 앞에 추가한다.)

리스트 16.4 | 기본 구현 게터 추가하기　　　　　　　　　　　　　　　　　CODE ▶ Creature.kt

```kotlin
import java.util.*

interface Fightable {
    var healthPoints: Int
    val diceCount: Int
    val diceSides: Int
    val damageRoll: Int
        get() = (0 until diceCount).map {
            Random().nextInt(diceSides) + 1
        }.sum()

    fun attack(opponent: Fightable): Int
}
```

이제는 damageRoll 속성이 기본 게터를 갖게 되었으므로 Fightable 인터페이스를 구현하는 클래스에서 damageRoll 속성의 값을 지정하지 않을 경우 기본으로 구현된 게터에서 값이 지정된다.

추상 클래스

추상 클래스는 인터페이스와 비슷하게 헤더만 정의된 추상 함수와 속성을 갖는다. 그러나 몸체에 구현 코드가 있는 일반 함수도 가질 수 있다. 단, 인스턴스를 생성할 수는 없다. 인스턴스를 생성할 수 있는 서브 클래스에서 추상 클래스의 속성과 함수를 상속받아 구현하도록 하는 것이 추상 클래스의 주 목적이기 때문이다. 따라서 추상 클래스는 주로 클래스 상속 계층에서 상위의 슈퍼 클래스를 정의할 때 사용한다. 추상 클래스는 class 키워드 앞에 abstract 키워드를 추가하여 정의한다.

이제는 NyetHack 게임에서 플레이어가 싸울 괴물을 만들 때가 되었다. Monster라는 추상 클래스를 Creature.kt에 추가하자. Monster는 Fightable 인터페이스를 구현하므로 이 인터페이스의 healthPoints 속성과 attack 함수를 구현해야 한다(Fightable의 다른 속성들은 어떻게 해야 할까? 이 내용은 잠시 후에 알아볼 것이다).

리스트 16.5 | 추상 클래스 정의하기 `CODE` Creature.kt

```kotlin
import java.util.*

interface Fightable {
    var healthPoints: Int
    val diceCount: Int
    val diceSides: Int
    val damageRoll: Int
        get() = (0 until diceCount).map {
            Random().nextInt(diceSides + 1)
        }.sum()

    fun attack(opponent: Fightable): Int
}

abstract class Monster(val name: String,
                       val description: String,
                       override var healthPoints: Int) : Fightable {

    override fun attack(opponent: Fightable): Int {
        val damageDealt = damageRoll
        opponent.healthPoints -= damageDealt
        return damageDealt
    }
}
```

여기서는 Monster를 추상 클래스로 정의하였다. 게임에서 각종 괴물들의 기반이 되는 슈퍼 클래스가 필요하기 때문이다. Monster의 인스턴스는 생성할 수 없으며, 대신 각종 실제 괴물들을 나타내는 Monster의 서브 클래스 인스턴스(예를 들어, 마귀, 유령, 용)를 생성할 것이다.

Monster의 서브 클래스는 이름(name 속성)과 생김새(description 속성)를 가져야 하고, Fightable 인터페이스를 구현해야 한다. 다음은 Monster 추상 클래스의 서브 클래스로 Goblin을 생성하자.

리스트 16.6 | 추상 클래스의 서브 클래스 생성하기 `CODE` Creature.kt

```kotlin
import java.util.*

interface Fightable {
    ...
}
```

```kotlin
abstract class Monster(val name: String,
                       val description: String,
                       override var healthPoints: Int) : Fightable {

    override fun attack(opponent: Fightable): Int {
        val damageDealt = damageRoll
        opponent.healthPoints -= damageDealt
        return damageDealt
    }
}
class Goblin(name: String = "Goblin",
            description: String = "추하게 생긴 고블린",
            healthPoints: Int = 30) : Monster(name, description, healthPoints) {
}
```

Goblin은 Monster의 서브 클래스이므로 Monster의 모든 속성과 함수를 상속받는다. 그러나 이 시점에서 컴파일을 시도하면 에러가 생길 것이다. Fightable 인터페이스의 diceCount와 diceSides 속성이 Monster에서 구현되지 않았으며, Fightable 인터페이스에도 기본으로 구현되어 있지 않기 때문이다.

Monster는 추상 클래스라서 인스턴스가 생성되지 않으므로 Fightable 인터페이스의 모든 속성과 함수를 구현하지 않아도 된다. 그러나 Monster의 서브 클래스에서는 Fightable 인터페이스의 모든 속성과 추상 함수를 구현하는 것은 물론이고, Monster 자체에 추가된 추상 함수도 구현해야 한다(인터페이스에 정의된 함수는 기본적으로 추상 함수이므로 abstract 키워드를 함수에 지정하지 않지만, 추상 클래스에 정의되는 추상 함수에는 abstract 키워드를 지정한다).

Fightable 인터페이스의 diceCount와 diceSides 속성을 Goblin에 추가(오버라이딩)하자.

리스트 16.7 | 추상 클래스의 서브 클래스에 인터페이스 속성 구현하기　　　　`CODE` Creature.kt

```kotlin
import java.util.*

interface Fightable {
    ...
}

abstract class Monster(val name: String,
                       val description: String,
                       override var healthPoints: Int) : Fightable {
    ...
}

class Goblin(name: String = "Goblin",
```

```
                description: String = "추하게 생긴 고블린",
                healthPoints: Int = 30) : Monster(name, description, healthPoints) {

        override val diceCount = 2
        override val diceSides = 8
}
```

코틀린에서는 추상 클래스와 인터페이스 모두에 서브 클래스에서 구현이 필요 없는 속성과 함수를 정의할 수 있다. 그렇다면 둘의 차이점은 무엇일까?

인터페이스에는 생성자를 지정할 수 없다. 그리고 일반 클래스는 하나의 추상 클래스만 슈퍼 클래스로 가질 수 있지만, 인터페이스는 여러 개를 구현할 수 있다. 그러나 인터페이스와 추상 클래스는 상호 대체하여 사용될 수 있다. 따라서 둘 중 어느 것을 사용할 것인가는 다음 관점에서 생각하는 것이 좋다. 즉, 서로 다른 객체 간에 개념적으로 상속 관계가 없으면서 공통적인 속성이나 행동을 갖는 경우는 인터페이스를 사용한다. 반면에 상속 관계가 있으면서 인스턴스 생성이 필요 없는 슈퍼 클래스가 필요하다면 추상 클래스가 적합하다(물론 인스턴스 생성도 할 수 있는 슈퍼 클래스가 필요하다면 추상 클래스가 아닌 일반 클래스를 사용하면 된다).

NyetHack의 전투 기능

지금부터는 NyetHack 게임에 전투 기능을 추가하면서 그동안 객체지향 프로그래밍에 관해 배웠던 모든 것을 사용할 것이다.

NyetHack의 각 공간(Room 인스턴스)은 플레이어가 쳐부술 하나의 괴물(Monster 인스턴스)을 포함한다. 그리고 격파된 괴물은 null을 지정하여 사용할 수 없게 한다.

null 가능 Monster? 타입의 monster 속성을 Room 클래스에 추가하고, Goblin 인스턴스를 생성 및 지정하여 초기화하자. 그리고 플레이어가 싸울 괴물이 각 공간에 있는지 알 수 있게 Room의 description 함수를 변경한다.

리스트 16.8 | 각 공간에 괴물 추가하기   `CODE` Room.kt

```
open class Room(val name: String) {
    protected open val dangerLevel = 5
    var monster: Monster? = Goblin()

    fun description() = "Room: $name\r\n" +        // 맥 OS나 리눅스에서는 "Room: $name\n"
```

```
"Danger level: $dangerLevel\r\n" +   // 맥 OS나 리눅스에서는 $dangerLevel\n
"Creature: ${monster?.description ?: "none."}"

    open fun load() = "아무도 여기에 오지 않았습니다..."
}
```

만일 Room의 monster 속성값이 null이면 해당 괴물을 물리친 것이고, 그렇지 않으면 플레이어가 물리칠 적이 아직 있는 것이다.

여기서는 monster 속성을 Goblin 타입의 객체로 초기화하였다. monster 속성의 타입이 Monster?이므로 Goblin처럼 Monster의 어떤 서브 클래스 인스턴스도 가질 수 있다(이것이 다형성(polymorphism) 원리다). 따라서 Monster의 또 다른 서브 클래스가 추가되더라도 기존 코드 수정 없이 Room에서 사용될 수 있다.

이제는 'fight' 명령을 추가할 때가 되었다. 이때 Room의 monster 속성을 사용할 것이다. fight라는 private 함수를 Game.kt에 추가하자.

리스트 16.9 | fight 함수 정의하기   CODE ▶ Game.kt

```
...
object Game {
    ...
    private fun move(directionInput: String) = ...

    private fun fight() = currentRoom.monster?.let {
            while (player.healthPoints > 0 && it.healthPoints > 0) {
                Thread.sleep(1000)
            }

            "전투가 끝났음."
        } ?: "여기에는 싸울 괴물이 없습니다..."

    private class GameInput(arg: String?) {
        ...
    }
}
```

fight 함수에서는 현재의 Room 인스턴스인 currentRoom의 monster 속성이 null인지 제일 먼저 검사한다. 만일 null이면 플레이어가 싸울 괴물이 없는 것이므로 "여기에는 싸울 괴물이 없습니다..."라는 메시지가 반환된다. 그러나 null이 아니면 싸울 괴물이 있는 것이므로 플레이어와 괴물 모두 건강 점수(healthPoints)가 최소한 1 이상이면 한 차례의 전투가 수행된다(여기서는 임시로 1000밀리초인 1초 동안 잠시 멈춘다. Thread.sleep은 잠시 후에 설명한다). 그다음에 "전투가 끝났음."
메시지가 반환된다.

한 차례의 전투 수행은 바로 다음에 slay라는 private 함수로 구현할 것이다. slay에서는
Player와 Monster의 attack 함수를 호출한다. Player와 Monster 클래스 모두 Fightable 인
터페이스를 구현하므로 attack 함수가 호출될 수 있다.

리스트 16.10 | slay 함수 정의하기 `CODE` Game.kt

```kotlin
import kotlin.system.exitProcess
...
object Game {
    ...
    private fun fight() = ...

    private fun slay(monster: Monster) {
        println("${monster.name} -- ${monster.attack(player)} 손상을 입힘!")
        println("${player.name} -- ${player.attack(monster)} 손상을 입힘!")

        if (player.healthPoints <= 0) {
            println(">>>> 당신은 졌습니다! 게임을 종료합니다.. <<<<")
            exitProcess(0)
        }

        if (monster.healthPoints <= 0) {
            println(">>>> ${monster.name} -- 격퇴됨! <<<<")
            currentRoom.monster = null
        }
    }

    private class GameInput(arg: String?) {
        ...
    }
}
```

리스트 16.9의 fight 함수에 있는 while 루프 조건에 의해 플레이어나 괴물 중 어느 하나가 건
강 점수를 소진할 때(healthPoints 속성값이 0 이하일 때)까지 전투가 반복된다.

만일 플레이어의 healthPoints 값이 0 이하가 되면 플레이어가 패배한 것으로 간주되어
exitProcess 함수가 호출되고 게임이 종료된다. exitProcess는 코틀린 표준 라이브러리 함수이며,
현재 실행 중인 JVM 인스턴스(우리 프로그램)를 중단시킨다. 이 함수는 kotlin.system.exitProcess
패키지에 있으므로 제일 앞에 import kotlin.system.exitProcess를 추가해야 한다.

만일 괴물의 healthPoints 값이 0 이하가 되면 괴물이 격파된 것으로 간주된다. 그리고 현재의 Room 인스턴스인 currentRoom의 monster 속성값이 **null**이 되므로 더 이상 해당 괴물 인스턴스를 사용할 수 없게 된다. fight 함수에서 전투를 수행하는 slay 함수를 호출하도록 변경하자.

리스트 16.11 | slay 함수 호출하기   `CODE` ▶ Game.kt

```
...
object Game {
    ...
    private fun move(directionInput: String) = ...

    private fun fight() = currentRoom.monster?.let {
            while (player.healthPoints > 0 && it.healthPoints > 0) {
                slay(it)
                Thread.sleep(1000)
            }

            "전투가 끝났음."
        } ?: "여기에는 싸울 괴물이 없습니다..."

    private fun slay(monster: Monster) {
        ...
    }

    private class GameInput(arg: String?) {
        ...
    }
}
```

한 차례의 전투가 끝난 후 Thread.sleep이 호출된다. 이 함수는 인자로 전달된 시간(여기서는 1000밀리초인 1초) 동안 실행을 중지시킨다. 실제 업무용 프로그램에서는 Thread.sleep의 사용을 권장하지 않는다. 그러나 여기서는 NyetHack 게임의 각 전투 간의 시간 간격을 두기 위해 사용하였다.

while 루프의 조건이 **false**가 되면 "전투가 끝났음."이라는 문자열이 반환된다.

GameInput 클래스의 processCommand 함수에 fight 함수를 호출하는 'fight' 명령을 추가하여 프로그램을 테스트해 보자.

```
...
object Game {
    ...
    private class GameInput(arg: String?) {
        private val input = arg ?: ""
        val command = input.split(" ")[0]
        val argument = input.split(" ").getOrElse(1, { "" })

        fun processCommand() = when (command.toLowerCase()) {
            "fight" -> fight()
            "move" -> move(argument)
            else -> commandNotFound()
        }

        private fun commandNotFound() = "적합하지 않은 명령입니다!"
    }
}
```

Game.kt를 실행해 보자. 그리고 fight를 입력하면서 여러 번 실행해 보자. 전투의 상대방을 손상시키는 값을 갖는 Fightable 인터페이스의 damageRoll 속성값이 무작위로 산출되므로 매번 실행될 때마다 다른 결과가 나올 것이다. 결과가 출력된 예를 보면 다음과 같다.

```
방문을 환영합니다.
한 덩어리의 파이어볼이 나타난다. (x2)
Room: Town Square
위험 수준: 2
Creature: 추하게 생긴 고블린
당신의 참여를 주민들이 다 함께 환영합니다!
당신의 도착을 종탑에서 알립니다. 댕댕
(Aura: GREEN (Blessed: YES)
Madrigal of Neversummer 최상의 상태임!
> 명령을 입력하세요: fight
Goblin -- 8 손상을 입힘!
Madrigal of Neversummer -- 2 손상을 입힘!
Goblin -- 4 손상을 입힘!
Madrigal of Neversummer -- 22 손상을 입힘!
Goblin -- 3 손상을 입힘!
Madrigal of Neversummer -- 32 손상을 입힘!
>>>> Goblin -- 격퇴됨! <<<<
전투가 끝났음.
Room: Town Square
위험 수준: 2
Creature: none.
당신의 참여를 주민들이 다 함께 환영합니다!
당신의 도착을 종탑에서 알립니다. 댕댕
```

```
(Aura: GREEN (Blessed: YES)
Madrigal of Neversummer 경미한 상처가 있지만 빨리 치유되고 있음!
 > 명령을 입력하세요:
```

이 장에서는 인터페이스를 사용해서 전투에 필요한 기능을 정의하였다. 그리고 추상 클래스를 사용해서 NyetHack 게임의 모든 괴물에 기반이 되는 클래스를 생성하였다. 인터페이스와 추상 클래스는 어떻게 구현하는지가 아닌 무엇을 할 것인가에 초점을 둔다.

다음 장에서는 제네릭(generic)에 관해 배울 것이다. 제네릭은 여러 가지 타입을 사용해서 동작하는 클래스를 정의할 수 있는 기능이다.

17

제네릭

클래스와 인터페이스의 매개변수 또는 함수의 매개변수와 반환 타입을 미리 확정하지 않고 정의한 후에 사용되는 시점에서 특정 타입을 지정할 수 있도록 해주는 기법이 **제네릭(generic)**이다. 제네릭은 매개변수의 형태로 타입을 지정한다. 따라서 동일한 클래스와 인터페이스 및 함수의 정의를 재사용할 수 있어서 코드의 중복을 줄여 준다. 또한, 컴파일 시점에서 사용 타입의 적합성을 확인할 수 있으므로 타입 안전을 보장해 준다.

List가 어떤 타입(정수, 문자열, 우리가 정의한 새로운 타입 등)도 저장할 수 있다는 것을 10장에서 이미 배웠다. 예를 들면 다음과 같다.

```
val listOfInts: List<Int> = listOf(1,2,3)
val listOfStrings: List<String> = listOf("string one", "string two")
val listOfRooms: List<Room> = listOf(Room(), TownSquare())
```

이 코드를 보면 알 수 있듯이, 한 종류의 List(내부적으로는 ArrayList 클래스)를 사용해서 서로 다른 타입의 요소를 저장할 수 있다. 이렇게 할 수 있는 이유는 List가 **제네릭(generic)** 인터페이스로 정의되었기 때문이다.

여기서 List는 **원시 타입(raw type)**이라고 하며, <> 안에 지정된 Int, String, Room 타입을 **제네릭 타입(generic type)**이라고 한다. 제네릭 타입은 List에 저장되는 요소의 타입을 나타낸다.

제네릭 클래스의 인스턴스는 원시 타입과 제네릭 타입이 결합된 것이 자신의 타입이 된다. 따라서 위의 listOfInts는 List<Int> 타입, listOfStrings는 List<String> 타입, listOfRooms는 List<Room> 타입이 된다. 원시 타입인 List는 같지만, 제네릭 타입이 다르기 때문이다. 그러나 이와 같은 타입 구분은 컴파일 시점에서 컴파일러가 해주며, 컴파일된 바이트코드에는 제네릭 타입이 소거되므로 위의 코드 모두 원시 타입인 List로 생성된다(이 내용은 이번 장 제일 뒤의 '궁금증 해소하기: reified 키워드'에서 자세히 알아본다).

코틀린의 다른 타입처럼 제네릭 타입도 타입 추론(type inference)을 지원한다. 따라서 val listOfInts: List<Int> = listOf(1,2,3)은 val listOfInts = listOf(1,2,3)과 같이 타입을 생략할 수 있다. listOf 함수에서 생성하는 List의 요소가 Int 타입인 것을 컴파일러가 알 수 있기 때문이다.

이 장에서는 제네릭 타입 매개변수를 사용하는 제네릭 클래스와 함수를 생성하는 방법을 배울 것이다. 이때 이전의 다른 장에서 생성했던 Sandbox 프로젝트에 LootBox 클래스를 생성하고 사용할 것이다. LootBox는 게임 플레이어에게 보상으로 주는 아이템을 보관하는 상자를 나타낸다.

제네릭 타입 정의하기

여기서는 제네릭 타입을 정의하는 방법을 알아본다. 먼저, 제네릭 클래스를 정의하는 것부터 시작할 것이다.

이전에 5장에서 생성했던 Sandbox 프로젝트를 열고 Generics.kt 파일을 새로 추가하자. 그리고 LootBox 클래스를 정의한다. 이 클래스는 제네릭 타입 매개변수를 갖는다.

리스트 17.1 | 제네릭 클래스 생성하기　　　　　　　　　　　　　　　　　　　`CODE` Generics.kt

```kotlin
class LootBox<T>(item: T) {
    private var loot: T = item
}
```

여기서 T가 제네릭 타입 매개변수이며 <> 안에 지정한다. T는 item 매개변수의 타입을 나타낸다. LootBox 클래스는 기본 생성자의 인자(item: T)값으로 어떤 타입의 item도 받을 수 있으며, 그 값을 private 속성인 loot에 지정한다.

제네릭 타입 매개변수 이름은 어떤 문자나 단어도 가능하며, 우리가 임의로 지정해도 된다. 그러나 다음과 같이 표준화된 명칭을 따르는 것이 좋다. 제네릭 타입 매개변수의 이름은 하나의 영문 대문자로 나타내며, 그 내역은 다음과 같다.

- E: 컬렉션에 저장되는 요소(Entity)를 나타낸다.
- K: 키(Key)를 나타낸다. 예를 들어, 키와 값을 저장하는 Map<K, V>에서 사용된다.
- N: 숫자(Number) 타입을 나타낸다(Int와 같은 Number의 서브 클래스).
- T: 모든 타입(Type)을 나타낸다(기본적으로 Any? 타입을 의미한다).
- V: 값(Value)을 나타낸다. 예를 들어, 키와 값을 저장하는 Map<K, V>에서 사용된다.
- R: 함수의 반환(Return)값을 나타낸다.

한 문자의 타입 매개변수 이름만으로는 의미를 알기 어려울 때가 있다. 이때는 가급적 표준화 명칭을 따르되, 의미 있는 이름으로 지정하거나 문자 바로 다음에 숫자를 붙여서 사용할 수도 있다.

리스트 17.2와 같이 두 종류의 보상 아이템 클래스와 main 함수를 추가하여 LootBox 클래스를 테스트해 보자.

리스트 17.2 | LootBox 인스턴스 생성하기 `CODE` Generics.kt

```kotlin
class LootBox<T>(item: T) {
    private var loot: T = item
}

class Fedora(val name: String, val value: Int)

class Coin(val value: Int)

fun main(args: Array<String>) {
    val lootBoxOne: LootBox<Fedora> = LootBox(Fedora("평범한 중절모", 15))
    val lootBoxTwo: LootBox<Coin> = LootBox(Coin(15))
}
```

여기서는 두 종류의 보상 아이템 인스턴스(매우 탐나는 중절모(fedora)와 동전(coin))를 생성하고, 각 인스턴스를 갖는 두 개의 LootBox 인스턴스를 생성한다.

LootBox를 제네릭 클래스로 만들었으므로 이 클래스 하나만 사용해서 서로 다른 타입의 보상 아이템 인스턴스를 갖는 LootBox를 생성할 수 있다.

각 LootBox 인스턴스를 참조하는 변수의 타입을 살펴보자.

```
val lootBoxOne: LootBox<Fedora> = LootBox(Fedora("평범한 중절모", 15))
val lootBoxTwo: LootBox<Coin> = LootBox(Coin(15))
```

다시 이야기하지만, lootBoxOne 변수의 타입은 그냥 LootBox가 아닌 LootBox<Fedora>라는 것에 유의하자. 제네릭 클래스를 사용하는 변수, 속성, 함수 등에서는 이처럼 원시 타입인 제네릭 클래스 이름과 <> 안의 매개변수 타입을 같이 지정하여 타입으로 사용해야 한다. 마찬가지로 lootBoxTwo 변수의 타입은 그냥 LootBox가 아닌 LootBox<Coin>이다.

이미 이야기했듯이, 코틀린의 다른 타입처럼 제네릭 타입도 타입 추론(type inference)을 지원하므로 앞의 코드는 다음과 같이 타입을 생략할 수 있다.

```
val lootBoxOne = LootBox(Fedora("평범한 중절모", 15))
val lootBoxTwo = LootBox(Coin(15))
```

제네릭 함수

제네릭 타입 매개변수는 함수에도 사용할 수 있다. 따라서 LootBox에 있는 보상 아이템을 플레이어가 꺼낼 수 있다.

LootBox를 열어 볼 수 있는지를 나타내는 open 속성을 추가하고, 이 속성값이 true일 때(열어 볼 수 있음을 나타냄) 보상 아이템을 반환하는 fetch 함수도 추가한다.

리스트 17.3 | fetch 함수 추가하기　　　　　　　　　　　　　　　`CODE` Generics.kt

```kotlin
class LootBox<T>(item: T) {
    var open = false
    private var loot: T = item

    fun fetch(): T? {
        return loot.takeIf { open }
    }
}
```

여기서는 T? 타입의 보상 아이템을 반환하는 제네릭 함수인 fetch를 정의하였다. T는 LootBox 클래스에 지정된 제네릭 타입 매개변수이며, open 속성이 false일 때는 takeIf 함수(9장 참고)에서 null을 반환하므로 T?로 지정하였다.

fetch 함수를 사용해서 lootBoxOne의 보상 아이템(loot 속성 값)을 꺼내는 코드를 main 함수에 추가하자.

리스트 17.4 | 제네릭 fetch 함수 사용하기   `CODE` Generics.kt

```kotlin
...
fun main(args: Array<String>) {
    val lootBoxOne: LootBox<Fedora> = LootBox(Fedora("평범한 중절모", 15))
    val lootBoxTwo: LootBox<Coin> = LootBox(Coin(15))

    lootBoxOne.fetch()?.run {
        println("$name 를 LootBox에서 꺼냈습니다!")
    }
}
```

여기서는 fetch 함수를 실행한 후 반환된 값이 null이 아니면 코틀린 표준 함수인 run(9장 참고)을 실행하여 lootBoxOne의 이름(Fedora 클래스의 name 속성)을 출력한다.

다시 말하지만, run 함수는 자신을 호출한 수신자 객체(여기서는 Fedora 클래스 인스턴스)의 속성과 함수를 중괄호({}) 내부의 람다에서 사용할 수 있다. 따라서 $name으로 Fedora 클래스 인스턴스의 name 속성을 참조할 수 있다.

Generics.kt를 실행하면 아무것도 출력되지 않을 것이다. 현재는 lootBoxOne의 open 속성값이 false(LootBox를 열지 못한다는 의미)이므로 fetch 함수에서 null을 반환하여 run 함수가 실행되지 않았기 때문이다. LootBox를 열어 볼 수 있게 lootBoxOne의 open 속성값을 true로 변경하자.

리스트 17.5 | open 속성값 변경하기   `CODE` Generics.kt

```kotlin
...
fun main(args: Array<String>) {
    val lootBoxOne: LootBox<Fedora> = LootBox(Fedora("평범한 중절모", 15))
    val lootBoxTwo: LootBox<Coin> = LootBox(Coin(15))

    lootBoxOne.open = true
    lootBoxOne.fetch()?.run {
        println("$name 를 LootBox에서 꺼냈습니다!")
    }
}
```

Generics.kt를 다시 실행하면 이번에는 "평범한 중절모 를 LootBox에서 꺼냈습니다!"가 출력될 것이다.

복합 제네릭 타입 매개변수

제네릭 함수나 타입의 매개변수에는 또 다른 제네릭 타입 매개변수를 사용할 수도 있다. 보상 아이템을 저장하는 속성(loot)의 타입을 다른 새로운 타입으로 변환할 수 있는 두 번째 fetch 함수가 필요하다고 해보자(예를 들어, 서로 다른 종류(타입)의 아이템을 꺼내서 동전(coin)으로 가치를 환산할 때). 이 경우 다른 함수를 매개변수로 받거나 반환할 수 있는 고차 함수(higher-order function)로 fetch 함수를 정의하여 사용할 수 있다.

lootModFunction이라는 함수를 매개변수의 인자로 받는 새로운 fetch 함수를 LootBox 클래스에 추가하자.

리스트 17.6 | 복합 제네릭 타입 매개변수 사용하기　　　　　　　　　　　　**CODE** Generics.kt

```
class LootBox<T>(item: T) {
    var open = false
    private var loot: T = item

    fun fetch(): T? {
        return loot.takeIf { open }
    }

    fun <R> fetch(lootModFunction: (T) -> R): R? {
        return lootModFunction(loot).takeIf { open }
    }
}
...
```

여기서는 새로운 제네릭 타입 매개변수인 R('return'을 뜻함)을 추가하였다. 왜냐하면 이것이 fetch 함수의 반환 타입으로 사용되기 때문이다. 이 경우 fun <R> fetch와 같이 함수 이름 앞에 해당 제네릭 타입을 지정한다. 그리고 fetch 함수에서는 null을 반환할 수 있으므로 이 함수의 반환 타입은 R?로 지정하였다.

lootModFunction은 fetch 함수의 매개변수 이름이면서 또한, 이 매개변수에 전달되는 함수의 매개변수 타입과 반환 타입을 정의하기 위해 사용된 함수 이름의 역할도 한다(다른 코드에서 호출하기 위해 사용하는 함수 이름이 아닌 **정의를 하기 위해 사용되는 이름이다**).

lootModFunction은 T 타입의 인자를 받아서 R 타입의 결과를 반환한다. 이때 (T) -> R로 나타내며, 이것을 **함수 타입(function type)**이라고 한다.

리스트 17.7과 같이 새로운 fetch 함수를 사용하는 코드를 추가하자.

리스트 17.7 | 새로운 fetch 함수 사용하기   `CODE` Generics.kt

```
...
fun main(args: Array<String>) {
    val lootBoxOne: LootBox<Fedora> = LootBox(Fedora("평범한 중절모", 15))
    val lootBoxTwo: LootBox<Coin> = LootBox(Coin(15))

    lootBoxOne.open = true
    lootBoxOne.fetch()?.run {
        println("$name 를 LootBox에서 꺼냈습니다!")
    }

    val coin = lootBoxOne.fetch() {
        Coin(it.value * 3)
    }
    coin?.let { println(it.value) }
}
```

여기서는 새로운 버전의 fetch 함수를 호출한다. 이때 리스트 17.6에서 fetch 함수의 매개변수를 정의할 때 사용했던 이름인 lootModFunction 대신 람다(또는 익명 함수)를 인자로 전달하면 된다. 그리고 람다를 함수의 인자로 전달할 때는 함수 이름 다음의 괄호 속에 지정하지 않고 중괄호(⫴)로 나타내며 실행 코드는 그 안에 포함시킨다.

리스트 17.6에 정의되어 있듯이 새로운 버전의 fetch 함수는 람다의 결과 타입인 R을 반환한다. 앞의 코드에서는 람다에서 Coin? 타입의 인스턴스가 반환되므로 R의 타입은 Coin?가 된다. 그러나 새로운 버전의 fetch 함수가 항상 Coin? 타입만 반환하는 것이 아니다. 람다에서 어떤 타입이 반환되더라도 fetch 함수는 그것과 같은 타입을 반환한다.

lootBoxOne은 Fedora 타입의 인스턴스를 참조한다. 그러나 리스트 17.7에서 lootBoxOne으로 호출된 fetch 함수에서는 Fedora? 아닌 Coin? 타입의 인스턴스를 반환한다. 이것이 가능한 이유는 매개변수 타입의 T와 다르게 반환 타입이 R로 정의되어 있기 때문이다.

fetch 함수의 인자로 전달된 람다(리스트 17.6에는 lootModFunction으로 정의됨)에서는 현재의 lootBoxOne 인스턴스의 value 속성값에 3을 곱한 후 이 값을 value 속성값으로 갖는 Coin 인스턴스를 생성하고 반환한다.

Generics.kt를 실행해 보자. 이번에는 다음과 같은 결과가 출력될 것이다.

평범한 중절모자 를 LootBox에서 꺼냈습니다!
45

제네릭 타입 제약

지금처럼 LootBox에서 게임 아이템만 저장하고 이외의 다른 타입의 아이템은 저장하지 못하도록 하고 싶다면 어떻게 해야 할까? 바로 이럴 때 제네릭 **타입 제약**(type constraint)을 지정하면 된다.

먼저, 게임 아이템을 대표하는 슈퍼 클래스인 Loot를 추가하고, 기존의 아이템 클래스인 Coin과 Fedora가 Loot의 서브 클래스가 되도록 변경하자.

리스트 17.8 | 아이템의 슈퍼 클래스 추가하기　　　　　　　　　　CODE▶ Generics.kt

```
class LootBox<T>(item: T) {
    var open = false
    private var loot: T = item

    fun fetch(): T? {
        return loot.takeIf { open }
    }

    fun <R> fetch(lootModFunction: (T) -> R): R? {
        return lootModFunction(loot).takeIf { open }
    }
}

open class Loot(val value: Int)

class Fedora(val name: String, val value: Int) : Loot(value)

class Coin(val value: Int) : Loot(value)
...
```

(여기서 Coin과 Fedora의 기본 생성자에 정의된 value 속성의 val을 삭제해야 한다. Loot 클래스에서 상속되는 value 속성을 사용할 것이기 때문이다.)

다음은 LootBox의 제네릭 타입 매개변수에 제네릭 타입 제약을 추가하자. Loot 클래스의 서브 클래스만 LootBox 클래스의 매개변수 타입으로 사용될 수 있게 하기 위해서다.

리스트 17.9 | 제네릭 타입 매개변수를 Loot 타입으로 제한하기   `CODE` Generics.kt

```
class LootBox<T : Loot>(item: T) {
    ...
}
...
```

이처럼 제네릭 타입 T에 : Loot를 지정하면 Loot 클래스 및 이것의 서브 클래스만 LootBox 클래스의 매개변수 타입으로 사용될 수 있다. 즉, LootBox에는 어떤 종류이든 게임 아이템만 저장할 수 있게 된다는 뜻이다.

vararg와 get

현재의 LootBox는 어떤 종류의 Loot도 저장할 수 있지만 하나만 가능하다. 그러나 하나의 LootBox 인스턴스에 여러 개의 Loot 인스턴스를 저장하고자 한다면 어떻게 해야 할까?

이때는 가변 인자를 나타내는 vararg 키워드를 사용하도록 LootBox의 기본 생성자를 변경하면 된다. 가변 인자를 사용하면 인자의 개수를 가변적으로 전달할 수 있다.

리스트 17.10 | vararg 추가하기   `CODE` Generics.kt

```
class LootBox<T : Loot>(vararg item: T) {
    ...
}
...
```

이처럼 LootBox에 vararg 키워드를 추가하면 매개변수가 배열(array)로 처리되므로 여러 개의 아이템을 인자로 전달할 수 있다. 따라서 LootBox는 여러 개의 Loot 인스턴스를 생성자의 인자로 받을 수 있다(10장에서 이야기했듯이, 코틀린에서는 기본 타입이 아닌 Arrays라는 참조 타입으로 배열을 지원하며, 배열은 컬렉션 타입이다).

LootBox 클래스의 loot 속성 타입을 배열로 변경하자. 그리고 이 속성을 사용하는 fetch 함수에서 loot 배열의 인덱스를 사용하도록 수정한다.

```kotlin
class LootBox<T : Loot>(vararg item: T) {
    var open = false
    private var loot: ~~Array~~**Array<out T>** = item

    fun fetch(item: Int): T? {
        return loot[item].takeIf { open }
    }

    fun <R> fetch(item: Int, lootModFunction: (T) -> R): R? {
        return lootModFunction(loot[item]).takeIf { open }
    }
}
...
```

배열 타입의 제네릭 타입 매개변수에 out 키워드가 지정된 것을 볼 수 있다. 이것은 T 타입을 포함해서 T 타입의 서브 타입(클래스)도 타입 인자가 될 수 있다는 것을 뜻하며, 제네릭 타입의 슈퍼-서브 타입 관계를 나타낸다. 달리 말해, 타입 매개변수 간의 슈퍼-서브 타입 관계가 타입 매개변수를 포함한 LootBox에도 그대로 유지된다는 뜻이다.

여기서는 out 키워드를 지정해야 한다. 왜냐하면 Loot의 어떤 서브 클래스 인스턴스도 가변 인자로 받을 수 있어야 하기 때문이다. 이 키워드는 더 뒤에서 자세히 알아볼 것이다.

가변 인자를 추가한 LootBox를 main 함수에서 사용해 보자. 여기서는 또 다른 Fedora 인스턴스를 lootBoxOne에 추가하고, lootBoxOne의 두 개 아이템(Loot 인스턴스)을 하나씩 꺼낼 것이다.

```kotlin
...
fun main(args: Array<String>) {
    val lootBoxOne: LootBox<Fedora> = LootBox(Fedora("평범한 중절모", 15), // 제일 끝에 쉼표 추가
                                              Fedora("눈부신 자주색 중절모", 25))
    val lootBoxTwo: LootBox<Coin> = LootBox(Coin(15))

    lootBoxOne.open = true
    lootBoxOne.fetch(1)?.run {
        println("$name 를 LootBox에서 꺼냈습니다!")
    }

    val coin = lootBoxOne.fetch(0) {
        Coin(it.value * 3)
    }
    coin?.let { println(it.value) }
}
```

Generics.kt를 다시 실행해 보자. lootBoxOne에 새로 추가한 두 번째 아이템을 꺼냈다는 메시지와 첫 번째 아이템의 값(3을 곱한)이 결과로 출력될 것이다.

눈부신 자주색 중절모 를 LootBox에서 꺼냈습니다!
45

LootBox의 속성인 loot 배열을 읽는 또 다른 방법이 있다. 인덱스 연산자([])를 오버로딩하는 get 함수를 정의하고 사용하면 된다(연산자 오버로딩은 15장을 참고하자). get 함수를 LootBox에 추가하자.

리스트 17.13 | get 함수 추가하기   `CODE` Generics.kt

```kotlin
class LootBox<T : Loot>(vararg item: T) {
    var open = false
    private var loot: Array<out T> = item

    operator fun get(index: Int): T? = loot[index].takeIf { open }

    fun fetch(item: Int): T? {
        return loot[item].takeIf { open }
    }

    fun <R> fetch(item: Int, lootModFunction: (T) -> R): R? {
        return lootModFunction(loot[item]).takeIf { open }
    }
}
...
```

이렇게 하면 LootBox 인스턴스를 인덱스 연산자([])로 참조할 때 자동으로 get 함수가 호출되어 실행된다. get 함수를 사용하는 코드를 main 함수에 추가하자.

리스트 17.14 | get 함수 사용 코드 추가하기   `CODE` Generics.kt

```kotlin
...
fun main(args: Array<String>) {
    ...
    coin?.let { println(it.value) }

    val fedora = lootBoxOne[1]
    fedora?.let { println(it.name) }
}
```

lootBoxOne[1]처럼 LootBox 인스턴스에 인덱스 연산자를 사용하면 배열에서 하듯이 LootBox 에 정의된 get 함수가 자동 호출되어 실행된다.

Generics.kt를 다시 실행해 보자. lootBoxOne의 두 번째 아이템을 꺼냈다는 메시지, 첫 번째 아이템의 값, 그리고 두 번째 아이템 이름이 결과로 출력될 것이다.

눈부신 자주색 중절모 를 LootBox에서 꺼냈습니다!
45
눈부신 자주색 중절모

---

in과 out

코틀린에서는 in과 out 키워드를 사용하여 제네릭 타입 매개변수를 더 다양한 방법으로 조정할 수 있다. 어떻게 하는지 알기 위해 먼저, Variance.kt 파일을 새로 생성하고 아이템을 담는 통을 나타내는 Barrel 클래스를 정의하자.

리스트 17.15 | Barrel 클래스 정의하기   CODE ▶ Variance.kt

```kotlin
class Barrel<T>(var item: T)
```

그리고 Fedora 인스턴스와 Loot 인스턴스를 각각 Barrel 인스턴스에 저장하는 코드를 main 함수에 추가하자.

리스트 17.16 | Barrel 클래스 사용하기   CODE ▶ Variance.kt

```kotlin
class Barrel<T>(var item: T)

fun main(args: Array<String>) {
    var fedoraBarrel: Barrel<Fedora> = Barrel(Fedora("평범한 중절모", 15))
    var lootBarrel: Barrel<Loot> = Barrel(Coin(15))
}
```

Barrel<Loot> 타입은 어떤 종류의 Loot도 저장할 수 있지만, 여기서는 Loot의 서브 클래스인 Coin의 인스턴스를 저장하였다. 다음은 lootBarrel에 fedoraBarrel을 지정해 보자.

```kotlin
class Barrel<T>(var item: T)

fun main(args: Array<String>) {
    var fedoraBarrel: Barrel<Fedora> = Barrel(Fedora("평범한 중절모", 15))
    var lootBarrel: Barrel<Loot> = Barrel(Coin(15))

    lootBarrel = fedoraBarrel
}
```

이 경우 인텔리제이에서 fedoraBarrel에 빨간색 줄을 그어서 에러가 있음을 보여 줄 것이다. fedoraBarrel에 마우스 커서를 대면 그림 17.1과 같은 메시지가 나타난다.

그림 17.1 | 타입 불일치

Fedora는 Loot의 서브 클래스이므로 Loot 제네릭 타입의 Barrel에 Fedora 인스턴스를 지정하는 것이 가능해야 하는데 왜 에러가 되는 것일까? 다음과 같이 제네릭 타입을 사용하지 않을 때는 에러가 생기지 않는다.

```kotlin
var loot: Loot = Fedora("평범한 중절모", 15) // 에러 없이 정상이다
```

이 경우는 Loot와 Fedora 모두 제네릭 클래스가 아닌 원시 타입의 클래스이므로 슈퍼 클래스 타입의 변수에 서브 클래스 인스턴스를 지정할 수 있다. 그러나 이 장의 제일 앞에서 이야기했듯이, 제네릭 클래스의 인스턴스는 원시 타입과 제네릭 타입이 결합된 것이 자신의 타입이 된다. 즉, lootBarrel의 타입은 Barrel이 아닌 Barrel<Loot>이며, fedoraBarrel의 타입 역시 Barrel이 아닌 Barrel<Fedora>가 된다. 따라서 lootBarrel과 fedoraBarrel의 타입은 서로 다른 것으로 간주되므로 lootBarrel = fedoraBarrel은 컴파일 에러가 된다. 제네릭 타입인 Loot와 Fedora 간의 슈퍼-서브 관계를 컴파일러가 무시하기 때문이다.

또 다른 예를 보자. lootBarrel의 타입은 Barrel<Loot>이므로 어떤 서브 타입의 Loot 인스턴스도 저장할 수 있다고 생각할 수 있을 것이다. 리스트 17.18과 같이 Coin 인스턴스를 lootBarrel의 item 속성에 지정해 보자.

리스트 17.18 | lootBarrel.item에 Coin 인스턴스 지정하기　　　　　　　　CODE▶ Variance.kt

```kotlin
class Barrel<T>(var item: T)

fun main(args: Array<String>) {
    var fedoraBarrel: Barrel<Fedora> = Barrel(Fedora("평범한 중절모", 15))
    var lootBarrel: Barrel<Loot> = Barrel(Coin(15))

    lootBarrel = fedoraBarrel
    lootBarrel.item = Coin(15)
}
```

그러나 이것 역시 타입 불일치로 컴파일 에러가 된다. 다음은 fedoraBarrel.item을 Fedora 타입의 변수에 지정해 보자.

리스트 17.19 | fedoraBarrel.item을 Fedora 타입의 변수에 지정하기　　　　CODE▶ Variance.kt

```kotlin
class Barrel<T>(var item: T)

fun main(args: Array<String>) {
    var fedoraBarrel: Barrel<Fedora> = Barrel(Fedora("평범한 중절모", 15))
    var lootBarrel: Barrel<Loot> = Barrel(Coin(15))

    lootBarrel = fedoraBarrel
    lootBarrel.item = Coin(15)
    val myFedora: Fedora = fedoraBarrel.item
}
```

이것은 정상적으로 처리된다. 왜냐하면 fedoraBarrel.item은 Fedora 타입이므로 당연히 같은 타입의 myFedora에 지정할 수 있기 때문이다.

지금까지 알아본 내용을 요약하면 이렇다. 즉, 제네릭 클래스의 인스턴스는 원시 타입과 제네릭 타입이 결합된 것이 자신의 타입이 되므로, <>로 나타낸 제네릭 타입 간의 슈퍼-서브 관계가 있더라도 컴파일러가 인식하지 못한다. 따라서 제네릭 클래스를 정의하고 사용할 때 불편하게 된다. 그러나 이런 문제를 해결할 수 있는 방법이 있다. 그것이 바로 in과 out 키워드다. Barrel 클래스의 정의에서 out 키워드를 추가하고 item 속성을 val로 변경해 보자.

리스트 17.20 | out 키워드 추가하기　　　　　　　　　　　　　　　　CODE▶ Variance.kt

```kotlin
class Barrel<out T>(~~var~~val item: T)
...
```

그리고 Coin 인스턴스를 lootBarrel.item에 지정하는 코드를 삭제하고(item을 val로 변경했으므로), myFedora에 fedoraBarrel.item 대신 lootBarrel.item을 지정하도록 변경하자.

리스트 17.21 | 아이템 인스턴스 지정 코드 변경하기 `CODE` Variance.kt

```
class Barrel<out T>(val item: T)

fun main(args: Array<String>) {
    var fedoraBarrel: Barrel<Fedora> = Barrel(Fedora("평범한 중절모", 15))
    var lootBarrel: Barrel<Loot> = Barrel(Coin(15))

    lootBarrel = fedoraBarrel
    lootBarrel.item = Coin(15)
    val myFedora: Fedora = fedoraBarrel.itemlootBarrel.item
}
```

이제는 모든 에러가 해결되었을 것이다. 무엇이 달라진 것일까? 제네릭 클래스에 타입 매개변수로 지정된 타입의 값은 읽을 수만 있게 하거나(초기화한 값을 변경할 수 없다는 뜻), 또는 쓸 수만 있게 하거나 또는 둘 다 가능하게 할 수 있다.

리스트 17.21의 Barrel 제네릭 클래스의 기본 생성자에 지정된 item은 val이므로 인스턴스를 생성할 때 지정된 초깃값을 읽기만 할 수 있다. 리스트 17.21의 다음 코드를 보자.

```
    lootBarrel = fedoraBarrel
```

여기서 fedoraBarrel은 Barrel<Fedora> 타입이다. 그렇다면 lootBarrel의 Barrel<Loot> 타입과 다른 타입인데 이 코드는 컴파일 에러가 아니다. 왜 그럴까? Barrel 클래스의 타입 매개변수에 out 키워드를 지정했기 때문이다. 이 키워드를 지정하면 두 제네릭 타입 간의 슈퍼-서브 타입 관계를 컴파일러가 고려해 준다. Barrel의 기본 생성자에 지정된 item은 읽기만 할 수 있어서 타입이 변경되지 않으므로 타입 변환에 안전하기 때문이다.

코틀린의 읽기 전용 컬렉션 중 하나인 List의 타입도 List<out E>로 정의되어 있다. 따라서 List<Number> 타입의 List에는 List<Byte>, List<Short>, List<Int>, List<Long>, List<Float>, List<Double> 타입의 인스턴스를 저장할 수 있다(Number는 Byte, Short, Int, Long, Float, Double의 슈퍼 클래스다).

리스트 17.21의 val myFedora: Fedora = lootBarrel.item에서는 인텔리제이가 lootBarrel에

초록색 음영을 표시한다. 이것은 스마트 캐스팅이 된다는 것을 나타내며, lootBarrel에 마우스를 대보면 그림 17.2의 메시지가 나타난다.

그림 17.2 | Barrel<Fedora> 타입으로 스마트 캐스팅

컴파일러는 Barrel<Loot> 타입을 Barrel<Fedora> 타입으로 스마트 캐스팅할 수 있다. 왜냐하면 lootBarrel의 item 값과 타입이 변경되지 않으므로 타입을 변환해도 안전하기 때문이다.

Barrel의 제네릭 타입 매개변수를 out 대신 in 키워드로 지정하면 반대의 효과가 나타난다. 즉, fedoraBarrel을 lootBarrel로 지정할 수 있는 것과 반대로 lootBarrel을 fedoraBarrel로 지정할 수 있다. Barrel의 타입 매개변수에 지정된 out을 in으로 변경하고 item의 val을 삭제하자.

리스트 17.22 | out을 in으로 변경하기   `CODE` Variance.kt

```
class Barrel<inout T>(val item: T)
...
```

이제는 main 함수의 lootBarrel = fedoraBarrel이 타입 불일치 에러가 되므로 반대로 지정해 보자.

리스트 17.23 | 지정을 바꾸기   `CODE` Variance.kt

```
...
fun main(args: Array<String>) {
    var fedoraBarrel: Barrel<Fedora> = Barrel(Fedora("평범한 중절모", 15))
    var lootBarrel: Barrel<Loot> = Barrel(Coin(15))

    lootBarrel = fedoraBarrel
    fedoraBarrel = lootBarrel
    val myFedora: Fedora = lootBarrel.item
}
```

in 키워드를 지정하면 제네릭 타입 매개변수를 포함한 클래스나 인터페이스의 관계가 제네릭 타입 매개변수의 슈퍼-서브 타입 관계와 반대가 된다. 예를 들어, Barrel<Loot> 타입이 Barrel<Fedora> 타입의 서브 타입으로 간주된다(out의 경우는 제네릭 타입의 관계(Loot가 Fedora의 슈퍼 타입)를 그대로 반영하므로 Barrel<Loot> 타입이 Barrel<Fedora> 타입의 슈퍼 타입이다). 따라서 매개변수의 값을 슈퍼 타입으로 받으므로 제네릭 클래스 내부의 함수에서 타입에 안전하게 사용할 수 있다.

제네릭 타입 매개변수에 out 키워드를 지정한 것을 **공변형(covariance)**이라고 하고, in 키워드를 지정한 것을 **반공변형(contravariance)**이라고도 한다. 이 용어는 직관적으로 알기 어려우므로 여기서는 사용하지 않았다. 그러나 다른 곳에서 접할 수 있으므로 '공변형'은 'out', '반공변형'은 'in'이라고 생각하자.

이 장에서는 제네릭 타입 매개변수를 클래스에 정의하고 사용하는 방법을 배웠다. 또한, 제네릭 타입을 제한하고 in과 out 키워드를 사용하는 방법도 알아보았다.

다음 장에서는 상속을 사용하지 않고 함수와 속성을 공유할 수 있게 해주는 확장(extension)에 관해 배울 것이다. 그리고 확장 기능을 사용해서 NyetHack 게임의 기능을 더욱 향상시킬 것이다.

궁금증 해소하기: reified 키워드

컴파일된 JVM 바이트코드에는 지금까지 배웠던 제네릭 타입 매개변수의 정보가 수록되지 않고 소거된다. 따라서 프로그램을 실행하는 런타임 시에 다음과 같은 문제가 생길 수 있다.

첫 번째, 제네릭 타입 매개변수가 지정된 클래스로 인스턴스를 생성할 때 어떤 타입의 인자가 사용되었는지 알기 위해 타입을 검사할 수 없다. 예를 들어, List<Int>와 List<String> 모두 JVM 바이트코드에는 원시 타입인 List로 처리되기 때문이다.

두 번째, 제네릭 타입 매개변수가 지정된 제네릭 클래스의 인스턴스 타입이 해당 클래스의 인스턴스인지 검사할 수 없다. 예를 들어, 다음 코드를 보자.

```
val list = listOf(1, 2)
if(list is List<String>) {
        println("List<String> 타입입니다")
}
```

이 코드에서는 List<Int> 타입의 List 인스턴스를 생성한 후 이것의 타입이 List<String>인지 검사한다. 만일 이 코드가 런타임 시에 정상적으로 실행된다면 List<Int> 타입이므로 아무것도 출력되지 않아야 한다. 그러나 이 코드는 컴파일 에러가 된다. 왜냐하면 이 코드가 컴파일되어

JVM 바이트코드로 생성될 때는 List<String>의 제네릭 타입 매개변수인 <String>이 소거되므로 정확한 타입을 검사할 수 없기 때문이다. 따라서 제네릭 타입 매개변수가 지정된 클래스는 타입 검사에 사용될 수 없다.

이와 같은 문제를 해결하기 위해 코틀린은 제네릭 타입 매개변수를 컴파일러가 실제 타입으로 변경해 주는 기능을 지원한다. 이것을 제네릭 타입 매개변수의 **실체화(reification)**라고 하며, 이때 reified 키워드를 사용한다.

reified 키워드를 사용하면 제네릭 매개변수로 전달된 인자의 타입과 제네릭 클래스 인스턴스의 타입을 런타임 시에 검사할 수 있다.

서로 다른 종류의 게임 아이템, 즉 Loot(예를 들어, Coin과 Fedora) 인스턴스를 List에 저장한 후 읽기를 원한다고 해보자. 단, 해당 List에서 무작위로 선택된 Loot 인스턴스의 타입에 따라 선택된 것을 반환하거나, 또는 원하는 타입의 대체(backup) 아이템을 제공하고자 한다. 이것을 처리하는 randomOrBackupLoot 함수를 보면 다음과 같다.

```kotlin
fun <T> randomOrBackupLoot(backupLoot: () -> T): T {
    val items = listOf(Coin(14), Fedora("고풍스런 중절모", 150))
    val randomLoot: Loot = items.shuffled().first()
    return if (randomLoot is T) {
        randomLoot
    } else {
        backupLoot()
    }
}

fun main(args: Array<String>) {
    randomOrBackupLoot {
        Fedora("대체용 중절모", 15)
    }.run {
        // 대체용 또는 고풍스런 중절모 중 하나를 출력한다
        println(name)
    }
}
```

이 코드를 입력하면 if (randomLoot is T)의 T가 에러라는 것을 인텔리제이가 알려 준다(그림 17.3).

그림 17.3 | 소거된 타입인 T의 인스턴스를 검사할 수 없다

앞에서 이야기했듯이 코틀린은 타입 매개변수인 T의 타입 검사를 허용하지 않는다. 컴파일된 바이트코드에는 T의 정보가 수록되지 않고 소거되기 때문이다(내부적으로는 자바의 Object 타입으로 대체된다).

그러나 다음과 같이 reified와 inline 키워드를 함께 지정하면 타입 매개변수의 타입 검사를 런타임 시에 할 수 있다.

```kotlin
inline fun <reified T> randomOrBackupLoot(backupLoot: () -> T): T {
    val items = listOf(Coin(14), Fedora("고풍스런 중절모", 150))
    val randomLoot: Loot = items.shuffled().first()
    return if (randomLoot is T) {
        randomLoot
    } else {
        backupLoot()
    }
}

fun main(args: Array<String>) {
    randomOrBackupLoot {
        Fedora("대체용 중절모", 15)
    }.run {
        // 대체용 또는 고풍스런 중절모 중 하나를 출력한다
        println(name)
    }
}
```

이 경우에 먼저, main 함수의 randomOrBackupLoot 함수를 호출하는 코드(음영으로 표시된 부분)가 randomOrBackupLoot 함수 몸체의 모든 코드로 대체되어 삽입된다. inline 키워드를 지정했기 때문이다. 그리고 이때 randomOrBackupLoot 함수 호출에서 전달된 인자의 타입(여기서는 Fedora)이 제네릭 타입 매개변수 대신 삽입된다.

main 함수에서 randomOrBackupLoot 함수를 호출하는 코드의 바이트코드를 확인해 보면 실제 그런지 알 수 있다. 컴파일된 바이트코드는 다음과 같다.

```java
randomLoot$iv instanceof Fedora
? randomLoot$iv : new Fedora("대체용 중절모", 15);
```

여기서 음영으로 표시된 Fedora가 제네릭 타입 매개변수 T 대신 대체되어 삽입된 타입이다. 따라서 타입 매개변수의 타입 검사를 런타임 시에 할 수 있다.

reified 키워드를 사용한 타입 매개변수의 실체화는 inline 키워드가 지정된 인라인 함수에서만 가능하다. 원래 인라인 함수는 다른 함수(또는 람다)를 인자로 받는 고차 함수의 실행 성능을 높이기 위해 필요하다. 그러나 타입 매개변수의 실체화에서는 제네릭 타입 매개변수를 실제 타입으로 교체하기 위해 사용된다. 그리고 인라인 함수에는 reified 키워드가 지정된 타입 매개변수를 하나 이상 정의할 수 있으며, 이 키워드가 지정되지 않은 일반 타입의 매개변수도 같이 정의할 수 있다.

18

확장

확장(extension)은 기존 타입(클래스나 인터페이스)의 정의를 직접 변경하지 않고 새로운 기능을 추가할 수 있게 해준다. 확장은 우리가 정의한 타입은 물론이고 코틀린 표준 라이브러리의 타입에도 사용할 수 있다.

코틀린 표준 라이브러리에서는 확장을 많이 사용한다. 예를 들어, 9장에서 배웠던 표준 함수들은 확장으로 정의되어 있다.

이 장에서는 바로 앞 장의 Sandbox 프로젝트로 확장을 배우면서 NyetHack 코드에도 적용할 것이다. 먼저, 이전에 사용했던 Sandbox 프로젝트를 열고 새로운 파일인 Extensions.kt를 생성하자.

확장 함수 정의하기

여기서는 먼저, String 클래스에 확장 함수를 추가할 것이다. 이 함수는 인자로 받은 개수의 느낌표(!)를 문자열의 끝에 추가한다. 리스트 18.1과 같이 Extensions.kt에 확장 함수인 addEnthusiasm을 정의하자.

```kotlin
fun String.addEnthusiasm(amount: Int = 1) = this + "!".repeat(amount)
```

확장 함수는 다른 함수와 같은 방법으로 정의되지만, 한 가지 차이점이 있다. 즉, 확장 함수를 추가할 타입(이것을 **수신자 타입(receiver type)**이라고 함)도 같이 지정해야 한다(9장에서 이야기했듯이 확장되는 대상을 '수신자'라고 한다). addEnthusiasm 함수의 경우는 String이 수신자 타입이다.

addEnthusiasm은 단일 표현식으로 된 함수이며, amount 인자로 전달된 정수만큼의 느낌표가 추가된 문자열을 반환한다(인자값을 지정하지 않으면 기본값인 1이 된다). this 키워드는 addEnthusiasm 확장 함수가 호출된 수신자 객체(여기서는 String 객체)를 뜻한다.

이제는 어떤 String 객체에 대해서도 addEnthusiasm 함수를 호출할 수 있다. 이 함수를 사용하는 코드를 main 함수에 추가하여 테스트해 보자.

```kotlin
fun String.addEnthusiasm(amount: Int = 1) = this + "!".repeat(amount)

fun main(args: Array<String>) {
    println("마드리갈이 그 건물에서 나왔습니다".addEnthusiasm())
}
```

Extensions.kt를 실행하면 제일 끝에 한 개의 느낌표가 붙은 "마드리갈이 그 건물에서 나왔습니다!"가 출력될 것이다.

만일 이와 같은 확장 기능이 없다면 어떻게 String 클래스에 함수를 추가해야 할까? String의 서브 클래스를 생성하여 추가하는 방법밖에 없다. 그러나 서브 클래스를 만들 수 있을까? 인텔리제이에서 Shift 키를 두 번 눌러 보자. 그러면 검색(Search Everywhere) 대화상자가 나타난다. String.kt를 입력한 후 아래쪽에 나타난 String.kt를 클릭하면 이 파일의 소스 코드가 편집기 창에 열릴 것이다. 거기에서 String 클래스의 헤더를 보면 다음과 같이 되어 있다.

```kotlin
public class String : Comparable<String>, CharSequence {
    ...
}
```

String 클래스에는 open 키워드가 지정되어 있지 않으므로 서브 클래스를 만들 수 없다는 것을 알 수 있다. 따라서 상속을 통한 String 클래스의 함수 추가는 불가능하다. 이처럼 함수를 확장하고자 하는 클래스의 서브 클래스를 만들 수 없거나, 우리가 해당 클래스의 정의를 변경할 수 없을 때(예를 들어, 다른 라이브러리의 클래스) 확장을 사용하는 것이 좋은 방법이다(확인이 되었으면 편집기 창에 열린 String.kt를 닫자).

슈퍼 클래스에 확장 함수 정의하기

함수의 확장은 클래스 상속 없이도 가능하다. 그러나 확장 함수의 호출 가능 범위를 넓히기 위해 상속과 함께 사용될 수도 있다. 리스트 18.3처럼 Any 타입의 확장 함수로 easyPrint를 정의해 보자. 이 함수는 Any에 확장된 것이므로 모든 타입에 대해 호출될 수 있다.

리스트 18.3 | Any에 확장 함수 추가하기   `CODE` Extensions.kt

```
fun String.addEnthusiasm(amount: Int = 1) = this + "!".repeat(amount)

fun Any.easyPrint() = println(this)

fun main(args: Array<String>) {
    println("마드리갈이 그 건물에서 나왔습니다".addEnthusiasm()).easyPrint()
}
```

Extensions.kt를 다시 실행하고 이전과 동일한 결과가 출력되는지 확인해 보자. 이미 이야기했듯이 easyPrint는 Any에 확장된 것이므로 모든 타입에 대해 사용할 수 있다. 리스트 18.4와 같이 Int 타입의 정수에 easyPrint를 호출해 보자.

리스트 18.4 | easyPrint는 Any의 모든 서브 타입에서 사용할 수 있다   `CODE` Extensions.kt

```
fun String.addEnthusiasm(amount: Int = 1) = this + "!".repeat(amount)

fun Any.easyPrint() = println(this)

fun main(args: Array<String>) {
    "마드리갈이 그 건물에서 나왔습니다".addEnthusiasm().easyPrint()
    42.easyPrint()
}
```

제네릭 확장 함수

addEnthusiasm 함수 호출 전과 후 모두에서 "마드리갈이 그 건물에서 나왔습니다"라는 문자열을 출력하고자 한다면 어떻게 해야 할까?

먼저, easyPrint 함수가 연쇄 호출이 가능하게 해야 한다. 연쇄 호출은 이전에 본 적이 있을 것이다. 즉, 이후의 함수를 호출할 수 있는 객체를 이전 함수 호출에서 반환한다면 연속해서 여러 함수를 호출할 수 있다. 연쇄 호출을 할 수 있게 easyPrint 함수를 변경하자.

리스트 18.5 | easyPrint 함수 변경하기　　　　　　　　　　　　　`CODE` Extensions.kt

```
fun String.addEnthusiasm(amount: Int = 1) = this + "!".repeat(amount)

fun Any.easyPrint()= println(this): Any {
    println(this)
    return this
}
...
```

다음은 addEnthusiasm 함수 호출 전과 후에서 easyPrint 함수를 각각 호출하게 변경한다.

리스트 18.6 | easyPrint 함수 두 번 호출하기　　　　　　　　　　　`CODE` Extensions.kt

```
fun String.addEnthusiasm(amount: Int = 1) = this + "!".repeat(amount)

fun Any.easyPrint(): Any {
    println(this)
    return this
}

fun main(args: Array<String>) {
    "마드리갈이 그 건물에서 나왔습니다".easyPrint().addEnthusiasm().easyPrint()
    42.easyPrint()
}
```

그러나 이 코드는 컴파일 에러가 된다. 첫 번째 easyPrint 호출은 정상이지만 그 다음의 addEnthusiasm 호출은 그렇지 않기 때문이다. 왜 그런지 타입 정보를 살펴보자. 첫 번째 easyPrint를 클릭한 후 **Ctrl+Shift+P[Control+Shift+P]**를 누르면 팝업 형태로 표현식 내역이 나타난다. 이때 첫 번째의 "마드리갈이 그 건물에서 나왔습니다".easyPrint()를 선택하면 그림 18.1과 같이 첫 번째 easyPrint 호출로 반환된 타입이 Any라서 타입 에러가 생겼음을 알 수 있다.

"Madrigal has left the building".*easyPrint*().addEnthusiasm().easyPrint()

그림 18.1 | 연쇄 호출은 가능하지만 타입 에러다

easyPrint 함수는 String 객체를 반환하지만, 이 객체의 타입은 슈퍼 타입인 Any가 된다(서브 클래스 객체는 슈퍼 클래스 타입으로 참조 가능하다). 따라서 String 타입에만 사용될 수 있는 addEnthusiasm 함수를 연쇄 호출할 수 없는 것이다. 이 문제를 해결하려면 easyPrint를 제네릭 확장 함수로 변경해야 한다. Any 대신 제네릭 타입 매개변수를 사용하도록 easyPrint를 변경하자.

리스트 18.7 | easyPrint를 제네릭 확장 함수로 변경하기 `CODE` Extensions.kt

```
fun String.addEnthusiasm(amount: Int = 1) = this + "!".repeat(amount)

fun <T> ~~Any~~T.easyPrint(): ~~Any~~T {
    println(this)
    return this
}
...
```

이제는 제네릭 타입 매개변수인 T가 확장 함수의 수신자 타입으로 사용되고, Any 대신 T 타입으로 반환된다. 따라서 수신자의 특정 타입 정보가 연쇄 호출에 전달된다. 그림 18.1처럼 해보면 String 타입이 반환되어 정상적으로 연쇄 호출될 수 있다는 것을 알 수 있다(그림 18.2).

String

"Madrigal has left the building".*easyPrint*().*addEnthusiasm*().*easyPrint*()

그림 18.2 | 연쇄 호출 가능한 타입 반환

Extensions.kt를 다시 실행하면 다음과 같이 문자열이 두 번 출력될 것이다.

```
마드리갈이 그 건물에서 나왔습니다
마드리갈이 그 건물에서 나왔습니다!
42
```

이제는 제네릭 확장 함수인 easyPrint가 어떤 타입에도 사용 가능하며 타입 정보도 유지된다. 이처럼 제네릭 타입과 확장을 같이 사용하면 서로 다른 여러 타입에서 폭넓게 사용될 수 있는 함수를 작성할 수 있다.

제네릭 타입을 사용하는 확장 함수는 코틀린 표준 라이브러리에 많이 있다. 예를 들어, let 함수의 정의를 보면 다음과 같다.

```
public inline fun <T, R> T.let(block: (T) -> R): R {
    return block(this)
}
```

모든 타입에 사용될 수 있도록 let은 제네릭 확장 함수로 정의되어 있다. 이 함수는 람다를 인자로 받는다. 그리고 람다에서는 수신자 객체를 인자로 받아((T)로 나타냄) R 타입(실제 객체가 어떤 것이든)으로 반환한다.

여기서는 5장에서 배웠던 inline 키워드가 지정되어 있다는 것에 주목하자. 왜냐하면 람다를 인자로 받는 확장 함수를 인라인으로 처리하면 메모리 사용의 부담을 줄일 수 있기 때문이다.

확장 속성

확장 함수에 추가하여 확장 속성도 정의할 수 있다. Extensions.kt에 String의 확장 속성을 추가해 보자. 이 확장 속성은 문자열의 모음 개수를 산출한다.

리스트 18.8 | **확장 속성 추가하기**　　　　　　　　　　　　　　`CODE` Extensions.kt

```
val String.numVowels
    get() = count { "aeiouy".contains(it) }

fun String.addEnthusiasm(amount: Int = 1) = this + "!".repeat(amount)
...
```

그리고 numVowels 확장 속성을 사용하는 코드를 main 함수에 추가하자.

리스트 18.9 | **확장 속성 사용하기**　　　　　　　　　　　　　　`CODE` Extensions.kt

```
val String.numVowels
    get() = count { "aeiouy".contains(it) }

fun String.addEnthusiasm(amount: Int = 1) = this + "!".repeat(amount)

fun <T> T.easyPrint(): T {
    println(this)
```

```
        return this
}

fun main(args: Array<String>) {
    "마드리갈이 그 건물에서 나왔습니다".easyPrint().addEnthusiasm().easyPrint()
    42.easyPrint()
    "How many vowels?".numVowels.easyPrint()
}
```

Extensions.kt를 실행하면 numVowels 속성의 값이 제일 끝에 출력될 것이다(여기서는 5).

```
마드리갈이 그 건물에서 나왔습니다
마드리갈이 그 건물에서 나왔습니다!
42
5
```

12장에서 배웠듯이 산출 속성(computed property)을 제외한 모든 클래스 속성은 데이터가 저장되는 후원 필드(backing field)를 가지며, 게터(val과 var 모두)와 세터(var일 때만)가 자동 생성된다. 그러나 확장 속성은 산출 속성처럼 후원 필드를 갖지 않는다. 따라서 속성에서 반환될 값을 산출하는 get을 반드시 정의해야 한다. 예를 들어, 다음 코드는 컴파일 에러다.

```
var String.preferredCharacters = 10
```

확장 속성은 후원 필드를 갖지 않으므로 초기화할 수 없기 때문이다. 따라서 var 대신 val을 지정하고 원하는 값을 반환하는 get을 정의해야 한다.

null 가능 타입의 확장 함수

null 가능 타입에 사용하기 위해 확장 함수를 정의할 수도 있으며, 이렇게 하면 확장 함수에서 null 값의 검사와 처리를 할 수 있다.

Extensions.kt에 null 가능 타입인 String?의 확장 함수를 추가하고 main 함수에서 테스트해 보자.

```
...
infix fun String?.printWithDefault(default: String) = print(this ?: default)

fun main(args: Array<String>) {
    "마드리갈이 그 건물에서 나왔습니다".easyPrint().addEnthusiasm().easyPrint()
    42.easyPrint()
    "How many vowels?".numVowels.easyPrint()

    val nullableString: String? = null
    nullableString printWithDefault "기본 문자열"
}
```

infix 키워드는 하나의 인자를 갖는 확장 함수와 클래스 함수 모두에 사용할 수 있으며, 함수 호출 문법을 간결하게 해준다. 함수에 infix 키워드를 지정한 것을 중위 함수(infix function)라고 하며, 중위 함수를 호출할 때는 수신자 객체와 함수 호출 사이의 점(.)은 물론이고 인자 주위의 괄호도 생략할 수 있다. 또는 일반 함수와 같은 방법으로 호출할 수도 있다.

printWithDefault는 중위 함수로 지정되었으므로 다음 두 가지 방법 모두를 사용해서 호출할 수 있다.

```
null printWithDefault "기본 문자열"   // infix 키워드가 지정된 중위 함수에서만 사용 가능한 형태
null.printWithDefault("기본 문자열") // 중위 함수와 일반 함수 모두에서 사용 가능한 형태
```

(코틀린의 비트 연산자(bitwise operator)는 shl, shr, ushr, and, or, xor, inv와 같은 중위 함수로 정의되어 있다.)

Extensions.kt를 실행하면 제일 끝에 "기본 문자열"이 출력될 것이다. nullableString의 값이 null이므로 print(this ?: default)에서 인자로 전달된 default의 값인 "기본 문자열"이 출력되기 때문이다.

확장 함수의 바이트코드 구현

확장 함수와 속성은 일반 함수와 속성처럼 동일한 방법으로 사용되지만, 확장하는 클래스에 정의된 것도 아니고 상속을 사용하지도 않는다. 그렇다면 어떻게 JVM에 구현되는 것일까? 이때는 코틀린 컴파일러가 생성하는 바이트코드를 자바로 역컴파일해서 보면 알 수 있다.

Tools ➡ Kotlin ➡ Kotlin Bytecode를 선택하거나, 또는 Shift 키를 두 번 누르면 나타나는 Search Everywhere 대화상자에서 'show Kotlin bytecode'를 입력하면 Kotlin Bytecode 창이 나타난다.

그다음에 Kotlin Bytecode 창의 왼쪽 위에 있는 Decompile 버튼을 클릭하면 Extensions.kt의 바이트코드를 역컴파일한 자바 코드가 새로운 탭으로 편집기 창에 열릴 것이다. 여기서 String 클래스의 확장 함수인 addEnthusiasm의 자바 코드를 찾아 보면 다음과 같다.

```
public static final String addEnthusiasm(@NotNull String $receiver, int amount) {
    Intrinsics.checkParameterIsNotNull($receiver, "receiver$0");
    return $receiver + StringsKt.repeat((CharSequence)"!", amount);
}
```

이것을 보면 알 수 있듯이 바이트코드에서는 코틀린 확장 함수가 static 메서드로 되며, 확장의 대상이 되는 타입(여기서는 String)이 첫 번째 인자로 전달된다. 코틀린의 addEnthusiasm 확장 함수를 컴파일러가 이렇게 변환해 준다.

확장 함수로 추출하기

다음은 지금까지 배운 확장 함수를 NyetHack 게임에 적용할 것이다. File ➡ Open... ➡ NyetHack (16장에 작성했던 프로젝트)을 선택한 후 Open Project 대화상자에서 **This Window**를 클릭하여(이 경우 현재의 Sandbox 프로젝트가 닫힌다) NyetHack 프로젝트를 열자. 그리고 프로젝트 도구 창에서 Tavern.kt 파일을 더블 클릭하여 편집기 창에 열자.

Tavern.kt에는 List의 요소들을 무작위로 선택하는 shuffled().first() 코드가 여러 곳에 중복되어 있다.

```
...
(0..9).forEach {
    val first = patronList.shuffled().first()
    val last = lastName.shuffled().first()
    val name = "$first $last"
    uniquePatrons += name
}

uniquePatrons.forEach {
    patronGold[it] = 6.0
```

```
    }
    var orderCount = 0
    while (orderCount <= 9) {
        placeOrder(uniquePatrons.shuffled().first(),
                menuList.shuffled().first())
        orderCount++
    ...
```

이런 중복 코드는 재사용 가능한 확장 함수로 추출할 수 있다. Tavern.kt에 random이라는 새
로운 확장 함수를 정의하자.

리스트 18.11 │ random 확장 함수 정의하기　　　　　　　　　　　　　`CODE` Tavern.kt

```
...
val patronGold = mutableMapOf<String, Double>()

private fun <T> Iterable<T>.random(): T = this.shuffled().first()

fun main(args: Array<String>) {
    ...
}
...
```

shuffled와 first는 List와 Set 타입 모두에 대해 연쇄 호출된다(patronList, lastName,
menuList는 List 타입이고, uniquePatrons는 Set 타입이다). 따라서 두 타입 모두에 확장 함수를 사
용할 수 있게 하려면 두 타입의 슈퍼 타입인 Iterable을 수신자 타입으로 정의해야 한다(코틀린
의 모든 컬렉션 클래스와 인터페이스의 슈퍼 타입은 Iterable이다).

다음은 모든 shuffled().first() 연쇄 호출을 random 확장 함수로 교체하자(이때는 인텔리제이
의 찾아 바꾸기 기능을 이용하면 편리하다. **Ctrl+R[Command+R]** 키를 누른 후 첫 번째 필드에 shuffled().
first()를 입력하고, 두 번째 필드에 random()을 입력한다. 그리고 Replace 버튼을 누르면 하나씩 확인하면
서 바꾸기 할 수 있다. 단, random 확장 함수에 있는 shuffled().first()는 바꾸지 않도록 주의하자).

리스트 18.12 │ random 확장 함수 사용하기　　　　　　　　　　　　　`CODE` Tavern.kt

```
...
private fun <T> Iterable<T>.random(): T = this.shuffled().first()

fun main(args: Array<String>) {
    ...
    (0..9).forEach {
```

```
        val first = patronList.shuffled().first()random()
        val last = lastName.shuffled().first()random()
        val name = "$first $last"
        uniquePatrons += name
    }

    uniquePatrons.forEach {
        patronGold[it] = 6.0
    }

    var orderCount = 0
    while (orderCount <= 9) {
        placeOrder(uniquePatrons.shuffled().first()random(),
                menuList.shuffled().first()random())
        orderCount++
    }

    displayPatronBalances()
}
...
```

확장 파일 정의하기

random 확장 함수는 private 가시성 제한자로 지정되어 있다.

```
private fun <T> Iterable<T>.random(): T = this.shuffled().first()
```

이 경우 random 확장 함수가 정의된 파일 외부에서는 사용할 수 없다. 현재는 이 함수가 정의된 Tavern.kt에서만 사용되므로 private으로 지정하는 것이 바람직하다. 일반 함수처럼 확장 함수도 정의된 곳 외에 다른 곳에서 사용되지 않는다면 private으로 지정하자.

그렇지만 random 확장 함수는 어떤 Iterable 타입에도 사용될 수 있게 정의되었다. 따라서 Tavern.kt 외부에서 사용하는 코드가 있는지 알아볼 필요가 있다. NyetHack에는 한 군데가 있다.

Player.kt를 살펴보면 플레이어의 출신지를 선택하기 위해 random 확장 함수의 것과 동일한 코드가 있는 것을 알 수 있다.

```
...
    private fun selectHometown() = File("data/towns.txt")
            .readText()
            .split("\n")
            .shuffled()
            .first()
    ...
```

여기에도 random 확장 함수를 사용할 수 있으면 좋을 것이다. 이 경우 random 확장 함수가 여러 파일에 걸쳐 사용되므로 가시성을 private으로 지정하는 것은 적합하지 않으며, Tavern.kt에 두는 것도 바람직하지 않다. 이처럼 여러 코틀린 파일에서 사용되는 확장 함수나 속성은 자신의 파일과 패키지에 두는 것이 좋다.

프로젝트 도구 창의 com.bignerdranch.nyethack에서 오른쪽 마우스 버튼을 누른 후 **New ➡ Package**를 선택한다. 그리고 패키지 이름을 extensions로 입력하고 **OK** 버튼을 누르면 패키지가 생성된다. 그리고 이 패키지에 IterableExt.kt 파일을 새로 생성한다(그림 18.3). 확장 함수나 속성만을 포함하는 파일의 이름은 확장이 되는 수신자 타입 이름에 **Ext**를 붙여 지정하는 것이 좋다.

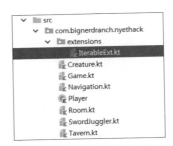

그림 18.3 | 확장 패키지와 파일 추가하기

다음은 Tavern.kt의 random 확장 함수를 IterableExt.kt로 옮기고, private 키워드를 삭제한다. 그리고 Tavern.kt의 random 확장 함수는 삭제한다.

리스트 18.13 | Tavern.kt의 random 확장 함수 삭제하기   CODE ▶ Tavern.kt

```
...
private fun <T> Iterable<T>.random(): T = this.shuffled().first()

fun main(args: Array<String>) {
    ...
}
```

```
package com.bignerdranch.nyethack.extensions

fun <T> Iterable<T>.random(): T = this.shuffled().first()
```

이제는 random 확장 함수가 자신의 파일로 이동되고 public 가시성이 되었으므로 Tavern.kt와 Player.kt 모두에서 사용할 수 있다. 그러나 Tavern.kt의 random 확장 함수 호출은 에러가 된다. 다른 패키지에 있기 때문이다. 따라서 다음과 같이 import 문을 Tavern.kt와 Player.kt의 제일 위에 지정해야 한다(package 문이 있을 때는 그 다음 줄에).

```
import com.bignerdranch.nyethack.extensions.random
```

다음은 Player.kt의 selectHometown 함수에서 random 확장 함수를 사용하도록 변경하자.

리스트 18.15 | selectHometown에서 random 확장 함수 사용하기   `CODE` Player.kt

```
...
private fun selectHometown() = File("data/towns.txt")
    .readText()
    .split("\r\n")   // 맥 OS나 리눅스에서는 .split("\n")
    .random()
    .shuffled()
    .first()
...
```

확장 함수 이름 변경하기

서로 다른 패키지에 있는 같은 이름의 클래스, 인터페이스, 함수들을 함께 사용할 경우에는 as 키워드로 별칭(alias)을 지정하여 이름 충돌이 생기지 않게 할 수 있다. 확장 함수도 마찬가지다. 예를 들면 다음과 같다.

```
import mypkg.io.extractKey
import mypkg.util.extractKey as extractKeyUtil
...
val value1 = extractKey()
...
val value2 = extractKeyUtil()
```

여기서는 mypkg.util 패키지의 extractKey 함수의 별칭을 extractKeyUtil로 지정했으므로 이름 충돌이 생기지 않는다. Player.kt에서 import한 random 확장 함수의 별칭을 randomizer 로 지정해 보자.

리스트 18.16 | as 키워드 사용하기　　　　　　　　　　　　　　　　　　`CODE` ▶ Player.kt

```
import com.bignerdranch.nyethack.extensions.random as randomizer
...
private fun selectHometown() = File("data/towns.txt")
    .readText()
    .split("\r\n")  // 맥 OS나 리눅스에서는 .split("\n")
    .random()
    .randomizer()
...
```

이제는 NyetHack 프로젝트를 끝낼 때가 되었다. 축하한다! 그동안 많은 것을 배우면서 여러분 의 긴 여정을 끝마친 것이다.

코틀린 표준 라이브러리의 확장 함수와 속성

코틀린 표준 라이브러리의 많은 부분이 확장 함수와 확장 속성을 사용해서 정의되어 있다. 예 를 들어, Strings.kt의 소스 코드 파일을 살펴보자(String이 아닌 Strings이다). (Shift 키를 두 번 누르면 나타나는 Search Everywhere 대화상자에서 Strings.kt를 입력한 후 Strings.kt(...text)를 선 택하면 된다.)

```
public inline fun CharSequence.trim(predicate: (Char) -> Boolean): CharSequence {
    var startIndex = 0
    var endIndex = length - 1
    var startFound = false
    while (startIndex <= endIndex) {
        val index = if (!startFound) startIndex else endIndex
        val match = predicate(this[index])
        if (!startFound) {
            if (!match)
                startFound = true
            else
                startIndex += 1
        }
        else {
```

```
            if (!match)
                break
            else
                endIndex -= 1
        }
    }
    return subSequence(startIndex, endIndex + 1)
}
```

Strings.kt의 소스 코드를 보면 String 타입에 대한 많은 확장 함수들이 포함되어 있는 것을 알 수 있다. 예를 들어, 위의 코드에 정의된 확장 함수인 trim은 문자열로부터 문자들을 제거하는 데 사용된다.

각 타입에 대한 확장 함수나 속성을 포함하는 표준 라이브러리 파일들은 타입 이름 끝에 s를 붙인 파일 이름을 갖는다. Strings.kt도 그렇고 Sequences.kt, Ranges.kt, Maps.kt 등도 같은 방법으로 파일 이름이 지정되어 있다.

코틀린에서는 확장 함수를 굉장히 많이 사용하여 핵심 API를 정의하고 있다. 따라서 표준 라이브러리의 크기가 작으면서도(930Kbyte 미만) 많은 기능을 제공한다. 그리고 확장을 사용하면 함수나 속성을 하나만 정의하여 여러 타입에 같은 기능을 제공할 수 있으므로 메모리를 효율적으로 사용할 수 있다.

이 장에서는 확장 함수와 속성에 관해 배웠다. 다음 장에서는 함수형 프로그래밍에 관해 배울 것이다.

챌린지: toDragonSpeak 확장 함수

이 챌린지에서는 Tavern.kt의 toDragonSpeak 함수를 private 확장 함수로 변환한다.

챌린지: frame을 확장 함수로 변경하기

다음은 임의의 크기를 갖는 문자열이 ASCII 문자 테두리 내부에 보기 좋게 출력될 수 있게 해주는 함수다.

```
fun frame(name: String, padding: Int, formatChar: String = "*"): String {
    val greeting = "$name!"
    val middle = formatChar.padEnd(padding)
            .plus(greeting)
            .plus(formatChar.padStart(padding))
    val end = (0 until middle.length).joinToString("") { formatChar }
    return "$end\r\n$middle\r\n$end" // 맥 OS나 리눅스에서는 "$end\n$middle\n$end"
}
```

이 챌린지에서는 frame 함수를 어떤 문자열(String 타입)에도 사용할 수 있는 확장 함수로 리팩토링한다. 예를 들어, 새로운 버전의 frame 함수를 호출하는 코드와 출력된 결과는 다음과 같다.

```
print("Welcome, Madrigal".frame(5))

*****************************
*     Welcome, Madrigal!    *
*****************************
```

CHAPTER

19

함수형 프로그래밍

이전의 여러 장에서는 객체지향 프로그래밍 패러다임에 관해 배웠다. 또 다른 중요한 프로그래밍 패러다임으로 **함수형 프로그래밍(functional programming)**이 있다. 이것은 람다 대수를 기반으로 1950년대에 개발되었다. 일반적으로 함수형 프로그래밍 언어는 상업용 소프트웨어보다는 학계에서 많이 사용되지만, 기본 원리는 어떤 언어에도 유용하다.

함수형 프로그래밍 방식은 컬렉션을 사용하도록 설계된 소수의 고차 함수(higher-order function)가 반환하는 데이터에 의존한다. 그리고 고차 함수들을 연쇄 호출하여 더 복잡한 처리 기능을 구현한다. 다른 함수를 인자로 받거나 결과로 반환하는 고차 함수와 함수를 값으로 정의할 수 있게 해주는 함수 타입은 이전의 다른 장에서 이미 알아보았으므로 어느 정도 파악이 되었을 것이다.

코틀린은 다중 프로그래밍 방식을 지원하므로 당면한 문제에 맞춰 객체지향과 함수형 프로그래밍을 혼합하여 코드를 작성할 수 있다. 이 장에서는 REPL을 사용하여 코틀린이 제공하는 함수형 프로그래밍 기능을 알아보고, 함수형 프로그래밍 패러다임의 내면적인 개념에 관해 배울 것이다.

함수 유형

함수형 프로그램을 구성하는 함수의 유형에는 크게 세 가지가 있다. **변환(transform)**, **필터(filter)**, **결합(combine)**이다. 각 유형의 함수들은 컬렉션 데이터 구조를 사용하여 최종 결과를 산출하도록 설계되어 있다. 함수형 프로그래밍의 함수는 또한 구성 가능하도록, 즉 복잡한 처리를 하기 위해 간단한 함수들이 결합될 수 있게 설계된다.

변환

함수형 프로그래밍의 첫 번째 함수 유형으로 변환이 있다. **변환 함수(transform function)**는 입력 컬렉션(자신이 호출된 컬렉션)에 저장된 모든 요소를 읽는다. 그리고 인자로 제공된 사용자 지정 변환 함수를 실행하여 컬렉션의 각 요소나 항목을 변환한 후 변경된 컬렉션을 반환한다(입력 컬렉션은 변경되지 않는다). 그리고 이후에 연쇄 호출된 다른 함수가 있으면 해당 함수가 계속 실행된다.

변환에 흔히 사용되는 두 가지 함수가 map과 flatMap이다. map 변환 함수는 입력 컬렉션의 모든 요소를 반복하여 읽으면서 인자로 전달된 변환 함수를 컬렉션의 각 요소에 대해 실행시킨다. 그리고 입력 컬렉션과 같은 수의 요소를 갖는 컬렉션을 결과로 생성한다.

코틀린 REPL에서 다음 코드를 실습해 보자. 먼저, 코틀린 REPL을 실행시킨다(메인 메뉴에서 Tools ➡ Kotlin ➡ REPL을 선택). 그리고 코틀린 REPL 창에서 다음 코드들을 하나씩 입력하고 **Ctrl+Enter[Command+Return]** 키를 눌러 실행시킨다.

리스트 19.1 | animals List를 babies List로 변환하기 `CODE` REPL

```
val animals = listOf("zebra", "giraffe", "elephant", "rat")
val babies = animals
        .map{ animal -> "A baby $animal" }
        .map{ baby -> "$baby, with the cutest little tail ever!"}
println(babies)
```

함수형 프로그래밍은 연속적으로 데이터를 처리하기 위해 상호 결합될 수 있는 구성 가능한 함수에 중점을 둔다. 여기서는 첫 번째 map 함수에서 animals List의 각 요소에 변환 함수인 { animal -> "A baby $animal" }을 실행하여 그 결과를 임시 List로 생성한다. 그리고 이 List를 그 다음의 연쇄 호출된 함수에 전달한다.

여기서는 다음 함수도 map이며, 앞의 map에서 생성된 임시 List의 각 요소에 변환 함수인 {baby -> "$baby, with the cutest little tail ever!"}를 실행하여 그 결과를 babies List로 생성한다. 그리고 함수의 연쇄 호출이 끝났으므로 babies List가 최종 컬렉션이 된다. 이 List의 각 요소는 다음과 같다. "A baby"는 첫 번째 map 함수에서 각 요소에 추가된 문자열이고, ", with the cutest little tail ever!"는 두 번째 map에서 각 요소에 추가된 문자열이다.

```
A baby zebra, with the cutest little tail ever!
A baby giraffe, with the cutest little tail ever!
A baby elephant, with the cutest little tail ever!
A baby rat, with the cutest little tail ever!
```

이미 이야기했듯이 변환 함수는 입력 컬렉션의 변경 요소를 갖는 새로운 컬렉션을 생성하고 반환하며, 입력 컬렉션을 변경하지는 않는다. REPL에서 animals List를 출력해 보면 변경되지 않았다는 것을 알 수 있다.

리스트 19.2 | **입력 컬렉션은 변경되지 않는다**   `CODE` ▶ REPL

```
print(animals)
"zebra", "giraffe", "elephant", "rat"
```

이미 이야기했듯이 map 함수는 입력 컬렉션과 같은 수의 요소를 갖는 컬렉션을 반환한다(더 뒤에서 보겠지만, 모든 변환 함수가 그런 것은 아니다). 그러나 요소의 타입이 다른 컬렉션을 반환할 수도 있다. REPL에서 확인해 보자.

리스트 19.3 | **map 함수 실행 전과 후: 요소의 수는 같지만 타입은 다를 수 있다.**   `CODE` ▶ REPL

```
val tenDollarWords = listOf("auspicious", "avuncular", "obviate")
val tenDollarWordLengths = tenDollarWords.map { it.length }
print(tenDollarWordLengths)
[10, 9, 7]
tenDollarWords.size
3
tenDollarWordLengths.size
3
```

size는 컬렉션의 속성이며, List나 Set의 요소 수 또는 Map의 항목(키와 값의 쌍으로 된) 수를 갖고 있다.

이 예에서는 map의 입력 컬렉션이 세 개의 요소를 가지며, 결과 컬렉션의 요소도 세 개다. 그러나 입력 컬렉션인 tenDollarWords는 List<String> 타입이지만, 결과 컬렉션인 tenDollarWordLengths는 List<Int> 타입이다. map 함수의 형식은 다음과 같다.

```
<T, R> Iterable<T>.map(transform: (T) -> R): List<R>
```

이것을 보면 알 수 있듯이 map은 변환 함수의 함수 타입(transform: (T))을 인자로 받는다. 코틀린은 고차 함수(다른 함수를 인자로 받거나 결과로 반환할 수 있는 함수)를 지원하므로 이렇게 할 수 있다. 또한, 제네릭 타입 매개변수를 사용하므로 인자의 타입과 반환 타입을 다르게 처리할 수 있다.

흔히 사용되는 또 다른 변환 함수로 flatMap이 있다. flatMap 함수는 인자로 전달된 변환 함수의 결과로 산출된 모든 요소를 하나의 컬렉션으로 생성하여 반환한다. 따라서 다른 컬렉션이 저장된 컬렉션을 입력 컬렉션으로 사용하여 flatMap을 실행하면 모든 컬렉션의 요소를 통합한 하나의 컬렉션을 생성할 수 있다. 예를 들어, REPL에서 다음을 실습해 보자.

리스트 19.4 | 두 개의 List 통합하기 `CODE` **REPL**

```
listOf(listOf(1, 2, 3), listOf(4, 5, 6)).flatMap { it }
[1, 2, 3, 4, 5, 6]
```

여기서는 두 개 List의 모든 요소를 갖는 하나의 List가 생성된다. 따라서 입력 컬렉션의 요소 수(여기서는 2)와 타입(여기서는 List)이 결과 컬렉션의 요소 수(여기서는 6) 및 타입(Int)과 다를 수 있다. 또한, 여기서는 flatMap의 인자로 변환 함수를 전달하지 않고, 그냥 it 키워드만 사용했으므로 입력 컬렉션의 모든 요소가 변환없이 그대로 결과로 생성된다.

필터

함수형 프로그래밍의 두 번째 함수 유형으로 필터가 있다. **필터 함수(filter function)**는 컬렉션의 각 요소를 검사하고, true 또는 false를 반환하는 술어 함수(predicate function)를 인자로 받는다. 만일 술어 함수에서 true를 반환하면 filter 함수가 반환하는 결과 컬렉션에 해당 요소가 추가된다. 그러나 false가 반환되면 해당 요소는 결과 컬렉션에서 제외된다.

필터 함수로는 걸맞은 이름의 filter 하나가 있다. flatMap과 filter를 같이 사용하여 실습해 보자.

```
val itemsOfManyColors = listOf(listOf("red apple", "green apple", "blue apple"),
listOf("red fish", "blue fish"), listOf("yellow banana", "teal banana"))

val redItems = itemsOfManyColors.flatMap { it.filter { it.contains("red") } }
print(redItems)
[red apple, red fish]
```

여기서는 먼저, 세 개의 List를 요소로 갖는 List인 itemsOfManyColors를 생성한다. itemsOfManyColors는 다른 컬렉션을 저장하는 컬렉션이다.

그리고 flatMap의 변환 함수 인자로 filter를 받으며, filter에서는 입력 컬렉션에 저장된 각 List에 "red"가 포함된 값을 갖는 요소가 있는지 검사하는 술어 함수인 { it.contains("red") }를 인자로 받는다. 결과적으로 flatMap의 입력 컬렉션에 저장된 모든 요소가 검사되어 하나의 새로운 List인 redItems에 저장된다.

이런 식으로 함수를 결합해서 사용하는 것이 전형적인 함수형 프로그래밍 방식이다. 소수(prime number, 1과 자신의 수 외에는 나눌 수 없는 수)만 추출하는 또 다른 예를 실습해 보자.

```
val numbers = listOf(7, 4, 8, 4, 3, 22, 18, 11)
val primes = numbers.filter { number ->
    (2 until number).map { number % it }
        .none { it == 0 }
    }
print(primes)
```

이 예에서도 단일 기능을 수행하는 함수들을 결합해서 더 복잡한 결과를 산출하는 함수형 프로그래밍의 진면목을 보여 준다.

여기서는 filter 함수의 술어 함수에서 numbers List의 각 요소마다 map의 결과를 산출한 후 검사하여 결과 컬렉션을 생성한다. 즉, numbers List의 각 요소에 대하여 다음 처리가 반복된다. 먼저, map에서는 2부터 (해당 요소값 - 1)까지의 숫자로 해당 요소값을 나누어 나머지를 임시 List로 저장한다. 그리고 나머지가 0인 요소가 임시 List에 하나도 없는지 none에서 검사한 후 하나도 없으면 true를 반환한다. 이 경우 filter의 술어 함수 결과가 true가 되므로(소수를 뜻함) 결과 List인 primes에 저장된다. 그리고 다시 numbers List의 다음 요소가 계속 반복 처리된다.

결합

함수형 프로그래밍의 세 번째 함수 유형으로 결합이 있다. **결합 함수(combining function)**는 서로 다른 컬렉션을 인자로 받아서 모든 요소들이 합쳐진 새로운 컬렉션을 생성한다(이것은 다른 컬렉션을 포함하는 하나의 컬렉션을 입력으로 사용하는 flatMap과 다르다). 다음 예를 실습해 보자.

리스트 19.7 | 두 개의 컬렉션을 결합하기

```
val employees = listOf("Denny", "Claudette", "Peter")
val shirtSize = listOf("large", "x-large", "medium")
val employeeShirtSizes = employees.zip(shirtSize).toMap()
println(employeeShirtSizes["Denny"])
```

여기서는 zip 함수를 사용하였다. 이 함수는 직원 이름을 요소로 갖는 employees List와 그들의 셔츠 크기를 갖는 shirtSize List를 결합하여(같은 순서의 요소끼리) Pair 객체로 생성한 후 임시 List에 저장한다. 그리고 그 다음에 연쇄 호출된 toMap에서는 임시 List의 각 요소(Pair 객체)를 employeeShirtSizes Map의 항목으로 저장한다. Map은 키와 값이 한 쌍으로 저장되는 컬렉션이다. 따라서 두 개의 속성을 갖는 Pair 객체를 저장한 List는 언제든 Map으로 변환할 수 있다. 여기서는 직원 이름이 키, 셔츠 크기가 값으로 Map에 저장된다. 그리고 최종 결과로 생성된 Map인 employeeShirtSizes에서 키가 "Denny"인 항목의 값을 출력한다.

값을 결합하는 데 유용한 또 다른 함수로 fold가 있다. 이 함수는 최초 누적값을 인자로 받으며, 이 값은 각 요소에 대해 호출되는 익명 함수의 결괏값으로 변경된다. 그리고 누적된 값은 그 다음 익명 함수로 전달된다.

다음 예를 보자. 여기서는 List에 저장된 요소 값에 3을 곱한 값을 누적하기 위해 fold 함수가 사용된다.

```
val foldedValue = listOf(1, 2, 3, 4).fold(0) { accumulator, number ->
    println("Accumulated value: $accumulator")
    accumulator + (number * 3)
}

println("Final value: $foldedValue")
```

이 코드를 실행하면 다음 결과가 출력될 것이다.

```
Accumulated value: 0
Accumulated value: 3
Accumulated value: 9
Accumulated value: 18
Final value: 30
```

초기 누적값은 0이며, 이 값이 익명 함수에 전달되어 "Accumulated value: 0"이 출력된다. 그 다음에 List의 첫 번째 요소값인 1에 3을 곱한 후 앞에서 전달된 누적값과 더한다. 즉, 0 + (1 * 3)이 된다. 이런 식으로 List의 모든 요소가 처리되면 foldedValue에 저장된 최종 누적값이 결괏값이 된다.

왜 함수형 프로그래밍일까?

리스트 19.7의 zip 사용 예를 다시 보자. 동일한 작업을 객체지향 패러다임 또는 더 넓은 분류의 명령형 프로그래밍(imperative programming)으로 구현한다고 해보자. 예를 들어, 자바에서는 리스트 19.7의 작업을 다음과 같이 구현할 수 있을 것이다.

```
List<String> employees = Arrays.asList("Denny", "Claudette", "Peter");
List<String> shirtSizes = Arrays.asList("large", "x-large", "medium");
Map<String, String> employeeShirtSizes = new HashMap<>();
for (int i = 0; i < employees.size; i++) {
    employeeShirtSizes.put(employees.get(i), shirtSizes.get(i));
}
```

이 코드만 본다면 리스트 19.7의 함수형 버전과 같은 분량의 코드를 사용해도 되는 것처럼 보일 수 있다. 그러나 자세히 보면 함수형 방법이 여러 가지 중요한 장점을 제공한다.

1. 처리 중간에 값을 축적하는 변수들이 내부적으로 정의되므로 상태를 보존하는 변수들을 줄일 수 있다.
2. 함수형 연산의 결과는 자동으로 축적 변수에 추가되므로 코드 결함의 발생 위험을 줄일 수 있다.
3. 새로운 연산이 필요하면 함수의 연쇄 호출에 추가하면 된다. 모든 함수형 연산은 반복 처리되기 때문이다.

이런 장점의 처음 두 가지를 고려할 때 명령형 프로그래밍에서는 항상 해당 시점의 상태를 저장하는 변수들을 많이 생성해야 한다. 예를 들어, employeeShirtSizes 컬렉션은 for 루프의 밖에 있어야 해당 루프의 결과를 저장할 수 있다.

그리고 각 루프의 결괏값을 우리가 employeeShirtSizes 컬렉션에 추가해야 한다. 따라서 만일 추가하는 것을 빠트리면(이런 일이 종종 생길 수 있다) 프로그램의 나머지 코드가 올바르게 동작하지 않을 것이다. 또한, 각 작업 단계가 추가될 때마다 이런 유형의 실수가 생길 가능성이 커진다.

반면에 함수형 코드 구현에서는 새로운 축적 변수를 정의할 필요는 없다. 단, 연쇄 호출의 각 단계마다 새로운 컬렉션이 임시로 생성된다는 부담이 생긴다.

그러나 연쇄 호출의 작업마다 내부적으로 새로운 컬렉션에 값을 축적하므로 프로그래머의 실수는 거의 생기지 않는다.

앞의 세 번째 장점의 경우에 모든 함수형 연산은 반복해서 작업을 할 수 있게 설계되었으므로 함수 연쇄 호출에 또 다른 작업을 추가하기 쉽다. 예를 들어, employeeShirtSizes Map이 생성된 후에 이 Map의 각 항목을 형식화된 문자열로 만들어 주문으로 나타내야 한다고 가정해 보자. 이 경우 명령형 프로그래밍에서는 다음과 같이 추가 코드를 작성해야 한다.

```
List<String> formattedOrders = new ArrayList<>();
for (Map.Entry<String, String> shirtSize : employeeShirtSizes.entrySet()) {
    formattedOrders.add(String.format("%s, shirt size: %s",
            it.getKey(), it.getValue()));
}
```

따라서 결과를 축적하기 위해 새로운 for 루프와 축적값 및 변수 등이 추가되어야 한다. 그러나 함수형 프로그래밍에서는 추가로 수행될 함수를 연쇄 호출에 추가만 하면 된다. 이때 다음 두 가지 중 하나의 방법으로 할 수 있다(음영으로 표시된 것이 새로 추가된 코드다).

먼저, 리스트 19.7의 employeeShirtSizes Map을 생성하는 코드의 연쇄 호출 끝에 map 함수를 추가하여 다음과 같이 할 수 있다.

```
val formattedOrders = employees.zip(shirtSize).toMap()
        .map { "${it.key}, shirt size: ${it.value}" }
```

또는 리스트 19.7에서 생성된 employeeShirtSizes Map을 사용해서 다음과 같이 해도 된다.

```
val formattedOrders = employeeShirtSizes.map { "${it.key}, shirt size: ${it.value}" }
```

시퀀스

10장과 11장에서는 컬렉션 타입인 List, Set, Map을 알아보았다. 이런 컬렉션 타입들은 **조기 컬렉션(eager collection)**이라고 한다. 왜냐하면 이 컬렉션 타입의 인스턴스가 생성될 때는 자신이 포함하는 요소나 항목이 추가되므로 바로 사용될 수 있기 때문이다.

이와 다른 컬렉션으로 **지연 컬렉션(lazy collection)**이 있다. 변수가 최초 사용될 때 초기화되는 지연 초기화를 13장에서 배웠다. 이러한 다른 타입의 지연 초기화와 유사하게 지연 컬렉션 타입은 더 좋은 성능을 제공한다(특히 매우 큰 컬렉션을 사용할 때). 왜냐하면 필요할 때만 값이 생성되기 때문이다.

코틀린은 **시퀀스(sequence)**라는 내장된 지연 컬렉션 타입을 제공한다. 시퀀스는 인덱스를 사용하지 않으며, 크기 정보도 유지하지 않는다. 시퀀스는 저장되는 항목의 개수에 제한이 없다.

시퀀스를 사용할 때는 새로운 값이 요청될 때마다 참조되는 **반복자 함수(iterator function)**를 정의한다. 시퀀스와 반복자를 정의하는 한 가지 방법으로 코틀린에서 제공하는 시퀀스 생성 함수인 generateSequence가 있다. 이 함수는 시퀀스가 시작되는 초깃값을 인자로 받으며, 이 함수가 호출되어 시퀀스가 활성화되면 다음 값을 결정하는 반복자(우리가 지정함)를 호출한다. 예를 보면 다음과 같다.

```
generateSequence(0) { it + 1 }
        .onEach { println("The Count says: $it, ah ah ah!") }
```

만일 이 코드를 실행하면 onEach 함수가 끝나지 않고 영원히 실행될 것이다.

그렇다면 지연 컬렉션이 무엇에 좋고 왜 사용하는 것일까? 리스트 19.6의 소수를 찾는 예를 다시 보자. 첫 번째 N개(예를 들어, 1000)의 소수를 생성하기 위해 이 코드를 사용하고 싶다고 해보자. 이때 다음과 같이 구현할 수 있을 것이다.

```
// 소수인지를 결정하는 Int 타입의 확장 함수
fun Int.isPrime(): Boolean {
    (2 until this).map {
        if (this % it == 0) {
            return false // 소수가 아니다!
        }
    }
    return true
}

val toList = (1..5000).toList().filter { it.isPrime() }.take(1000)
```

그러나 1000개의 소수를 얻기 위해 얼마나 많은 수를 검사해야 할지 알 수 없다는 것이 이 코드의 문제다. 따라서 여기서는 일단 5000 정도로 예상하였다. 그러나 실제로 이것은 충분하지 않다(혹시 궁금할까 봐 알려 주는데, 5000까지는 669개의 소수만 구할 수 있다).

바로 이런 경우에 지연 컬렉션인 시퀀스를 사용하면 완벽하다. 왜냐하면 시퀀스로 검사할 항목 개수의 상한값을 정의할 필요가 없기 때문이다. 시퀀스를 사용하면 다음과 같이 구현할 수 있다.

```
val oneThousandPrimes = generateSequence(3) { value ->
        value + 1
}.filter { it.isPrime() }.take(1000)
```

이 코드에서는 generateSequence가 초깃값인 3부터 시작해서 한 번에 하나씩 새로운 값을 생성하며, 매번 1을 증가시킨다. 그 다음에 확장 함수인 isPrime을 사용해서 소수를 걸러 낸다. 이 작업은 1000개의 항목이 생성될 때까지 계속된다. 이때 얼마나 많은 수를 검사해야 할지 알 수 없으므로 take 함수의 조건이 충족될 때까지 새로운 값을 생성하면 된다.

대부분의 경우에 우리가 사용하는 컬렉션은 1000개 미만의 요소를 포함하는 정도일 것이므로 크지 않다. 따라서 이런 경우에는 시퀀스나 List 중 어느 것을 사용해도 그리 문제가 되지 않는다. 요소 수가 적으므로 성능 면에서도 큰 차이가 없기 때문이다(차이가 나더라도 대략 10억분의 N초 정도). 그러나 수십만 개의 요소를 가질 정도로 컬렉션이 커지면 컬렉션 타입을 변경하는 데 따른 성능 향상이 중요해질 수 있다. 이 경우에는 asSequence 함수를 사용해서 List를 시퀀스로 쉽게 변환할 수 있다.

```
val listOfNumbers = (0 until 10000000).toList()
val sequenceOfNumbers = listOfNumbers.asSequence()
```

함수형 프로그래밍에서는 새로운 컬렉션을 자주 생성해야 한다(함수의 연쇄 호출에 따른 중간 과정의 결과를 임시 컬렉션에 저장해야 하기 때문이다). 그러나 시퀀스는 그렇지 않으며, 대형 컬렉션에 사용할 수 있는 신축성 있는 메커니즘을 제공한다.

이 장에서는 map, flatMap, filter와 같은 기본적인 함수형 프로그래밍 도구를 알아보았다. 또한, 대용량의 데이터를 처리하는 데 효율적인 시퀀스를 사용하는 방법도 배웠다. 다음 장에서는 코틀린 코드와 자바 코드 간에 상호운용하는 방법을 배울 것이다.

궁금증 해소하기: 성능 측정

코틀린은 코드 성능을 알려 주는 유틸리티 함수인 measureNanoTime과 measureTimeInMillis를 제공한다. 두 함수 모두 람다를 인자로 받아 해당 람다 내부에 포함된 코드의 실행 속도를 측정한다. 그리고 measureNanoTime은 10억분의 1초 단위의 시간을 반환하고, measureTimeInMillis는 1000분의 1초 단위의 시간을 반환한다. measureNanoTime의 사용 예를 보면 다음과 같다.

```
val listInNanos = measureNanoTime {
    // List를 사용하는 함수형 연쇄 호출 코드를 여기에 둔다
}

val sequenceInNanos = measureNanoTime {
    // Sequence를 사용하는 함수형 연쇄 호출 코드를 여기에 둔다
}

println("List 작업 완료 소요 시간: $listInNanos ns")
println("Sequence 작업 완료 소요 시간: $sequenceInNanos ns")
```

시험 삼아 List와 Sequence 버전의 소수를 구하는 예제 코드의 성능을 각자 알아보자(List 버전의 코드에서 1000개의 소수를 찾으려면 7919까지의 수를 검사하도록 변경해야 한다). 이런 경우 List를 Sequence로 변경했을 때 실행 시간에 얼마나 영향을 줄까?

챌린지: Map의 키와 값을 바꿔치기하기

이 장에서 배운 함수형 프로그래밍 기법을 사용해서 flipValues라는 함수를 작성한다. 이 함수는 Map의 키와 값을 서로 바꿀 수 있게(키를 값으로, 값을 키로) 해준다. 예를 들면 다음과 같다.

```
val gradesByStudent = mapOf("Josh" to 4.0, "Alex" to 2.0, "Jane" to 3.0)
{Josh=4.0, Alex=2.0, Jane=3.0}

flipValues(gradesByStudent)
{4.0=Josh, 2.0=Alex, 3.0=Jane}
```

챌린지: 함수형 프로그래밍을 Tavern.kt에 적용하기

이 장에서 배운 함수형 프로그래밍 특성 중 일부를 사용해서 Tavern.kt를 개선할 수 있다. 고유한 고객 이름을 생성하기 위해 forEach 루프의 사용을 고려해 보자.

```
val uniquePatrons = mutableSetOf<String>()

fun main(args: Array<String>) {
    ...
    (0..9).forEach {
        val first = patronList.random()
        val last = lastName.random()
        val name = "$first $last"
        uniquePatrons += name
    }
    ...
}
```

이 루프에서는 반복마다 uniquePatrons Set의 상태를 변경한다. 이렇게 해도 잘 동작한다. 그러나 함수형 프로그래밍 기법을 사용하면 더 잘 될 수 있다. 이때는 앞의 코드 대신에 uniquePatrons Set을 다음과 같이 나타낼 수 있다.

```
    val uniquePatrons: Set<String> = generateSequence {
        val first = patronList.random()
        val last = lastName.random()
        "$first $last"
    }.take(10).toSet()
```

이것은 종전보다 개선된 것이다. 왜냐하면 변경 가능한 Set이 더 이상 필요 없으면서 읽기 전용 컬렉션을 만들 수 있기 때문이다.

현재는 고유한 고객 이름의 개수가 달라진다. 첫 번째 챌린지로, generateSequence 함수를 사용해서 정확히 9개의 고유한 고객 이름을 생성하자(정확히 1000개의 소수를 생성했던 이 장의 예를 참고하자).

두 번째 챌린지로, 고객의 금화를 저장한 Map에 초깃값을 지정하는 Tavern.kt의 다음 코드를 업그레이드하자.

```
fun main(args: Array<String>) {
    ...
    uniquePatrons.forEach {
        patronGold[it] = 6.0
    }
    ...
}
```

새로운 버전에서는 main 함수의 내부가 아닌 해당 변수가 정의된 곳에서 patronGold Set의 초기화를 수행해야 한다.

챌린지: 슬라이딩 윈도

이 챌린지의 경우에는 다음의 List로 시작한다.

```
    val valuesToAdd = listOf(1, 18, 73, 3, 44, 6, 1, 33, 2, 22, 5, 7)
```

함수형 프로그래밍 기법을 사용해서 valuesToAdd List에 대해 다음을 수행한다.

1단계: 5보다 작은 수는 제외시킨다.
2단계: 인접한 두 개의 수를 한 쌍으로 묶는다.
3단계: 각 쌍의 수를 곱한다.
4단계: 모든 수를 더해서 최종값을 산출한다.

올바른 결괏값은 2,339이다. 각 단계별 결과 데이터는 다음과 같다.

```
초깃값: 1, 18, 73, 3, 44, 6, 1, 33, 2, 22, 5, 7
1단계: 18, 73, 44, 6, 33, 22, 5, 7
2단계: [18, 73], [44, 6], [33, 22], [5, 7]
3단계: [18*73], [44*6], [33*22], [5*7]
4단계: 1314 + 264 + 726 + 35 = 2339
```

2단계에서는 각각 두 개의 요소를 갖는 List들을 생성해서 두 개의 수를 한 쌍으로 묶는다. 이 것을 '슬라이딩 윈도(sliding window)' 알고리즘이라고 한다(이 챌린지의 이름도 여기서 따온 것이다). 이 챌린지를 해결하려면 https://kotlinlang.org/api/latest/jvm/stdlib/kotlin.collections/index.html에 있는 코틀린 참조 문서의 컬렉션 함수를 봐야 할 것이다. 행운을 빈다!

20

자바와의 상호운용

이 책 전반에 걸쳐 코틀린 프로그래밍 언어의 핵심 사항을 배웠다. 그런데 코틀린을 사용해서 기존의 자바 프로젝트를 개선하고 싶다면 어디서부터 시작해야 할까?

코틀린 코드는 자바 바이트코드로 컴파일된다는 것을 이미 배웠다. 이것은 곧 코틀린이 자바와 **상호운용** 즉, 자바 코드와 같이 동작할 수 있다는 것을 뜻한다.

자바와의 상호운용은 코틀린 프로그래밍 언어의 가장 중요한 특성 중 하나이며, 코틀린 파일과 자바 파일이 같은 프로젝트에 공존할 수 있다는 것을 뜻한다. 자바 메서드는 코틀린에서, 그리고 코틀린 함수는 자바에서 호출할 수 있다. 이것은 안드로이드 프레임워크를 포함한 기존 자바 라이브러리를 코틀린에서 사용할 수 있다는 것을 뜻한다.

또한, 자바와의 완벽한 상호운용은 자바에서 코틀린으로 서서히 이전할 수 있음을 뜻한다. 새로운 기능의 개발부터 코틀린을 사용하면서 점차적으로 비중을 높여 갈 수 있기 때문이다.

이 장에서는 자바와 코틀린 소스 코드 파일이 상호운용되는 방법을 보여 주고, 상호운용이 필요한 코드를 작성할 때 고려해야 할 것들을 알아본다.

자바 클래스와 상호운용하기

먼저, Interop이라는 인텔리제이 프로젝트를 생성하자. Interop은 두 개의 파일을 포함한다. Hero.kt와 Jhava.java다. Hero.kt는 NyetHack 왕국의 용사를 나타내는 코틀린 파일이며, Jhava.java는 또 다른 왕국의 괴물을 나타내는 자바 클래스다. 이 두 파일도 생성하자(Jhava.java는 Kotlin File/Class가 아닌 **Java Class**를 선택해서 생성한다).

이 장에서는 코틀린 코드와 자바 코드를 같이 작성할 것이다. 혹시 자바 코드를 작성해 본 경험이 없더라도 염려하지 말자. 여기 있는 자바 코드는 지금까지의 코틀린 사용 경험으로 충분히 알 수 있는 것이기 때문이다.

자바 클래스인 Jhava부터 정의하자. 이 클래스는 String을 반환하는 utterGreeting 메서드(method)를 갖는다.

리스트 20.1 | 자바 클래스와 메서드 정의하기 `CODE` Jhava.java

```java
public class Jhava {
    public String utterGreeting() {
        return "BLARGH";
    }
}
```

다음은 Hero.kt에서 main 함수 내부에 val 변수인 adversary를 추가한다. 이 변수는 Jhava 클래스의 인스턴스를 참조한다.

리스트 20.2 | main 함수와 adversary 변수 추가하기 `CODE` Hero.kt

```kotlin
fun main(args: Array<String>) {
    val adversary = Jhava()
}
```

다 되었다! 두 언어를 연결하여 자바 객체를 생성하는 코틀린 코드를 작성한 것이다. 코틀린에서 자바 상호운용은 정말 쉽다. 그러나 앞으로 더 많은 것을 보게 될 것이다. 코드를 테스트할 겸 상대방 괴물(Jhava 클래스 인스턴스)이 뭐라고 울부짖는지 출력해 보자.

리스트 20.3 | 코틀린에서 자바 메서드 호출하기 `CODE` Hero.kt

```kotlin
fun main(args: Array<String>) {
    val adversary = Jhava()
```

```
    println(adversary.utterGreeting())
}
```

이제는 코틀린에서 자바 객체를 생성하고, 이 객체의 메서드를 호출하게 되었다. Hero.kt를 실행하면 괴물의 울부짖음(BLARGH)이 콘솔로 출력될 것이다.

코틀린은 자바와 유연하게 상호운용되도록 개발되었으며, 자바에 비해 많은 기능이 향상되었다. 그런데 자바와 상호운용할 때 코틀린의 향상된 기능을 포기해야 할까? 전혀 그렇지 않다. 두 언어 간의 차이점을 이해하고, 각 언어에 사용할 수 있는 애노테이션(annotation)을 활용하면 코틀린이 제공하는 기능을 최대한 사용할 수 있다.

애노테이션은 클래스, 인터페이스, 함수, 매개변수, 속성, 생성자, 표현식 등에 어떤 의미를 추가할 수 있는 기능이며, 코틀린 컴파일러가 컴파일 시에 사용한다. 즉, 소스 코드에 추가된 애노테이션 자체는 바이트 코드로 생성되지 않고 주석으로 처리되지만, 그것이 갖는 의미대로 약속된 작업을 컴파일러가 수행해 준다. 애노테이션은 @로 시작하는 이름을 갖는다. 코틀린 표준 라이브러리에는 여러 종류의 애노테이션들이 있으며, 이 장의 진도를 나가면서 중요한 것들을 알아볼 것이다.

상호운용과 null 처리

또 다른 메서드인 determineFriendshipLevel을 Jhava에 추가하자. 이 메서드는 String 타입의 값을 반환해야 하지만, 여기서는 null 값을 반환한다.

리스트 20.4 | 자바 메서드에서 null을 반환하기　　　　　　　　　　　`CODE` Jhava.java

```java
public class Jhava {
    public String utterGreeting() {
        return "BLARGH";
    }

    public String determineFriendshipLevel() {
        return null;
    }
}
```

다음은 Hero.kt에서 이 메서드를 호출하여 반환값을 val 변수에 저장한 후 모두 소문자로 바꿔서 콘솔로 출력할 것이다.

리스트 20.5 | determineFriendshipLevel 메서드의 반환값 출력하기 `CODE` Hero.kt

```kotlin
fun main(args: Array<String>) {
    val adversary = Jhava()
    println(adversary.utterGreeting())

    val friendshipLevel = adversary.determineFriendshipLevel()
    println(friendshipLevel.toLowerCase())
}
```

Hero.kt의 main 함수를 실행해 보자. 컴파일 에러가 없었는데도 런타임 에러가 생기면서 프로그램 실행이 중단될 것이다.

```
Exception in thread "main"
java.lang.IllegalStateException: friendshipLevel must not be null
```

앞서 6장에서 자바의 모든 객체는 언제든지 null이 될 수 있다고 이야기했었다. 그리고 determineFriendshipLevel과 같은 자바 메서드를 호출할 때 null이 반환될 수 있다는 것을 코틀린 컴파일러는 알 수 없다. 따라서 코틀린에서 자바 객체를 참조하는 변수를 사용할 때는 null에 안전한 처리를 우리가 해주어야 한다.

null 값이 될 수 있는 자바의 String 변수 또는 자바 메서드가 반환하는 String 값의 타입을 코틀린에서는 String!로 나타낸다. String!는 코틀린의 String 또는 String? 타입 모두가 될 수 있다는 것을 나타내며, 이것을 **플랫폼 타입**(platform type)이라고 한다. 이것은 우리가 코드 작성 시에 사용하는 것이 아니고, 인텔리제이와 같은 IDE와 문서에서 자바 타입(null이 될 수도 있고 안될 수도 있는)이라는 것을 나타내기 위한 목적으로 사용된다.

자바 코드에 null 관련 애노테이션을 지정하면 코틀린에서 사용할 때 null로 인한 문제가 생기지 않게 할 수 있다. 예를 들어, determineFriendshipLevel 메서드 헤더 앞에 @Nullable 애노테이션을 지정하면 null 값을 반환할 수 있다는 것을 컴파일러에게 알려 준다.

리스트 20.6 | @Nullable 애노테이션 지정하기 `CODE` Jhava.java

```java
import org.jetbrains.annotations.Nullable;
public class Jhava {
```

```
    public String utterGreeting() {
        return "BLARGH";
    }

    @Nullable
    public String determineFriendshipLevel() {
        return null;
    }
}
```

(import 문은 인텔리제이와 컴파일러가 @Nullable 애노테이션을 인식하기 위해 필요하다. 또한, org.
jetbrains.annotations 라이브러리를 우리 프로젝트에 별도로 추가하지 않으면 import 문에서 에러
가 발생한다. 이 라이브러리는 별도로 추가해야 한다. 추가하는 방법은 이 장 제일 끝의 'org.jetbrains.
annotations 라이브러리 추가하기'를 참고하자.)

@Nullable을 지정하면 해당 메서드에서 null을 반환할 수 있다는 것을 알려 준다(반드
시 null을 반환한다는 것은 아님). 이 경우 코틀린 컴파일러는 이 애노테이션을 인식하고
determineFriendshipLevel 자바 메서드의 반환 타입을 코틀린의 String? 타입으로 간주한다.
리스트 20.5의 Hero.kt를 다시 보자. 이제는 인텔리제이가 toLowerCase 함수 호출 바로 앞의
점(.)에 빨간색 밑줄로 경고를 보여 줄 것이다. toLowerCase 함수 호출 코드에 null 안전 호출 연
산자인 ?를 추가하자.

리스트 20.7 | 안전 호출 연산자 추가하기   `CODE` Hero.kt

```
fun main(args: Array<String>) {
    val adversary = Jhava()
    println(adversary.utterGreeting())

    val friendshipLevel = adversary.determineFriendshipLevel()
    println(friendshipLevel?.toLowerCase())
}
```

Hero.kt를 다시 실행하면 컴파일 에러 없이 null이 출력될 것이다. 그러나 friendshipLevel이
null일 때는 무슨 의미인지를 나타내는 기본값을 제공하는 것이 좋을 것이다. 이때 null 복합 연
산자(또는 엘비스 연산자라고도 함)인 ?:을 사용하면 편리하다.

리스트 20.8 | 엘비스 연산자를 사용해서 기본값 제공하기   `CODE` Hero.kt

```
fun main(args: Array<String>) {
    val adversary = Jhava()
```

```
    println(adversary.utterGreeting())

    val friendshipLevel = adversary.determineFriendshipLevel()
    println(friendshipLevel?.toLowerCase() ?: "무슨 의미인지 난해하군요.")
}
```

Hero.kt를 다시 실행하면 이번에는 "무슨 의미인지 난해하군요."가 출력될 것이다.

자바 메서드가 null을 반환할 수 있다는 것을 알려 주기 위해 @Nullable을 사용하였다. 이와
는 반대로 @NotNull 애노테이션을 사용하면 절대로 null 값을 반환하지 않는다는 것을 알려
줄 수 있다. 이 경우 해당 메서드를 호출하는 코틀린 코드에서는 null이 반환될 수 있다는 것을
걱정하지 않아도 된다. 괴물(Jhava 클래스 인스턴스)이 울부짖는 소리는 null이 될 수 없으므로,
utterGreeting 메서드 헤더에 @NotNull 애노테이션을 추가하자.

리스트 20.9 | null을 반환하지 않는다는 것을 지정하기   CODE ▶ Jhava.java

```java
import org.jetbrains.annotations.Nullable;
import org.jetbrains.annotations.NotNull;
public class Jhava {
    @NotNull
    public String utterGreeting() {
        return "BLARGH";
    }

    @Nullable
    public String determineFriendshipLevel() {
        return null;
    }
}
```

(이때도 인텔리제이가 @NotNull 애노테이션을 인식하기 위해 import 문을 지정해야 한다.)

이 경우 코틀린 컴파일러는 이 애노테이션을 인식하고, utterGreeting 자바 메서드의 반환 타
입을 코틀린의 String 타입으로 간주한다.

Null 관련 애노테이션은 함수/메서드의 반환값, 매개변수, 필드에 사용될 수 있다. null로 인해
흔히 문제가 생기는 경우는 자바 코드와 상호 연동하는 코틀린 코드를 작성할 때다. 따라서 코
틀린에서 자바 코드를 사용할 때는 null이 되지 않는지 잘 살펴봐야 한다.

타입 매핑

코틀린의 타입은 자바 타입과 일대일로 매핑(mapping, 대응)된다. 예를 들어, 코틀린의 String 타입은 자바의 String 타입으로 컴파일된다. 이것은 자바 메서드에서 반환되는 String이 코틀린에서 선언된 String과 같은 방법으로 사용될 수 있다는 것을 뜻한다.

그러나 코틀린과 자바 간에 일대일로 매핑되지 않는 타입들이 있다. 예를 들어, 기본 데이터 타입을 생각해 보자. 2장의 '궁금증 해소하기: 코틀린의 자바 기본 타입'에서 이야기했듯이 자바의 기본 타입은 언어에 내장된 키워드를 사용해서 기본 데이터 타입을 나타낸다. 자바에서 기본 타입은 객체가 아니지만, 코틀린에서는 기본 타입을 포함해서 모든 타입이 객체다. 그러므로 코틀린 컴파일러가 자바의 기본 타입을 가장 유사한 코틀린 타입으로 매핑시켜 준다.

타입 매핑이 실제로 어떻게 되는지 알아보기 위해 hitPoints라는 정수 타입의 변수를 Jhava 클래스에 추가해 보자. 코틀린에서는 정수를 Int 클래스(객체 타입)로 나타내며, 자바에서는 기본 타입인 int로 나타낸다.

리스트 20.10 | 자바 클래스에 int 타입 변수 추가하기   `CODE` ▶ Jhava.java

```java
public class Jhava {

    public int hitPoints = 52489112;

    @NotNull
    public String utterGreeting() {
        return "BLARGH";
    }

    @Nullable
    public String determineFriendshipLevel() {
        return null;
    }
}
```

다음은 Hero.kt에서 hitPoints를 참조하는 코드를 추가하자.

리스트 20.11 | 코틀린에서 자바 필드 참조하기   `CODE` ▶ Hero.kt

```kotlin
fun main(args: Array<String>) {
    val adversary = Jhava()
    println(adversary.utterGreeting())
```

```
    val friendshipLevel = adversary.determineFriendshipLevel()\
    println(friendshipLevel?.toLowerCase() ?: "무슨 의미인지 난해하군요.")

    val adversaryHitPoints: Int = adversary.hitPoints
}
```

자바 클래스인 Jhava에는 hitPoints가 int 타입으로 정의되어 있지만, 코틀린 코드에서는 Int 타입으로 참조해도 아무 문제가 없다(여기서는 타입 매핑을 설명하기 위해 일부러 타입 추론을 사용하지 않았다. 그러나 자바 코드와 상호운용 시에도 컴파일러가 타입을 추론해 주므로 Int 타입을 지정하지 않고 val adversaryHitPoints = adversary.hitPoints로 해도 이상 없이 잘 된다).

이제는 자바의 정수 참조를 얻었으므로 이것에 대해 코틀린 함수를 호출할 수 있다. adversary HitPoints에 대해 코틀린의 표준 라이브러리 함수인 dec를 호출하고 그 결과를 출력해 보자.

리스트 20.12 | 코틀린에서 자바 필드 참조하기   `CODE` ▶ Hero.kt

```
fun main(args: Array<String>) {
    ...
    val adversaryHitPoints: Int = adversary.hitPoints
    println(adversaryHitPoints.dec())
}
```

Hero.kt를 실행하면 Jhava 클래스 인스턴스의 hitPoints 필드값에서 1을 뺀 52489111이 정상적으로 출력될 것이다. 자바에서는 기본 타입에 대해 메서드를 호출할 수 없다. 그러나 코틀린에서는 adversaryHitPoints가 Int 타입의 객체이므로 Int 클래스의 값이나 변수에 대해 함수를 호출할 수 있다.

타입 매핑의 또 다른 내용을 알아보기 위해 adversaryHitPoints가 참조하는 자바 클래스 이름을 출력해 보자.

리스트 20.13 | 참조되는 자바 클래스 이름 출력하기   `CODE` ▶ Hero.kt

```
fun main(args: Array<String>) {
    ...
    val adversaryHitPoints: Int = adversary.hitPoints
    println(adversaryHitPoints.dec())
    println(adversaryHitPoints.javaClass)
}
```

Hero.kt를 실행하면 int가 출력될 것이다. 코틀린 코드에서는 adversaryHitPoints에 대해 Int 타입(클래스)의 함수를 호출할 수 있지만, 런타임 시에는 이 변수가 자바의 기본 타입인 int 가 되기 때문이다. 이처럼 코틀린에서는 기본 타입도 객체를 사용하므로 객체지향의 장점을 십분 활용할 수 있으며, 런타임 시에는 성능 향상을 위해 상황에 따라 자동으로 자바의 기본 타입으로 매핑시켜 준다.

게터와 세터 그리고 상호운용

코틀린과 자바는 클래스 속성을 매우 다르게 처리한다. 자바는 필드를 사용하며 게터(getter)라는 접근자(accessor) 메서드와 세터(setter)라는 변경자(mutator) 메서드를 통해서 값을 읽거나 변경한다. 그러나 프로그래머의 선택에 따라 직접 필드를 사용할 수도 있다. 하지만 이미 배웠듯이, 코틀린은 속성의 데이터를 갖는 후원 필드(backing field)의 접근을 제한하며, 자동 생성된 게터와 세터를 통해서만 외부에서 사용할 수 있다.

리스트 20.10에서는 public hitPoints 필드를 Jhava 클래스에 추가하였다. 이렇게 한 이유는 타입 매핑을 설명하기 위해 그런 것이다. 그러나 public 필드는 클래스의 캡슐화 원리에 어긋나므로 바람직하지 않다. 자바의 필드는 게터와 세터 메서드를 사용해서 값을 읽거나 변경하도록 해야 한다. 게터는 필드 데이터를 읽는 데 사용될 수 있고, 세터는 변경하는 데 사용될 수 있다.

hitPoints를 private으로 변경하고 그 값을 읽을 수 있도록 게터 메서드를 생성하자.

리스트 20.14 | 자바의 private 필드 사용하기　　　　　　　　　　　CODE▶ Jhava.java

```java
public class Jhava {
    public private int hitPoints = 52489112;

    NotNull
    public String utterGreeting() {
        return "BLARGH";
    }

    @Nullable
    public String determineFriendshipLevel() {
        return null;
    }

    public int getHitPoints() {
        return hitPoints;
```

```
        }
}
```

이제는 Hero.kt를 보자. 12장에서 이야기했듯이 코틀린에서는 클래스의 캡슐화를 유지하면서도 직접 필드나 속성을 사용하는 것처럼 보이는 간결한 문법을 사용할 수 있다. 그러나 내부적으로는 반드시 게터와 세터를 통해서 사용하게 되어 있다. 따라서 getHitPoints처럼 자바의 메서드 이름이 get으로 시작하면 코틀린에서는 get이 없는 변수 이름인 hitPoints로 이 메서드를 쉽게 참조할 수 있다. 코틀린 컴파일러가 이 자바 필드의 게터인 getHitPoints를 자동 호출해 주기 때문이다. 이런 좋은 코틀린의 특성 때문에 코틀린과 자바 간의 장벽을 쉽게 뛰어넘을 수 있다.

세터의 경우도 동일하다. Jhava에 괴물의 울부짖는 소리를 저장하는 필드를 추가하고, 우리의 용사가 괴물에게 말을 가르치기 위해 소리를 변경할 수 있도록 게터와 세터를 추가하자.

리스트 20.15 | 자바에 게터와 세터 추가하기 `CODE` Jhava.java

```java
public class Jhava {

    private int hitPoints = 52489112;
    private String greeting = "BLARGH";
    ...
    @NotNull
    public String utterGreeting() {
        return "BLARGH"greeting;
    }
    ...
    public String getGreeting() {
        return greeting;
    }

    public void setGreeting(String greeting) {
        this.greeting = greeting;
    }
}
```

다음은 Hero.kt에서 adversary.greeting을 변경해 보자.

리스트 20.16 | 코틀린에서 자바 필드 변경하기 `CODE` Hero.kt

```kotlin
fun main(args: Array<String>) {
    ...
    val adversaryHitPoints: Int = adversary.hitPoints
```

```
    println(adversaryHitPoints.dec())
    println(adversaryHitPoints.javaClass)

    adversary.greeting = "안녕하세요, 용사시여."
    println(adversary.utterGreeting())
}
```

이제는 자바 필드값을 변경할 때 굳이 해당 필드의 세터를 우리가 직접 호출하지 않고 대입문을
사용할 수 있다. 코틀린 컴파일러가 자바의 세터를 자동 호출해 주기 때문이다. 이처럼 편리한
문법은 코틀린은 물론이고 자바와 상호운용할 때도 사용할 수 있다. Hero.kt를 실행하여 우리
의 용사가 괴물에게 말을 가르친 결과를 확인해 보자.

JVM 애노테이션

코틀린은 개발자가 작성하는 코드의 형식에 관해 더 큰 유연성을 제공한다. 코틀린에서는 파일
관점의 최상위 수준으로 클래스, 함수, 변수를 파일에 포함할 수 있다. 반면에 자바에서는 하나
의 파일에 하나의 클래스만 포함된다. 그렇다면 코틀린 파일에 선언된 최상위 함수는 자바에서
어떻게 사용할 수 있을까?

makeProclamation이라는 함수를 Hero.kt의 main 함수 밖에 정의하자.

리스트 20.17 | 코틀린에서 최상위 수준 함수 정의하기　　　　　　　　`CODE` ▶ Hero.kt

```
fun main(args: Array<String>) {
    ...
}

fun makeProclamation() = "안녕, 괴물아!"
```

자바에서 이 함수를 호출하기 위해 Jhava에 main 메서드를 추가하자.

리스트 20.18 | 자바에 main 메서드 추가하기　　　　　　　　`CODE` ▶ Jhava.java

```
public class Jhava {

    private int hitPoints = 52489112;
    private String greeting = "BLARGH";
```

```
    public static void main(String[] args) {
    }
    ...
}
```

다음은 이 main 메서드에서 HeroKt 클래스의 static 메서드로 참조하여 makeProclamation의 반환 값을 출력하게 한다.

리스트 20.19 | 자바에서 최상위 코틀린 함수 참조하기 `CODE` Jhava.java

```
public class Jhava {
    ...
    public static void main(String[] args) {
        System.out.println(HeroKt.makeProclamation());
    }
    ...
}
```

코틀린에 정의된 최상위 수준 함수는 자바의 static 메서드가 되어 위와 같이 호출된다. 여기서 makeProclamation 함수는 Hero.kt에 정의되어 있다. 코틀린 컴파일러는 Hero.kt 파일을 컴파일하여 HeroKt라는 클래스(코틀린 파일 이름에 대문자 K와 소문자 t를 붙인다)를 만들고 이 클래스의 static 메서드로 makeProclamation을 생성한다.

@JvmName 애노테이션을 사용하면 컴파일되어 생성되는 클래스 파일의 이름을 우리가 원하는 이름으로 변경할 수 있다. @JvmName 애노테이션을 Hero.kt의 제일 위에 지정하자.

리스트 20.20 | @JvmName을 사용해서 컴파일되는 클래스 이름을 변경하기 `CODE` Hero.kt

```
@file:JvmName("Hero")

fun main(args: Array<String>) {
    ...
}

fun makeProclamation() = "안녕, 괴물아!"
```

다음은 Jhava에서 HeroKt를 Hero로 변경하자. 이제는 Jhava에서 더 알기 쉽게 makeProclamation 함수를 참조할 수 있다.

```java
public class Jhava {
    ...
    public static void main(String[] args) {
        System.out.println(HeroKt.makeProclamation());
    }
    ...
}
```

Jhava.java의 main 메서드를 실행해 보자. Hero.kt의 makeProclamation 함수가 호출되어 "안녕, 괴물아!"가 출력될 것이다. @JvmName과 같은 JVM 애노테이션을 사용하면 코틀린 코드가 컴파일되어 자바 코드로 생성되는 것을 직접 제어할 수 있다.

또 다른 중요한 JVM 애노테이션으로 @JvmOverloads가 있다. 코틀린에서 기본 매개변수(기본값을 갖는 매개변수)를 사용하면 매개변수를 달리하여 같은 함수를 여러 버전으로 오버로딩(overloading)하지 않아도 된다. 실제로 어떻게 되는지 알아보기 위해 handOverFood라는 함수를 Hero.kt에 추가해 보자.

리스트 20.22 | 기본 매개변수를 갖는 함수 추가하기 `CODE` Hero.kt

```kotlin
...
fun makeProclamation() = "안녕, 괴물아!"

fun handOverFood(leftHand: String = "딸기", rightHand: String = "고기") {
    println("맛있는 $leftHand 와 $rightHand 를 넘겨주었습니다.")
}
```

우리의 용사가 handOverFood 함수에서 괴물에게 음식을 제공한다. 그리고 이 함수의 호출 코드에서는 매개변수에 따라 호출 형태를 선택할 수 있다. 즉, 호출 코드에서는 용사의 왼손(leftHand) 및 오른손(rightHand)에 있는 음식을 지정할 수 있으며, 또는 양손에 기본으로 지정된 음식인 딸기와 고기를 받을 수도 있다. 이때 코틀린에서는 handOverFood 함수를 오버로딩하지 않고도 호출 코드에서 매개변수를 선택할 수 있게 해준다.

이와는 달리 자바는 기본 매개변수 기능이 없으므로 다음과 같이 메서드 오버로딩을 해야 한다 (이 코드는 참고용으로 보여 주는 것이므로 추가하지 않는다).

```java
public static void handOverFood(String leftHand, String rightHand) {
    System.out.println("맛있는 " +
```

```
                    leftHand + " 와 " + rightHand + " 를 넘겨주었습니다.");
    }

    public static void handOverFood(String leftHand) {
        handOverFood(leftHand, "고기");
    }

    public static void handOverFood() {
        handOverFood("딸기", "고기");
    }
```

이와 같은 자바의 메서드 오버로딩은 코틀린의 기본 매개변수에 비해 훨씬 더 많은 코드 작성을
해야 한다. 또한, 자바에서는 첫 번째 매개변수(여기서는 leftHand)를 생략하여 기본값을 사용하
게 하고, 두 번째 매개변수(여기서는 rightHand)는 인자값을 전달하는 형태로 메서드를 호출할 수
없다. 그러나 코틀린에서는 지명 함수 인자(named function argument)를 사용하면 가능하다. 예를
들어, handOverFood(rightHand = "쿠키")는 "맛있는 딸기 와 쿠키 를 넘겨주었습니다."를 출력한
다. 그러나 자바는 지명 메서드 인자를 지원하지 않으므로 메서드 호출 시에 인자를 생략할 수
없으며, 메서드를 오버로딩해야만 가능하다.

잠시 후에 보겠지만, 코틀린의 함수에 @JvmOverloads 애노테이션을 지정하면 조금 전의 자바
메서드들과 거의 동일한 오버로딩 메서드들을 생성해 준다.

Jhava 괴물은 과일을 싫어한다. 따라서 딸기 대신 피자나 고기를 제공하는 것이 좋을 것이다.
offerFood라는 메서드를 Jhava.java에 추가하자. 이 메서드는 용사(Hero)가 괴물(Jhava)에게 음
식을 제공할 수 있게 해준다.

리스트 20.23 | 하나의 인자만 전달하여 코틀린의 handOverFood 함수 호출하기　　`CODE` Jhava.java

```
public class Jhava {
    ...
    public void setGreeting(String greeting) {
        this.greeting = greeting;
    }

    public void offerFood() {
        Hero.handOverFood("피자");
    }
}
```

이와 같이 handOverFood를 호출하는 것은 컴파일 에러가 된다. 자바는 인자를 생략할 수 없기
때문이다. 또한, 하나의 매개변수만 갖고 오버로딩된 handOverFood 버전은 Hero 클래스(리스트

20.22)에 없다. Hero.kt에 있는 handOverFood의 바이트코드를 자바로 역컴파일하여 보면 다음과 같다.

```
public static final void handOverFood(@NotNull String leftHand,
                                      @NotNull String rightHand) {
    Intrinsics.checkParameterIsNotNull(leftHand, "leftHand");
    Intrinsics.checkParameterIsNotNull(rightHand, "rightHand");
    String var2 = "Mmmm... you hand over some delicious " +
                  leftHand + " and " + rightHand + '.';
    System.out.println(var2);
}

// $FF: synthetic method
public static void handOverFood$default(String var0, String var1,
                                        int var2, Object var3) {
    if ((var2 & 1) != 0) {
        var0 = "berries";
    }

    if ((var2 & 2) != 0) {
        var1 = "beef";
    }

    handOverFood(var0, var1);
}
```

이것을 보면 알 수 있듯이, 코틀린에서는 메서드 오버로딩을 하지 않고 인자를 선택해서 전달할 수 있는 방법을 제공한다(위의 코드에서 매개변수의 기본값을 제공하는 handOverFood$default 메서드). 그러나 자바에는 이런 기능이 없으므로 코틀린 함수를 컴파일하여 오버로딩된 메서드를 생성해야만 자바에서 사용할 수 있다. 이때 코틀린 함수에 @JvmOverloads 애노테이션을 지정하면 된다. Hero.kt의 handOverFood 함수에 @JvmOverloads 애노테이션을 추가하자.

리스트 20.24 | @JvmOverloads 추가하기   `CODE` ▶ Hero.kt

```
...
fun makeProclamation() = "안녕, 괴물아!"

@JvmOverloads
fun handOverFood(leftHand: String = "딸기", rightHand: String = "고기") {
    println("맛있는 $leftHand 와 $rightHand 를 넘겨주었습니다.")
}
```

이제는 Jhava.offerFood의 handOverFood 함수 호출 코드에 생겼던 에러가 없어졌을 것이다.

오버로딩된 handOverFood 메서드들이 바이트코드에 생성되었기 때문이다.

정말 그런지 확인해 보기 위해 Hero.kt에 있는 handOverFood의 바이트코드를 자바로 역컴파일하여 다시 보면 다음과 같다.

```java
@JvmOverloads
public static final void handOverFood(@NotNull String leftHand,
                                      @NotNull String rightHand) {
    Intrinsics.checkParameterIsNotNull(leftHand, "leftHand");
    Intrinsics.checkParameterIsNotNull(rightHand, "rightHand");
    String var2 = "Mmmm... you hand over some delicious " +
            leftHand + " and " + rightHand + '.';
    System.out.println(var2);
}

@JvmOverloads
public static final void handOverFood(@NotNull String leftHand) {
    handOverFood$default(leftHand, (String)null, 2, (Object)null);
}

@JvmOverloads
public static final void handOverFood() {
    handOverFood$default((String)null, (String)null, 3, (Object)null);
}
```

하나의 매개변수를 갖는 오버로딩 메서드에서는 코틀린 함수의 첫 번째 매개변수인 leftHand를 지정하고 있다는 것에 주목하자(두 매개변수의 타입이 같으므로 두 번째 매개변수만 인자로 받는 오버로딩 메서드는 정의할 수 없다). 이 버전의 메서드가 호출될 때 두 번째 매개변수에는 기본값이 사용된다.

자바에서 코틀린의 handOverFood 함수를 호출할 때 이제는 하나의 인자만 전달할 수도 있다. 과연 그런지 테스트하기 위해 Hero.kt에서 offerFood 자바 메서드(리스트 20.23)를 호출해 보자.

리스트 20.25 | offerFood 자바 메서드 호출하기   `CODE` ▶ Hero.kt

```kotlin
@file:JvmName("Hero")

fun main(args: Array<String>) {
    ...
    adversary.greeting = "안녕하세요, 용사시여."
    println(adversary.utterGreeting())

    adversary.offerFood()
}
```

```
fun makeProclamation() = "안녕, 괴물아!"
...
```

Hero.kt를 실행하여 "맛있는 피자 와 고기 를 넘겨주었습니다."가 출력되는지 확인해 보자. 자바 코드에서 사용될 수 있는 코틀린 함수를 설계하고 작성할 때는 @JvmOverloads 애노테이션의 사용을 고려하자.

자바 코드와 상호운용되는 코틀린 코드를 작성할 때 고려해야 할 JVM 애노테이션이 두 개 더 있다. 이것들은 모두 클래스와 관련된다. Hero.kt에는 아직 클래스가 구현되어 있지 않으므로 마법서를 나타내는 새로운 클래스인 Spellbook을 추가하자. 이 클래스는 이름 문자열이 저장된 List를 갖는(참조하는) spells 속성을 갖는다.

리스트 20.26 | Spellbook 클래스 정의하기 `CODE` Hero.kt

```
...
@JvmOverloads
fun handOverFood(leftHand: String = "딸기", rightHand: String = "고기") {
    println("맛있는 $leftHand 와 $rightHand 를 넘겨주었습니다.")
}

class Spellbook {
    val spells = listOf("Magic Ms. L", "Lay on Hans")
}
```

다시 말하지만, 코틀린과 자바는 클래스 속성을 다르게 처리한다. 그 결과로 자바에서는 우리가 게터와 세터를 정의하고 호출하여 필드를 사용하거나 또는 직접 필드를 사용한다(이것은 바람직하지 않다). 그러나 코틀린에서는 반드시 자동 생성된 게터와 세터를 통해서만 속성을 사용할 수 있으며, 속성을 참조할 때 게터와 세터가 자동 호출되므로 코드가 간결하다.

예를 들어, 코틀린에서 Spellbook의 spells 속성을 참조할 때는 다음과 같이 한다.

```
val spellbook = Spellbook()
val spells = spellbook.spells
```

자바의 경우는 다음과 같이 spells 속성을 참조한다.

```
Spellbook spellbook = new Spellbook();
List<String> spells = spellbook.getSpells();
```

spells 필드를 직접 참조하지 않도록 하기 위해 자바에서는 게터인 getSpells를 호출해야 한다. 그러나 코틀린 속성에 @JvmField 애노테이션을 지정하면 게터 메서드를 호출하는 코드를 작성하지 않고 자바에서 코틀린 속성을 사용할 수 있다. Jhava의 자바 코드에서 편리하게 사용할 수 있도록 @JvmField 애노테이션을 spells 속성에 지정하자.

리스트 20.27 | @JvmField 애노테이션 지정하기 `CODE` Hero.kt

```kotlin
...
@JvmOverloads
fun handOverFood(leftHand: String = "딸기", rightHand: String = "고기") {
    println("맛있는 $leftHand 와 $rightHand 를 넘겨주었습니다.")
}

class Spellbook {
    @JvmField
    val spells = listOf("Magic Ms. L", "Lay on Hans")
}
```

이제는 Jhava.java의 main 메서드에서 spells 속성을 편리하게 사용할 수 있다.

리스트 20.28 | 자바에서 코틀린 속성을 편리하게 사용하기 `CODE` Jhava.java

```java
...
public static void main(String[] args) {
    System.out.println(Hero.makeProclamation());

    System.out.println("Spells:");
    Spellbook spellbook = new Spellbook();
    for (String spell : spellbook.spells) {
        System.out.println(spell);
    }
}

@NotNull
public String utterGreeting() {
    return greeting;
}
...
```

Jhava.java를 실행해서 Spellbook의 spells 속성값이 출력되는지 확인해 보자.

@JvmField는 동반 객체(companion object)의 값을 나타내기 위해 사용될 수도 있다. 15장에서 배웠듯이 동반 객체는 다른 클래스 정의 안에 선언된다. 그리고 동반 객체 자신을 포함하는 클래

스가 초기화되거나, 또는 동반 객체의 속성이나 함수가 사용될 때 초기화된다. 상수값을 갖는 MAX_SPELL_COUNT라는 변수를 포함하는 동반 객체를 Spellbook에 추가하자.

리스트 20.29 | **동반 객체를 Spellbook에 추가하기**   CODE Hero.kt

```
...
class Spellbook {
    @JvmField
    val spells = listOf("Magic Ms. L", "Lay on Hans")

    companion object {
        val MAX_SPELL_COUNT = 10
    }
}
```

다음은 Jhava의 main 메서드에서 MAX_SPELL_COUNT를 사용해 보자.

리스트 20.30 | **자바에서 static 변숫값 사용하기**   CODE Jhava.java

```
public static void main(String[] args) {
    System.out.println(Hero.makeProclamation());

    System.out.println("Spells:");
    Spellbook spellbook = new Spellbook();
    for (String spell : spellbook.spells) {
        System.out.println(spell);
    }
    System.out.println("Max spell count: " + Spellbook.MAX_SPELL_COUNT);
}
...
```

이 코드는 컴파일 에러가 된다. 왜 그럴까? 자바에서 코틀린의 동반 객체를 참조할 때는 동반 객체를 나타내는 Companion 키워드와 게터를 나타내는 접두사인 get 키워드를 지정해야 하기 때문이다.

```
System.out.println("Max spell count: " +
    Spellbook.Companion.getMAX_SPELL_COUNT());
```

그러나 @JvmField 애노테이션을 사용하면 코틀린 컴파일러가 알아서 해주므로 그럴 필요 없다. @JvmField 애노테이션을 Spellbook의 동반 객체에 있는 MAX_SPELL_COUNT에 추가해 보자.

```
...
class Spellbook {
    @JvmField
    val spells = listOf("Magic Ms. L", "Lay on Hans")

    companion object {
        @JvmField
        val MAX_SPELL_COUNT = 10
    }
}
```

@JvmField 애노테이션이 추가되면 Jhava.java의 코드가 에러 없이 컴파일된다. 자바 코드에서 다른 자바 static 변수처럼 MAX_SPELL_COUNT를 사용할 수 있기 때문이다.

Jhava.kt의 main 메서드를 실행하여 MAX_SPELL_COUNT의 값이 출력되는지 확인해 보자.

동반 객체에 정의된 함수를 자바에서 호출할 때도 속성처럼 동반 객체의 참조(Companion 키워드)를 사용해야 한다. 그러나 @JvmStatic 애노테이션을 사용하면 그럴 필요 없다(@JvmField처럼 @JvmStatic은 동반 객체에 정의된 함수를 자바 코드에서 바로 사용할 수 있게 해준다).

Spellbook의 동반 객체에 getSpellbookGreeting이라는 함수를 정의하자. 이 함수는 Jhava.java에서 호출할 것이다.

```
...
class Spellbook {
    @JvmField
    val spells = listOf("Magic Ms. L", "Lay on Hans")

    companion object {
        @JvmField
        val MAX_SPELL_COUNT = 10

        @JvmStatic
        fun getSpellbookGreeting() = println("나는 위대한 그리모어다!")
    }
}
```

다음은 Jhava.java에서 getSpellbookGreeting을 호출하자.

```java
...
public static void main(String[] args) {
    System.out.println(Hero.makeProclamation());

    System.out.println("Spells:");
    Spellbook spellbook = new Spellbook();
    for (String spell : spellbook.spells) {
        System.out.println(spell);
    }

    System.out.println("Max spell count: " + Spellbook.MAX_SPELL_COUNT);

    Spellbook.getSpellbookGreeting();
}
...
```

Jhava.java의 main 메서드를 실행하여 getSpellbookGreeting의 메시지가 출력되는지 확인해보자. 코틀린에는 static 변수나 함수가 없지만, 많은 코틀린 코드가 JVM의 static 변수나 메서드로 컴파일된다. 이때 @JvmStatic 애노테이션을 사용하면 자바 코드에서 코틀린 코드를 사용하는 방법을 제어할 수 있다.

예외와 상호운용

우리의 용사는 Jhava 괴물에게 언어를 가르쳤고 괴물은 이제 친구가 될 것이지만, 어쩌면 아닐 수도 있다. extendHandInFriendship 메서드를 Jhava.java에 추가하자.

리스트 20.34 | 자바에서 예외 발생시키기　　　CODE▶ Jhava.java

```java
public class Jhava {
    ...
    public void offerFood() {
        Hero.handOverFood("피자");
    }

    public void extendHandInFriendship() throws Exception {
        throw new Exception();
    }
}
```

다음은 Hero.kt에서 이 메서드를 호출하자.

리스트 20.35 예외를 발생시키는 자바 메서드 호출하기 `CODE` Hero.kt

```
@file:JvmName("Hero")

fun main(args: Array<String>) {
    ...
    adversary.offerFood()

    adversary.extendHandInFriendship()
}

fun makeProclamation() = "안녕, 괴물아!"
...
```

Hero.kt의 main 함수를 실행하면 런타임 예외가 발생될 것이다. 괴물을 믿는 것은 현명하지 않다. 여기서는 예외를 발생시키는 자바 메서드인 extendHandInFriendship을 호출하였다. 그리고 우리가 언제 이 메서드를 호출했는지 안다. 그러나 모르는 경우가 생길 수도 있다. 다른 장에서 이미 배웠듯이 코틀린의 모든 예외는 unchecked다. 즉, 예외가 생길 수 있는 모든 코드를 우리가 try/catch 블록으로 반드시 처리하도록 컴파일러가 강요하지 않는다. 따라서 코틀린에서 자바 메서드를 사용할 때는 예외를 발생시킬 수 있는지 확인해야 한다.

괴물의 배신 행위를 좌절시키기 위해 extendHandInFriendship 메서드 호출을 try/catch 블록으로 둘러싸자.

리스트 20.36 | try/catch를 사용해서 예외 처리하기 `CODE` Hero.kt

```
@file:JvmName("Hero")

fun main(args: Array<String>) {
    ...
    adversary.offerFood()

    try {
        adversary.extendHandInFriendship()
    } catch (e: Exception) {
        println("잘가라, 못된 괴물아!")
    }
}

fun makeProclamation() = "안녕, 괴물아!"
...
```

Hero.kt를 다시 실행하여 괴물의 못된 공격을 우리의 용사가 능란하게 막는지 확인해 보자.

이와는 다르게 자바 코드에서 코틀린 함수를 호출하면서 예외를 처리할 때는 추가로 알아야 할 것이 있다. 다시 말하지만, 코틀린의 모든 예외는 unchecked다. 그러나 자바에서는 우리가 반드시 처리해야 하는 checked 예외가 될 수 있다. 그렇다면 자바에서 코틀린 함수를 호출할 때 어떤 것을 고려해야 할까?

acceptApology라는 함수를 Hero.kt에 추가하자. 이제는 괴물에게 복수를 할 때가 되었다.

리스트 20.37 | 코틀린 함수에서 예외 발생시키기 `CODE` Hero.kt

```kotlin
@file:JvmName("Hero")

import java.io.IOException
...
@JvmOverloads
fun handOverFood(leftHand: String = "딸기", rightHand: String = "고기") {
    println("맛있는 $leftHand 와 $rightHand 를 넘겨주었습니다.")
}

fun acceptApology() {
    throw IOException()
}

class Spellbook {
    ...
}
```

(import java.io.IOException도 앞에 추가해야 한다.)

다음은 Jhava.java에서 acceptApology를 호출해 보자.

리스트 20.38 | 예외를 발생시키는 코틀린 함수를 자바에서 호출하기 `CODE` Jhava.java

```java
...
import java.io.IOException;

public class Jhava {
    ...
    public void apologize() {
        try {
            Hero.acceptApology();
        } catch (IOException e) {
            System.out.println("Caught!");
        }
    }
}
```

(import java.io.IOException도 앞에 추가해야 한다.)

acceptApology를 호출할 때 발생하는 예외를 try/catch 블록으로 처리하였다. 그러나 자바 컴파일러는 try 블록의 acceptApology 호출 코드에서 IOException이 발생되지 않는다고 경고를 준다. 코틀린의 acceptApology 함수에서는 분명히 IOException을 발생시키는데 어찌된 것일까? 그 이유를 알기 위해 바이트코드를 자바로 역컴파일한 acceptApology 함수 코드를 보자.

```java
public static final void acceptApology() {
    throw (Throwable)(new IOException());
}
```

이것을 보면 IOException을 발생시키는 것이 분명하다. 그러나 이 메서드를 호출하는 코드에서 반드시 처리해야 하는 checked 예외라는 것을 알려 주는 throws IOException이 메서드 이름 다음에 지정되어 있지 않다. 따라서 자바 컴파일러는 acceptApology가 IOException을 발생시키지 않는다고 판단한 것이다.

이런 경우에 @Throws 애노테이션이 문제를 해결해 준다. 이 애노테이션을 사용하면 코틀린 함수에서 발생시키는 예외에 관한 정보가 바이트코드에 포함된다. @Throws 애노테이션을 acceptApology 함수 헤더 앞에 추가하자.

리스트 20.39 | @Throws 애노테이션 추가하기　　　　　　　　　　`CODE` Hero.kt

```kotlin
...
@Throws(IOException::class)
fun acceptApology() {
    throw IOException()
}

class Spellbook {
    ...
}
```

바이트코드를 자바로 역컴파일한 acceptApology 함수 코드를 다시 보면 다음과 같다.

```java
public static final void acceptApology() throws IOException {
    throw (Throwable)(new IOException());
}
```

이것을 보면 throws IOException이 추가된 것을 알 수 있다. @Throws 애노테이션을 지정했기 때문이다. 그리고 Jhava.java를 다시 보면 에러가 해결된 것을 알 수 있다. acceptApology가 IOException을 발생시킬 수 있다고 알려 주었으므로 예외 처리가 되어야 한다는 것을 컴파일러가 알았기 때문이다.

개념적인 차이가 있는 자바와 코틀린 간의 예외 처리 문제를 매끄럽게 해소시켜 주는 것이 @Throws 애노테이션이다. 따라서 자바에서 사용할 코틀린 함수를 작성할 때는 @Throws 애노테이션의 사용을 고려해야 한다.

자바의 함수 타입

함수 타입 및 익명 함수와 람다(lambda)는 코틀린에 포함된 참신한 기능이며, -> 연산자를 사용해서 간결한 문법을 제공한다. 단, 자바에서는 자바 8 버전부터 람다가 지원된다.

그렇다면 코틀린의 함수 타입을 자바에서 호출할 때는 어떻게 될까? 자바에서는 코틀린의 함수 타입이 FunctionN(여기서 N은 매개변수로 전달되는 인자의 번호)과 같은 이름의 인터페이스로 구현된다.

실제로 어떻게 되는지 알기 위해 translator라는 함수 타입을 Hero.kt에 추가해 보자. translator는 String 타입의 문자열을 인자로 받아서 소문자로 바꾸고 다시 첫 자만 대문자로 변환한 후 그 결과를 출력한다.

리스트 20.40 | translator 함수 타입 정의하기　　　　　　　　　　　　`CODE` ▶ Hero.kt

```
fun main(args: Array<String>) {
    ...
}

val translator = { utterance: String ->
    println(utterance.toLowerCase().capitalize())
}
fun makeProclamation() = "안녕, 괴물아!"
```

translator는 5장에서 이미 배웠던 다른 많은 함수 타입과 비슷하게 정의되어 있다. translator의 타입은 (String) -> Unit이다. 즉, String 타입의 인자를 받으며, 결과는 반환하지 않는(Unit 타입) 익명 함수다. 그렇다면 자바에서는 이 함수 타입이 어떻게 처리될까? translator 인스턴스를 참조하는 변수를 Jhava에 추가해 보자.

```java
import kotlin.Unit;
import kotlin.jvm.functions.Function1;
...

public class Jhava {
    ...
    public static void main(String[] args) {
        ...
        Spellbook.getSpellbookGreeting();

        Function1<String, Unit> translatorJ = Hero.getTranslator();
    }
}
```

(import kotlin.Unit와 import kotlin.jvm.functions.Function1도 앞에 추가해야 한다.)

Hero.kt에 선언된 코틀린 함수 타입인 translator 인스턴스의 참조는 getTranslator를 호출하여 얻는다.

translatorJ 변수의 타입은 Function1<String, Unit>다. 코틀린으로 정의된 translator 인스턴스는 하나의 매개변수만 가지므로 translatorJ 변수의 기본 타입은 Function1이 된다. 그리고 제네릭 타입 매개변수로 사용된 String은 인자의 타입을 나타내고, Unit는 반환 타입을 나타낸다.

Function 인터페이스는 Function0부터 Function22까지 23개가 있으며, 이것들 각각은 하나의 invoke 함수를 포함한다. invoke는 함수 타입을 호출하기 위해 사용된다. 따라서 함수 타입을 호출할 때는 언제든지 invoke를 사용하면 된다. translatorJ를 호출하는 코드를 Jhava에 추가하자.

```java
public class Jhava {
    ...
    public static void main(String[] args) {
        ...
        Function1<String, Unit> translatorJ = Hero.getTranslator();
        translatorJ.invoke("TRUCE");
    }
}
```

Jhava.kt를 실행하여 Truce가 출력되는지 확인해 보자.

코틀린의 함수 타입은 매우 유용하지만, 자바에서 어떻게 처리되는지 잘 알아 둘 필요가 있다. 그리고 함수 타입 외에도 자바에 친화적인 코틀린 코드와 코틀린에 친화적인 자바 코드를 작성하는 능력을 향상시키면 앞으로의 프로젝트 활용에 많은 도움이 될 것이다.

다음 장에서는 코틀린을 사용해서 첫 번째 안드로이드 앱을 생성할 것이다. 이 앱은 NyetHack 게임의 새로운 플레이어에게 필요한 시작 속성을 생성한다.

org.jetbrains.annotations 라이브러리 추가하기

인텔리제이는 여러 가지 애노테이션을 모아 놓은 라이브러리(.jar 파일)를 별도로 제공한다. @Nullable과 @NotNull도 이 라이브러리에 있다. 따라서 인텔리제이가 인식할 수 있게 애노테이션을 사용하려면 이 라이브러리를 우리 프로젝트에 추가해야 한다. 추가하는 방법은 다음과 같다.

인텔리제이 메인 메뉴의 **File ➡ Project Structure...**를 선택하면 나타나는 대화상자에서 그림 20.1처럼 왼쪽의 **Libraries**를 클릭하고 위의 **+** 버튼을 클릭한 후 **From Maven....**을 선택한다.

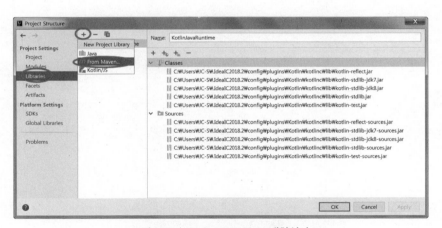

그림 20.1 | **Project Structure 대화상자**

라이브러리 다운로드 대화상자가 나타나면 그림 20.2와 같이 org.jetbrains:annotations:16.0.2 를 입력(현재 사용 중인 JDK 버전이 1.8 미만인 경우는 org.jetbrains:annotations-java5:16.0.2 를 입력)하고 **OK** 버튼을 누른다. 그리고 모듈 선택 대화상자가 나타날 때 **OK** 버튼을 누르면 애노테이션 라이브러리가 다운로드되어 현재의 프로젝트에 추가된다(당연히 인터넷에 연결된 상태이어야 한다).

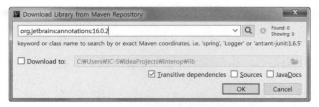

그림 20.2 | 라이브러리 다운로드 대화상자

추가가 완료되면 그림 20.3과 같이 Project Structure 대화상자에 추가된 애노테이션 라이브러리를 보여 준다.

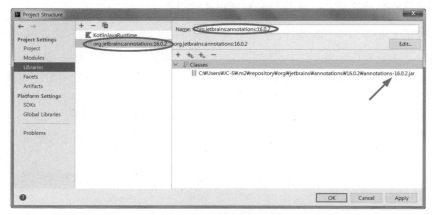

그림 20.3 | 추가된 라이브러리

OK 버튼을 눌러서 Project Structure 대화상자를 닫는다. 그리고 프로젝트 도구 창의 외부(External) 라이브러리를 봐도 애노테이션 라이브러리가 추가된 것을 알 수 있다(그림 20.4).

그림 20.4 | 프로젝트 도구 창의 라이브러리

이제는 리스트 20.6과 20.9의 import 문에 에러가 생기지 않고 인텔리제이가 정상적으로 애노테이션을 인식할 것이다.

21

코틀린으로
안드로이드 앱 개발하기

코틀린은 구글에서 공식으로 지원하는 안드로이드 애플리케이션(이하 앱) 개발 언어다. 이 장에서는 코틀린을 사용해서 첫 번째 안드로이드 앱을 작성할 것이다. Samodelkin이라는 이 앱은 NyetHack 게임의 새로운 플레이어 캐릭터를 생성한다.

안드로이드 스튜디오

안드로이드 프로젝트를 생성하기 위해 여기서는 인텔리제이 대신 안드로이드 스튜디오 IDE를 사용할 것이다. 안드로이드 스튜디오는 인텔리제이를 기반으로 개발되었고 비슷한 점이 많지만, 안드로이드 앱을 개발하는 데 필요한 다양한 기능을 추가로 포함한다.

https://developer.android.com/studio/에서 안드로이드 스튜디오를 다운로드하자. 그리고 다운로드가 완료되면 https://developer.android.com/studio/install의 설명대로 각자 플랫폼에 설치하자. 이 장에서는 안드로이드 스튜디오 3.3과 안드로이드 8.1(API 27)을 기반으로 앱을 작성한다. 더 새로운 버전의 안드로이드 스튜디오가 나오더라도 이 장의 앱을 작성하는 데는 문제가 없으니 가급적 최신 버전을 설치하기 바란다.

새로운 프로젝트를 생성하기 전에 우리가 필요한 안드로이드 SDK 패키지가 다운로드되었는지 확인해 보자. 안드로이드 스튜디오를 실행하면 처음 나타나는 웰컴 대화상자에서 Configure ➡️SDK Manager를 선택한다(그림 21.1).

기본 설정 대화상자의 안드로이드 SDK 패널에서 Android 8.1(Oreo)(API 27)이 체크되어 있고 Status 열에 Installed로 나타나 있는지 확인하자(그림 21.2). 나타나 있으면 설치가 된 것이므로 Cancel을 클릭하면 웰컴 대화상자로 돌아온다. 그렇지 않고 Not installed로 나와 있다면 체크하여 선택한 후 OK를 클릭한다. 그리고 License Agreement 대화상자에서 아래쪽 중간의 Accept를 선택하고 Next를 클릭한다. 그러면 패키지 다운로

그림 21.1 | SDK Manager 실행하기

드 및 설치가 시작되며, 설치가 끝난 후 Finish를 클릭하면 다시 기본 설정 대화상자로 돌아온다. OK를 클릭하면 웰컴 대화상자가 다시 나타난다.

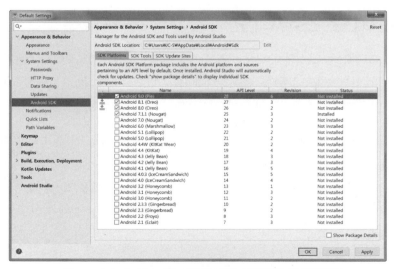

그림 21.2 | Android 8.1(Oreo)(API 27)이 설치되었는지 확인하기

웰컴 대화상자에서 **Start a new Android Studio project**를 클릭한다(그림 21.3).

그림 21.3 | 안드로이드 스튜디오 프로젝트 생성 시작하기

그리고 Choose your project 대화상자가 나타나면 Empty Activity를 선택하고 **Next** 버튼을 누른다(그림 21.4).

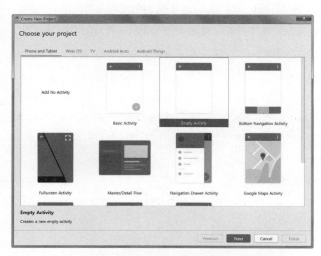

그림 21.4 | 안드로이드 스튜디오 프로젝트 템플릿 선택

그다음에 그림 21.5처럼 Configure your project 대화상자에서 Name에 **Samodelkin**을 입력하고, Package name에는 **android.bignerdranch.com**을 입력한다. Save location은 프로젝트가 저장되는 위치(디렉터리)를 나타내며 오른쪽의 아이콘을 클릭하면 위치를 변경할 수 있다. 기본 위치를 사용하거나 또는 각자 원하는 위치를 지정하면 된다. 그리고 Language는 **Kotlin**으로 선택하고, **Minimum API Level**은 **API 27: Android 8.1 (Oreo)**를 선택한다.

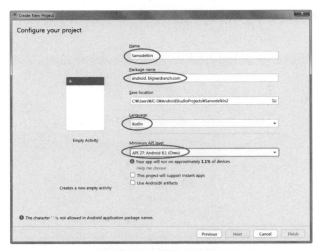

그림 21.5 | 안드로이드 스튜디오 프로젝트 설정 대화상자

Finish 버튼을 클릭하면 안드로이드 스튜디오 메인 창이 열리고 아래쪽의 Build 창에 생성되는 과정을 보여주며, 프로세스가 실행된다는 메시지가 제일 밑에 수시로 나타났다가 없어진다. 그리고 프로젝트 생성이 끝나면 그림 21.6과 같이 나타난다. (화살표가 가리키는 아이콘을 클릭하면 Build 창이 없어지며, 원으로 표시된 도구 창 바를 클릭하면 다시 나타난다. 다른 창도 같은 방법으로 열고 닫을 수 있다. 또한 안드로이드 스튜디오를 최초 실행할 때는 오른쪽 위에 Assistant 창이 열릴 수 있으므로 같은 방법으로 닫자.)

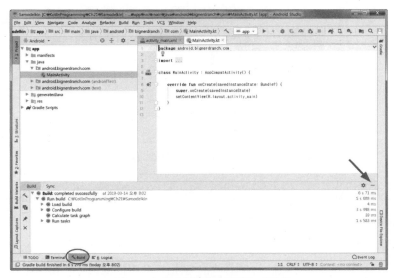

그림 21.6 | 안드로이드 스튜디오 메인 창

안드로이드에서 액티비티는 두 부분으로 구성된다. 사용자 인터페이스(UI, User Interface)와 Activity 클래스다. UI는 사용자가 보면서 앱과 상호 작용하는 요소들을 정의한다. 그리고 Activity 클래스는 UI를 처리하는 로직을 정의한다.

그래들 구성

먼저, 안드로이드 스튜디오 메인 창의 왼쪽에 있는 프로젝트 도구 창을 보자. 여기에는 우리 프로젝트의 디렉터리 구조를 볼 수 있다. 프로젝트 도구 창의 드롭다운에서 **Android**가 선택되어 있는지 확인하자(그림 21.7).

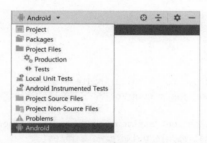

그림 21.7 │ **프로젝트 도구 창에서 Android 모드 선택**

다음은 프로젝트 도구 창의 밑에 있는 Gradle Scripts의 왼쪽 화살표(〉)를 클릭하여 확장한다(그림 21.8)

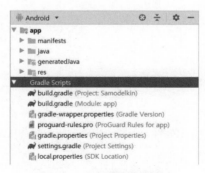

그림 21.8 │ **그래들 스크립트**

안드로이드 스튜디오는 빌드 자동화 도구인 그래들(Gradle)을 사용해서 앱의 의존 관계(dependency)와 컴파일을 처리하고 관리한다(의존 관계는 앱을 빌드하는 데 필요한 라이브러리와 모듈들을 나타낸다). 그래들의 구성은 DSL(Domain Specific Language)을 사용해서 정의되며, 안드로이드 프로젝트에는 두 개의 build.gradle 파일에 그래들 구성과 설정값이 정의된다(이 파일들은 안드로이드 프로젝트가 생성될 때 자동으로 추가된다). 잠시 이 파일들을 살펴보자.

먼저, 그림 21.8의 Gradle Scripts 바로 밑에 있는 build.gradle (Project: Samodelkin)을 더블 클릭하여 중앙의 편집기 창에 열자. 이 파일은 프로젝트 전체에 필요한 설정을 갖고 있는 그래들 구성 파일이며, 그 내용은 다음과 같다.

```
// Top-level build file where you can add configuration options common to all sub-projects/
modules.

buildscript {
    ext.kotlin_version = '1.3.21'
    repositories {
        google()
        jcenter()
    }
    dependencies {
        classpath 'com.android.tools.build:gradle:3.3.2'
        classpath "org.jetbrains.kotlin:kotlin-gradle-plugin:$kotlin_version"

        // NOTE: Do not place your application dependencies here; they belong
        // in the individual module build.gradle files
    }
}

allprojects {
    repositories {
        google()
        jcenter()
    }
}

task clean(type: Delete) {
    delete rootProject.buildDir
}
```

여기서 음영으로 표시된 줄은 코틀린 파일을 컴파일하는 데 필요한 코틀린 그래들 플러그인(plug-in) 모듈의 버전과 위치를 나타낸다.

다음은 build.gradle (Project: Samodelkin) 밑에 있는 build.gradle (Module: app)을 더블 클릭하여 중앙의 편집기 창에 열자. 이 파일은 프로젝트의 우리 앱에 필요한 설정을 갖고 있는 그래들 구성 파일이며, 다음 내용을 포함한다(안드로이드 프로젝트는 우리 앱 외에도 여러 개의 파일과 모듈로 구성된다. 기본적으로 우리 앱은 app 모듈로 빌드된다).

```
apply plugin: 'com.android.application'

apply plugin: 'kotlin-android'

apply plugin: 'kotlin-android-extensions'

android {
    compileSdkVersion 28
    defaultConfig {
        applicationId "android.bignerdranch.com"
        minSdkVersion 27
        targetSdkVersion 28
        versionCode 1
        versionName "1.0"
        testInstrumentationRunner "android.support.test.runner.AndroidJUnitRunner"
    }
    buildTypes {
        release {
            minifyEnabled false
            proguardFiles getDefaultProguardFile('proguard-android.txt'), 'proguard-
rules.pro'
        }
    }
}

dependencies {
    implementation fileTree(dir: 'libs', include: ['*.jar'])
    implementation"org.jetbrains.kotlin:kotlin-stdlib-jdk7:$kotlin_version"
    implementation 'com.android.support:appcompat-v7:28.0.0'
    implementation 'com.android.support.constraint:constraint-layout:1.1.3'
    testImplementation 'junit:junit:4.12'
    androidTestImplementation 'com.android.support.test:runner:1.0.2'
    androidTestImplementation 'com.android.support.test.espresso:espresso-core:3.0.2'
}
```

여기서 음영으로 표시된 apply plugin: 'kotlin-android'는 코틀린 코드가 안드로이드 프레임워크와 함께 사용될 때 올바르게 컴파일될 수 있게 해주는 kotlin-android 플러그인을 나타낸다. 코틀린을 사용해서 작성되는 모든 안드로이드 프로젝트에는 이 플러그인이 반드시 필요하다.

apply plugin: 'kotlin-android-extensions'는 코틀린으로 작성된 안드로이드 애플리케이션의 기능을 향상시키기 위한 확장 플러그인(kotlin-android-extensions)을 나타낸다. 이 플러그인에서 제공하는 기능을 이 장에서도 사용할 것이다.

그래들은 또한 안드로이드 프로젝트에 필요한 라이브러리 의존 관계도 관리한다. 이 내용은 제일 밑의 dependencies 블록으로 정의된다. 여기에 정의된 라이브러리는 우리 프로젝트를 빌드할 때 자동으로 다운로드되어 프로젝트에 포함된다. 여기서 음영으로 표시된 `implementation"org.jetbrains.kotlin:kotlin-stdlib-jdk7:$kotlin_version"`은 코틀린 표준 라이브러리를 나타낸다.

그래들 구성 파일의 중요 내용을 알아보았으므로 편집기 창에 열려 있는 두 개의 `build.gradle` 파일을 닫자(편집기 창 위에 있는 Samodelkin과 app의 탭에서 오른쪽 X를 클릭하면 된다).

프로젝트 구성

다음은 프로젝트 도구 창에서 **app** ➡ **java** ➡ **android.bignerdranch.com**을 차례대로 확장해 보자. MainActivity 파일이 보일 것이다. 이것은 우리의 소스 코드를 갖는 코틀린 파일(.kt)이며, 프로젝트가 생성되면 자동으로 편집기 창에 열린다. 편집기 창의 제일 위에 MainActivity.kt 탭이 있을 것이다. 파일 이름을 NewCharacterActivity로 변경하자(프로젝트 도구 창의 MainActivity에서 오른쪽 마우스 버튼을 누른 후 Refactor ➡ Rename...을 선택하고 대화상자에서 NewCharacterActivity를 입력하고 **Refactor** 버튼을 누름).

끝으로, **app** ➡ **res**를 확장해 보자. 이 디렉터리는 앱의 모든 안드로이드 리소스(resource)가 포함된다. 예를 들어, UI XML 파일, 이미지, 문자열 정의, 색상값 등이다. res 밑의 layout을 확장해 보자. activity_main.xml 파일이 보일 것이다. 이 파일이 우리 앱의 UI를 정의한 XML 파일이며, 프로젝트가 생성되면 자동으로 편집기 창에 열린다. 파일 이름을 activity_new_character로 변경하자(activity_main.xml에서 오른쪽 마우스 버튼을 누른 후 Refactor ➡ Rename...을 선택하고 대화상자에서 activity_new_character를 입력하고 **Refactor** 버튼을 누름).

UI 정의하기

편집기 창의 제일 위에 있는 activity_new_character.xml 탭을 클릭하면 그림 21.9와 같이 우리 앱의 UI 레이아웃이 그래픽 레이아웃 도구 창에 나타날 것이다.

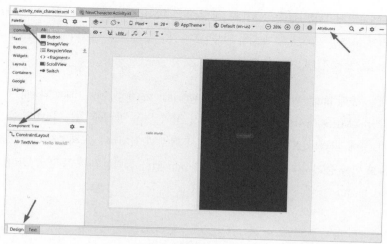

그림 21.9 | 앱의 UI 레이아웃

중앙의 편집기 창에는 UI 레이아웃을 보여 준다. 왼쪽은 안드로이드 장치에 나타나는 레이아웃이고, 오른쪽에는 UI 컴포넌트만 보여 준다. 앱의 UI를 디자인할 때는 왼쪽의 레이아웃을 사용한다.

왼쪽 위에는 팔레트(palette)창이 있다. 앱에 필요한 컴포넌트를 여기에서 선택하고 마우스로 끌어서 중앙의 레이아웃에 놓으면 쉽게 추가할 수 있다.

왼쪽 아래에는 컴포넌트 트리(Component Tree)창이 있다. 여기서는 중앙 레이아웃에 추가된 컴포넌트를 계층적으로 보여 준다. 레이아웃의 특정 컴포넌트는 컴포넌트 트리 또는 중앙의 레이아웃에서 클릭하여 선택할 수 있다.

오른쪽에는 속성(Attribute)창이 있다. 여기서는 컴포넌트 트리 또는 중앙의 레이아웃에서 선택된 컴포넌트의 속성을 보여 준다. 따라서 원하는 속성의 값을 여기서 변경할 수 있다.

왼쪽 제일 밑에는 Design과 Text 탭이 있다. 이 두 탭은 UI 레이아웃을 그래픽 모드와 XML 모드로 전환하는 데 사용된다. 기본적으로 Design 탭이 선택되며, 이때는 그림 21.9처럼 UI 레이아웃이 그래픽으로 나타난다. Text 탭을 클릭하면 UI 레이아웃의 XML 소스를 보여 주며, 오른쪽의 속성창이 있던 자리에 미리보기(Preview)창이 나타나서 레이아웃을 보여 준다. 그래픽 모드와 XML 모드 중 어디에서 수정하더라도 변경된 내용이 동일하게 UI 레이아웃에 적용된다.

Samodelkin의 UI인 게임 캐릭터 생성 화면에서는 새로운 플레이어 캐릭터의 다섯 개 속성인 이름(name), 종족(race), 지능(wisdom), 힘(strength), 재주(dexterity)를 보여 줄 것이다. 또한, 캐릭터를 무작위로 생성하기 위한 버튼도 추가할 것이다.

안드로이드 애플리케이션의 UI는 XML로 작성된다. XML의 자세한 내용은 이 책에서 다루지 않는다. 그리고 코틀린 프로젝트 개발에 집중할 수 있도록 새로운 캐릭터 UI의 XML 파일을 미리 작성해 두었으므로 UI 디자인에 관한 설명은 하지 않을 것이다.

웹 브라우저를 통해 https://www.bignerdranch.com/solutions/activity_new_character.xml에 접속한 후 화면에 나타난 XML을 복사한다. 그리고 편집기 창의 왼쪽 아래에 있는 Text 탭을 클릭한 후 현재 편집기 창에 나타난 XML을 브라우저에서 복사한 XML로 교체하자. 그다음에 **Ctrl+S** **[Command+S]** 키를 눌러서 파일을 저장한 후 Design 탭을 클릭하면 우리 앱의 UI가 그림 21.10 과 같이 보일 것이다.

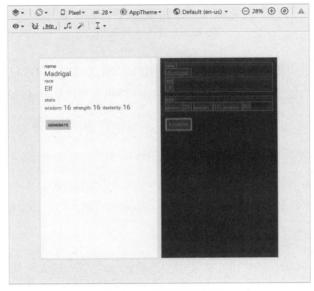

그림 21.10 | 새로운 캐릭터 UI

UI 레이아웃의 XML을 조금 더 자세히 살펴보기 위해 Text 탭을 클릭하자. 그리고 **Ctrl+F** **[Command+F]** 키를 누른 후 검색 필드에 android:id를 입력한다. 그러면 XML에 있는 6개의 android:id를 노란색으로 강조해서 보여 줄 것이다. 일례로 첫 번째 것을 보면 다음과 같다.

```
<TextView
    android:id="@+id/nameTextView"
    android:layout_width="wrap_content"
    android:layout_height="match_parent"
    android:textSize="24sp"
    tools:text="Madrigal" />
```

이것은 데이터를 보여 주는 TextView 컴포넌트를 나타내며, 앱의 코틀린 코드에서 위젯(widget)이라고도 하는 이런 뷰 컴포넌트를 사용할 때는 id 속성을 지정하여 코드와 연결시킨다.

에뮬레이터에서 앱 실행하기

다음은 에뮬레이터(emulator)에서 앱을 테스트할 것이다. 먼저, 에뮬레이터를 구성하자. 안드로이드 스튜디오 메인 메뉴에서 **Tools ➡ AVD Manager**를 선택한다(그림 21.11).

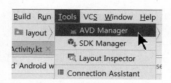

그림 21.11 | **AVD Manager 실행하기**

그 다음에 그림 21.12의 왼쪽 아래에 있는 **+ Create Virtual Device...** 버튼을 클릭한다.

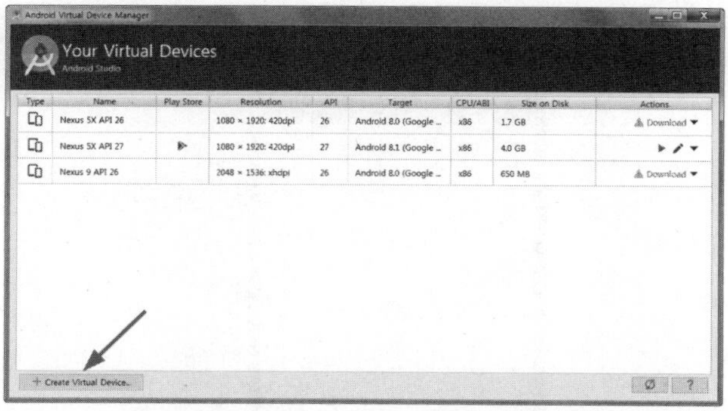

그림 21.12 | **Android Virtual Device Manager**

Select Hardware 대화상자에서 Category는 **Phone**으로 선택하고, 기기는 **Nexus 5X**(각자 원하는 것으로 선택해도 되지만, 해상도가 너무 큰 기기를 선택하면 에뮬레이터 실행 속도가 느려진다)를 선택한 후 **Next**를 클릭한다.

그 다음에 System Image 대화상자에서 Oreo API Level 27을 선택하고 **Next**를 클릭한다(만일 Release Name에 **download**가 표시되어 있는 경우는 선택한 시스템 이미지가 설치되지 않은 것이므로 **download**를 클릭하여 설치해야 한다). 마지막으로, Android Virtual Device(AVD) 대화상자가 나

오면 **Finish**를 클릭한다. 그러면 잠시 AVD가 생성되고 그림 21.12의 대화상자로 돌아오며, 방금 생성한 AVD 에뮬레이터를 강조해서 보여 준다. 오른쪽 위의 X를 클릭하여 대화상자를 닫자.

안드로이드 스튜디오 메인 창의 오른쪽 위에 보면 여러 개의 버튼이 있다. 그림 21.13처럼 **Run 'app'** 버튼(▶) 왼쪽의 드롭다운이 **app**으로 선택되어 있는지 확인한 후 해당 버튼(▶)을 클릭한다.

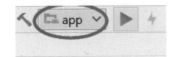

그림 21.13 | **Samodelkin 앱 실행하기**

Select Deployment Target 대화상자가 나타나면 조금 전에 우리가 생성했던 AVD 에뮬레이터를 선택하고 **OK**를 클릭한다.

에뮬레이터가 부팅된 후 장치 화면이 나타난다(각자 컴퓨터 사양에 따라 다르지만 시간이 걸리니 기다리자). 그리고 우리 앱의 액티비티가 실행되면서 UI 레이아웃이 화면에 나타난다(그림 21.14):

그림 21.14 | **에뮬레이터에서 실행 중인 Samodelkin 앱**

현재는 레이아웃만 보이고 아무 값도 나타나지 않을 것이다(만일 에뮬레이터는 정상적으로 부팅되어 장치 화면이 나타났지만 타임아웃 에러가 나면서 우리 앱의 화면이 나타나지 않으면 잠시 기다렸다가 다시 **Run 'app'**(▶) 버튼을 눌러 실행시킨다).

캐릭터 생성하기

이제는 UI가 정의되었으므로 새로운 게임 캐릭터를 생성하고 보여 줄 때가 되었다. 이 장의 초점은 안드로이드와 코틀린에 있고, 코틀린 언어는 이전의 다른 여러 장에서 배웠으므로 여기서는 캐릭터를 생성하는 CharacterGenerator 객체의 구현을 바로 시작할 것이다.

프로젝트 도구 창의 android.bignerdranch.com 패키지에서 오른쪽 마우스 버튼을 클릭한 후 New ➡ Kotlin File/Class를 선택하자. 파일 이름에 **CharacterGenerator**를 입력하고 **OK**를 클릭한다(파일 확장자는 자동으로 .kt가 된다). 그리고 편집기 창에 열린 CharacterGenerator.kt에 리스트 21.1의 코드를 입력하자(제일 위의 **package** 문은 자동으로 추가된다).

리스트 21.1 | CharacterGenerator 객체　　　　　　　　　　　　CODE CharacterGenerator.kt

```kotlin
package android.bignerdranch.com

private fun <T> List<T>.rand() = shuffled().first()

private fun Int.roll() = (0 until this)
        .map { (1..6).toList().rand() }
        .sum()
        .toString()

private val firstName = listOf("Eli", "Alex", "Sophie")
private val lastName = listOf("Lightweaver", "Greatfoot", "Oakenfeld")

object CharacterGenerator {
    data class CharacterData(val name: String,
                             val race: String,
                             val dex: String,
                             val wis: String,
                             val str: String)

    private fun name() = "${firstName.rand()} ${lastName.rand()}"

    private fun race() = listOf("dwarf", "elf", "human", "halfling").rand()

    private fun dex() = 4.roll()

    private fun wis() = 3.roll()

    private fun str() = 5.roll()

    fun generate() = CharacterData(name = name(),
                                   race = race(),
                                   dex = dex(),
                                   wis = wis(),
```

str = str())

```
}
```

CharacterGenerator 객체에는 public 함수인 generate가 있다. 이 함수는 무작위로 생성된 캐릭터(CharacterData 클래스 인스턴스)를 나타내는 데이터를 반환한다. 그리고 CharacterGenerator.kt에는 확장 함수인 List<T>.rand와 Int.roll이 있다. List<T>.rand는 컬렉션에서 무작위로 요소를 선택하는 함수이며, Int.roll은 여섯 개의 면으로 된 주사위를 지정된 횟수만큼 굴려서 나온 무작위 수의 합을 구한 후 반환한다.

Activity 클래스

NewCharacterActivity.kt 파일은 편집기 창에 이미 열려 있을 것이다. 만일 그렇지 않으면 프로젝트 도구 창에서 app ➡ java ➡ android.bignerdranch.com 밑에 있는 **NewCharacterActivity**를 더블 클릭하면 된다.

편집기 창의 NewCharacterActivity.kt 탭을 클릭하자. 다음과 같이 자동 생성된 코드가 보일 것이다.

```
package android.bignerdranch.com

import android.support.v7.app.AppCompatActivity
import android.os.Bundle

class NewCharacterActivity : AppCompatActivity() {

    override fun onCreate(savedInstanceState: Bundle?) {
        super.onCreate(savedInstanceState)
        setContentView(R.layout.activity_new_character)
    }
}
```

프로젝트를 생성할 때 자동 생성된 액티비티인 NewCharacterActivity는 AppCompatActivity의 서브 클래스인 것에 주목하자.

AppCompatActivity 클래스는 안드로이드 프레임워크의 일부이며, 우리 앱의 NewCharacterActivity를 포함해서 대부분의 안드로이드 앱 액티비티의 슈퍼 클래스가 된다.

또한, onCreate 함수가 오버라이딩되었다는 것에도 주목하자. 이 함수는 안드로이드 액티비티의 생명주기 함수다. 즉, 우리 액티비티(NewCharacterActivity)의 인스턴스가 최초 생성될 때 안드로이드 운영체제가 자동으로 호출해 준다.

따라서 UI 레이아웃 XML과 이 파일에 정의된 뷰 컴포넌트들의 참조를 얻고 액티비티의 처리 코드와 연결시키는 것을 onCreate 함수에서 한다. 어떻게 하는지 다음 코드를 보자.

```kotlin
class NewCharacterActivity : AppCompatActivity() {
    override fun onCreate(savedInstanceState: Bundle?) {
        super.onCreate(savedInstanceState)
        setContentView(R.layout.activity_new_character)
    }
}
```

onCreate 함수 내부에서 UI 레이아웃 XML 파일 이름(activity_new_character)을 인자로 전달하여 setContentView 함수를 호출한다. 그러면 이 함수에서는 인자로 받은 레이아웃 리소스를 가져와서 **인플레이트(inflate)**한다. 즉, 안드로이드 장치(폰, 태블릿, 에뮬레이터 등)에 보여 줄 수 있는 뷰 컴포넌트 객체로 XML을 변환한다.

뷰 컴포넌트를 코드와 연결시키기

UI에 데이터를 보여 주려면 우선 NewCharacterActivity의 findViewById 함수(상속된 것임)를 사용해서 데이터를 보여 줄 각 뷰 컴포넌트의 참조를 얻어야 한다. findViewById 함수는 뷰 컴포넌트의 id(XML에 android:id로 정의됨)를 인자로 받으며, 이 id와 일치하는 뷰 컴포넌트 객체를 반환한다.

각 뷰 컴포넌트를 id로 찾아서 지역 변수에 지정하도록 NewCharacterActivity.kt의 onCreate 함수를 변경하자.

리스트 21.2 | 뷰 컴포넌트 찾기   `CODE` ▶ NewCharacterActivity.kt

```kotlin
package android.bignerdranch.com

import android.support.v7.app.AppCompatActivity
import android.os.Bundle
```

```
class NewCharacterActivity : AppCompatActivity() {
    override fun onCreate(savedInstanceState: Bundle?) {
        super.onCreate(savedInstanceState)
        setContentView(R.layout.activity_new_character)
        val nameTextView = findViewById<TextView>(R.id.nameTextView)
        val raceTextView = findViewById<TextView>(R.id.raceTextView)
        val dexterityTextView = findViewById<TextView>(R.id.dexterityTextView)
        val wisdomTextView = findViewById<TextView>(R.id.wisdomTextView)
        val strengthTextView = findViewById<TextView>(R.id.strengthTextView)
        val generateButton = findViewById<Button>(R.id.generateButton)
    }
}
```

여기서는 안드로이드 스튜디오가 TextView와 Button에 에러가 있다고 빨간색으로 표시하여 알려 줄 것이다. 이 뷰 컴포넌트 클래스들을 **import**하지 않았기 때문이다. 첫 번째 빨간색의 TextView를 클릭하고 **Alt+Enter[Option+Return]** 키를 누른 후 import를 선택하면 import android.widget.TextView가 위쪽에 추가되고 TextView의 빨간색 표시가 모두 없어질 것이다. Button도 같은 방법으로 처리하면 import android.widget.Button이 추가된다.

다음은 CharacterData 인스턴스를 생성하여 NewCharacterActivity 클래스의 characterData 속성에 지정하자.

리스트 21.3 | characterData 속성 정의하기   `CODE` NewCharacterActivity.kt

```
package android.bignerdranch.com

import android.support.v7.app.AppCompatActivity
import android.os.Bundle
import android.widget.Button
import android.widget.TextView

class NewCharacterActivity : AppCompatActivity() {
    private var characterData = CharacterGenerator.generate()

    override fun onCreate(savedInstanceState: Bundle?) {
        ...
    }
}
```

그리고 각 뷰 컴포넌트에 CharacterData 인스턴스의 데이터를 지정하는 코드를 onCreate 함수의 끝에 추가하자.

```
package android.bignerdranch.com

import android.support.v7.app.AppCompatActivity
import android.os.Bundle
import android.widget.Button
import android.widget.TextView

class NewCharacterActivity : AppCompatActivity() {
    private var characterData = CharacterGenerator.generate()

    override fun onCreate(savedInstanceState: Bundle?) {
        ...
        characterData.run {
            nameTextView.text = name
            raceTextView.text = race
            dexterityTextView.text = dex
            wisdomTextView.text = wis
            strengthTextView.text = str
        }
    }
}
```

방금 추가한 코드에서 몇 가지 살펴볼 것이 있다. 먼저, 여기서는 코드를 간결하게 만들기 위해 코틀린 표준 함수인 run을 사용한다. 따라서 run을 호출한 수신자 객체인 characterData (CharacterData 인스턴스 참조)가 중괄호 안의 함수 블록에 전달되므로 이 블록 내부의 name, race, dex, wis, str은 암시적으로 CharacterData 인스턴스의 속성을 참조한다. 따라서 name TextView.text = characterData.name 대신 nameTextView.text = name처럼 characterData 참조를 지정하지 않아도 된다. 또한, 각 TextView의 text 속성에 값을 지정할 때도 다음과 같이 대입문을 사용할 수 있다.

```
nameTextView.text = name
```

만일 이것을 자바 코드로 작성한다면 다음과 같이 해야 한다.

```
nameTextView.setText(name);
```

코틀린과 자바 코드 간에 이런 차이점이 생기는 이유가 무엇일까? 안드로이드는 자바 프레임워크이며, 자바에서는 클래스 속성인 필드를 사용할 때 우리가 게터(값을 읽음)와 세터

(값을 변경함)를 호출하는 것이 표준으로 되어 있다. 그리고 우리 액티비티의 슈퍼 클래스인 AppCompatActivity를 비롯해서 뷰 컴포넌트인 TextView와 안드로이드 플랫폼의 모든 컴포넌트들이 자바로 작성되어 있다. 따라서 자바 코드에서 nameTextView의 text 속성값을 읽거나 변경할 때는 게터(getText)와 세터(setText)를 사용하기 때문이다.

그러나 코틀린에서 클래스 속성을 사용할 때는 자바 클래스일지라도 우리가 게터와 세터를 호출할 필요 없이 속성을 바로 참조하면 된다. 자동으로 게터와 세터를 호출하도록 코틀린이 바이트 코드를 생성해 주기 때문이다. 따라서 변수에 값을 지정하듯이 편리하게 대입문을 사용할 수 있다. 이처럼 코틀린은 자바와 완벽한 상호운용이 되도록 설계되었다.

에뮬레이터에서 Samodelkin 앱을 다시 실행해 보자. 이번에는 CharacterGenerator에서 생성된 CharacterData 인스턴스의 데이터가 UI 레이아웃에 나타날 것이다(그림 21.15).

그림 21.15 | 데이터를 보여 주는 Samodelkin 앱

코틀린-안드로이드 확장의 합성 속성

그러나 한 가지 문제가 있다. 현재의 onCreate 함수는 코드가 너무 장황하고 체계적이지 못하다(또한, GENERATE 버튼이 아직 아무것도 하지 않는다. 이것은 잠시 후에 구현할 것이다). Samodelkin처럼 간단한 앱일지라도 onCreate 함수에만 많은 코드를 꾸려 넣는다면 향후의 기능 확장이나 유지보수에 문제가 될 수 있다. 따라서 여기서는 CharacterData 인스턴스의 데이터를 TextView에

지정하는 코드를 별도의 함수로 옮길 것이다.

그러나 이렇게 하려면 onCreate 함수에서 찾았던 뷰 컴포넌트들을 사용할 수 있는 방법이 필요하다. 이 경우 findViewById로 얻었던 뷰 컴포넌트들의 참조를 NewCharacterActivity의 속성으로 정의하는 것이 한 가지 방법이다. 이렇게 하면 onCreate 함수 외의 다른 함수에서도 해당 참조들을 사용할 수 있다.

그러나 더 편리한 방법이 있다. 우리 프로젝트가 kotlin-android-extensions 플러그인을 포함하고 있으므로(이 장 앞에서 보았던 build.gradle (Module: app) 파일에 설정되어 있다) 합성 속성 (synthetic property)을 사용하는 것이다. 합성 속성을 사용하면 UI 레이아웃 파일(여기서는 activity_new_character.xml)에 정의된 뷰 컴포넌트의 id로 각 컴포넌트를 사용할 수 있다.

리스트 21.5와 같이 NewCharacterActivity를 변경하자(characterData.run 코드를 잘라내기한 후 displayCharacterData 함수에 붙여넣기하면 코드 입력을 줄일 수 있다).

리스트 21.5 | NewCharacterActivity 코드를 리팩토링하기   `CODE` ➤ NewCharacterActivity.kt

```kotlin
package android.bignerdranch.com

import android.support.v7.app.AppCompatActivity
import android.os.Bundle
import android.widget.Button
import android.widget.TextView
import kotlinx.android.synthetic.main.activity_new_character.*

class NewCharacterActivity : AppCompatActivity() {
    private var characterData = CharacterGenerator.generate()
    override fun onCreate(savedInstanceState: Bundle?) {
        super.onCreate(savedInstanceState)
        setContentView(R.layout.activity_new_character)
        val nameTextView = findViewById<TextView>(R.id.nameTextView)
        val raceTextView = findViewById<TextView>(R.id.raceTextView)
        val dexterityTextView = findViewById<TextView>(R.id.dexterityTextView)
        val wisdomTextView = findViewById<TextView>(R.id.wisdomTextView)
        val strengthTextView = findViewById<TextView>(R.id.strengthTextView)
        val generateButton = findViewById<Button>(R.id.generateButton)

        characterData.run {
            nameTextView.text = name
            raceTextView.text = race
            dexterityTextView.text = dex
            wisdomTextView.text = wis
            strengthTextView.text = str
        }
        displayCharacterData()
```

```
        }

    private fun displayCharacterData() {
        characterData.run {
            nameTextView.text = name
            raceTextView.text = race
            dexterityTextView.text = dex
            wisdomTextView.text = wis
            strengthTextView.text = str
        }
    }
}
```

kotlin-android-extensions 플러그인에 의해 활성화되는 확장 속성들을 우리 액티비티에 추가하려면 import kotlinx.android.synthetic.main.activity_new_character.*를 지정해야 한다. 위의 코드를 보면 알 수 있듯이, 합성 속성을 사용하면 findViewById가 없어도 되므로 뷰 컴포넌트를 찾는 코드가 매우 간단하게 된다. 또한, 각 뷰 컴포넌트의 참조를 onCreate 함수의 지역 변수로 지정하는 대신에 UI 레이아웃 파일에 정의된 각 뷰 컴포넌트의 id를 사용할 수 있다.

이제는 displayCharacterData 함수에서 CharacterData 인스턴스의 데이터를 뷰 컴포넌트에 지정할 수 있게 되었다.

클릭 리스너 설정하기

임의의 게임 플레이어 캐릭터의 데이터를 보여 주는 것은 완성되었지만, 현재는 사용자가 다른 캐릭터를 생성할 방법이 없다. 따라서 사용자가 **GENERATE** 버튼을 눌렀을 때 코드와 연결되어 다른 캐릭터를 생성하게 해야 한다. 그리고 캐릭터의 데이터를 변경하고 보여 주어야 한다.

이렇게 할 수 있도록 **GENERATE** 버튼의 클릭 리스너(listener)를 onCreate 함수에 추가하자(버튼은 '누른다(press)'고 하지만, 리스너는 '클릭(click)'이라고 한다).

리스트 21.6 | **클릭 리스너 설정하기**　　　　　　　　　　`CODE` NewCharacterActivity.kt

```
...
class NewCharacterActivity : AppCompatActivity() {
    private var characterData = CharacterGenerator.generate()
    override fun onCreate(savedInstanceState: Bundle?) {
```

```
        super.onCreate(savedInstanceState)
        setContentView(R.layout.activity_new_character)
        generateButton.setOnClickListener {
            characterData = CharacterGenerator.generate()
            displayCharacterData()
        }

        displayCharacterData()
    }
    ...
}
```

여기서는 **GENERATE** 버튼이 클릭되었을 때 할 일을 처리하는 클릭 리스너 구현 코드를 정의하였다. 따라서 이 버튼을 클릭하면 setOnClickListener의 중괄호 안에 정의된 코드가 실행되어 새로운 캐릭터 인스턴스를 생성하고 레이아웃에 보여 준다.

Samodelkin 앱을 다시 실행하고 **GENERATE** 버튼을 여러 번 눌러 보자. 버튼을 누를 때마다 새로운 캐릭터 데이터가 나타날 것이다.

setOnClickListener는 자바 메서드이며, OnClickListener 인터페이스를 구현하는 객체를 인자로 받는다. OnClickListener 인터페이스는 추상 메서드인 onClick 하나만 갖고 있다. 이처럼 하나의 추상 메서드만 갖는 인터페이스를 SAM(single abstract method) **인터페이스**라고 한다.

종전 자바 버전에서는 SAM 인터페이스 중 하나인 OnClickListener 인터페이스를 구현할 때 익명 내부 클래스(anonymous inner class)를 사용하였다. 자바 코드의 예를 들면 다음과 같다.

```java
generateButton.setOnClickListener(new View.OnClickListener() {
    @Override
    public void onClick(View view) {
        // 버튼을 눌렀을 때 수행될 코드
    }
});
```

여기서 음영으로 표시된 부분이 OnClickListener 인터페이스를 구현하는 익명 내부 클래스 인스턴스를 정의한 코드다. 이 코드와 리스트 21.6에 있는 다음의 코틀린 코드를 비교해 보면 코틀린 코드가 훨씬 간결하고 알기 쉽다는 것을 알 수 있을 것이다.

```
generateButton.setOnClickListener {
    characterData = CharacterGenerator.generate()
    displayCharacterData()
}
```

여기서 음영으로 표시된 부분이 OnClickListener 인터페이스를 구현하는 람다다. 이처럼 코틀린에서는 SAM 인터페이스를 인자로 받는 자바 메서드를 호출할 때 익명 내부 클래스 인스턴스 대신 람다를 전달할 수 있다. 왜냐하면 SAM **변환(conversion)** 기능이 있어서 우리가 작성한 람다를 익명 내부 클래스 인스턴스 코드로 자동 변환해 주기 때문이다. 이 코드의 바이트코드를 자바로 역컴파일해서 보면 바로 위의 자바 코드처럼 익명 내부 클래스를 사용해서 구현된 것을 알 수 있다.

액티비티 인스턴스의 상태 보존

이제는 우리 앱이 잘 동작한다. 그리고 **GENERATE** 버튼을 누르면 새로운 캐릭터를 생성하고 보여 준다. 그러나 아직은 문제가 있다. 그게 무엇인지 확인하기 위해 에뮬레이터에서 앱을 실행하면서 장치를 회전시키는 버튼을 눌러 보자(그림 21.16).

그림 21.16 | 장치 방향 회전 버튼

그러면 다른 캐릭터의 데이터가 나타날 것이다(그림 21.17).

그림 21.17 | 방향을 회전하면 다른 캐릭터가 나타난다

장치의 방향을 바꿨을 뿐인데 현재 보던 데이터가 달라진다면 문제가 될 것이다. 이렇게 되는 이유는 다음과 같다. 즉, 장치의 방향이 바뀌면 안드로이드는 장치의 구성이 변경된 것으로 판단하고 현재 실행 중인 우리 액티비티 인스턴스를 소멸시킨 후 새로운 인스턴스를 생성한다. 이때 새로운 인스턴스의 onCreate 함수가 호출되므로 새로운 캐릭터가 생성되어 우리 앱의 UI 데이터가 변경되는 것이다.

이 문제를 해결하는 한 가지 방법은 현재 액티비티 인스턴스의 데이터를 보존했다가 다음 인스턴스로 전달하는 것이다. 이때는 onSaveInstanceState 함수를 오버라이딩하면 된다. 그리고 이 함수는 방향 변경 등과 같은 장치의 구성 변경이 생기면 자동 호출되므로 우리가 보존할 데이터를 이 함수에서 저장하면 된다. 저장은 안드로이드 프레임워크의 Bundle 객체에 하도록 약속되어 있다.

먼저, 캐릭터 데이터를 보존하도록 NewCharacterActivity를 변경하자.

리스트 21.7 | 캐릭터 데이터 보존하기 　　　　　　　　　　　　　　　　`CODE` NewCharacterActivity.kt

```kotlin
...
private const val CHARACTER_DATA_KEY = "CHARACTER_DATA_KEY"

class NewCharacterActivity : AppCompatActivity() {
    private var characterData = CharacterGenerator.generate()

    override fun onSaveInstanceState(outState: Bundle) {
        super.onSaveInstanceState(outState)
        outState.putSerializable(CHARACTER_DATA_KEY, characterData)
    }
    ...
}
```

보존할 데이터는 직렬화(serialization)해서 저장해야 한다. 직렬화는 객체의 데이터를 저장할 수 있는 형식으로 만들어 주는 것을 말한다. 직렬화된 데이터는 Bundle 객체에 저장되며, 안드로이드 시스템이 보존해 준다.

여기서는 putSerializable 메서드를 사용해서 현재의 characterData가 참조하는 Character Data 인스턴스 데이터를 직렬화하여 Bundle 객체에 저장한다. Bundle 객체에는 키와 값의 형태로 데이터를 저장한다. 키는 우리가 원하는 어떤 값도 가능하며, 대개 String 타입의 문자열 상수 값을 지정한다. 따라서 여기서는 const 키워드를 사용해서 상수를 지정하였다. 그리고 키의 값은 CharacterData 인스턴스 데이터다.

onSaveInstanceState 함수는 액티비티 인스턴스가 소멸되기 전에 한 번만 호출된다. 위의 코드에서는 characterData에 에러가 생길 것이다. Serializable 인터페이스를 구현하지 않는 객체를 putSerializable 함수의 인자로 전달했기 때문이다. 이 문제를 해결하려면 CharacterData 클래스에서 Serializable 인터페이스를 구현한다는 것을 지정해야 한다(Serializable 인터페이스는 지정만 하며 메서드는 구현하지 않는다). 그리고 import java.io.Serializable도 추가해야 한다.

리스트 21.8 | CharacterData 클래스에 Serializable 인터페이스 구현을 지정하기 `CODE` CharacterGenerator.kt

```
package android.bignerdranch.com
import java.io.Serializable
...
object CharacterGenerator {
    data class CharacterData(val name: String,
                            val race: String,
                            val dex: String,
                            val wis: String,
                            val str: String) : Serializable

    ...
}
```

액티비티 인스턴스 데이터 복원하기

이미 이야기했듯이, 안드로이드 장치나 에뮬레이터에서 앱이 실행 중일 때 장치를 회전하면 안드로이드 시스템이 장치의 구성이 변경된 것으로 인식하고, 현재의 액티비티 인스턴스를 소멸시키고 새로운 액티비티 인스턴스를 생성한 후 onCreate 함수를 호출한다. 따라서 리스트 21.7의 onSaveInstanceState 함수에서 Bundle 객체에 저장한 액티비티 인스턴스 데이터(여기서는 CharacterData 인스턴스)를 onCreate 함수에서 복원해야 한다.

```kotlin
private const val CHARACTER_DATA_KEY = "CHARACTER_DATA_KEY"

class NewCharacterActivity : AppCompatActivity() {
    ...
    override fun onCreate(savedInstanceState: Bundle?) {
        super.onCreate(savedInstanceState)
        setContentView(R.layout.activity_new_character)

        characterData = savedInstanceState?.let {
            it.getSerializable(CHARACTER_DATA_KEY) as CharacterGenerator.CharacterData
        } ?: CharacterGenerator.generate()

        generateButton.setOnClickListener {
            characterData = CharacterGenerator.generate()
            displayCharacterData()
        }

        displayCharacterData()
    }
    ...
}
```

여기서는 Bundle 객체에 저장된 데이터가 있으면 getSerializable 메서드가 호출된다. 그리고
이 메서드에서는 저장할 때 사용했던 것과 같은 값의 키로 데이터를 읽고 역직렬화한다. 그다음
에 CharacterGenerator.generate 함수에서는 이 데이터를 사용해서 CharacterData 인스턴
스를 생성하고 복원한다.

그렇지 않고 데이터가 없으면 새로운 CharacterData 인스턴스를 생성만 한다(데이터를 읽은 후에
는 as 키워드를 사용해서 반드시 CharacterGenerator.CharacterData로 타입을 변환해 주어야 한다).

Samodelkin 앱을 다시 실행하고 장치의 방향을 바꿔 보자. 이번에는 현재의 캐릭터 데이터가
변하지 않고 나타날 것이다.

확장 함수를 사용해서 코드 리팩토링하기

우리 액티비티 인스턴스의 데이터를 Bundle 객체에 저장하기 위해 직렬화하는 작업과 읽기 위
해 역직렬화(deserialization)하는 작업은 올바르게 동작한다. 그러나 코드를 더 좋게 개선할 여지
가 있다.

다음 코드에도 있듯이 현재는 Bundle 객체로부터 CharacterData 인스턴스 데이터를 쓰거나 읽을 때 데이터의 키와 타입을 우리가 신경 써야 한다.

```kotlin
private const val CHARACTER_DATA_KEY = "CHARACTER_DATA_KEY"

class NewCharacterActivity : AppCompatActivity() {
    private var characterData = CharacterGenerator.generate()

    override fun onSaveInstanceState(outState: Bundle) {
        super.onSaveInstanceState(outState)
        outState.putSerializable(CHARACTER_DATA_KEY, characterData)
    }

    override fun onCreate(savedInstanceState: Bundle?) {
        super.onCreate(savedInstanceState)
        setContentView(R.layout.activity_new_character)

        characterData = savedInstanceState?.let {
            it.getSerializable(CHARACTER_DATA_KEY)
                    as CharacterGenerator.CharacterData
        } ?: CharacterGenerator.generate()
        ...
    }
    ...
}
```

이 코드를 개선하기 위해 NewCharacterActivity.kt에 확장 속성을 추가하자.

리스트 21.10 | characterData 확장 속성 추가하기   `CODE` NewCharacterActivity.kt

```kotlin
private const val CHARACTER_DATA_KEY = "CHARACTER_DATA_KEY"

private var Bundle.characterData
    get() = getSerializable(CHARACTER_DATA_KEY) as CharacterGenerator.CharacterData
    set(value) = putSerializable(CHARACTER_DATA_KEY, value)

class NewCharacterActivity : AppCompatActivity() {
    ...
}
```

이제는 Bundle 객체의 확장 속성으로 characterData를 사용할 수 있다. 따라서 Bundle 객체에 데이터를 쓰거나 읽을 때 확장 속성을 참조만 하면 된다. 확장 속성의 get과 set에서 처리하도록 미리 정의해 두었기 때문이다.

다음은 새로 정의된 확장 속성을 사용하도록 onSaveInstanceState와 onCreate 함수를 변경하자.

리스트 21.11 | 새로운 확장 속성 사용하기 `CODE` NewCharacterActivity.kt

```kotlin
private const val CHARACTER_DATA_KEY = "CHARACTER_DATA_KEY"

private var Bundle.characterData
    get() = getSerializable(CHARACTER_DATA_KEY) as CharacterGenerator.CharacterData
    set(value) = putSerializable(CHARACTER_DATA_KEY, value)

class NewCharacterActivity : AppCompatActivity() {
    private var characterData = CharacterGenerator.generate()

    override fun onSaveInstanceState(outState: Bundle) {
        super.onSaveInstanceState(outState)
        outState.putSerializable(CHARACTER_DATA, characterData)
        outState.characterData = characterData  // 이때 확장 속성의 set(characterData)가 실행된다.
    }

    override fun onCreate(savedInstanceState: Bundle?) {
        super.onCreate(savedInstanceState)
        setContentView(R.layout.activity_new_character)

        characterData = savedInstanceState?.let {
            it.getSerializable(CHARACTER_DATA_KEY) as CharacterGenerator.CharacterData
        } ?: CharacterGenerator.generate()
        characterData = savedInstanceState?.characterData ?:  // 이때 확장 속성의 get()이 실행된다.
                CharacterGenerator.generate()
        generateButton.setOnClickListener {
            characterData = CharacterGenerator.generatw()
            displayCharacterData()
        }

        displayCharacterData()
    }
    ...
}
```

Samodelkin 앱을 다시 실행하고 에뮬레이터의 장치 회전 버튼을 클릭하여 캐릭터 데이터가 제대로 보존되어 나타나는지 확인해 보자.

축하한다! 코틀린을 사용해서 첫 번째 안드로이드 앱의 작성을 완료하였다. 이번 장에서는 안드로이드 프레임워크의 자바 코드를 코틀린으로 사용하는 방법을 배웠다. 그리고 코틀린-안드로이드 확장을 사용하는 코드 예도 알아보았다. 끝으로, 확장과 표준 함수 같은 코틀린의 기능을 사용하면 안드로이드 앱 코드를 더욱 간결하게 만들 수 있다는 것도 배웠다. 다음 장에서는 코틀린의 코루틴(coroutine)에 관해 배울 것이다.

궁금증 해소하기: 안드로이드 KTX와 Anko 라이브러리

코틀린과 안드로이드를 사용할 때 개발자의 경험을 향상시키기 위해 설계된 오픈 소스 라이브러리들이 많이 있다. 이것을 사용하면 무엇을 할 수 있는지 아이디어를 얻기 위해 여기서는 그중 두 가지를 간략하게 알아보고자 한다.

안드로이드 KTX 프로젝트(https://github.com/android/android-ktx)는 안드로이드 자바 API에 코틀린 스타일의 인터페이스를 가미하여 안드로이드 앱 개발에 유용한 코틀린 확장을 많이 제공한다. 예를 들어, 다음 코드를 생각해 보자. 이 코드에서는 안드로이드의 공유 프레퍼런스(shared preference)를 사용하여 나중에 사용할 작은 크기의 데이터를 저장한다.

```
sharedPrefs.edit()
        .putBoolean(true, USER_SIGNED_IN)
        .putString("Josh", USER_CALLSIGN)
        .apply()
```

안드로이드 KTX를 사용하면 다음과 같이 표현식을 단축하여 코틀린 스타일에 더 가까운 코드를 작성할 수 있다.

```
sharedPrefs.edit {
    putBoolean(true, USER_SIGNED_IN)
    putString("Josh", USER_CALLSIGN)
}
```

안드로이드 KTX는 코틀린으로 작성되는 안드로이드 코드의 기능을 많이 향상시켜 주며, 자바보다는 코틀린에 더욱 어울리는 형태로 안드로이드 프레임워크를 사용할 수 있게 해준다.

안드로이드와 함께 사용되는 또 다른 코틀린 프로젝트인 Anko(https://github.com/Kotlin/anko)는 코틀린을 사용한 안드로이드 개발에 향상된 기능을 제공한다. 안드로이드 UI를 정의하는

DSL(Domain Specific Language), 안드로이드 인텐트와 대화상자 및 SQLite에 사용되는 많은 수의 클래스 등이 Anko에 포함된다.

예를 들어, 다음의 Anko 레이아웃 코드는 프로그램에서 수직 방향의 LinearLayout을 정의하게 해준다. 이 레이아웃에는 클릭될 때 Toast(팝업 메시지)를 보여 주는 버튼이 포함되어 있다.

```
verticalLayout {
    val username = editText()
    button("Greetings") {
        onClick { toast("Hello, ${username.text}!") }
    }
}
```

이 코드와 동일한 기능을 하는 다음의 자바 코드(똑같이 프로그램에서 처리할 경우)를 비교해 보면 그 차이를 금방 알 수 있을 것이다.

```
LayoutParams params = new LinearLayout.LayoutParams(
                    LayoutParams.FILL_PARENT,
                    LayoutParams.WRAP_CONTENT);
LinearLayout layout = new LinearLayout(this);
layout.setOrientation(LinearLayout.VERTICAL);
EditText name = new EditText(this);
name.setLayoutParams(params);
layout.addView(name);
Button greetings = new Button(this);
greetings.setText("Greetings");
greetings.setLayoutParams(params);
layout.addView(greetings);
LinearLayout.LayoutParams layoutParam = new LinearLayout.LayoutParams(
        LayoutParams.FILL_PARENT,
        LayoutParams.WRAP_CONTENT);
this.addContentView(layout, layoutParam);
greetings.setOnClickListener(new OnClickListener() {
    public void onClick(View v) {
        Toast.makeText(this, "Hello, " + name.getText(),
                Toast.LENGTH_SHORT).show();
    }
}
```

다른 언어에 비해 코틀린은 젊은 언어다. 그리고 유용한 라이브러리가 매일 지속적으로 개발되고 있다. 코틀린의 최신 개발 뉴스가 있는지 https://kotlinlang.org/를 지켜보면서 관심을 갖자.

CHAPTER

22

코루틴 개요

안드로이드 애플리케이션(이하 앱)은 모든 종류의 기능을 수행한다. 예를 들어, 데이터를 다운로 드하거나, 데이터베이스를 쿼리하거나, 웹 API에 요청을 보낸다. 이것들은 모두 유용한 작업들이 다. 그러나 완료되려면 많은 시간이 소요될 수 있다. 그렇다고 해서 작업이 끝날 때까지 사용자 를 기다리게 할 수는 없다.

코루틴(coroutine)을 사용하면 우리 앱의 백그라운드에서 또는 **비동기적으로** 그런 작업이 실행되 게 할 수 있다. 따라서 그런 작업이 끝날 동안 사용자를 기다리게 하지 않고 계속 우리 앱을 사 용할 수 있게 해준다.

코루틴은 다른 프로그래밍 언어에서 제공하는 해결책(예를 들어, 자바와 기타 다른 언어에서 사용되 는 스레드(thread))보다 리소스를 더 효율적으로 사용하면서 더 쉽게 작동된다(스레드를 사용하는 경우에는 복잡한 코드 작성이 필요하며, 성능 문제가 생길 수 있다).

이 장에서는 21장의 Samodelkin 안드로이드 앱에 코루틴을 추가하여 웹 API로부터 새로운 캐 릭터 데이터를 가져올 것이다.

캐릭터 데이터 파싱하기

새로운 캐릭터 데이터의 웹 API는 https://chargen-api.herokuapp.com/에 있다(참고로, 이 웹 API는 Ktor 웹 프레임워크(https://github.com/ktorio/ktor)를 사용해서 코틀린으로 작성되었다. 그리고 소스 코드는 https://github.com/bignerdranch/character-data-api에 있다).

새로운 캐릭터 데이터의 웹 API를 요청하면 새로운 플레이어 캐릭터의 데이터가 반환된다. 이 데이터는 캐릭터의 다섯 개 속성인 이름(name), 종족(race), 지능(wisdom), 힘(strength), 재주(dexterity)의 값을 가지며, 각 속성의 값이 쉼표(,)로 구분되는 형식으로 되어 있다. 웹 브라우저를 통해 https://chargen-api.herokuapp.com/에 접속하면 다음과 같은 캐릭터 데이터 하나를 볼 수 있다.

```
halfling,Lars Kizzy,14,13,8
```

그리고 화면을 갱신할 때마다(예를 들어, F5 키를 눌러서) 매번 다른 캐릭터 데이터가 전송된다. 먼저, 웹 API로부터 반환되는 플레이어 캐릭터 데이터의 문자열(각 속성값이 쉼표로 분리된)을 CharacterData 인스턴스로 변환하자.

안드로이드 스튜디오에서 Samodelkin 프로젝트를 열자(웰컴 대화상자에서 'Open an existing Android Studio project'를 선택하거나 또는 안드로이드 스튜디오 메인 창에서 File ➡ Open... 선택). 그리고 프로젝트 도구 창에서 app ➡ java ➡ android.bignerdranch.com 밑에 있는 CharacterGenerator. kt를 더블 클릭하여 편집기 창에 열자(이미 열려 있으면 CharacterGenerator.kt 탭을 클릭). 그 다음에 리스트 22.1과 같이 fromApiData 변환 함수를 추가하자.

리스트 22.1 | fromApiData 함수 추가하기 `CODE` CharacterGenerator.kt

```kotlin
...
object CharacterGenerator {
    data class CharacterData(val name: String,
                            val race: String,
                            val dex: String,
                            val wis: String,
                            val str: String) : Serializable
    ...
    fun fromApiData(apiData: String): CharacterData {
        val (race, name, dex, wis, str) =
                apiData.split(",")
        return CharacterData(name, race, dex, wis, str)
    }
}
...
```

fromApiData 함수는 캐릭터 데이터의 각 속성값이 쉼표(,)로 분리된 문자열을 인자로 받는다. 그리고 쉼표를 기준으로 각 속성값을 분리한 후 새로운 CharacterData 인스턴스를 생성하고 반환한다.

GENERATE 버튼을 눌렀을 때 fromApiData 함수를 호출하도록 NewCharacterActivity.kt를 변경하고 테스트해 보자. 여기서는 일단 모의 데이터를 전달하여 이 함수를 테스트한다.

리스트 22.2 | fromApiData 함수 호출 코드 추가하기   `CODE` NewCharacterActivity.kt

```kotlin
...
class NewCharacterActivity : AppCompatActivity() {
    ...
    override fun onCreate(savedInstanceState: Bundle?) {
        super.onCreate(savedInstanceState)
        setContentView(R.layout.activity_new_character)

        characterData = savedInstanceState?.let {
            it.getSerializable(CHARACTER_DATA_KEY) as CharacterGenerator.CharacterData
        } ?: CharacterGenerator.generate()

        generateButton.setOnClickListener {
            characterData = CharacterGenerator.generate()
                          fromApiData("halfling,Lars Kizzy,14,13,8")
            displayCharacterData()
        }
        ...
    }
    ...
}
```

에뮬레이터에서 Samodelkin을 실행하고 **GENERATE** 버튼을 눌러 보자. fromApiData 함수에서 반환된 데이터를 갖는 캐릭터가 그림 22.1과 같이 나타날 것이다.

실행이 잘 되는지 확인되었으면 안드로이드 스튜디오 메인 창의 오른쪽 위에 있는 **Stop 'app'**(■) 버튼을 클릭하여 현재 에뮬레이터에서 실행 중인 앱을 중단시키자.

그림 22.1 | 테스트 데이터 보여 주기

실시간으로 데이터 가져오기

변환 함수의 테스트가 끝났으므로 이제는 웹 API로부터 실시간으로 캐릭터 데이터를 가져올 것이다.

먼저, 인터넷을 사용할 수 있도록 매니페스트 파일에 퍼미션(permission)을 추가해야 한다. 프로젝트 도구 창이 안드로이드 모드로 되어 있는 상태에서 **app ➡ manifests ➡ AndroidManifest.xml** 파일을 더블 클릭하여 편집기 창에 열자. 그리고 리스트 22.3과 같이 퍼미션을 추가하자.

리스트 22.3 | 인터넷 퍼미션 추가하기 `CODE` AndroidManifest.xml

```xml
<?xml version="1.0" encoding="utf-8"?>
<manifest xmlns:android="http://schemas.android.com/apk/res/android"
    package="android.bignerdranch.com">

    <uses-permission android:name="android.permission.INTERNET" />
    <uses-permission android:name="android.permission.ACCESS_NETWORK_STATE" />

    <application
        android:allowBackup="true"
        android:icon="@mipmap/ic_launcher"
        android:label="@string/app_name"
        ...
    </application>
</manifest>
```

다음은 웹 API에 데이터를 요청한다. 웹 API의 데이터를 가져올 때는 java.net.URL 인스턴스를 사용하는 것이 쉬운 방법이다. 코틀린 표준 라이브러리에는 URL의 확장 함수인 readText가 포함되어 있다. 이 함수는 웹 API에 연결하고 데이터를 버퍼링하여 문자열로 변환해 준다. 따라서 여기서 우리가 필요한 모든 것을 지원한다.

웹 API 주소값을 갖는 상수를 CharacterGenerator.kt에 추가하자. 또한, URL의 readText 확장 함수를 사용해서 웹 API로부터 데이터를 읽는 fetchCharacterData 함수도 추가한다. 그리고 URL 클래스의 import 문도 앞에 추가해야 한다.

```kotlin
package android.bignerdranch.com
import java.io.Serializable
import java.net.URL

private const val CHARACTER_DATA_API = "https://chargen-api.herokuapp.com/"

private fun <T> List<T>.rand() = shuffled().first()

object CharacterGenerator {
...
}

fun fetchCharacterData(): CharacterGenerator.CharacterData {
    val apiData = URL(CHARACTER_DATA_API).readText()
    return CharacterGenerator.fromApiData(apiData)
}
```

이제는 새로 추가한 fetchCharacterData 함수를 사용해 보자. **GENERATE** 버튼의 클릭 리스너에서 이 함수를 호출하도록 NewCharacterActivity.kt를 변경한다.

```kotlin
...
class NewCharacterActivity : AppCompatActivity() {
    ...
    override fun onCreate(savedInstanceState: Bundle?) {
        ...
        generateButton.setOnClickListener {
            characterData = CharacterGenerator.
                            fromApiData("halfling,Lars Kizzy,14,13,8")
                            fetchCharacterData()
            displayCharacterData()
        }

        displayCharacterData()
    }
    ...
}
```

Samodelkin을 다시 실행하고 **GENERATE** 버튼을 누르면 새로운 캐릭터 데이터 대신 그림 22.2의 대화상자가 나타날 것이다.

그림 22.2 | Samodelkin 앱이 중단되었다

어째서 우리 앱이 중단된 것일까? 그 이유를 알기 위해 안드로이드 앱의 로그를 보여 주는 Logcat 출력을 살펴보자. 안드로이드 스튜디오 메인 창의 아래쪽에 있는 **6: Logcat** 도구 바를 클릭한다. 그러면 무수히 많은 로그 메시지를 보여 주는 Logcat 창이 아래쪽에 열릴 것이다. 거기 있는 메시지를 스크롤해 보면 그림 22.3과 같이 FATAL EXCEPTION: main으로 시작하는 텍스트 메시지를 볼 수 있다.

그림 22.3 | Logcat 출력

그리고 두 줄 밑으로 에러의 원인이 android.os.NetworkOnMainThreadException임을 알려 주는 메시지가 있다. 우리 앱의 **main 스레드**에서 네트워크 사용 요청을 했으므로 이 예외가 발생한 것이다. 안드로이드에서는 이처럼 시간이 걸릴 수 있는 작업을 main 스레드에서 할 수 없다.

안드로이드 main 스레드

안드로이드 앱의 main 스레드에서는 UI에 계속 응답하는 데 필요한 작업을 처리한다. 예를 들어, 사용자가 버튼을 눌렀을 때 필요한 작업을 처리하거나, 데이터를 스크롤할 때 보여 줄 내용을 변경하거나, 텍스트 상자에 변경된 데이터를 보여 주는 그런 작업들이다. 이런 이유로 main 스레드를 'UI 스레드'라고도 한다.

만일 웹 API에 대한 데이터 요청과 같이 시간이 걸릴 수 있는 작업을 main 스레드에서 수행한다면 해당 작업이 끝날 때까지 UI가 응답할 수 없으므로 사용자 입장에서는 안드로이드 장치(폰이나 태블릿 등)가 먹통이 된 것처럼 느껴질 것이다. 따라서 안드로이드는 main 스레드에서의 네트워크 작업을 아예 금지한다. 네트워크 작업은 알 수 없는 시간 동안 main 스레드의 UI 응답을 차단하기 때문이다.

코루틴을 활성화시키기

방금 이야기한 문제를 해결하려면 main 스레드 대신 백그라운드 스레드에서 네트워크 요청을 하도록 해야 한다. 코틀린 1.1 버전부터는 그렇게 할 수 있는 코루틴(coroutine) API를 제공한다.

코루틴을 사용하려면 코루틴 확장 라이브러리가 필요하다. (참고로, 원서에서는 코틀린 코루틴 시험판 버전을 사용한 코드를 구현하였다. 그러나 코틀린 1.3에서는 코루틴 시험판을 더 이상 사용할 수 없다. 따라서 현재 가장 최신의 정식 버전을 사용해서 코드 개선 작업을 하였다는 것을 알아 두자.)

안드로이드 스튜디오 메인 창의 아래쪽에 있는 **6: Logcat** 도구 바를 다시 클릭하여 Logcat 도구 창을 닫자. 그리고 프로젝트 도구 창의 Gradle Scripts 밑에 있는 build.gradle (Module: app)을 더블 클릭하여 중앙의 편집기 창에 열자. 그 다음에 리스트 22.6과 같이 라이브러리 의존 관계를 추가하자.

리스트 22.6 | 코루틴을 활성화시키기　　　　　　　　　　　　　　　　`CODE` ▶ app/build.gradle

```
...

dependencies {
    implementation fileTree(dir: 'libs', include: ['*.jar'])
    implementation "org.jetbrains.kotlin:kotlin-stdlib-jre7:$kotlin_version"
    implementation "org.jetbrains.kotlinx:kotlinx-coroutines-android:1.1.1"
    ...
}
```

build.gradle 파일의 내용이 변경되면 이 내용을 반영하기 위해(예를 들어, 지정된 라이브러리 자동 다운로드) 그래들이 동기화 작업을 수행해야 하므로 화면 위에 **Sync Now** 버튼이 나타날 것이다. 이 버튼을 클릭하여 동기화 작업을 수행시키자.

async 함수를 사용하여 코루틴 지정하기

코루틴 라이브러리에 제공되는 async 함수를 사용하면 코루틴을 생성할 수 있다. async 함수는 하나의 인자로 람다를 받으며, 람다에는 백그라운드에서 처리할 작업을 지정한다.

CharacterGenerator.kt의 fetchCharacterData 함수에서 readText 함수 호출 코드를 람다에 넣고, 이 람다를 async 함수의 인자로 전달하자. 또한, fetchCharacterData 함수의 반환 타입을 async 함수의 결과 타입인 Deferred<CharacterGenerator.CharacterData>로 변경한다(앞쪽에 import 문도 추가해야 한다).

리스트 22.7 | fetchCharacterData 함수에 async 사용하기   `CODE` CharacterGenerator.kt

```
package android.bignerdranch.com

import kotlinx.coroutines.Deferred
import kotlinx.coroutines.GlobalScope
import kotlinx.coroutines.async
...
fun fetchCharacterData(): Deferred<CharacterGenerator.CharacterData> {
    return GlobalScope.async {
        val apiData = URL(CHARACTER_DATA_API).readText()
        return CharacterGenerator.fromAPIData(apiData)
    }
}
```

이제는 fetchCharacterData 함수에서 Deferred<CharacterGenerator.CharacterData> 타입을 반환한다. Deferred는 우리가 요청할 때까지 데이터를 반환하지 않는다.

다음은 NewCharacterActivity.kt의 **GENERATE** 버튼 리스너 코드를 변경하자. 변경할 코드에서는 웹 API 결과를 CharacterData **인스턴스**로 변환하고 보여 준다(import 문도 추가해야 한다).

```
package android.bignerdranch.com

import kotlinx.coroutines.Dispatchers
import kotlinx.coroutines.GlobalScope
import kotlinx.coroutines.launch
...
class NewCharacterActivity : AppCompatActivity() {
    ...
    override fun onCreate(savedInstanceState: Bundle?) {
        ...
        generateButton.setOnClickListener {
            GlobalScope.launch(Dispatchers.Main) {
                characterData = fetchCharacterData().await()
                displayCharacterData()
            }
        }
    }

    displayCharacterData()
    }
    ...
}
```

Samodelkin을 다시 실행하고 **GENERATE** 버튼을 누르자. 이번에는 캐릭터 데이터를 웹에서 가져와서 UI에 보여 줄 것이다. 위 코드를 자세히 살펴보자.

먼저, launch 함수를 호출하면 코루틴을 생성하며, launch 함수는 우리가 블록에 지정한 람다 (코루틴 코드)를 시작시킨다.

여기서는 launch 함수의 인자로 Dispatchers.Main을 전달한다. 이것은 안드로이드의 UI 스레드이며, 람다에 지정된 작업이 실행되는 스레드를 나타낸다.

왜 UI 스레드일까? displayCharacterData 함수는 UI를 변경하는 코드를 포함하고 있으므로 반드시 main이 아닌 UI 스레드에서 실행되어야 하기 때문이다. 그리고 이 함수는 캐릭터 데이터 가 웹에서 다운로드된 이후에만 실행되므로 main 스레드를 중단시키지 않는다.

이미 이야기했듯이 main 스레드에서는 네트워크 작업이 금지되어 있다. 코루틴 컨텍스트의 기본 인자는 CommonPool이다. 이것은 코루틴이 실행될 때 사용될 수 있는 백그라운드 스레드 풀 (pool)이다. CommonPool은 fetchCharacterData의 async 함수에 기본으로(우리가 지정하지 않아도) 사용되었던 인자다. 따라서 우리가 await를 호출할 때 main 스레드 대신 CommonPool의 스레드 중 하나를 사용해서 웹 API에 대한 요청이 실행된다(스레드 풀은 미리 일정 개수의 스레드를 생성한 후 번갈아 사용하는 것이며, 리소스를 절약할 수 있다).

launch vs async/await

웹 API 요청과 UI 변경에 사용한 async와 launch 함수를 **코틀린 빌더 함수**(coroutine builder function)라고 하며, 이 함수들은 특정 방법으로 작업을 수행하도록 코루틴을 설정한다. launch는 우리가 지정한 작업(여기서는 fetchCharacterData를 호출하고 UI를 변경)을 올바르게 수행하는 코루틴을 빌드한다.

launch와 다르게 async 코루틴 빌더는 지연된(아직 완료되지 않은) 작업을 나타내는 Deferred를 반환하는 코루틴을 빌드한다. 즉, 해당 작업이 바로 시작되어 끝나는 것이 아니고, 향후 언젠가 완료되는 것이 약속된 작업을 나타낸다.

Deferred 타입은 await 함수를 제공한다. 이 함수는 우리가 원하는 작업 수행 시점에 호출한다. await는 또한 지연된 작업이 완료될 때까지 다음에 할 작업(여기서는 UI 변경)을 보류한다. 즉, 웹 API에서 응답이 온 후에 displayCharacterData를 호출한다는 뜻이다. Deferred는 자바의 Future와 유사한 방법으로 동작한다.

웹 API 요청이 백그라운드에서 실행되더라도 Deferred의 await 함수가 있어서 코드 작성은 어렵지 않다. 즉, await의 결과를 기다리는 코드 다음에 UI 변경 함수를 호출하는 코드를 작성하면 된다. 이것을 종전의 방법(예를 들어, 콜백(callback) 인터페이스 사용)과 비교하면 코드 작성이 훨씬 쉽다는 것을 알 수 있다. 마치 동기화 방식으로 웹 API를 사용하는 것처럼 코드를 작성할 수 있기 때문이다. 스레드의 중단 없이 코드의 실행을 보류하고 향후에 실행시킬 수 있게 코루틴이 해주기 때문이다.

실행 보류 함수

안드로이드 스튜디오는 await 함수를 호출하는 코드 줄의 왼쪽에 특이한 아이콘(↔)을 보여 준다. 이 아이콘에 마우스 커서를 대보면 'Suspend function call'이라는 메시지를 보여 준다. 이것이 무슨 의미일까?

종전의 스레드는 '중단(block)'되지만, 코루틴은 '보류(suspend)'된다는 뜻이다. 이런 용어를 봐도 알 수 있듯이 코루틴은 종전 스레드보다 더 좋은 성능을 제공한다. 즉, 스레드가 중단될 때는 중단이 풀릴 때까지 아무 일도 할 수 없다. 코루틴은 스레드(예를 들어, 안드로이드 UI 스레드나

CommonPool의 스레드)에 의해 실행된다. 그러나 코루틴을 실행하는 스레드를 중단시키지 않는다. 대신에 보류된 함수를 실행하는 스레드는 다른 코루틴을 실행하는 데 사용될 수 있다. 코루틴이 종전 스레드보다 더 좋은 성능을 제공하는 이유가 이것 때문이다.

내부적으로는 실행이 보류되는 함수를 suspend 키워드로 나타낸다. 예를 들어, await 함수의 정의를 보면 다음과 같다.

```
public suspend fun await(): T
```

이 장에서는 Samodelkin 앱을 완성하였다. 그리고 안드로이드의 main 스레드가 UI 처리를 한다는 것을 알았다. 또한, 코루틴을 사용하면 안드로이드의 main 스레드를 중단시키지 않고 백그라운드에서 작업을 수행할 수 있다는 것도 배웠다.

챌린지: 실시간 데이터

현재는 CharacterGenerator 객체에 초기화된 캐릭터 데이터가 우리 앱을 실행할 때 최초로 나타난다. 그리고 **GENERATE** 버튼을 누를 때 웹의 실시간 데이터로 교체된다. 이 챌린지에서는 이것을 개선할 것이다. 최초로 보이는 캐릭터 데이터를 웹의 실시간 데이터로 보여 주도록 수정하자.

23

이 책을 마치며

이제 다 되었다. 여러분은 코틀린 프로그래밍 언어의 기본을 익힌 것이다. 스스로를 칭찬하자! 실무의 시작은 지금부터다.

어디로 가야 할까?

코틀린은 여러 분야에서 사용될 수 있는 언어다. 백엔드 서버 코드를 대체하거나, 따끈따끈한 안드로이드 앱을 개발할 수 있다. 현 시점에서는 여러분이 습득한 새로운 지식을 어디에 사용할지 알 것이다. 아무튼 일단 사용하자. 그것이 좋은 코틀린 코드를 작성할 수 있는 지름길이다.

코틀린 문서를 더 자세히 보고 싶다면 https://kotlinlang.org/를 방문할 것을 권한다. 그리고 코틀린 코드 작성은 혼자 할 필요 없다. 밝은 미래를 말해 주듯 코틀린 커뮤니티가 활성화되어 있기 때문이다. 코틀린은 오픈 소스다. 따라서 발전 내역을 실시간으로 알고 싶거나 공헌하고 싶다면 https://github.com/jetbrains/kotlin을 방문하면 된다. 또한, 각 지역의 코틀린 사용자 그룹에 참여하기를 권한다. 만일 없다면 하나를 만들자.

부담 없는 연락처

저자들은 트위터에서 만날 수 있다. 조시(Josh)는 @mutexkid이고, 데이비드(David)는 @drgreenhalgh이다.

빅 너드 랜치(Big Nerd Ranch)에 관해 더 알고 싶은 것이 있다면 https://www.bignerdranch.com/을 방문하자. 그리고 https://www.bignerdranch.com/books/에서는 다른 좋은 책들도 볼 수 있다. 특히 《실무에 바로 적용하는 안드로이드 프로그래밍》(제이펍, 2016, 원제: 《Android Programming: The Big Nerd Ranch Guide》)을 권한다. 안드로이드 앱 개발은 여러분의 코틀린 지식을 사용하는 가장 좋은 방법이다. 또한, 빅 너드 랜치에서는 교육 과정을 제공하며 고객의 앱 개발도 해준다.

감사합니다!

마지막으로, 여러분께 감사드린다. 여러분이 없었다면 이 책이 모습을 드러내지 못했을 것이다. 우리가 이 책을 즐겁게 저술한 것 이상으로 여러분이 이 책을 즐겁게 읽기를 바란다.

인텔리제이 설치와 구성하기

A-1: JDK 설치하기

코틀린 애플리케이션을 개발하려면 최소한 코틀린 컴파일러와 JDK(Java Development Kit)가 설치되어야 한다. 코틀린 컴파일러는 인텔리제이의 플러그인으로 포함되어 자동 설치되므로 따로 설치할 필요 없다. 그러나 JDK는 별도로 설치해야 하며, JDK 6 버전부터 호환 가능하지만 JDK 8 이상 버전을 설치하는 것이 좋다. 만일 JDK가 설치되어 있지 않다면 https://www.oracle.com/technetwork/java/javase/downloads/에 접속한 후 다운로드하고 설치하자.

그다음에는 각자 사용 중인 운영체제에 맞춰 인텔리제이를 설치한다. 윈도우 시스템의 경우는 'A-2: 윈도우 시스템에서 인텔리제이를 설치하기', 맥 OS에서는 'A-3: 맥 OS에서 인텔리제이를 설치하기', 리눅스에서는 'A-4: 리눅스에서 인텔리제이를 설치하기'를 참고하여 설치하면 된다.

A-2: 윈도우 시스템에서 인텔리제이를 설치하기

먼저, https://www.jetbrains.com/idea/download/에 접속하면 다운로드 페이지가 나타난다(그림 A-1).

그림 A-1 | 인텔리제이 다운로드 페이지

여기서 **Community** 버전의 **DOWNLOAD** 버튼을 클릭하여 다운로드한다. 그리고 다운로드된 파일을 실행하면 그림 A-2의 대화상자가 나타난다.

그림 A-2 | 인텔리제이 설치 시작 화면

Next 버튼을 클릭하면 그림 A-3의 설치 위치 지정 대화상자가 나타난다(만일 이전 버전이 설치된 것이 있을 때는 제거(Uninstall)를 묻는 대화상자가 나오며, 제거할 버전을 선택한 후 Next 버튼을 클릭하면 삭제 작업이 실행된다).

그림 A-3 | 설치 위치 지정하기

기본으로 나타난 폴더를 그대로 사용하거나, 또는 Browse... 버튼을 클릭하여 각자 원하는 위치를 지정한 후에 Next 버튼을 클릭하면 설치 옵션을 선택할 수 있는 그림 A-4의 대화상자가 나타난다.

그림 A-4 | 설치 옵션 선택하기

실행할 버전(32비트 또는 64 비트)을 선택하고 Next 버튼을 클릭하면 시작 메뉴 폴더 선택 대화상자가 나타난다(그림 A-5).

그림 A-5 | 시작 메뉴 폴더 생성 또는 지정하기

Install 버튼을 클릭하면 설치가 시작되며, 완료된 후에는 그림 A-6의 대화상자가 나타난다.

그림 A-6 | 설치 완료 화면

'Run IntelliJ IDEA Community Edition'을 체크한 후 **Finish** 버튼을 누르면 인텔리제이가 최초 실행되며, 만일 이전에 IntelliJ IDEA Community Edition을 설치한 적이 있으면 이전 설정을 가져올 수 있도록 그림 A-7의 대화상자가 나타난다.

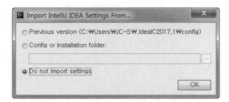

그림 A-7 | 이전 설치 버전 설정 가져오기

처음 설치하거나 또는 이전의 설정을 가져올 필요가 없으면 'Do not import settings'를 선택하고 **OK** 버튼을 클릭한다.

그러면 인텔리제이의 UI를 선택하는 그림 A-8의 대화상자가 나타난다.

그림 A-8 | 인텔리제이 UI 선택하기

각자 선호하는 형태를 선택하고 **Next: Default plugins** 버튼을 클릭하면 그림 A-9의 대화상자가 나타난다. 여기서는 각종 도구에 사용할 플러그인을 활성화 또는 비활성화할 수 있다(코틀린 플러그인은 기본으로 설치되어 있다).

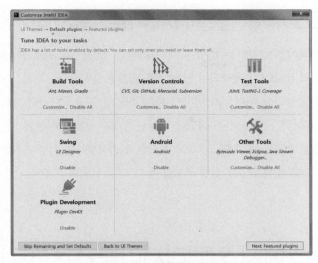

그림 A-9 | 도구와 플러그인 선택 화면

기본 선택을 그대로 두고 **Skip Remaining and Set Defaults** 버튼을 클릭하면 모든 설정이 끝나고, 그림 A-10의 인텔리제이 시작 대화상자가 나타난다.

그림 A-10 | 인텔리제이 시작 화면

여기까지 되었으면 코틀린을 사용하여 애플리케이션을 개발할 수 있는 환경이 준비된 것이다.

A-3: 맥 OS에서 인텔리제이를 설치하기

맥 OS에서 인텔리제이를 설치하는 방법은 다음과 같다. https://www.jetbrains.com/idea/download/ 에 접속한 후 위쪽의 **macOS**가 선택되지 않았다면 그것을 클릭한다. 그리고 **Community** 버전의 **DOWNLOAD** 버튼을 클릭하여 디스크 이미지 파일(.dmg)을 다운로드한다. 그다음에 파인더 창 에서 그 파일을 찾아 더블 클릭한 후 화면에 나타난 인텔리제이 아이콘을 마우스로 끌어서 응용 프로그램 폴더에 놓으면 설치된다. 그리고 설치된 인텔리제이를 실행할 때는 파인더 창을 사용해서 응용 프로그램 폴더에 있는 실행 파일을 찾아 더블 클릭하면 된다.

A-4: 리눅스에서 인텔리제이를 설치하기

리눅스에서 인텔리제이를 설치하는 방법은 다음과 같다. https://www.jetbrains.com/idea/download/ 에 접속한 후 위쪽의 **Linux**가 선택되지 않았다면 그것을 클릭한다. 그리고 **Community** 버전의 **DOWNLOAD** 버튼을 클릭하여 파일(.tar.gz)을 다운로드한 후 다음 명령을 실행하여 압축을 푼다.

```
tar -zxf [다운로드한 파일명] [압축을 풀 디렉터리]
```

끝으로, **bin** 서브 디렉터리의 **idea.sh**를 실행한다.

찾아보기